普通高等学校"十四五"规划经济管理类专业精品教材

税 法（第三版）

刘 伟 符 超 主 编
徐 婷 副主编

华中科技大学出版社
http://www.hustp.com
中国·武汉

内容提要

本书是根据最新的(截至2022年7月)税收法规编写的。根据税法课程的特点,采用理论与实践相结合的方法,较系统地阐述了我国现行税收实体法的基本内容。全书共分为两大部分,共十章。其中第一部分(即第一章)是税法基本理论,是全书的理论基础;第二部分是税收实体法,按课税对象进行分类,包括第二章至第十章,主要阐述了增值税法、消费税法、城市维护建设税和教育费附加、关税法和船舶吨税法、资源类税法、财产类税法、行为目的类税法、企业所得税法、个人所得税法的具体法律规定。

本书既可作为高等院校经济管理类各专业的本、专科教材和教学参考读物,也可作为财务人员、税务人员等的培训教材,以及备考注册会计师、税务师、初级会计师等职业资格考试的参考书。

图书在版编目(CIP)数据

税法/刘伟,符超主编. —3版. —武汉:华中科技大学出版社,2022.1(2022.8重印)
ISBN 978-7-5680-5849-0

Ⅰ.①税… Ⅱ.①刘… ②符… Ⅲ.①税法-中国 Ⅳ.①D922.22

中国版本图书馆CIP数据核字(2019)第289185号

税法(第三版) 刘 伟 符 超 主编
Shuifa(Di-san Ban)

策划编辑:陈培斌
责任编辑:陈培斌
封面设计:刘 婷
责任监印:周治超

出版发行:华中科技大学出版社(中国·武汉)   电话:(027)81321913
         武汉市东湖新技术开发区华工科技园   邮编:430223

录　　排:武汉楚海文化传播有限公司
印　　刷:武汉开心印印刷有限公司
开　　本:787mm×1092mm 1/16
印　　张:21.5 插页:1
字　　数:512千字
印　　次:2022年8月第3版第2次印刷
定　　价:59.80元

本书若有印装质量问题,请向出版社营销中心调换
全国免费服务热线:400-6679-118　竭诚为您服务
版权所有　侵权必究

前　言

税法是保障国家财政收入、调控经济与社会活动，维护纳税人权益的法律手段。随着我国社会主义市场经济的深入发展和社会民主法治的进步，税法和税法科学得到了迅速发展。目前，税法是我国高等院校财经专业和法学专业学生的主要课程，也是注册会计师、税务师等资格考试的必考科目。

近年来，我国税收制度进行了相当程度的调整与改革。本教材以截至2022年7月税收法律法规为依据，力求准确系统地阐明税法的基本原理和主要制度。此次出版的第三版针对2019年9月至2022年7月新出台的税收政策，对第二版中的增值税法、消费税法、城市维护建设税法、关税法和船舶吨税法、资源类税法、行为目的类税法、财产类税法、企业所得税法、个人所得税法等相关内容均进行了更新和完善。

为了避免法律法规的晦涩抽象，本教材重视课程思政，并在内容和形式上都力求创新，希望达到寓教于例、寓教于乐、化抽象为形象、深入浅出的目的，激发学生的求知欲。总结起来，本教材具有以下几个特点。

1. 实施课程思政，立德树人

本教材要求学生深刻理解税收是国家财政收入的最主要来源，遵从税法，诚信纳税。强化会计职业道德，引导学生通过诚实守信、提高技能等来做好财税管理工作。

2. 内容全面系统，结构清晰

全书的内容包括税法基本理论和税收实体法。其中税收实体法按增值税法、消费税法、城市维护建设税法和教育费附加、关税法和船舶吨税法、资源类税法、财产类税法、行为目的类税法、企业所得税法、个人所得税法的顺序编排。章节安排科学合理，便于学生按类掌握，归纳学习。

3. 讲解深入浅出，注重应用

本教材的编写深入浅出，通过大量的案例分析，力求使抽象复杂的内容通俗易懂，既适合教师授课，也适合学生学习和有关人士参考。教材注重学生综合能力的培养，提高学生思考问题的能力、分析解决问题的能力及综合运用知识的能力。

4. 编写体例新颖，顺应教学规律

(1)章首列出学习目的与要求，让学生把握重难点，有的放矢。

(2)正文中设置小思考，引导学生对一些不易理解、容易混淆的知识点加以思考，有利于学生对知识点的融会贯通。

(3)章尾有本章小结及思考与练习题,帮助学生从总体上把握所学知识点。

5.结合职业证书,实现课证融通

本教材与职业资格考试的内容对接,每章的练习题多选择近三年注册会计师和税务师考试的练习题和真题,力求精练、重点突出、难易适度,有利于学生系统、扎实地掌握各章节的重要内容,巩固学习成果,并为学生应试取得相应职业资格证书打下基础。

在编写过程中,本教材参阅、引用了国内外许多专家学者的专著、教材和研究成果,在此表示衷心的感谢。由于编者学识水平有限,时间较紧,加之税制仍在不断改革中,书中难免存在不足之处,敬请各位读者批评指正。

编　者

2022 年 7 月

目录

第一章 税法概论 (1)
- 第一节 税法概述 (1)
- 第二节 税收实体法的构成要素 (7)
- 案例与点评 (15)
- 本章小结 (16)
- 思考与练习题 (17)

第二章 增值税法 (19)
- 第一节 纳税义务人及征税范围 (19)
- 第二节 税率与征收率 (32)
- 第三节 计税方法 (35)
- 第四节 一般计税方法应纳税额的计算 (37)
- 第五节 简易计税方法应纳税额的计算 (55)
- 第六节 进口货物应纳税额的计算 (55)
- 第七节 出口货物、劳务和跨境应税行为的退（免）税 (57)
- 第八节 税收优惠 (64)
- 第九节 征收管理 (72)
- 第十节 增值税发票的使用及管理 (74)
- 案例与点评 (76)
- 本章小结 (78)
- 思考与练习题 (79)

第三章 消费税法 (86)
- 第一节 纳税义务人及征税范围 (86)
- 第二节 税目及税率 (87)
- 第三节 计税依据 (93)
- 第四节 应纳税额的计算 (97)

第五节　征收管理 …………………………………………………………（107）
案例与点评 …………………………………………………………………（108）
本章小结 ……………………………………………………………………（109）
思考与练习题 ………………………………………………………………（110）

第四章　城市维护建设税和教育费附加 ……………………………………（114）
第一节　城市维护建设税 …………………………………………………（114）
第二节　教育费附加和地方教育费附加 …………………………………（116）
案例与点评 …………………………………………………………………（117）
本章小结 ……………………………………………………………………（118）
思考与练习题 ………………………………………………………………（118）

第五章　关税法和船舶吨税法 ………………………………………………（120）
第一节　关税法 ……………………………………………………………（120）
第二节　船舶吨税法 ………………………………………………………（135）
案例与点评 …………………………………………………………………（138）
本章小结 ……………………………………………………………………（139）
思考与练习题 ………………………………………………………………（139）

第六章　资源类税法 …………………………………………………………（143）
第一节　资源税法 …………………………………………………………（143）
第二节　城镇土地使用税法 ………………………………………………（150）
第三节　耕地占用税法 ……………………………………………………（155）
第四节　土地增值税法 ……………………………………………………（159）
案例与点评 …………………………………………………………………（170）
本章小结 ……………………………………………………………………（173）
思考与练习题 ………………………………………………………………（173）

第七章　财产类税法 …………………………………………………………（179）
第一节　房产税法 …………………………………………………………（179）
第二节　契税法 ……………………………………………………………（184）
第三节　车船税法 …………………………………………………………（189）
案例与点评 …………………………………………………………………（195）
本章小结 ……………………………………………………………………（196）
思考与练习题 ………………………………………………………………（196）

第八章　行为目的类税法 (201)
- 第一节　印花税法 (201)
- 第二节　车辆购置税法 (209)
- 第三节　烟叶税法 (213)
- 第四节　环境保护税法 (214)
- 案例与点评 (221)
- 本章小结 (223)
- 思考与练习题 (223)

第九章　企业所得税法 (226)
- 第一节　纳税义务人、征税对象和税率 (226)
- 第二节　应纳税所得额的确定 (229)
- 第三节　资产的税务处理 (247)
- 第四节　资产损失的所得税处理 (253)
- 第五节　税收优惠 (255)
- 第六节　应纳税额的计算 (266)
- 第七节　征收管理 (272)
- 案例与点评 (276)
- 本章小结 (278)
- 思考与练习题 (278)

第十章　个人所得税法 (285)
- 第一节　纳税义务人和征税范围 (285)
- 第二节　税率 (291)
- 第三节　应纳税额的计算 (292)
- 第四节　应纳税额计算中的特殊问题处理 (310)
- 第五节　税收优惠 (324)
- 第六节　征收管理 (326)
- 案例与点评 (330)
- 本章小结 (331)
- 思考与练习题 (331)

参考文献 (337)

第一章 税法概论

学习目的与要求

1. 理解税收的概念及本质。
2. 理解税法的概念及特点。
3. 掌握税收法律关系的三要素。
4. 理解税法的分类。
5. 掌握纳税人、征税对象、税目、税率等税收实体法构成要素。
6. 理解我国现行税法体系的构成。

第一节 税法概述

把握税法的概念必须在深入理解税收内涵的基础上进行。理解税收的内涵需要从税收的分配关系本质、国家税权、税收目的、税收的"三性"四个方面来把握。

一、税收的定义

税收指国家为满足社会公共需要,凭借其政治权力,强制、无偿地参与国民收入分配取得财政收入的一种手段。对税收的理解可从以下几个方面来把握。

1. 税收是国家取得财政收入的一种重要工具,其本质是一种分配关系

国家要行使职能必须要有一定的财政收入作为保障。总的来说,国家取得财政收入的形式有税、利、债、费四种,即税收、国有企业上缴利润、国债、规费收入等。税收收入是大部分国家取得财政收入的主要形式。我国自1994年税收体制改革以来,税收收入占财政收入的比重基本维持在90%以上。近十几年来,随着非税收入(如土地拍卖收入等)的增加,税收收入占财政收入的比重总体有所下降,但也均在80%以上。在社会再生产过程中,分配是连接生产与消费的必要环节。在市场经济条件下,分配主要是对社会产品价值的分割。税收解决的是分配问题,处于社会再生产的分配环节,因而它体现的是一种分配关系。

2. 国家征税的依据是政治权力

国家取得任何一种财政收入,总要凭借国家的某种权力,即财产权利或政治权力。例如,国家凭借所拥有的土地所有权,要求取得土地使用权的单位支付土地出让金;国家凭借对国有企业的财产所有权,分享国有企业的税后利润等。而国家征税凭借的是政治权力,国家的政治权力是征税的唯一依据。

3. 征税的目的是满足社会公共需要

国家在履行其公共职能的过程中必然要有一定的公共支出。公共产品的非竞争性、非排他性决定了公共支出一般情况下不能由公民个人、企业采取自愿出价的方式,而只能采取由国家(政府)强制征税的方式,由经济组织、单位和个人来负担。国家征税的目的是满足提供社会公共产品的需要,以及弥补市场失灵,促进公平分配等的需要。

4. 税收具有无偿性、强制性和固定性的形式特征

从形式特征来看,税收具有强制性、无偿性和固定性的特点,通常概括为税收"三性"。其中,无偿性是核心,强制性是保障,固定性是对强制性和无偿性的规范和约束。"三性"是税收区别于其他财政收入的形式特征,不同时具备"三性"的财政收入就不能称其为税收。

1) 强制性

税收的强制性是指国家对税收行为凭借政治权力颁布法令实施,任何单位和个人都不能违抗,否则会受到法律制裁。税收是对财产私有权的侵犯,因而要求有很高的强制权力作征税保障,这种权力只能是国家政治权力。强制性是国家政治权力在税收上的法律体现,是国家取得税收收入的根本前提。税收的强制性必须要以法律的形式加以规范和约束,以防止权力的滥用。

2) 无偿性

税收的无偿性是指国家征税以后,税款即为国家所有,既不需要偿还,也不需要对纳税人付出任何代价。税收形式上无偿的特征,指的是纳税人税款缴纳与他所享受的公共产品不是一一对应的比例关系,这是由财政所提供的公共产品的非竞争性和非排他性决定的。税收的这种无偿性是相对的,针对具体纳税人来说,纳税后并未得到任何报酬,但要看到国家从社会取得的税款都会通过财政支出的安排直接或间接地返还给社会。从这一角度而言,税收具有间接的整体有偿性。

3) 固定性

税收的固定性是指国家在征税以前就通过法律形式把税收的各个要素(纳税人、征税对象、计税依据、税率、税收优惠、处罚等)以法律、法规形式规定下来,征纳双方共同遵守,任何人不得随意改变。当然,随着社会经济条件的变化,税法处在一个不断被修正、完善的过程中,这些修正和完善一旦以法律形式确立,便又体现了固定性的特点。固定性是税收区别于罚没、摊派等财政收入形式的重要特征。

税收"三性"是一个完整的统一体,它们相辅相成、缺一不可。

【小思考1-1】 某市物价局在价格检查活动中,发现某煤气销售点存在擅自提高销售价格的情况,对此物价局责令其改正并实行了罚没处罚。请思考:罚没处罚可以归入税收吗?

二、税法的定义

税法是国家制定的用以调整国家与纳税人之间在征纳税方面的权利及义务关系的法律规范的总称。它是国家及纳税人依法征税、依法纳税的行为准则,其目的是保障国家利益和纳税人的合法权益,维护正常的税收秩序,保证国家的财政收入。

税法与税收既有联系,也有区别。二者之间的联系表现在:

(1)税法是税收的法律依据和法律保障,国家对税收的需要决定了税法的存在;税收活动必须严格依照税法的规定进行。也就是有税必有法,无法不成税,税收决定税法,税法为税收服务。

(2)税收作为社会经济关系,是税法的实质内容,反映国家与纳税人之间的经济利益分配关系。税法作为特殊的行为规范,是税收的法律形式,体现国家与纳税人之间在征纳税方面的权利义务关系。

两者的区别表现在,税收属于经济基础的范畴,税法属于上层建筑的范畴。

三、税法的特点

1. 从立法过程来看,税法属于制定法

现代国家的税法都是经过一定的立法程序制定出来的,而不是约定俗成的,这表明税法属于制定法而不是习惯法。

2. 从法律性质看,税法属于义务性法规

义务性法规是相对授权性法规而言的,是指直接要求人们从事或不从事某种行为的法规,即直接规定人们某种义务的法规。

税法属于义务性法规的这一特点,是由税收的无偿性和强制性特点所决定的。具体来说,其原因在于以下两点。第一,从定义推理,税收是纳税人的经济利益向国家的无偿让渡。从纳税人的角度看,税法是以规定纳税人义务为核心构建的,任何人都不能随意变更或违反法定纳税义务。第二,权利义务对等是一个基本的法律原则。从财政的角度看,纳税人从国家的公共支出中得到了许多权利,这些权利是通过其他授权性法规赋予的。但从税法的角度看,纳税人则以尽义务为主,所以称税法为义务性法规。当然,税法属于义务性法规,并不是指税法没有规定纳税人的权利,而是说纳税人的权利在其纳税义务的基础之上,是从属性的。

3. 从内容看,税法具有综合性

税法不是单一的法律,而是由实体法、程序法、争讼法等构成的综合法律体系。其内容涉及课税的基本原则、征纳双方的权利义务、税收管理规则、法律责任、解决税务争议的法律规范等,包括立法、行政执法、司法各个方面。

4. 从对象看,税法是调整税收法律关系的法

任何法律都有一定的调整对象,它是该法律所以需要设置和所以发挥作用的前提,也是区别不同法律部门的主要标志。在法律调整人们行为的过程中形成了各自的权利和义务,这就是通常所说的法律关系。

税法调整的是国家和纳税人之间在征纳税过程中形成的权利及义务关系,即税收法律关系,这是税法区别于其他法律最本质的特征。在税收法律关系的主体中,一方始终是代表国家行使征税权的征税机关,而另一方则是纳税人。纳税人可以变,而国家始终保持不变。也就是说,自然人和自然人之间、自然人和法人之间,都不会发生和存在任何税收法律关系。

四、税收法律关系

(一)税收法律关系的概念

税收法律关系是指由税法确认和调整的国家与纳税人之间在税收分配过程中形成的权利义务关系。国家征税与纳税人纳税形式上表现为利益分配的关系,但经过法律明确其双方的权利和义务后,这种关系实质上已上升为一种特定的法律关系。税收法律关系包括:国家与纳税人之间的税收宪法性法律关系;征税机关与纳税主体之间的税收征纳关系;相关国家机关之间的税收权限划分法律体系;国际税收权益分配法律关系;税收救济法律关系。

(二)税收法律关系的特征

税收法律关系除了具有一般法律关系的共有特征外,还具有自己独立的特征,主要体现在以下四个方面。

1. 主体的一方是国家

税收法律关系主体的一方必须是国家,另一方则可以是任何负有纳税义务的法人、自然人或其他社会组织。没有国家的参与,在一般当事人之间发生的法律关系不可能成为税收法律关系。这与民法、经济法等法律部门中,公民、法人等当事人之间也能构成法律关系是完全不同的。一方主体固定为国家,是税收法律关系的特点之一。

2. 体现国家单方面意志

税收法律关系只体现国家单方面的意志,不体现纳税人一方主体的意志,税收法律关系的成立、变更、消灭不以主体双方意思表示一致为要件。国家的意志是通过法律规定表现出来的,只要当事人发生了税法规定的应纳税的行为或事件,就产生了税收法律关系。

3. 权利义务关系具有不对等性

纳税人和国家的法律地位是平等的,只是因为主体双方是行政管理者与被管理者的关系,因此在权利与义务方面具有不对等性,这与一般民事法律关系中主体双方权利与义务平等是不一样的。在税收法律关系中,纳税人承担较多的义务,享有较少的权利,从而使税务机关成为权利主体,纳税人成为义务主体。这种权利与义务的不对等性是由税收无偿性和强制性的特征所决定的。

4. 财产所有权或支配权的单向转移性

在税收法律关系中,纳税人履行了纳税义务,就意味着将自己拥有或支配的一部分财物无偿地交给国家,国家不再直接返还给纳税人。而一般民事法律关系或经济法律关系中的财产所有权和经济利益的让渡转移,通常是主体双方在平等协商、等价有偿原则的基础上进行的。所以,税收法律关系中的财产转移,具有无偿、单向、连续等特点。只要纳税人不中断税法规定的应纳税行为,税法不发生变更,税收法律关系就将一直延续下去。

(三)税收法律关系的构成

税收法律关系在总体上与其他法律关系一样,都是由税收法律关系的主体、客体和内容三要素构成。但在三要素的内涵上,税收法律关系又具有一定的特殊性。

1. 税收法律关系的主体

税收法律关系的主体即税收法律关系中享有权利和承担义务的当事人,也称权利主体,包括征税主体和纳税主体。在我国税收法律关系中,权利主体一方(征税主体)是代表国家行使征税职责的国家行政机关,包括国家各级税务机关、海关;另一方(纳税主体)是履行纳税义务的人,包括法人,自然人,其他组织,在华的外国企业、组织、外籍人、无国籍人,以及在华虽然没有机构、场所但有来源于中国境内所得的外国企业或组织。这种对税收法律关系中权利主体另一方的确定,在我国采取的是属地兼属人的原则。

2. 税收法律关系的客体

税收法律关系的客体即税收法律关系主体的权利、义务所共同指向的对象,也就是征税对象。它是税收法律关系产生的前提、存在的载体,包括应税商品、货物、财产、资源、货币等物质财富和纳税主体的纳税行为。例如,所得税法律关系客体是生产经营所得和其他所得,财产税法律关系客体是财产,流转税法律关系客体是货物销售收入或劳务收入。国家可以通过扩大或缩小征税范围调整征税对象,以达到限制或鼓励国民经济中某些产业、行业发展的目的。

3. 税收法律关系的内容

税收法律关系的内容是指主体所享有的权利和应承担的义务,这是税收法律关系中最实质的东西,也是税法的灵魂。它规定权利主体可以有什么行为,不可以有什么行为,若违反了这些规定,须承担相应的法律责任。

税务机关的权利主要表现在依法进行征税、税务检查以及对违章者进行处罚;其义务主要是向纳税人宣传、咨询、辅导解读税法,及时把征收的税款解缴国库,依法受理纳税人对税收争议的申诉等。

纳税义务人的权利主要有多缴税款申请退还权、延期纳税权、依法申请减免税权、申请复议和提起诉讼权等;其义务主要是按税法规定办理税务登记、进行纳税申报、接受税务检查、依法缴纳税款等。

五、税法的分类

(一)按照税法的基本内容和效力不同分类

按照税法的基本内容和效力的不同,可分为税收基本法和税收普通法。

税收基本法也称税收通则,是税法体系的主体和核心,在税法体系中起着税收母法的作用。其基本内容包括税收制度的性质、税务管理机构、税收立法与管理权限、纳税人的基本权利与义务、征税机关的权利与义务、税种设置等。

税收普通法是根据税收基本法的原则,对税收基本法规定的事项分别立法实施的法律,如个人所得税法、企业所得税法、税收征收管理法。

(二)按照税法的职能和作用不同分类

按照税法的职能和作用的不同,可分为税收实体法和税收程序法。

税收实体法是规定税收法律关系主体的实体权利、义务的法律规范的总称。其主要内容包括纳税人、征收对象、征收范围、税目、税率、税收优惠等。我国现行的流转税法、所得税法、资源税法、财产税法和行为目的税法都属于税收实体法。

税收程序法是规定国家征税行使程序和纳税人纳税义务履行程序的法律规范的总称,其内容主要包括确定税收管理法、纳税程序法、发票管理法、税务机关组织法、税务争议处理法等。我国现行的《中华人民共和国征收管理法》就属于税收程序法。

我国现行税法体系主要由税收实体法体系和税收程序法体系构成。

(三)按照税法的征收对象不同分类

按照税法的征收对象的不同,可分为流转税法、所得税法、资源税法、财产税法和行为目的税法。

1. 流转税法

流转税法是指以货物、劳务和服务的流转额为征税对象的法律规范。其特点是与商品的生产、流通、消费有密切联系。对什么商品征税、税率多高,对商品经济活动都有直接的影响,易于发挥对经济的宏观调控作用。我国现行的增值税法、消费税法、关税法等都属于流转税法的范畴。流转税法在我国的整个税法体系中占有主导地位。

2. 所得税法

所得税法是以企业、个人或其他社会组织取得的所得额为征税对象的法律规范。其特点是可以直接调节纳税人的收入分配水平,发挥公平税负、调整分配关系的作用。我国现行的企业所得税法、个人所得税法属于所得税法的范畴。所得税法为世界各国普遍运用,在我国的整个税法体系中也占有重要地位。

3. 资源税

资源税法是以自然资源为征税对象的法律规范。其征税目的主要是调节资源的级差收入、保护自然资源的合理使用以及促进资源的合理配置。我国现行的资源税法、环境保护税法、城镇土地使用税法、耕地占用税法、土地增值税法等属于资源税法的范畴。

4. 财产税法

财产税法是以纳税人拥有的各种财产价值为征税对象的法律规范。其征税目的是防止财产的闲置浪费和避免利用财产投机取巧,促进财产的节约和合理使用。我国现行的房产税法、契税法、车船税法等属于财产税法的范畴。

5. 行为目的税法

行为目的税法是对特定行为或出于特定目的而课税的法律规范。其征税目的一般是满足政府的特定社会目的、特定经济目的或财政目的的需要。我国现行的城市维护建设税法、印花税法、车辆购置税法、船舶吨税法、烟叶税法、土地增值税法等属于行为目的税法的范畴。

这里需要注意的是,一个税种究竟应该归于何种税类,并非一定是唯一的。如土地增值税,按交易的对象而言,既属于资源税,又属于财产税;而从其开征目的来看,它是国家为了抑制房地产的投机、炒买炒卖行为的特定目的而开征的,因而也属于一种特定目的税。

(四)按照税收收入归属不同分类

按税收收入归属的不同,可分为中央税、地方税、中央和地方共享税。

1. 中央税

中央税是指属于中央政府的财政收入,由中央政府支配和使用的税种。我国目前中央税包括消费税(含进口海关代征的部分)、关税、车辆购置税、海关代征的进口环节的增值税等。

2. 地方税

地方税是指属于地方政府的财政收入,由地方政府支配和使用的税种。我国目前地方税包括城镇土地使用税、耕地占用税、土地增值税、房产税、车船税、契税、环境保护税和烟叶税等。

3. 中央与地方共享税

中央与地方共享税是指属于中央政府和地方政府的共同收入,按一定比例分成的税种。比如增值税(不含进口环节由海关代征的部分)中央政府分享50%,地方政府分享50%。我国目前中央与地方共享税还包括企业所得税、个人所得税、资源税、城市维护建设税、印花税等。

(五)按照主权国家行使税收管辖权不同分类

按照主权国家行使税收管辖权的不同,可分为国内税法、国际税法、外国税法等。

国内税法一般是按照属人兼属地原则,规定一个国家的内部税收制度。国际税法是指国家间形成的税收制度,主要包括双边或多边国家间的税收协定、条约和国际惯例等,一般而言,其效力高于国内税法。外国税法是指外国各个国家制定的税收制度。

第二节 税收实体法的构成要素

税收实体法的构成要素是指各种单行税法具有的共同基本要素。我国税收实体法的结构具有规范性和统一性的特点,主要表现在:一是税种与税收实体法的一一对应性,一税一法;二是税收要素的固定性,虽然各单行税种法的具体内容有别,但就每一部单行税种法而言,税收的基本要素(如纳税人、征税对象、税率、计税依据等)是必须予以规定的。

一、纳税人

纳税义务人简称"纳税人",是税法规定的直接负有纳税义务的单位和个人,也称纳税主体。

纳税人一般分为自然人和法人两种。自然人是基于自然规律而出生的,有民事权利和义务的主体,包括本国公民,也包括外国人和无国籍人。法人是基于法律规定享有权利能力和行为能力,具有独立的财产和经费,依法独立承担民事责任的社会组织。我国的法人主要有机关法人、事业法人、企业法人和社团法人。

实际纳税过程中与纳税人相关的三个概念有负税人、代扣代缴义务人和代收代缴义务人。

1. 负税人

纳税人与负税人是两个既有联系又有区别的概念。纳税人是税法规定的直接负有纳税义务的单位和个人,负税人是实际负担税款的单位和个人。纳税人与负税人的不一致主要是由于税负转嫁造成的,纳税人如果能够通过一定途径把税款完全转嫁给别的单位或个人负担,纳税人就不再是负税人。例如,消费税的纳税人可以通过提高商品价格的方法,把税负转嫁给最终的消费者,这种情况下消费者就是最终的负税人。在不存在税负转嫁的情况下,纳税人与负税人是一致的。

2. 代扣代缴义务人

代扣代缴义务人是指虽不承担纳税义务,但有义务从持有的纳税人的收入中扣除其应纳税款并代为缴纳的单位和个人,如出版社代扣作者稿酬所得的个人所得税。如果代扣代缴义务人按规定履行了代扣代缴义务,税务机关将支付一定的手续费。反之,未按规定代扣代缴税款,造成应纳税款流失或将已扣缴的税款私自截留挪用、不按时缴入国库,一经税务机关发现,将要承担相应的法律责任。

3. 代收代缴义务人

代收代缴义务人是指虽不承担纳税义务,但有义务借助与纳税人的经济交往而向纳税人收取应纳税款并代为缴纳的单位和个人。如消费税暂行条例规定,委托加工的应税消费品,由受托方(受托方为个体经营者除外)在向委托方交货时代收代缴委托方应缴纳的消费税。

【小思考1-2】 如何区分代收代缴义务人与代扣代缴义务人?

二、征税对象

征税对象又叫课税对象、征税客体,指税法规定对什么征税,是征纳税双方权利义务共同指向的客体或标的物,是区别一种税与另一种税的重要标志。如房产税的征税对象是房屋、所得税的征税对象是所得额等。征税对象是税法最基本的要素,决定了各个税种不同的名称,如消费税、土地增值税、个人所得税等,这些税种因征税对象不同,性质不同,税名也就不同。征税对象按其性质的不同,通常可划分为流转额、所得额、财产、资源、行为目的等五大类,因此通常将税收分为相应的五大类——流转税、所得税、财产税、资源税和行为目的税。

在实践中,还应注意与征税对象相联系的其他概念,主要有征税范围、税目和计税依据。

（一）征税范围

征税对象决定着某一种税的基本征税范围。征税范围是指税法规定的征税对象的空间范围,它可按货物、地区、品种、所得等方面进行划分。例如,我国现行的城镇土地使用税的征税对象为土地,其征税范围是城市、县城、建制镇和工矿区。

（二）税目

税目是各个税种所规定的具体征税项目,反映征税的具体范围和征税的广度。设置税目的目的,一是明确具体的征税范围,凡列入税目的都征税,未列入的不征税。二是可以根据税目归类为确定差别税率打下基础,体现不同的税收政策。当然,并非所有税种都需要规定税目,有些税种不分具体项目,一律按照课税对象的应税数额采用同一税率计征税款,因此一般无须设置税目,如企业所得税。有些税种具体课税对象比较复杂,需要规定税目,如消费税设置了烟、酒等 15 种税目。实际工作中,确定税目与确定税率同步考虑,并以"税目税率表"的形式统一列示,如消费税税目税率表、资源税税目税率表等。

（三）计税依据

计税依据又称税基,是据以计算应纳税额的直接数量依据,它解决对征税对象课税的计算问题,是对课税对象的量的规定。计税依据可分为从价和从量两种标准:以价值形态作为税基,称为从价计征,即按征税对象的货币价值计算,如生产销售实木地板应纳消费税税额是由实木地板的销售收入乘以适用税率得出,其税基为销售收入,属于从价计征;以征税对象的重量、体积、面积等作为计税依据计算税额,是从量计征,如城镇土地使用税应纳税额是由占用土地面积乘以每单位面积应纳税额计算得出,其税基为土地面积,属于从量计征。

三、税率

税率是应纳税额与课税对象之间的比例,是计算税额的尺度,也是衡量税负轻重与否的重要标志。我国现行的税率形式有比例税率、超额累进税率、定额税率、超率累进税率。

（一）比例税率

比例税率即对同一征税对象,不分数额大小只规定一个征收比例。比例税率在运用中又分为三种具体形式。

1. 单一比例税率

单一比例税率,是指对同一征税对象的所有纳税人都适用同一比例税率,如车辆购置税的税率为10%。

2. 差别比例税率

差别比例税率,是指对同一征税对象或不同纳税人适用不同的比例征税。我国现行税法又分别按产品、行业和地区的不同差别将比例税率划分为以下三种类型:

(1)产品差别比例税率,即对不同产品分别适用不同的比例税率,同一产品采用同一比例税率,如消费税、关税等。

(2)行业差别比例税率,即对不同行业分别适用不同的比例税率,同一行业采用同一比例税率,如增值税中属于"营改增"的部分。

(3)地区差别比例税率,即区分不同地区分别适用不同的比例税率,同一地区采用同一比例税率,如城市维护建设税等。

3. 幅度比例税率

幅度比例税率是指对同一征税对象,税法只规定最低税率和最高税率,各地区可以根据自己的实际情况在该幅度内确定具体的适用税率。

比例税率具有计算简便、税负透明、有利于保证财政收入、有利于纳税人之间公平竞争等优点。但比例税率不能针对不同的收入水平实施不同的税收负担,调节纳税人收入的能力不及累进税率。

(二)累进税率

累进税率,是指随着征税对象数量增大,征收比率随之提高的税率,即按征税对象数额的大小划分为若干等级,不同等级的课税数额分别适用不同的税率,课税数额越大,适用的税率越高。累进税率一般在所得课税中使用,可以充分体现对纳税人收入多的多征、收入少的少征、无收入的不征的税收原则,从而有效地调节纳税人的收入,有助于实现税收负担的纵向公平。

按照税率累进依据的性质,累进税率分为"额累"和"率累"两种。额累是按征税对象数量的绝对额分级累进,如所得税一般按所得额大小分级累进;率累是按与课税对象有关的某一比率分级累进,如我国目前征收的土地增值税就是按照增值额与扣除项目金额的比率实行四级超率累进税率。额累和率累按累进依据的构成又可分为"全累"和"超累"。

1. 全额累进税率

全额累进税率是把征税对象的数额划分为若干等级,对每个等级分别规定相应税率,当税基超过某个级距时,课税对象的全部数额都按提高后的级距的相应税率征税。

全额累进税率计算方法简便,但税收负担不合理,特别是在划分级距的临界点附近,税负呈跳跃式递增,甚至会出现税额增加超过课税对象数额增加的不合理现象,不利于鼓励纳税人增加收入。

2. 超额累进税率

超额累进税率是指把征税对象按数额的大小分成若干等级,每一等级规定一个税率,税率依次提高,但每一纳税人的征税对象则依所属等级同时适用几个税率分别计算,将计算结果相加后得出应纳税款。目前,我国个人所得税对个人综合所得的征税实行3%~45%的七级超额累进税率。

在级数较多的情况下,分级计算然后相加的方法比较繁琐。为了简化计算,在实际工作中通常采用速算扣除数法。速算扣除数法的原理是基于全额累进计算的方法比较简单,可将超额累进计算的方法转化为全额累进计算的方法。对于同样的课税对象数量,按全额累进方法计算出的税额比按超额累进方法计算出的税额多,即有重复计算的部分,这个多征的常数叫速算扣除数。用公式表示为

$$速算扣除数 = \frac{按全额累进方法}{计算的税额} - \frac{按超额累进方法}{计算的税额}$$

移项得

$$\frac{按超额累进方法}{计算的税额} = \frac{按全额累进方法}{计算的税额} - 速算扣除数$$

【例1-1】 张某2021年全年税前工资薪金30万元,费用扣除标准5000元/月,专项扣除(三险一金)1000元/月,专项附加扣除(子女教育及赡养父母)1500元/月。假定张某无大病医疗支出等其他专项附加扣除费用的支出,个人所得税综合所得超额累进税率表见表1-1,请分别计算全额累进税率和超额累进税率下张某2021年应缴纳的个人所得税。

表1-1 个人所得税综合所得超额累进税率表

级数	全年含税应纳税所得额	税率/(%)	速算扣除数/元
1	不超过36 000元的	3	0
2	超过36 000元至144 000元的部分	10	2 520
3	超过144 000元至300 000元的部分	20	16 920
4	超过300 000元至420 000元的部分	25	31 920
5	超过420 000元至660 000元的部分	30	52 920
6	超过660 000元至960 000元的部分	35	85 920
7	超过960 000元的部分	45	181 920

【解析】

(1)按全额累进税率计算的个人所得税。

运用全额累进税率的关键是查找每一纳税人应税收入在税率表中所属的级次。找到了收入级次,与其对应的税率便是该纳税人所适用的税率,全部税基乘以适用税率即可计算出应纳税额。

张某全年的应纳税所得额为 300 000－5 000×12－1 000×12－1 500×12＝210 000 元,按上表适用第三级次,其个人所得税应纳税额为 210 000×20％＝42 000(元)。

(2)按超额累进税率计算应纳税额。

按超额累进税率计算应纳税额可用两种方法,一种是分级计算法,另一种是速算法。

方法 1：分级计算应纳税额。

第一级的 36 000 元适用 3％的税率,应纳税额为 36 000×3％＝1 080(元)。

第二级的 108 000 元(144 000－36 000)适用 10％的税率,应纳税额为 108 000×10％＝10 800(元)。

第三级的 66 000 元(210 000－144 000)适用 20％的税率,应纳税额为 66 000×20％＝13 200(元)。

张某全年应纳税额＝1 080＋10 800＋13 200＝25 080(元)

方法 2：按照速算法计算应纳税额。

张某全年应纳税额＝210 000×20％－16 920＝25 080(元)

3. 全率累进税率

全率累进税率与全额累进税率的原理相同,只是税率累进的依据不同,其累进的依据是征税对象的某种比率。我国现行税法没有采用这种税率。

4. 超率累进税率

超率累进税率以征税对象数额的相对率划分为若干级距,分别规定相应的差别税率,相对率每超过一个级距的,对超过的部分就按高一级的税率计算征税。我国现行的土地增值税采用这种税率。

(三)定额税率

定额税率即按征税对象确定的计算单位,直接规定一个固定的税额。按定额税率征税,税额的多少只同课税对象的数量有关,同价格无关。定额税率适用于从量计征的税种。定额税率在表现形式上可分为单一定额税率和差别定额税率两种。在同一税种中只采用一种定额税率的,为单一定额税率;同时采用几个定额税率的,为差别定额税率。差别定额税率有以下几种形式。

1. 地区差别税额

地区差别税额即对同一课税对象按照不同地区分别规定不同的征税数额。该税率具有调节地区之间级差收入的作用。我国现行税制中的资源税、城镇土地使用税等都采用这种税率。其中,城镇土地使用税又是有幅度的地区差别定额税率。

2. 幅度税额

税法统一规定税额征收幅度,各地可根据实际情况在规定的幅度内具体确定本地区的适用税额。如我国车船税法规定 1.0 升(含)以下的乘用车每辆税额为 60～360 元,各省、自治区、直辖市人民政府可在这个幅度内确定本地区的适用税额。

3. 分类分级税额

按照征税对象的类别和等级，分别对征税对象规定不同的征收数额。我国现行税制中车船税、耕地占用税就采用分类分级税额。

（四）零税率

零税率亦称"税率为零"，是比例税率的一种特殊形式。它是指对某种课税对象和某个特定环节上的课税对象以零表示的税率。零税率既不是不征税，也不是免税，而是征税后实际负担的税负为零。我国现行增值税对出口货物、劳务和跨境应税行为规定零税率，即纳税人出口货物、劳务和跨境应税行为不仅可以在出口环节免税，而且可以退还以前各环节缴纳的增值税款。

【小思考1-3】 零税率和免税有什么区别？

四、纳税环节

纳税环节指税法规定的征税对象在从生产到消费的流转过程中应当缴纳税款的具体环节。如流转税在生产和流通环节纳税、所得税在分配环节纳税等。商品从生产到消费要经历诸多流转环节，如一般货物都要经过生产、批发和零售环节，这些环节都存在销售额，都可能成为纳税环节。但考虑到税收对经济的影响、财政收入的需要以及税收征管的能力等因素，国家常常对在商品流转过程中所征税种规定不同的纳税环节。按照某种税征税环节的多少，可以将税种划分为一次课征制和多次课征制。

1. 一次课征制

一次课征制是指同一税种在商品流转的全过程中只选择某一环节课征的制度。例如，我国现行的资源税只选择在生产销售环节征税，以后的流转环节不再征收。

2. 多次课征制

多次课征制是指同一税种在商品流转全过程中选择两个或两个以上环节课征的制度。例如，我国现行的增值税在货物的生产、批发、零售等多个环节纳税。

五、纳税期限

纳税期限是指税法规定的纳税人、扣缴义务人发生纳税义务或者扣缴义务以后向国家缴纳税款或者解缴税款的期限。

不同性质的税种以及不同情况的纳税人，其纳税期限也不相同。我国现行的纳税期限有以下三种形式。

1. 按期纳税

纳税人每次发生纳税义务后，不可能马上去缴纳税款。税法规定了每种税的纳税期限，即每隔固定时间汇总一次纳税义务的时间。通过确定纳税间隔期，实行按期纳税。如增值税法规定，增值税的纳税期限分别为1日、3日、5日、10日、15日、1个月或者1个季度。

纳税人的具体纳税期限，由主管税务机关根据纳税人应纳税额的大小分别核定。纳税人以1个月或者1个季度为1个纳税期的,自期满之日起15日内申报纳税;以1日、3日、5日、10日或者15日为1个纳税期的,自期满之日起5日内预缴税款,于次月1日起15日内申报纳税并结清上月应纳税款。

2. 按次纳税

按次纳税即以纳税人从事征税范围活动的次数作为纳税期限,一般适用于对某些特定行为的征税或者对临时经营者的征税。我国现行的耕地占用税、契税等均采用按次纳税的办法。

3. 按年计征,分期预缴

按年计征,分期预缴即按规定的期限预缴税款,年度终了后汇算清缴,多退少补。分期预缴一般是按月或按季预缴。我国现行的企业所得税、房产税、城镇土地使用税等采取这种纳税方式。

六、纳税地点

纳税地点是指规定纳税人(包括代征、代扣、代缴义务人)的具体缴纳税款的地点。一般来说,税法规定的纳税地点采用属地原则,主要有企业登记注册地、实际管理机构所在地、机构所在地、居住地、经济活动发生地、财产所在地、报关地等。

七、税收优惠

税收优惠主要是对某些纳税人和征税对象采取减少征税或者免予征税的特殊规定。减税、免税规定一方面是为了鼓励纳税人和支持某些行业或项目的发展,另一方面是为了照顾某些纳税人的特殊困难,以此解决按税法规定的税率征税时不能解决的具体问题。税收优惠是税收的统一性和灵活性相结合的具体体现。

(一)减免税的基本形式

1. 税基式减免

税基式减免是通过直接缩小计税依据的方式实现的减税、免税。具体包括起征点、免征额、项目扣除和跨期结转。

1) 起征点与免征额

起征点是征税对象达到一定数额开始征税的起点。免征额是在征税对象的全部数额中免予征税的数额。

起征点与免征额同为征与否的界限。二者相同之处在于,纳税人的收入没有达到起征点或没有超过免征额的情况下,都不征税。二者不同之处在于,当纳税人收入达到或超过起征点时,就其收入全额征税;而当纳税人收入超过免征额时,只对超过免征额的部分征税。

2) 项目扣除

项目扣除是指在课税对象中扣除一定项目的数额,以其余额作为依据计算应纳税额。

3) 跨期结转

跨期结转是将以前纳税年度的经营亏损等在本纳税年度经营利润中扣除,也等于直接缩小了税基。

2. 税率式减免

税率式减免指通过降低税率的方式来实现税收的减免。

3. 税额式减免

税额式减免是指通过直接减少应纳税额的方式实现的减税免税,具体包括全部免征、减半征收、核定减免率以及另定减征额等。

(二)减免税的分类

1. 法定减免

凡是由各种税的基本法规规定的减税、免税都称为法定减免。它体现了该种税减免的基本原则规定,具有长期的适用性。

2. 临时减免

临时减免又称"困难减免",是指除法定减免和特定减免以外的其他临时性减税、免税。临时减免主要是为了照顾纳税人的某些特殊的暂时的困难而临时批准的一些减税免税,它通常是定期的减免税或一次性的减免税。

3. 特定减免

特定减免是法定减免的补充,主要是对特定地区、特定行业、特定用途的税收减免。特定减免可分为无限期的和有限期的两种。大多特定减免都是有限期的,减免税到了规定的期限,就应该按规定恢复征税。

案例与点评

资料一:在法国路易十六时代,法国社会划分为三大阶级,即贵族、僧侣和贫民。前两个阶级属于特权阶级,享有税收豁免权;贫民属于非特权阶级,税收重负几乎全部压在他们身上,占全国人口绝大多数的农民境况更加悲惨,他们除了要将收获物的一半以上交给地主外,还须交纳名目繁多的贡赋,几乎沦为赤贫。

资料二:公元前221年,秦始皇用武力统一中国,建立起大一统的封建专制王朝。在他和后继者的统治下,致力于对外军事扩张。以30万人北击匈奴,修筑长城;以50万人屯戍岭南,大兴土木;以70万人筑阿房宫,使农民疲于奔命。在这种情况下,封建财政需要和专制课税达到极点,田赋、口赋和盐铁之力20倍于古,力役、屯戍比过去重30倍。由于支出浩繁,赋敛苛重,使得男子力耕所获不够送军粮,女子日夜纺织尚衣不遮体。农民缴不起租税,就要受严刑峻法,以致狱里拥挤如市。

资料三:1980年,全国人大常委会向全国颁布施行了《中华人民共和国个人所得税法》,并规定个人工资、薪金税目的费用扣除额标准为800元。随着我国市场经济的迅猛发展,我国公民的工资水平和消费水平大大提高,最低生活费也随之不断提高,全国城市中大约有60%的居民成为个人工资、薪金所得税的纳税人,有些发达地区(如广东、浙江、江苏、上海等)的最低月工资标准都已经超过了1 600元。因此

800元的过低费用扣除额使我国所得税收入中工薪阶层缴纳的税收占了绝大部分比重,全国各地要求将免征额调高的呼声日益强烈。为减少低收入者税负,调节社会公平,缩小贫富差别,从2006年1月1日起,个人所得税的工薪收入费用扣除标准由800元提高到1 600元;2008年3月1日起,1 600元的费用扣除标准又提高到2 000元;2011年9月1日起,2 000元的费用扣除标准又提高到3 500元;2018年8月31日,第十三届全国人大常委会第五次会议表决通过了关于修改个人所得税法的决定,决定自2019年1月1日起施行,但费用扣除标准提高至每月5 000元等部分减税政策,从2018年10月1日起先行实施。

结合以上资料,谈谈你对税收的体会。

【点评】 以上三个资料,主要体现的是税收公平问题。

税收公平是指纳税人之间的地位必须平等,税收负担必须根据纳税人的负担能力分配。纳税人之间地位的平等可以分为纳税人在人格上的平等和纳税人在税负上的平等。纳税人在人格上的平等是指对所有纳税人一视同仁,使每个纳税人都具有相同的税收权利和税收义务;纳税人在税负上的平等是指同等负担能力的纳税人负担同样的税收,不同负担能力的纳税人负担不同的税收,也就是通常所说的横向公平和纵向公平。

税收公平原则不只是纳税人之间的横向公平和纵向公平,它还包括税收在国家与纳税人之间的公平与正义,并偏向于正义。国家征税应使各个纳税人的税负与其负担能力相适应,税负应按纳税人税收的承受力进行分配。税收公平要确保课税的平等性,要防范过度课税,即不能剥夺纳税人最起码的生存条件,否则将激起纳税人的反抗,秦末陈胜、吴广起义便是例证。

课税不能危害纳税人的生存权,这是宪法层次的要求。《中华人民共和国个人所得税法》中对工资、薪金税目规定免征额,是宪法生存权保障原则在税收领域的具体体现。随着我国市场经济体制的建立,国民经济得到迅猛发展,公民的工资水平和消费水平大大提高,最低生活费也随之不断提高,因此,一直不断调整个人所得税中工资、薪金税目的免征额,体现了税收公平原则中国家与纳税人之间分配税收负担的公平与正义。

本章小结

本章主要介绍了税法基础理论方面的内容。税收是国家为实现其职能,凭借政治权力,按照法律规定,通过税收工具强制地、无偿地参与国民收入和社会产品的分配和再分配取得财政收入的一种形式。税收是税法产生、存在和发展的基础,是决定税法的性质和内容的主要因素。税收与税法之间的关系,是一种经济内容与法律形式内在结合的关系。税法调整的是国家征税机关与纳税人之间基于税法事实而形成的权利与义务关系,也称税收法律关系,其包括主体、客体和内容3个要素。税收实体法构成要素包括纳税人、征税对象、税率、税收优惠、纳税环节、纳税期限、纳税地点等要素。我国现行税法体系由税收实体法和税收程序法构成。我国现行税法有18种税,按其性质和作用可分为流转税类、所得税类、资源税类、财产税类、行为和目的税类5类。

思考与练习题

【思考题】

1. 如何理解税收?
2. 税收实体法的构成要素有哪些?
3. 税率有哪些形式?全额累进税率与超额累进税率有什么区别?
4. 按照税法征收对象的不同,税法可分为哪些种类?

【练习题】

一、单项选择题

1.（　　）是区分不同税种的主要标志。
   A. 征税对象　　　B. 纳税义务人　　　C. 税目　　　D. 税率

2. 税收"三性"是个完整的整体,其中的核心是（　　）。
   A. 无偿性　　　B. 强制性　　　C. 固定性　　　D. 法律性

3. 我国税收法律关系中,权利主体纳税义务人一方的确定,采用的是（　　）。
   A. 属人主义的原则　　　　　B. 属地主义的原则
   C. 属人属地主义并重的原则　　D. 属地兼属人的原则

4. 税收法律关系中最实质的要素是（　　）。
   A. 权利主体　　　　　　　B. 权利客体
   C. 税收法律关系的内容　　　D. 税收法律事实

5. 下列税种中属于对流转额课税的是（　　）。
   A. 契税　　　B. 消费税　　　C. 资源税　　　D. 房产税

6. 我国目前税制基本上是（　　）的税制结构。
   A. 流转税为主体　　　　　　B. 所得税为主体
   C. 流转税和所得税双主体　　　D. 无主体

7. 下列税种中属于中央政府与地方政府共享收入的是（　　）。
   A. 耕地占用税　　B. 个人所得税　　C. 车辆购置税　　D. 土地增值税

8. 税收是国家财政收入的主要形式,国家征税凭借的是（　　）。
   A. 国家权力　　B. 政治权力　　C. 行政权力　　D. 财产权利

9. 某税种采用超额累进税率,其中全月应纳税所得额不超过1 500元的部分,适用税率为3%;全月应纳税所得额超过1 500元至4 500元的部分,适用税率为10%;全月应纳税所得额超过4 500元至9 000元的部分,适用税率为20%。某纳税人某月应纳税所得额为6 000元,则其该月应纳税额为（　　）元。
   A. 1 200　　　B. 555　　　C. 645　　　D. 0

10. 纳税人是指直接（　　）的单位和个人。
    A. 最终负担税款　　　　　B. 负有纳税义务

C. 代收代缴税款　　　　　　　　　D. 向税务机关缴纳税款

二、多项选择题

1. 税收法律关系的特点有（　　　）。
A. 体现国家单方面的意志
B. 权利义务关系具有不对等性
C. 主体的一方可以是纳税人，另一方只能是公益部门
D. 纳税人享有的权利多于纳税人应尽的义务

2. 下列关于税法构成要素的表述中，不正确的有（　　　）。
A. 并非所有税种都需要规定税目
B. 税目是对课税对象的量的规定
C. 税目体现征税的深度
D. 消费税、企业所得税都规定有不同的税目

3. 下列属于中央和地方共享收入的税种有（　　　）。
A. 增值税　　　　B. 关税　　　　C. 企业所得税　　　　D. 消费税

4. 我国现行税收实体法包括（　　　）。
A. 房产税法　　　B. 增值税法　　C. 印花税法　　　D. 税收征收管理法

5. 中国现行税制中采用的累进税率有（　　　）。
A. 全额累进税率　B. 超率累进税率　C. 超额累进税率　D. 超倍累进税率

8. 税收征管法属于我国税法体系中的（　　　）。
A. 税收基本法　　B. 税收实体法　　C. 税收程序法　　D. 国内税法

三、判断题

1. 税法是调整税务机关与纳税人关系的法律规范，其本质是税务机关依据国家的行政权力向纳税人进行课税。（　　）

2. 在税收法律关系中，征纳双方法律地位的平等主要体现为双方权利与义务的对等。（　　）

3. 税法中规定，征税对象的数量界限达到或超过某一界限时，全额纳税，未达到某一界限的不纳税，该界限属于免征额。（　　）

4. 在税收法律关系中，代表国家行使征税职权的税务机关是权利主体，履行纳税义务的法人、自然人是义务主体或称权利客体。（　　）

5. 根据国家有关法律、法规的规定，税务机关是国家税收征收的唯一行政执法主体。（　　）

6. 税务机关在征税过程中，可视纳税人的态度酌情减免税。（　　）

第二章 增值税法

 学习目的与要求

1. 重点掌握征税范围的一般规定,熟悉销售服务的具体范围和征税范围的特殊规定。
2. 熟悉两类纳税人的划分标准。
3. 熟悉税率和征收率的档位,掌握销售额的确定。
4. 重点掌握进项税额抵扣的有关规定。
5. 重点掌握应纳税额的计算。
6. 掌握进口货物征税。
7. 了解出口退税。
8. 掌握增值税纳税义务发生的时间。

增值税是以商品和劳务在流转过程中产生的增值额作为征税对象而征收的一种流转税。增值税法是指国家制定的用以调整增值税征收和缴纳之间权利及义务关系的法律规范。

我国现行增值税的基本规范是 2017 年 11 月 19 日国务院令第 691 号公布的《中华人民共和国增值税暂行条例》(以下简称《增值税暂行条例》)和财政部、国家税务总局 2016 年 3 月 23 日共同发布的《财政部国家税务总局关于全面推开营业税改征增值税试点的通知》(以下简称《营改增通知》)的相关规定,以及 2011 年修订的《中华人民共和国增值税暂行条例实施细则》(以下简称《增值税暂行条例实施细则》)。

第一节 纳税义务人及征税范围

一、纳税义务人

(一)纳税人的基本规定

在中华人民共和国境内(以下简称境内)销售货物或者加工、修理修配劳务(以下简称劳务),销售服务、无形资产、不动产以及进口货物的单位和个人,为增值税纳税人,应当依照《增值税暂行条例》缴纳增值税。

单位,是指企业、行政单位、事业单位、军事单位、社会团体及其他单位。

个人,是指个体工商户和其他个人。

在境内销售或进口货物、提供劳务的单位租赁或承包给其他单位或个人经营的,以承租人或承包人为纳税人。

单位以承包、承租、挂靠方式经营的,承包人、承租人、挂靠人(以下统称承包人)以发包人、出租人、被挂靠人(以下统称发包人)名义对外经营并由发包人承担相关法律责任的,以该发包人为纳税人。否则,以承包人为纳税人。

(二)纳税人的分类

根据纳税人的经营规模以及会计核算健全程度的不同,增值税的纳税人可划分为小规模纳税人和一般纳税人。

1. 小规模纳税人

增值税小规模纳税人标准为年应征增值税销售额500万元及以下。

年应税销售额,是指纳税人在连续不超过12个月或4个季度的经营期内累计应征增值税销售额,包括纳税申报销售额、稽查查补销售额、纳税评估调整销售额。

销售服务、无形资产或者不动产有扣除项目的纳税人,其年应税销售额按未扣除之前的销售额计算。纳税人偶然发生的销售无形资产、转让不动产的销售额,不计入年应税销售额。

小规模纳税人会计核算健全,能够提供准确税务资料的,可以向税务机关申请登记为一般纳税人,不再作为小规模纳税人。会计核算健全,是指能够按照国家统一的会计制度规定设置账簿,根据合法、有效凭证核算。

小规模纳税人实行简易征税办法,并且一般不使用增值税专用发票,但基于增值税征收管理中一般纳税人与小规模纳税人之间客观存在的经济往来的实情,小规模纳税人可以到税务机关代开增值税专用发票。

为持续推进放管服(即简政放权、放管结合、优化服务的简称)改革,全面推行小模纳税人自行开具增值税专用发票。小规模纳税人(其他个人除外)发生应税销售行为,需要开具增值税专用发票的,可以自愿使用增值税发票管理系统自行开具。

2. 一般纳税人

一般纳税人,是指年应税销售额超过财政部、国家税务总局规定的小规模纳税人标准的企业和企业性单位。

一般纳税人实行登记制,除另有规定外,应当向税务机关办理登记手续。

下列纳税人不办理一般纳税人登记:

(1)按照政策规定,选择按照小规模纳税人纳税的;

(2)年应税销售额超过规定标准的其他个人。

纳税人自一般纳税人生效之日起,按照增值税一般计税方法计算应纳税额,并可以按照规定领用增值税专用发票,财政部、国家税务总局另有规定的除外。

纳税人登记为一般纳税人后,不得转为小规模纳税人,国家税务总局另有规定的除外。

(三)扣缴义务人

中华人民共和国境外的单位或者个人在境内销售劳务,在境内未设有经营机构的,以其境内代理人为扣缴义务人;在境内没有代理人的,以购买方为扣缴义务人。

【小思考 2-1】 琳楠公司从事旅游服务并兼有办公耗材销售业务,截至 2021 年 8 月 30 日,公司连续 12 个月的旅游服务销售额(含税)505 万元,耗材销售额(不含税)50 万元。该公司是否必须进行增值税一般纳税人认定?

二、征税范围

增值税的征税范围包括在境内销售货物、劳务、服务、无形资产、不动产(以下统称应税销售行为)以及进口货物。

(一)征税范围的一般规定

现行增值税征税范围的一般规定包括应税销售行为和进口的货物。

1. 销售或者进口的货物

货物是指有形动产,包括电力、热力、气体在内。销售货物是指有偿转让货物的所有权。有偿,是指从购买方取得货币、货物或者其他经济利益。

2. 销售劳务

劳务是指纳税人提供的加工、修理修配劳务。加工是指受托加工货物,即委托方提供原料及主要材料,受托方按照委托方的要求制造货物并收取加工费的业务;修理修配是指受托对损伤和丧失功能的货物进行修复,使其恢复原状和功能的业务。

提供应税劳务,是指有偿提供劳务。单位或者个体工商户聘用的员工为本单位或者雇主提供劳务不包括在内。

3. 销售服务

服务包括交通运输服务、邮政服务、电信服务、建筑服务、金融服务、现代服务、生活服务。

1)交通运输服务

交通运输服务,是指利用运输工具将货物或者旅客送达目的地,使其空间位置得到转移的业务活动。包括陆路运输服务、水路运输服务、航空运输服务和管道运输服务。

(1)陆路运输服务,是指通过陆路(地上或者地下)运送货物或者旅客的运输业务活动,包括铁路运输服务和其他陆路运输服务。

①铁路运输服务,是指通过铁路运送货物或者旅客的运输业务活动。

②其他陆路运输服务,是指铁路运输以外的陆路运输业务活动。包括公路运输、缆车运输、索道运输、地铁运输、城市轻轨运输等。

出租车公司向使用本公司自有出租车的出租车司机收取的管理费用,按照陆路运输服务缴纳增值税。

(2)水路运输服务,是指通过江、河、湖、川等天然、人工水道或者海洋航道运送货物或者旅客的运输业务活动。

水路运输的程租、期租业务,属于水路运输服务。

程租业务,是指运输企业为租船人完成某一特定航次的运输任务并收取租赁费的业务。

期租业务,是指运输企业将配备有操作人员的船舶承租给他人使用一定期限,承租期内听候承租方调遣,不论是否经营,均按天向承租方收取租赁费,发生的固定费用均由船东负担的业务。

(3)航空运输服务,是指通过空中航线运送货物或者旅客的运输业务活动。

航空运输的湿租业务,属于航空运输服务。

湿租业务,是指航空运输企业将配备有机组人员的飞机承租给他人使用一定期限,承租期内听候承租方调遣,不论是否经营,均按一定标准向承租方收取租赁费,发生的固定费用均由承租方承担的业务。

航天运输服务,按照航空运输服务缴纳增值税。航天运输服务是指利用火箭等载体将卫星、空间探测器等空间飞行器发射到空间轨道的业务活动。

(4)管道运输服务,是指通过管道设施输送气体、液体、固体物质的运输业务活动。

无运输工具承运业务,按照交通运输服务缴纳增值税。无运输工具承运业务是指经营者以承运人身份与托运人签订运输服务合同,收取运费并承担承运人责任,然后委托实际承运人完成运输服务的经营活动。

自2018年1月1日起,纳税人已售票但客户逾期未消费取得的运输逾期票证收入,按照"交通运输服务"缴纳增值税。

2)邮政服务

邮政服务,是指中国邮政集团公司及其所属邮政企业提供邮件寄递、邮政汇兑和机要通信等邮政基本服务的业务活动,包括邮政普遍服务、邮政特殊服务和其他邮政服务。

(1)邮政普遍服务,是指函件、包裹等邮件寄递,以及邮票发行、报刊发行和邮政汇兑等业务活动。

函件,是指信函、印刷品、邮资封片卡、无名址函件和邮政小包等。

包裹,是指按照封装上的名址递送给特定个人或者单位的独立封装的物品,其重量不超过50千克,任何一边的尺寸不超过150厘米,长、宽、高合计不超过300厘米。

(2)邮政特殊服务,是指义务兵平常信函、机要通信、盲人读物和革命烈士遗物的寄递等业务活动。

(3)其他邮政服务,是指邮册等邮品销售、邮政代理等业务活动。

3)电信服务

电信服务,是指利用有线、无线的电磁系统或者光电系统等各种通信网络资源,提供语音通话服务,传送、发射、接收或者应用图像、短信等电子数据和信息的业务活动。包括基础电信服务和增值电信服务。

(1)基础电信服务,是指利用固网、移动网、卫星、互联网,提供语音通话服务的业务活动,以及出租或者出售带宽、波长等网络元素的业务活动。

(2)增值电信服务,是指利用固网、移动网、卫星、互联网、有线电视网络,提供短信和彩信服务、电子数据和信息的传输及应用服务、互联网接入服务等业务活动。

卫星电视信号落地转接服务,按照增值电信服务缴纳增值税。

4)建筑服务

建筑服务,是指各类建筑物、构筑物及其附属设施的建造、修缮、装饰,线路、管道、设备、设施等的安装以及其他工程作业的业务活动。包括工程服务、安装服务、修缮服务、装饰服务和其他建筑服务。

(1)工程服务,是指新建、改建各种建筑物、构筑物的工程作业,包括与建筑物相连的各种设备或者支柱、操作平台的安装或者装设工程作业,以及各种窑炉和金属结构工程作业。

(2)安装服务,是指生产设备、动力设备、起重设备、运输设备、传动设备、医疗实验设备以及其他各种设备、设施的装配、安置工程作业,包括与被安装设备相连的工作台、梯子、栏杆的装设工程作业,以及被安装设备的绝缘、防腐、保温、油漆等工程作业。

固定电话、有线电视、宽带、水、电、燃气、暖气等经营者向用户收取的安装费、初装费、开户费、扩容费以及类似收费,按照安装服务缴纳增值税。

(3)修缮服务,是指对建筑物、构筑物进行修补、加固、养护、改善,使之恢复原来的使用价值或者延长其使用期限的工程作业。

(4)装饰服务,是指对建筑物、构筑物进行修饰装修,使之美观或者具有特定用途的工程作业。

(5)其他建筑服务,是指上列工程作业之外的各种工程作业服务,如钻井(打井)、拆除建筑物或者构筑物、平整土地、园林绿化、疏浚(不包括航道疏浚)、建筑物平移、搭脚手架、爆破、矿山穿孔、表面附着物(包括岩层、土层、沙层等)剥离和清理等工程作业。纳税人将建筑施工设备出租给他人使用并配备操作人员的,按照"建筑服务"缴纳增值税。

5)金融服务

金融服务,是指经营金融保险的业务活动。包括贷款服务、直接收费金融服务、保险服务和金融商品转让。

(1)贷款服务。贷款,是指将资金贷与他人使用而取得利息收入的业务活动。

各种占用、拆借资金取得的收入,包括金融商品持有期间(含到期)利息(保本收益、报酬、资金占用费、补偿金等)收入、信用卡透支利息收入、买入返售金融商品利息收入、融资融券收取的利息收入,以及融资性售后回租、押汇、罚息、票据贴现、转贷等业务取得的利息及利息性质的收入,按照贷款服务缴纳增值税。

融资性售后回租,是指承租方以融资为目的,将资产出售给从事融资性售后回租业务的企业后,从事融资性售后回租业务的企业将该资产出租给承租方的业务活动。

以货币资金投资收取的固定利润或者保底利润,按照贷款服务缴纳增值税。

(2)直接收费金融服务,是指为货币资金融通及其他金融业务提供相关服务并且收取费用的业务活动。包括提供货币兑换、账户管理、电子银行、信用卡、信用证、财务担保、资产管理、信托管理、基金管理、金融交易场所(平台)管理、资金结算、资金清算、金融支付等服务。

(3)保险服务,是指投保人根据合同约定,向保险人支付保险费,保险人对于合同约定的可能发生的事故因其发生所造成的财产损失承担赔偿保险金责任,或者当被保险人死亡、伤残、疾病或者达到合同约定的年龄、期限等条件时承担给付保险金责任的商业保险行为。包括人身保险服务和财产保险服务。

人身保险服务,是指以人的寿命和身体为保险标的的保险业务活动。

财产保险服务,是指以财产及其有关利益为保险标的的保险业务活动。

(4)金融商品转让,是指转让外汇、有价证券、非货物期货和其他金融商品所有权的业务活动。

其他金融商品转让包括基金、信托、理财产品等各类资产管理产品和各种金融衍生品的转让。纳税人购入基金、信托、理财产品等各类资产管理产品持有至到期,不属于金融商品转让。

6)现代服务

现代服务,是指围绕制造业、文化产业、现代物流产业等提供技术性、知识性服务的业务活动。包括研发和技术服务、信息技术服务、文化创意服务、物流辅助服务、租赁服务、鉴证咨询服务、广播影视服务、商务辅助服务和其他现代服务。

(1)研发和技术服务,包括研发服务、合同能源管理服务、工程勘察勘探服务、专业技术服务。

①研发服务,也称技术开发服务,是指就新技术、新产品、新工艺或者新材料及其系统进行研究与试验开发的业务活动。

②合同能源管理服务,是指节能服务公司与用能单位以契约形式约定节能目标,节能服务公司提供必要的服务,用能单位以节能效果支付节能服务公司投入及其合理报酬的业务活动。

③工程勘察勘探服务,是指在采矿、工程施工前后,对地形、地质构造、地下资源蕴藏情况进行实地调查的业务活动。

④专业技术服务,是指气象服务、地震服务、海洋服务、测绘服务、城市规划、环境与生态监测服务等专项技术服务。

(2)信息技术服务,是指利用计算机、通信网络等技术对信息进行生产、收集、处理、加工、存储、运输、检索和利用,并提供信息服务的业务活动。包括软件服务、电路设计及测试服务、信息系统服务、业务流程管理服务和信息系统增值服务。

①软件服务,是指提供软件开发服务、软件维护服务、软件测试服务的业务活动。

②电路设计及测试服务,是指提供集成电路和电子电路产品设计、测试及相关技术支持服务的业务活动。

③信息系统服务,是指提供信息系统集成、网络管理、网站内容维护、桌面管理与维护、信息系统应用、基础信息技术管理平台整合、信息技术基础设施管理、数据中心、托管中心、信息安全服务、在线杀毒、虚拟主机等业务活动。包括网站对非自有的网络游戏提供的网络运营服务。

④业务流程管理服务,是指依托信息技术提供的人力资源管理、财务经济管理、审计管理、税务管理、物流信息管理、经营信息管理和呼叫中心等服务的活动。

⑤信息系统增值服务,是指利用信息系统资源为用户附加提供的信息技术服务。包括数据处理、分析和整合、数据库管理、数据备份、数据存储、容灾服务、电子商务平台等。

(3)文化创意服务,包括设计服务、知识产权服务、广告服务和会议展览服务。

①设计服务,是指把计划、规划、设想通过文字、语言、图画、声音、视觉等形式传递出来的业务活动。包括工业设计、内部管理设计、业务运作设计、供应链设计、造型设计、服装设计、环境设计、平面设计、包装设计、动漫设计、网游设计、展示设计、网站设计、机械设计、工程设计、广告设计、创意策划、文印晒图等。

②知识产权服务,是指处理知识产权事务的业务活动。包括对专利、商标、著作权、软件、集成电路布图设计的登记、鉴定、评估、认证、检索服务。

③广告服务,是指利用图书、报纸、杂志、广播、电视、电影、幻灯、路牌、招贴、橱窗、霓虹灯、灯箱、互联网等各种形式为客户的商品、经营服务项目、文体节目或者通告、声明等委托事项进行宣传和提供相关服务的业务活动。包括广告代理和广告的发布、播映、宣传、展示等。

④会议展览服务,是指为商品流通、促销、展示、经贸洽谈、民间交流、企业沟通、国际往来等举办或者组织安排的各类展览和会议的业务活动。

宾馆、旅馆、旅社、度假村和其他经营性住宿场所提供会议场地及配套服务的活动,按照"会议展览服务"缴纳增值税。

(4)物流辅助服务,包括航空服务、港口码头服务、货运客运场站服务、打捞救助服务、装卸搬运服务、仓储服务和收派服务。

①航空服务,包括航空地面服务和通用航空服务。

航空地面服务,是指航空公司、飞机场、民航管理局、航站等向在境内航行或者在境内机场停留的境内外飞机或者其他飞行器提供的导航等劳务性地面服务的业务活动。包括旅客安全检查服务、停机坪管理服务、机场候机厅管理服务、飞机清洗消毒服务、空中飞行管理服务、飞机起降服务、飞行通讯服务、地面信号服务、飞机安全服务、飞机跑道管理服务、空中交通管理服务等。

通用航空服务,是指为专业工作提供飞行服务的业务活动,包括航空摄影、航空培训、航空测量、航空勘探、航空护林、航空吊挂播洒、航空降雨、航空气象探测、航空海洋监测、航空科学实验等。

②港口码头服务,是指港务船舶调度服务、船舶通讯服务、航道管理服务、航道疏浚服务、灯塔管理服务、航标管理服务、船舶引航服务、理货服务、系解缆服务、停泊和移泊服务、海上船舶溢油清除服务、水上交通管理服务、船只专业清洗消毒检测服务和防止船只漏油服务等为船只提供服务的业务活动。

港口设施经营人收取的港口设施保安费按照港口码头服务缴纳增值税。

③货运客运场站服务,是指货运客运场站提供货物配载服务、运输组织服务、中转换乘服务、车辆调度服务、票务服务、货物打包整理、铁路线路使用服务、加挂铁路客车服务、铁路行包专列发送服务、铁路到达和中转服务、铁路车辆编解服务、车辆挂运服务、铁路接触网服务、铁路机车牵引服务等业务活动。

④打捞救助服务,是指提供船舶人员救助、船舶财产救助、水上救助和沉船沉物打捞服务的业务活动。

⑤装卸搬运服务,是指使用装卸搬运工具或者人力、畜力将货物在运输工具之间、装卸现场之间或者运输工具与装卸现场之间进行装卸和搬运的业务活动。

⑥仓储服务,是指利用仓库、货场或者其他场所代客贮放、保管货物的业务

活动。

⑦收派服务,是指接受寄件人委托,在承诺的时限内完成函件和包裹的收件、分拣、派送服务的业务活动。收件服务,是指从寄件人收取函件和包裹,并运送到服务提供方同城的集散中心的业务活动。分拣服务,是指服务提供方在其集散中心对函件和包裹进行归类、分发的业务活动。派送服务,是指服务提供方从其集散中心将函件和包裹送达同城的收件人的业务活动。

(5)租赁服务,包括融资租赁服务和经营租赁服务。

①融资租赁服务,是指具有融资性质和所有权转移特点的租赁活动。即出租人根据承租人所要求的规格、型号、性能等条件购入有形动产或者不动产租赁给承租人,合同期内租赁物所有权属于出租人,承租人只拥有使用权,合同期满付清租金后,承租人有权按照残值购入租赁物,以拥有其所有权。不论出租人是否将租赁物销售给承租人,均属于融资租赁。

按照标的物的不同,融资租赁服务可分为有形动产融资租赁服务和不动产融资租赁服务。

融资性售后回租不按照本税目缴纳增值税。

②经营租赁服务,是指在约定时间内将有形动产或者不动产转让他人使用且租赁物所有权不变更的业务活动。按照标的物的不同,经营租赁服务可分为有形动产经营租赁服务和不动产经营租赁服务。

将建筑物、构筑物等不动产或者飞机、车辆等有形动产的广告位出租给其他单位或者个人用于发布广告,按照经营租赁服务缴纳增值税。

车辆停放服务、道路通行服务(包括过路费、过桥费、过闸费等)等按照不动产经营租赁服务缴纳增值税。

水路运输的光租业务、航空运输的干租业务,属于经营租赁。

光租业务,是指运输企业将船舶在约定的时间内出租给他人使用,不配备操作人员,不承担运输过程中发生的各项费用,只收取固定租赁费的业务活动。

干租业务,是指航空运输企业将飞机在约定的时间内出租给他人使用,不配备机组人员,不承担运输过程中发生的各项费用,只收取固定租赁费的业务活动。

(6)鉴证咨询服务,包括认证服务、鉴证服务和咨询服务。

①认证服务,是指具有专业资质的单位利用检测、检验、计量等技术,证明产品、服务、管理体系符合相关技术规范、相关技术规范的强制性要求或者标准的业务活动。

②鉴证服务,是指具有专业资质的单位受托对相关事项进行鉴证,发表具有证明力的意见的业务活动。包括会计鉴证、税务鉴证、法律鉴证、职业技能鉴定、工程造价鉴证、工程监理、资产评估、环境评估、房地产土地评估、建筑图纸审核、医疗事故鉴定等。

③咨询服务,是指提供信息、建议、策划、顾问等服务的活动。包括金融、软件、技术、财务、税收、法律、内部管理、业务运作、流程管理、健康等方面的咨询。

翻译服务和市场调查服务按照咨询服务缴纳增值税。

(7)广播影视服务,包括广播影视节目(作品)的制作服务、发行服务和播映(含放映,下同)服务。

①广播影视节目(作品)制作服务,是指进行专题(特别节目)、专栏、综艺、体育、动画片、广播剧、电视剧、电影等广播影视节目和作品制作的服务。具体包括与广播影视节目和作品相关的策划、采编、拍摄、录音、音视频文字图片素材制作、场景布置、后期的剪辑、翻译(编译)、字幕制作、片头、片尾、片花制作、特效制作、影片修复、编目和确权等业务活动。

②广播影视节目(作品)发行服务,是指以分账、买断、委托等方式,向影院、电台、电视台、网站等单位和个人发行广播影视节目(作品)以及转让体育赛事等活动的报道及播映权的业务活动。

③广播影视节目(作品)播映服务,是指在影院、剧院、录像厅及其他场所播映广播影视节目(作品),以及通过电台、电视台、卫星通信、互联网、有线电视等无线或者有线装置播映广播影视节目(作品)的业务活动。

(8)商务辅助服务,包括企业管理服务、经纪代理服务、人力资源服务、安全保护服务。

①企业管理服务,是指提供总部管理、投资与资产管理、市场管理、物业管理、日常综合管理等服务的业务活动。

②经纪代理服务,是指各类经纪、中介、代理服务。包括金融代理、知识产权代理、货物运输代理、代理报关、法律代理、房地产中介、职业中介、婚姻中介、代理记账、拍卖等。

拍卖行受托拍卖取得的手续费或佣金收入,按照"经纪代理服务"缴纳增值税。

货物运输代理服务,是指接受货物收货人、发货人、船舶所有人、船舶承租人或者船舶经营人的委托,以委托人的名义,为委托人办理货物运输、装卸、仓储和船舶进出港口、引航、靠泊等相关手续的业务活动。

代理报关服务,是指接受进出口货物的收、发货人委托,代为办理报关手续的业务活动。

③人力资源服务,是指提供公共就业、劳务派遣、人才委托招聘、劳动力外包等服务的业务活动。

④安全保护服务,是指提供保护人身安全和财产安全,维护社会治安等的业务活动。包括场所住宅保安、特种保安、安全系统监控以及其他安保服务。

(9)其他现代服务,是指除研发和技术服务、信息技术服务、文化创意服务、物流辅助服务、租赁服务、鉴证咨询服务、广播影视服务和商务辅助服务以外的现代服务。

纳税人为客户办理退票而向客户收取的退票费、手续费等收入,按照"其他现代服务"缴纳增值税。

纳税人为安装运行后的电梯提供的维护保养服务,按照"其他现代服务"缴纳增值税。

7)生活服务

生活服务,是指为满足城乡居民日常生活需求提供的各类服务活动。包括文化体育服务、教育医疗服务、旅游娱乐服务、餐饮住宿服务、居民日常服务和其他生活服务。

(1)文化体育服务,包括文化服务和体育服务。

①文化服务,是指为满足社会公众文化生活需求提供的各种服务。包括:文艺创作、文艺表演、文化比赛,图书馆的图书和资料借阅,档案馆的档案管理,文物及非物质遗产保护,组织举办宗教活动、科技活动、文化活动,提供游览场所。

纳税人在游览场所经营索道、摆渡车、电瓶车、游船等取得的收入,按照"文化体育服务"缴纳增值税。

②体育服务,是指组织举办体育比赛、体育表演、体育活动,以及提供体育训练、体育指导、体育管理的业务活动。

(2)教育医疗服务,包括教育服务和医疗服务。

①教育服务,是指提供学历教育服务、非学历教育服务、教育辅助服务的业务活动。

学历教育服务,是指根据教育行政管理部门确定或者认可的招生和教学计划组织教学,并颁发相应学历证书的业务活动。包括初等教育、初级中等教育、高级中等教育、高等教育等。

非学历教育服务,包括学前教育、各类培训、演讲、讲座、报告会等。

教育辅助服务,包括教育测评、考试、招生等服务。

②医疗服务,是指提供医学检查、诊断、治疗、康复、预防、保健、接生、计划生育、防疫服务等方面的服务,以及与这些服务有关的提供药品、医用材料器具、救护车、病房住宿和伙食的业务。

(3)旅游娱乐服务,包括旅游服务和娱乐服务。

①旅游服务,是指根据旅游者的要求,组织安排交通、游览、住宿、餐饮、购物、文娱、商务等服务的业务活动。

②娱乐服务,是指为娱乐活动同时提供场所和服务的业务,具体包括歌厅、舞厅、夜总会、酒吧、台球、高尔夫球、保龄球、游艺(包括射击、狩猎、跑马、游戏机、蹦极、卡丁车、热气球、动力伞、射箭、飞镖)。

(4)餐饮住宿服务,包括餐饮服务和住宿服务。

①餐饮服务,是指通过同时提供饮食和饮食场所的方式为消费者提供饮食消费服务的业务活动。

②住宿服务,是指提供住宿场所及配套服务等的活动。包括宾馆、旅馆、旅社、度假村和其他经营性住宿场所提供的住宿服务。纳税人以长(短)租形式出租酒店式公寓并提供配套服务的,按照"住宿服务"缴纳增值税。

(5)居民日常服务,是指主要为满足居民个人及其家庭日常生活需求提供的服务,包括市容市政管理、家政、婚庆、养老、殡葬、照料和护理、救助救济、美容美发、按摩、桑拿、氧吧、足疗、沐浴、洗染、摄影扩印等服务。

(6)其他生活服务,是指除文化体育服务、教育医疗服务、旅游娱乐服务、餐饮住宿服务和居民日常服务之外的生活服务。

纳税人提供的植物养护服务,按照"其他生活服务"缴纳增值税。

【小思考2-2】 思考下列问题:①"代驾"按照什么税目缴纳增值税?②物业收取的门禁卡工本费,按什么项目缴纳增值税?③健身房收取健身费包括健身卡工本费,按什么项目缴纳增值税?④网吧按什么税目缴纳增值税?⑤提供滑雪服务按什么税目征收增值税?⑥客人因为损坏商品支付给酒店的赔偿款,酒店需要缴纳增值税吗?按什么税目缴纳?⑦翻译服务和市场调查服务应按照什么征收增值税?⑧个人股东无偿借款给公司是否需要缴纳增值税?⑨货物运输代理和代理报关属于物流辅助服务吗?⑩某企业为建材城,主要业务为出租摊位,该笔业务是按照出租不动产经营租赁征收增值税还是按照生活服务业征收增值税?

4. 销售无形资产

销售无形资产,是指转让无形资产所有权或者使用权的业务活动。无形资产,是指不具实物形态,但能带来经济利益的资产,包括技术、商标、著作权、商誉、自然资源使用权和其他权益性无形资产。

技术,包括专利技术和非专利技术。

自然资源使用权,包括土地使用权、海域使用权、探矿权、采矿权、取水权和其他自然资源使用权。

其他权益性无形资产,包括基础设施资产经营权、公共事业特许权、配额、经营权(包括特许经营权、连锁经营权、其他经营权)、经销权、分销权、代理权、会员权、席位权、网络游戏虚拟道具、域名、名称权、肖像权、冠名权、转会费等。

5. 销售不动产

销售不动产,是指转让不动产所有权的业务活动。不动产,是指不能移动或者移动后会引起性质、形状改变的财产,包括建筑物、构筑物等。

建筑物,包括住宅、商业营业用房、办公楼等可供居住、工作或者进行其他活动的建造物。

构筑物,包括道路、桥梁、隧道、水坝等建造物。

转让建筑物有限产权或者永久使用权的,转让在建的建筑物或者构筑物所有权的,以及在转让建筑物或者构筑物时一并转让其所占土地的使用权的,按照销售不动产缴纳增值税。

6. 非经营活动的界定

销售服务、无形资产或者不动产,是指有偿提供服务、有偿转让无形资产或者不动产。有偿,是指取得货币、货物或者其他经济利益。下列非经营活动的情形除外:

(1)行政单位收取的同时满足以下条件的政府性基金或者行政事业性收费。

①由国务院或者财政部批准设立的政府性基金,由国务院或者省级人民政府及其财政、价格主管部门批准设立的行政事业性收费;

②收取时开具省级以上(含省级)财政部门监(印)制的财政票据;

③所收款项全额上缴财政。

(2)单位或者个体工商户聘用的员工为本单位或者雇主提供取得工资的服务。

(3)单位或者个体工商户为聘用的员工提供服务。

(4)财政部和国家税务总局规定的其他情形。

7. 境内的规定

(1)在境内销售货物或者劳务,是指:

①销售货物的起运地或者所在地在境内；
②提供的劳务发生在境内。
(2)在境内销售服务、无形资产或者不动产,是指：
①服务(租赁不动产除外)或者无形资产(自然资源使用权除外)的销售方或者购买方在境内；
②所销售或者租赁的不动产在境内；
③所销售自然资源使用权的自然资源在境内；
④财政部和国家税务总局规定的其他情形。
下列情形不属于在境内销售服务或者无形资产：
①境外单位或者个人向境内单位或者个人销售完全在境外发生的服务；
②境外单位或者个人向境内单位或者个人销售完全在境外使用的无形资产；
③境外单位或者个人向境内单位或者个人出租完全在境外使用的有形动产；
④财政部和国家税务总局规定的其他情形。

(二)征税范围的特殊规定

1.不征收增值税的项目
(1)根据国家指令无偿提供的铁路运输服务、航空运输服务,属于用于公益事业或者以社会公众为对象的用于公益事业的服务,不征收增值税。
(2)存款利息不征收增值税。
(3)被保险人获得的保险赔付不征收增值税。
(4)房地产主管部门或者其指定机构、公积金管理中心、开发企业以及物业管理单位代收的住宅专项维修资金,不征收增值税。
(5)在资产重组过程中,通过合并、分立、出售、置换等方式,将全部或者部分实物资产以及与其相关联的债权、负债和劳动力一并转让给其他单位和个人,不征收增值税。

2.属于征税范围的特殊行为
1)视同销售行为
(1)单位或者个体工商户的下列行为,视同销售货物,征收增值税：
①将货物交付其他单位或者个人代销；
②销售代销货物；
③设有两个以上机构并实行统一核算的纳税人,将货物从一个机构移送至其他机构用于销售,但相关机构设在同一县(市)的除外；
④将自产或者委托加工的货物用于非应税项目；
⑤将自产、委托加工的货物用于集体福利或者个人消费；
⑥将自产、委托加工或者购进的货物作为投资,提供给其他单位或者个体工商户；
⑦将自产、委托加工或者购进的货物分配给股东或者投资者；
⑧将自产、委托加工或者购进的货物无偿赠送其他单位或者个人。

【小思考 2-3】 为什么上述 8 种行为应该确定为视同销售货物行为,均要征收增值税?

(2)单位或者个体工商户的下列行为,视同销售服务、无形资产或者不动产,征收增值税:

①单位或者个体工商户向其他单位或者个人无偿提供服务,但用于公益事业或者以社会公众为对象的除外;

②单位或者个人向其他单位或者个人无偿转让无形资产或者不动产,但用于公益事业或者以社会公众为对象的除外;

③财政部和国家税务总局规定的其他情形。

2)混合销售行为

一项销售行为如果既涉及货物又涉及服务,为混合销售。从事货物的生产、批发或者零售的单位和个体工商户的混合销售行为,按照销售货物缴纳增值税;其他单位和个体工商户的混合销售行为,按照销售服务缴纳增值税。

上述从事货物的生产、批发或者零售的单位和个体工商户,包括以从事货物的生产、批发或者零售为主,并兼营销售服务的单位和个体工商户在内。

混合销售行为成立的行为标准有两点,一是其销售行为必须是一项;二是该项行为必须既涉及货物销售又涉及服务。这两点必须同时满足。如果一项销售行为只涉及销售服务,不涉及货物,这种行为就不是混合销售行为;反之,如果涉及销售服务和涉及货物的行为,不是存在一项销售行为之中,这种行为也不是混合销售行为。

注意:纳税人销售活动板房、机器设备、钢结构件等自产货物的同时提供建筑、安装服务,不属于混合销售行为,应分别核算货物和建筑服务的销售额,分别适用不同的税率或征收率。

3)兼营销售行为

兼营销售行为,是指纳税人在生产经营活动中,既存在销售货物或提供劳务的行为,又存在销售服务、无形资产或不动产的行为,且行为之间没有直接联系或从属关系。如某商贸公司,一方面批发、零售货物,另一方面其运输车队又对外承接运输业务。

纳税人兼营不同税率项目,应当分别核算不同税率项目的销售额;未分别核算销售额的,从高适用税率。

所谓"分别核算",是指对兼营的不同税率项目在取得收入后,应分别如实记账,分别核算销售额,并按照不同的税率计算各自应纳税额。所谓"未分别核算的,从高适用税率",是指兼营不同税率项目而取得的混合在一起的销售额,本应按 13%、9%、6% 等不同税率分别计税,但由于未分别核算,因此,只能以不减少上缴国家的税收为前提,对混在一起的销售额一律按最高税率计税。

纳税人兼营免税、减税项目的,应当分别核算免税、减税项目的销售额;未分别核算的,不得免税、减税。

【小思考 2-4】 混合销售与兼营销售的相同点与不同点是什么?

【小思考 2-5】

(1)某工贸家电是增值税一般纳税人。销售电器的同时还提供送货上门服务。2022年9月,工贸家电销售一批价值50万元(不含税)的电视,并将该批电视运到购买方,向其收取了800元的运费,并开具了相应的发票。

(2)2022年7月,天天公司是一般纳税人,和好又多超市签订合同,销售蛋糕和大米给该超市。其中蛋糕不含税价款10万元,大米不含税价款20万元。同月,天天公司又和大地公司签订合同,由天天公司出租蛋糕加工器具给大地公司,合同价款1万元。

请问工贸家电和天天公司应如何进行税务处理?

第二节　税率与征收率

一、增值税税率

(一)标准税率

自2019年4月1日起,一般纳税人销售或进口货物、劳务、有形动产租赁服务或者进口货物,除下列第(二)项、第(四)项另有规定外,税率为13%。

(二)9%低税率

自2019年4月1日起,增值税一般纳税人销售交通运输、邮政、基础电信、建筑、不动产租赁服务,销售不动产,转让土地使用权,销售或者进口下列货物,税率为9%:

(1)粮食等农产品、食用植物油、食用盐;

(2)自来水、暖气、冷气、热水、煤气、石油、液化气、天然气、二甲醚、沼气、居民用煤炭制品;

(3)图书、报纸、杂志、音像制品、电子出版物;

(4)饲料、化肥、农药、农机、农膜;

(5)国务院规定的其他货物。

农产品是指种植业、养殖业、林业、牧业、水产业生产的各种植物、动物的初级产品。具体征税范围暂继续按照《农业产品征税范围注释》及现行相关规定执行,包括挂面、干姜、姜黄、玉米胚芽、动物骨粒、按照《食品安全国家标准——巴氏杀菌乳》生产的巴氏杀菌乳、按照《食品安全国家标准——灭菌乳》生产的灭菌乳。

(三)6%低税率

增值税一般纳税人销售服务、无形资产,除(一)、(二)、(四)项另有规定外,税率为6%。

(四)出口零税率

纳税人出口货物,税率为零;但是,国务院另有规定的除外。

境内单位和个人跨境销售国务院规定范围内的服务、无形资产,税率为零。

根据"营改增通知"的相关规定,服务、无形资产的零税率政策如下。

(1)国际运输服务,是指:

①在境内载运旅客或者货物出境;

②在境外载运旅客或者货物入境;

③在境外载运旅客或者货物。

(2)航天运输服务。

(3)向境外单位提供的完全在境外消费的下列服务:

①研发服务;

②合同能源管理服务;

③设计服务;

④广播影视节目(作品)的制作和发行服务;

⑤软件服务;

⑥电路设计及测试服务;

⑦信息系统服务;

⑧业务流程管理服务;

⑨离岸服务外包业务;

⑩转让技术。

(4)财政部和国家税务总局规定的其他服务。

二、增值税征收率

小规模纳税人缴纳增值税采用简易计税方法适用征收率;一般纳税人特殊情况下采用简易计税方法也适用征收率。我国增值税的法定征收率为3%;一些特殊项目减按2%的征收率执行;与不动产有关的特殊项目适用5%的征收率;一些特殊项目适用1.5%的征收率。

(一)征收率的一般规定

增值税法定征收率为3%。下列情况适用5%征收率:

(1)小规模纳税人销售自建或者取得的不动产。

(2)一般纳税人选择简易计税方法计税的不动产销售。

(3)房地产开发企业中的小规模纳税人,销售或出租自行开发的房地产项目。

(4)其他个人销售其取得(不含自建)的不动产(不含其购买的住房)。

(5)一般纳税人选择简易计税方法计税的不动产经营租赁。

(6)小规模纳税人出租(经营租赁)其取得的不动产(不含个人出租住房)。

(7)其他个人出租(经营租赁)其取得的不动产(不含住房)。

(8)个人出租住房,应按照5%的征收率减按1.5%计算应纳税额。

(9)一般纳税人和小规模纳税人提供劳务派遣服务选择差额征税的。

(10)一般纳税人2016年4月30日前签订的不动产融资租赁合同,或以2016年4月30日前取得的不动产提供的融资租赁服务,选择适用简易计税方法的。

(11)一般纳税人收取试点前开工的一级公路、二级公路、桥、闸通行费,选择适用简易计税方法的。

(12)一般纳税人提供人力资源外包服务,选择适用简易计税方法的。

(13)纳税人转让2016年4月30日前取得的土地使用权,选择适用简易计税方法的。

(14)房地产开发企业中的一般纳税人购入未完工的房地产老项目(2016年4月30日之前的建筑工程项目)继续开发后,以自己名义立项销售的不动产,属于房地产老项目,可以选择适用简易计税方法按照5%的征收率计算缴纳增值税。

除上述适用5%征收率以外的纳税人选择简易计税方法发生的应税销售行为均适用3%的征收率。

(二)征收率的特殊规定

(1)根据增值税法的有关规定,适用3%征收率减按2%计征增值税的情形:

①小规模纳税人(除其他个人外,下同)销售自己使用过的固定资产,减按2%征收率征收增值税。

$$销售额 = 含税销售额 \div (1 + 3\%)$$
$$应纳税额 = 销售额 \times 2\%$$

②一般纳税人销售自己使用过的按规定不得抵扣进项税额且未抵扣进项税额的固定资产,减按2%征收增值税。

③纳税人销售旧货,按简易办法依3%征收率减按2%征收增值税。

所谓旧货,是指进入二次流通的具有部分使用价值的货物(含旧汽车、旧摩托车和旧游艇),但不包括自己使用过的物品。

【小思考2-6】 物品和旧货有何区别?

(2)提供物业管理服务的纳税人,向服务接受方收取的自来水水费,以扣除纳税人支付的自来水水费后的余额为销售额,按照简易计税方法依3%的征收率计算缴纳增值税。

(3)小规模纳税人提供劳务派遣服务,可以按照《营改增通知》的有关规定,以取得的全部价款和价外费用为销售额,按照简易计税方法依3%的征收率计算缴纳增值税;也可以选择差额纳税,以取得的全部价款和价外费用,扣除代用工单位支付给劳务派遣员工的工资、福利和为其办理社会保险及住房公积金后的余额为销售额,按照简易计税方法依5%的征收率计算缴纳增值税。

(4)非企业性单位中的一般纳税人提供的研发和技术服务、信息技术服务、鉴证咨询服务,以及销售技术、著作权等无形资产,可以选择简易计税方法按照3%的征收率计算缴纳增值税。

(5)一般纳税人提供教育辅助服务,可以选择简易计税办法按照3%征收率计算征收增值税。

(6)增值税一般纳税人生产销售和批发、零售抗癌药品,可选择按照简易办法依照3%征收率计算缴纳增值税。对进口抗癌药品,减按3%征收进口环节增值税。

抗癌药品是指经国家药品监督管理部门批准注册的抗癌制剂及原料药。

(7)增值税一般纳税人生产销售和批发、零售罕见病药品,可选择按照简易办法依照3%征收率计算缴纳增值税;对进口罕见病药品,减按3%征收进口环节增值税。罕见病药品,是指经国家药品监督管理部门批准注册的罕见病药品制剂及原料药。

一般纳税人选择简易办法计算缴纳增值税后,36个月内不得变更。

第三节 计税方法

增值税的计税方法,包括一般计税方法、简易计税方法和扣缴计税方法。

1. 一般计税方法

一般纳税人发生应税销售行为适用一般计税方法计税。其计算公式为

$$应纳税额 = 当期销项税额 - 当期进项税额$$

2. 简易计税方法

小规模纳税人发生应税销售行为适用简易计税方法计税。其计算公式为

$$应纳税额 = 当期销售额(不含增值税) \times 征收率$$

一般纳税人发生财政部和国家税务总局规定的特定应税销售行为,可以选择适用简易计税方法计税,但是不得抵扣进项税额。除第二节"二、增值税征收率"中的"(二)征收率的特殊规定"所列情况外,主要包括以下情况:

(1)县级及县级以下小型水力发电单位生产的自产电力。小型水力发电单位,是指各类投资主体建设的装机容量为5万千瓦以下(含5万千瓦)的小型水力发电单位。

(2)自产建筑用和生产建筑材料所用的砂、土、石料。

(3)以自己采掘的砂、土、石料或其他矿物连续生产的砖、瓦、石灰(不含黏土实心砖、瓦)。

(4)自己用微生物、微生物代谢产物、动物毒素、人或动物的血液或组织制成的生物制品。

(5)自产的自来水。

(6)自来水公司销售自来水。

(7)自产的商品混凝土(仅限于以水泥为原料生产的水泥混凝土)。

(8)单采血浆站销售非临床用人体血液。

(9)寄售商店代销寄售物品(包括居民个人寄售的物品在内)。

(10)典当业销售死当物品。

(11)药品经营企业销售生物制品。

(12)公共交通运输服务,包括轮客渡、公交客运、地铁、城市轻轨、出租车、长途客运、班车。班车,是指按固定路线、固定时间运营并在固定站点停靠的运送旅客的陆路运输服务。

(13)经认定的动漫企业为开发动漫产品提供的动漫脚本编撰、形象设计、背景设计、动画设计、分镜、动画制作、摄制、描线、上色、画面合成、配音、配乐、音效合成、

剪辑、字幕制作、压缩转码(面向网络动漫、手机动漫格式适配)服务,以及在境内转让动漫版权(包括动漫品牌、形象或者内容的授权及再授权)。

(14)电影放映服务、仓储服务、装卸搬运服务、收派服务和文化体育服务。

(15)以纳入营改增试点之日前取得的有形动产为标的物提供的经营租赁服务。

(16)在纳入营改增试点之日前签订的尚未执行完毕的有形动产租赁合同。

(17)以清包工方式提供的建筑服务。以清包工方式提供建筑服务,是指施工方不采购建筑工程所需的材料或只采购辅助材料,并收取人工费、管理费或者其他费用的建筑服务。

(18)为甲供工程提供的建筑服务。甲供工程,是指全部或部分设备、材料、动力由工程发包方自行采购的建筑工程。

(19)销售2016年4月30日前取得(不含自建)的不动产。

(20)房地产开发企业中销售或出租自行开发的房地产老项目。房地产老项目,是指:

①《建筑工程施工许可证》注明的合同开工日期在2016年4月30日前的房地产项目;

②《建筑工程施工许可证》未注明合同开工日期或者未取得《建筑工程施工许可证》但建筑工程承包合同注明的开工日期在2016年4月30日前的建筑工程项目。

(21)出租2016年4月30日前取得的不动产。

(22)提供非学历教育服务。

(23)收取试点前开工的一级公路、二级公路、桥、闸通行费。

(24)提供人力资源外包服务。

(25)2016年4月30日前签订的不动产融资租赁合同,或以2016年4月30日前取得的不动产提供的融资租赁服务。

(26)转让2016年4月30日前取得的土地使用权。

(27)提供劳务派遣服务,可以选择差额纳税,以取得的全部价款和价外费用,扣除代用工单位支付给劳务派遣员工的工资、福利和为其办理社会保险及住房公积金后的余额为销售额,按照简易计税方法依5%的征收率计算缴纳增值税。

(28)一般纳税人销售自产机器设备的同时提供安装服务,应分别核算机器设备和安装服务的销售额,安装服务可以按照甲供工程选择适用简易计税方法计税。

一般纳税人销售外购机器设备的同时提供安装服务,如果已经按照兼营的有关规定,分别核算机器设备和安装服务的销售额,安装服务可以按照甲供工程选择适用简易计税方法计税。

(29)房地产开发企业中的一般纳税人以围填海方式取得土地并开发的房地产项目,围填海工程《建筑工程施工许可证》或建筑工程承包合同注明的围填海开工日期在2016年4月30日前的,属于房地产老项目,可以选择适用简易计税方法按照5%的征收率计算缴纳增值税。

一般纳税人发生财政部和国家税务总局规定的特定应税销售行为,一经选择适用简易计税方法计税,36个月内不得变更。

3. 扣缴计税方法

境外单位或者个人在境内发生应税销售行为,在境内未设有经营机构的,扣缴义务人按照下列公式计算应扣缴税额：

$$应扣缴税额＝购买方支付的价款÷(1＋税率)×税率$$

第四节　一般计税方法应纳税额的计算

我国目前对一般纳税人采用的一般计税方法是间接计算法，即先按当期销售额和适用税率计算出销项税额，然后将当期准予抵扣的进项税额进行抵扣，从而间接计算出当期增值税部分的应纳税额。

增值税一般纳税人发生应税销售行为的应纳税额，除适用简易征税办法外的，均应该等于当期销项税额抵扣当期进项税额后的余额。其计算公式为

$$当期应纳税额＝当期销项税额－当期进项税额$$

从上式可以看出，增值税一般纳税人当期应按税额的多少，取决于当期销项税额和当期进项税额这两个因素。而前者的关键在于确定当期销售额。

一、销项税额

（一）销项税额的概念及计算

销项税额指纳税人发生应税销售行为时，按照销售额与规定税率计算并向购买方收取的增值税额。销项税额的计算公式为

$$销项税额＝销售额×税率$$

其中，

$$销售额＝含税销售额÷(1＋税率)$$

从销项税额的定义和公式中可知，销售额是不含销项税额的销售额，销项税额是从购买方收取的，体现其价外税的性质。销项税额的计算取决于销售额和适用税率两个因素，在适用税率既定的前提下，销项税额的大小主要取决于销售额的大小。

（二）销售额的确定

1. 销售额的一般规定

销售额是指纳税人发生应税销售行为向购买方取得的全部价款和价外费用，财政部和国家税务总局另有规定的除外。一般计税方法下的销售额不包括销项税额。

价外费用，包括价外向购买方收取的手续费、补贴、基金、集资费、返还利润、奖励费、违约金、滞纳金、延期付款利息、赔偿金、代收款项、代垫款项、包装费、包装物租金、储备费、优质费、运输装卸费以及其他各种性质的价外收费。价外费用不包括以下几项费用：

(1)受托加工应征消费税的货物，而由受托方向委托方所代收代缴的消费税。

(2)同时符合以下条件代为收取的政府性基金或者行政事业性收费：

①由国务院或者财政部批准设立的政府性基金，由国务院或者省级人民政府及其财政、价格主管部门批准设立的行政事业性收费；

②收取时开具省级以上财政部门印制的财政票据；

③所收款项全额上缴财政。

(3) 销售货物的同时代办保险等而向购买方收取的保险费,以及向购买方收取的代购买方缴纳的车辆购置税、车辆牌照费。

(4) 以委托方名义开具发票代委托方收取的款项。

税法规定各种性质的价外收费都要并入销售额计算征税,目的是防止纳税人以各种名目的收费减少销售额逃避纳税。上述五项允许不计入价外费用,是因为在满足了上述相关条件后,可以确认销售方在其中仅仅是代为收取了有关费用,这些价外费用并没有形成销售方的收入。

同时应注意,对增值税一般纳税人向购买方收取的价外费用和逾期包装物押金,应视为含税收入,无论其会计制度如何核算,在征税时应按所发生的应税销售行为所适用的税率换算成不含税收入再并入销售额。

销售额应以人民币计算。纳税人按照人民币以外的货币结算销售额的,应当折合成人民币计算,折合率可以选择销售额发生的当天或者当月1日的人民币汇率中间价。纳税人应当事先确定采用何种折合率,确定后12个月内不得变更。

【例2-1】 开创电脑公司是增值税一般纳税人,2022年6月销售电脑20台,开具的增值税专用发票上注明销售额为10万元,另向购买方收取手续费1.13万元。同时,另开一张普通发票收取包装费1 130元。请计算开创电脑公司本月销项税额。

【解析】 销项税额=10×13%+(1.13+0.113)÷(1+13%)×13%=1.443(万元)

【例2-2】 星光广告公司属增值税一般纳税人,2022年2月提供广告服务,取得含税收入74.2万元;销售自己2008年1月购入并作为固定资产使用的设备(未抵扣进项),出售时开具普通发票,注明金额为118 450元。该企业当月没有进项税额,也没有上期留抵税额,请计算该企业2月应纳增值税额。

【解析】 应纳税额=742 000÷(1+6%)×6%+118 450÷(1+3%)×2%
          =44 300(元)

2. 特殊销售方式下的销售额

1) 以折扣方式销售货物

在现实生活中,纳税人采取的折扣方式一般可分为折扣销售、销售折扣、销售折让几种方式,每种方式的税务处理是不同的。

(1) 折扣销售。

折扣销售(又称商业折扣),是指因购买方购货数量较大等原因,而给予购买方的价格优惠。由于折扣是在销售方实现销售的同时发生的,因此税法规定:如果销售额和折扣额在同一张发票上分别注明的,可以按折扣后的销售额征收增值税。销售额和折扣额在同一张发票上分别注明,是指销售额和折扣额在同一张发票上的"金额"栏分别注明。未在同一张发票的"金额"栏注明折扣额,而仅在发票的"备注"栏注明折扣额的,折扣额不得从销售额中扣除。

(2) 销售折扣。

销售折扣(又称现金折扣),指销售方在销售货物或应税劳务后,为鼓励购买方及早付款而协议许诺给予购买方的一种折扣优待。由于销售折扣发生在货物销售之后,是一种融资性质的理财费用,因此销售折扣不得从销售额中减除。

(3)销售折让。

销售折让指货物售出后,由于品种、质量等原因购买方未予退货,但销售方需给予购买方的一种价格折让。销售折让与销售折扣相比较,虽然都是在货物销售后发生的,但因为销售折让是由于货物的品种和质量原因引起销售额的减少,因此对销售折让可以折让后的货款为销售额。

【例2-3】 太阳公司批发一批玩具10 000件给月亮公司,每件不含税价为20元。因对方购买数量多,企业按原价的8折优惠销售(销售额与折扣额在同一张发票"金额"栏注明),并提供"1/10,n/20"的销售折扣。月亮公司在第10天付款。请计算太阳公司的销项税额。

【解析】 销项税额=10 000×20×0.8×13%=20 800(元)

2)以旧换新方式销售货物

以旧换新销售,是纳税人在销售过程中,折价收回同类旧货物,并以折价款部分冲减货物价款的一种销售方式。税法规定,纳税人采取以旧换新方式销售货物的(金银首饰除外),应按新货物的同期销售价格确定销售额。

【例2-4】 前进公司在国庆节期间开展促销活动,购买新款电脑时,旧款电脑折价500元。活动期间以旧换新售出电脑1 000台(每台零售价2 260元),折价后收到货款184万元。请计算该业务的销项税额。

【解析】 销项税额=2 260×1 000÷(1+13%)×13%=260 000(元)

3)还本销售方式销售货物

还本销售方式指在销售货物后,按约定的时间由销售方一次或分次将购货款全部或部分退还给购买方,退还的货款即为还本支出。还本销售实际上是一种融资性质的理财行为。税法规定,纳税人采取还本方式销售货物的,其销售额就是货物的销售价格,不得从销售额中减除还本支出。

4)以物易物方式销售货物

以物易物是一种较为特殊的购销活动,指购销双方不是以货币结算,而是以同等价款的货物相互结算,实现货物购销的一种方式。税法规定,以物易物双方都应作购销处理,以各自发出的货物核算销售额并计算销项税额,以各自收到的货物核算购货额并计算进项税额。在以物易物活动中,应分别开具合法的票据。如收到的货物不能取得相应的增值税专用发票或其他合法票据的,不能抵扣进项税额。

【例2-5】 光明彩电厂(增值税一般纳税人)采取以物易物方式向某显像管厂提供彩电200台,每台不含税价2 000元,换回显像管厂显像管8 000个。请计算光明彩电厂的销项税额。

【解析】 销项税额=200×2 000×13%=52 000(元)

5)包装物押金的增值税处理

包装物是指纳税人包装本单位货物的各种物品。纳税人销售货物时另收取包装物押金,目的是促使购买方及早退回包装物以便周转使用。包装物押金不应混同于包装物租金,包装物租金在销货时作为价外费用并入销售额计算销项税额。

根据税法规定,纳税人为销售货物而出租出借包装物收取的押金,单独记账核算的,在1年以内且未逾期(合同约定的期限)的,不并入销售额征税。对收取1年以上(含1年)的押金,无论是否退还,均应将押金按所包装货物的适用税率换算为不含税价并计算销项税额。

对销售除啤酒、黄酒外的其他酒类产品而收取的包装物押金,无论是否返还以及会计上如何核算,均应并入当期销售额征税。

【例2-6】 久久酒厂是增值税一般纳税人,2022年1月销售散白酒和啤酒给某商场。其中白酒开具增值税专用发票,价款10 000元,另外收取包装物押金3 390元;啤酒开具普通发票,价税合计款11 300元,另外收取包装物押金2 000元。请计算久久酒厂此项业务的销项税额。

【解析】 销项税额=(10 000+3 390÷1.13+11 300÷1.13)×13%
=2 990(元)

6)直销企业的增值税处理

直销企业先将货物销售给直销员,直销员再将货物销售给消费者的,直销企业的销售额为其向直销员收取的全部价款和价外费用。直销员将货物销售给消费者时,应按照现行规定缴纳增值税。

直销企业通过直销员向消费者销售货物,直接向消费者收取货款,直销企业的销售额为其向消费者收取的全部价款和价外费用。

7)贷款服务的销售额

贷款服务,以提供贷款服务取得的全部利息及利息性质的收入为销售额。

银行提供贷款服务按期计收利息的,结息日当日计收的全部利息收入,均应计入结息日所属期的销售额,按照现行规定计算缴纳增值税。

自2018年1月1日起,资管产品管理人运营资管产品提供的贷款服务以2018年1月1日起产生的利息及利息性质的收入为销售额。

8)直接收费金融服务的销售额

直接收费金融服务,以提供直接收费金融服务收取的手续费、佣金、酬金、管理费、服务费、经手费、开户费、过户费、结算费、转托管费等各类费用为销售额。

3. 按差额确定销售额

为避免重复征税,对原营业税的部分征税范围采取了差额征税的办法,解决纳税人税收负担增加问题。

(1)金融商品转让的销售额。

金融商品转让,按照卖出价扣除买入价后的余额为销售额。

转让金融商品出现的正负差,按盈亏相抵后的余额为销售额。若相抵后出现负差,可结转下一纳税期与下期转让金融商品销售额相抵,但年末时仍出现负差的,不得转入下一个会计年度。

金融商品的买入价,可以选择按照加权平均法或者移动加权平均法进行核算,选择后36个月内不得变更。

金融商品转让,不得开具增值税专用发票。

(2)经纪代理服务的销售额。

经纪代理服务,以取得的全部价款和价外费用,扣除向委托方收取并代为支付的政府性基金或者行政事业性收费后的余额为销售额。向委托方收取的政府性基金或者行政事业性收费,不得开具增值税专用发票。

(3)融资租赁和融资性售后回租业务的销售额。

①经人民银行、银监会或者商务部批准从事融资租赁业务的试点纳税人,提供融资租赁服务,以取得的全部价款和价外费用,扣除支付的借款利息(包括外汇借款和人民币借款利息)、发行债券利息和车辆购置税后的余额为销售额。

②经人民银行、银监会或者商务部批准从事融资租赁业务的试点纳税人,提供融资性售后回租服务,以取得的全部价款和价外费用(不含本金),扣除对外支付的借款利息(包括外汇借款和人民币借款利息)、发行债券利息后的余额作为销售额。

(4)航空运输企业的销售额,不包括代收的机场建设费和代售其他航空运输企业客票而代收转付的价款。

(5)一般纳税人提供客运场站服务,以其取得的全部价款和价外费用,扣除支付给承运方运费后的余额为销售额。

(6)纳税人提供旅游服务,可以选择以取得的全部价款和价外费用,扣除向旅游服务购买方收取并支付给其他单位或者个人的住宿费、餐饮费、交通费、签证费、门票费和支付给其他接团旅游企业的旅游费用后的余额为销售额。

(7)试点纳税人提供建筑服务适用简易计税方法的,以取得的全部价款和价外费用扣除支付的分包款后的余额为销售额。

(8)房地产开发企业中的一般纳税人销售其开发的房地产项目(选择简易计税方法的房地产老项目除外),以取得的全部价款和价外费用,扣除受让土地时向政府部门支付的土地价款后的余额为销售额。

(9)纳税人转让不动产缴纳增值税差额扣除的有关规定。

①纳税人转让不动产,按照有关规定差额缴纳增值税的,如因丢失等原因无法提供取得不动产时的发票,可向税务机关提供其他能证明契税计税金额的完税凭证等资料,进行差额扣除。

②纳税人同时保留取得不动产时的发票和其他能证明契税计税金额的完税凭证等资料的,应当凭发票进行差额扣除。

(10)试点纳税人按照上述(2)~(9)款的规定从全部价款和价外费用中扣除的价款,应当取得符合法律、行政法规和国家税务总局规定的有效凭证。否则,不得扣除。

4. 视同发生应税销售行为的销售额确定

纳税人发生视同应税销售行为的情形,价格明显偏低并无正当理由的,或者发生应税销售行为而无销售额的,主管税务机关有权按照下列顺序确定销售额:

(1)按照纳税人最近时期发生同类应税销售行为的平均价格确定;

(2)按照其他纳税人最近时期同类应税销售行为的平均价格确定;

(3)按组成计税价格确定。

①不征收消费税的货物,其组成计税价格公式为

$$组成计税价格 = 成本 \times (1 + 成本利润率)$$

公式中的"成本利润率"为10%。

②征收增值税的货物,同时又征收消费税的,其组成计税价格中应加上消费税税额。其组成计税价格计算公式为

$$组成计税价格 = 成本 \times (1 + 成本利润率) + 消费税税额$$

或

$$\text{组成计税价格} = \frac{\text{成本} \times (1 + \text{成本利润率}) + \text{课税数量} \times \text{消费税定额税率}}{1 - \text{消费税比例税率}}$$

属于应征收消费税的货物,其组成计税价格公式中的成本利润率,为国家税务总局确定的成本利润率(详见第三章)。

【例 2-7】 阳光针织厂(一般纳税人)2022 年 7 月将 A 型内衣 100 件用于赠送客户,每件不含税售价为 120 元,成本价为每件 50 元;将自产的 B 型内衣作为福利发给本厂职工,共发放 B 型内衣 100 件,无销售价,成本为每件 80 元。请计算阳光针织厂本月的计税销售额。

【解析】 计税销售额 = 120 × 100 + 100 × 80 × (1 + 10%) = 20 800(元)

二、进项税额

进项税额,是指纳税人购进货物、劳务、服务、无形资产或者不动产,支付或者负担的增值税额。进项税额与销项税额是相互对应的两个概念,在购销业务中,对于销售方而言,在收回款项的同时,收回销项税额;对于购买方而言,在支付款项的同时,支付进项税额。也就是说,销售方收取的销项税额,就是购买方支付的进项税额。

(一)准予从销项税额中抵扣的进项税额

根据《增值税暂行条例》和《营改增通知》,准予从销项税额中抵扣的进项税额,限于下列增值税扣税凭证上注明的增值税税额和按规定的扣除率计算的进项税额。

(1)从销售方取得的增值税专用发票(含税控机动车销售统一发票,下同)上注明的增值税额。

(2)从海关取得的海关进口增值税专用缴款书上注明的增值税额。

(3)纳税人购进农产品,除适用《农产品增值税进项税额核定扣除试点实施办法》计算抵扣进项税额外,按下列规定抵扣进项税额:

①纳税人购进农产品,取得一般纳税人开具的增值税专用发票或海关进口增值税专用缴款书的,以票面增值税额为进项税额;取得小规模纳税人开具的增值税专用发票的,以增值税专用发票上注明的金额×9%(扣除率,下同)计算进项税额;取得销售发票或收购发票的,以农产品销售发票或收购发票上注明的农产品买价×9%计算进项税额,国务院另有规定的除外。

如果纳税人购进用于生产销售或委托加工 13% 税率货物的农产品,按照 10% 的扣除率计算进项税额。即在已经计算扣除 9% 的基础上,在领用当期加计扣除 1%,加计扣除农产品进项税额的计算公式为

$$\text{加计扣除农产品进项税额} = \frac{\text{当期生产领用农产品已按 9\% 税率(扣除率)抵扣税额}}{} \div 9\% \times (10\% - 9\%)$$

②购进农产品进项税额的计算公式如下:

$$\text{进项税额} = \text{买价} \times \text{扣除率}$$

③上述所称销售发票,是指农业生产者销售自产农产品适用免征增值税政策而开具的普通发票。纳税人从批发、零售环节购进适用免征增值税政策的蔬菜、部分鲜活肉蛋而取得的普通发票,不得作为计算抵扣进项税额的凭证。买价,是指纳税人购进农产品在农产品收购发票或者销售发票上注明的价款和按照规定缴纳的烟叶税。

④纳税人购进农产品既用于生产销售或委托受托加工13%税率货物又用于生产销售其他货物服务的,应当分别核算用于生产销售或委托受托加工13%税率货物和其他货物服务的农产品进项税额。未分别核算的,统一以增值税专用发票或海关进口增值税专用缴款书上注明的增值税额为进项税额,或以农产品收购发票或销售发票上注明的农产品买价和9%的扣除率计算进项税额。

⑤对烟叶税纳税人按规定缴纳的烟叶税,准予并入烟叶产品的买价计算增值税的进项税额,并在计算缴纳增值税时予以抵扣。购进烟叶准予抵扣的增值税进项税额,按收购烟叶实际支付的价款总额和烟叶税及法定扣除率计算。计算公式如下:

烟叶税应纳税额＝收购烟叶实际支付的价款总额×税率(20%)

准予抵扣的进项税额＝(收购烟叶实际支付的价款总额＋烟叶税应纳税额)×扣除率

【例2-8】 白鹿烟厂2022年5月向农民收购一批烟叶,已知收购烟叶实际支付的价款总额为150万元,烟厂开具了从税务机关领购的收购凭证。白鹿烟厂9月领用该批烟叶用于生产卷烟,请计算白鹿烟厂8月和9月可以抵扣的进项税额。

【解析】 8月:准予抵扣的进项税额＝(收购价款总额＋烟叶税)×9%
　　　　　　　　　　　　　　　　＝(150＋150×20%)×9%
　　　　　　　　　　　　　　　　＝16.20(万元)
　　　9月:加计扣除烟叶进项税额＝16.2÷9%×(10%－9%)
　　　　　　　　　　　　　　　＝1.8(万元)

(4)自境外单位或者个人购进劳务、服务、无形资产或者境内的不动产,从税务机关或者扣缴义务人取得的代扣代缴税款的完税凭证上注明的增值税额。

纳税人购进货物、劳务、服务、无形资产、不动产,取得的增值税扣税凭证不符合法律、行政法规或者国务院税务主管部门有关规定的,其进项税额不得从销项税额中抵扣。

【例2-9】 天元公司为增值税一般纳税人,2022年9月购进原材料一批,取得增值税专用发票上注明价款为80 000元,税额10 400元,收购农产品开具符合要求的农产品收购发票20 000元,当期全部领用进行深加工。请计算当月可以抵扣的进项税额。

【解析】 当月可以抵扣的进项税额＝10 400＋20 000×9%＋20 000×9%÷9%×(10%－9%)＝12 400(元)。

【小思考2-7】 支付给文印店的打印、复印费能够抵扣进项税额吗?需满足何条件?

(5)《农产品增值税进项税额核定扣除试点实施办法》规定的进项税额。

为消除以用农产品为原料生产加工13%适用税率的货物而导致"高征低扣"的不合理情况,在部分行业开展增值税进项税额核定扣除试点。

自2012年7月1日起,以购进农产品为原料生产销售液体乳及乳制品、酒及酒精、植物油(以下简称货物)的增值税一般纳税人,纳入农产品增值税进项税额核定扣除试点范围,其购进农产品无论是否用于生产上述产品,增值税进项税额均按照《农产品增值税进项税额核定扣除试点实施办法》的规定抵扣,进项税额的扣除率为销售货物的适用税率。试点企业农产品进项税额核定抵扣后,每月销售额不论多少,其进项税额和销项税额都是根据"配比原则"确认的。

当试点纳税人购进农产品直接销售时,农产品增值税进项税额按照以下方法核定扣除:

$$\text{当期允许抵扣农产品增值税进项税额} = \frac{\text{当期销售农产品数量}}{1-\text{损耗率}} \times \frac{\text{农产品平均购买单价} \times 9\%}{1+9\%}$$

$$\text{损耗率} = \frac{\text{损耗数量}}{\text{购进数量}} \times 100\%$$

当试点纳税人购进农产品用于生产经营且不构成货物实体时(包括包装物、辅助材料、燃料、低值易耗品等),增值税进项税额按照以下方法核定扣除:

$$\text{当期允许抵扣农产品增值税进项税额} = \text{当期耗用农产品数量} \times \text{农产品平均购买单价} \times \frac{\text{扣除率}}{1+\text{扣除率}}$$

(6)纳税人购进国内旅客运输服务的进项税额抵扣。

"国内旅客运输服务",限于与本单位签订了劳动合同的员工,以及本单位作为用工单位接受的劳务派遣员工发生的国内旅客运输服务。

纳税人购进国内旅客运输服务,其进项税额允许从销项税额中抵扣。纳税人未取得增值税专用发票的,暂按照以下规定确定进项税额:

①取得增值税电子普通发票的,为发票上注明的税额。

②取得注明旅客身份信息的航空运输电子客票行程单的,为按照下列公式计算的进项税额:

$$\text{航空旅客运输进项税额} = (\text{票价} + \text{燃油附加费}) \div (1+9\%) \times 9\%$$

③取得注明旅客身份信息的铁路车票的,为按照下列公式计算的进项税额:

$$\text{铁路旅客运输进项税额} = \text{票面金额} \div (1+9\%) \times 9\%$$

④取得注明旅客身份信息的公路、水路等其他客票的,按照下列公式计算进项税额:

$$\text{公路、水路等其他旅客运输进项税额} = \text{票面金额} \div (1+3\%) \times 3\%$$

(7)收费公路通行费增值税抵扣规定。

纳税人支付的道路、桥、闸通行费,按照以下规定抵扣进项税额。

①纳税人支付的道路通行费,按照收费公路通行费增值税电子普通发票上注明的增值税税额抵扣进项税额。

②纳税人支付的桥、闸通行费,暂凭取得的通行费发票上注明的收费金额按照下列公式计算可抵扣的进项税额:

$$\frac{\text{桥、闸通行费}}{\text{可抵扣进项税额}} = \text{桥、闸通行费发票上注明的金额} \div (1+5\%) \times 5\%$$

(8)进项税额的加计抵减政策。

自2019年4月1日至2022年12月31日,允许生产、生活性服务业纳税人按照当期可抵扣进项税额加计抵减应纳税额(以下称加计抵减政策),生活性服务业的加计抵扣比例为15%,生产性服务业加计抵扣比例为10%。

①上述生产、生活性服务业纳税人,是指提供邮政服务、电信服务、现代服务、生活服务(以下称四项服务)取得的销售额占全部销售额的比重超过50%的纳税人。

②纳税人应按照当期可抵扣进项税额的10%(或15%)计提当期加计抵减额。按照现行规定不得从销项税额中抵扣的进项税额,不得计提加计抵减额;已计提加计抵减额的进项税额,按规定作进项税额转出的,应在进项税额转出当期,相应调减加计抵减额。计算公式如下:

当期计提加计抵减额＝当期可抵扣进项税额×10%(或15%)

$$当期可抵减加计抵减额 = 上期末加计抵减额余额 + 当期计提加计抵减额 - 当期调减加计抵减额$$

③纳税人应按照现行规定计算一般计税方法下的应纳税额(以下称抵减前的应纳税额)后,区分以下情形加计抵减:

a.抵减前的应纳税额等于零的,当期可抵减加计抵减额全部结转下期抵减;

b.抵减前的应纳税额大于零,且大于当期可抵减加计抵减额的,当期可抵减加计抵减额全额从抵减前的应纳税额中抵减;

c.抵减前的应纳税额大于零,且小于或等于当期可抵减加计抵减额的,以当期可抵减加计抵减额抵减应纳税额至零。未抵减完的当期可抵减加计抵减额,结转下期继续抵减。

(9)不得抵扣且未抵扣进项税额的固定资产、无形资产、不动产,发生用途改变,用于允许抵扣进项税额的应税项目,可在用途改变的次月按照下列公式计算可以抵扣的进项税额:

$$可以抵扣的进项税额 = 固定资产、无形资产、不动产净值 \times \frac{适用税率}{1+适用税率}$$

(10)自2018年1月1日起,纳税人租入固定资产、不动产,既用于一般计税方法计税项目,又用于简易计税方法计税项目、免征增值税项目、集体福利或者个人消费的,其进项税额准予从销项税额中全额抵扣。

(二)不得从销项税额中抵扣的进项税额

下列项目的进项税额不得从销项税额中抵扣:

(1)用于简易计税方法计税项目、免征增值税项目、集体福利或者个人消费的购进货物、劳务、服务、无形资产和不动产。其中涉及的固定资产、无形资产、不动产,仅指专用于上述项目的固定资产、无形资产(不包括其他权益性无形资产)、不动产。发生兼用于上述不允许抵扣项目情况的,该进项税额准予全部抵扣。

纳税人的交际应酬消费属于个人消费,不属于生产经营中的生产投入和支出。

另外,纳税人购进其他权益性无形资产,无论是专用于简易计税方法计税项目、免征增值税项目、集体福利或者个人消费的,还是兼用于上述不允许扣除项目,均可以抵扣进项税额。

(2)非正常损失的购进货物,以及相关的劳务和交通运输服务。

(3)非正常损失的在产品、产成品所耗用的购进货物(不包括固定资产)、劳务和交通运输服务。

(4)非正常损失的不动产,以及该不动产所耗用的购进货物、设计服务和建筑服务。

(5)非正常损失的不动产在建工程所耗用的购进货物、设计服务和建筑服务。

纳税人新建、改建、扩建、修缮、装饰不动产,均属于不动产在建工程。

以上所称非正常损失,是指因管理不善造成货物被盗、丢失、霉烂变质,以及因违反法律法规造成货物或者不动产被依法没收、销毁、拆除的情形。

(6)购进的贷款服务、餐饮服务、居民日常服务和娱乐服务。纳税人接受贷款服务向贷款方支付的与该笔贷款直接相关的投融资顾问费、手续费、咨询费等费用,其进项税额不得从销项税额中抵扣。

(7)纳税人接受贷款服务向贷款方支付的与该笔贷款直接相关的投融资顾问费、手续费、咨询费等费用,其进项税额不得从销项税额中抵扣。

(8)财政部和国家税务总局规定的其他情形。

上述第(4)项、第(5)项所称货物,是指构成不动产实体的材料和设备,包括建筑装饰材料和给排水、采暖、卫生、通风、照明、通讯、煤气、消防、中央空调、电梯、电气、智能化楼宇设备及配套设施。

(9)适用一般计税方法的纳税人,兼营简易计税方法计税项目、免征增值税项目而无法划分不得抵扣的进项税额,按照下列公式计算不得抵扣的进项税额:

$$不得抵扣的进项税额 = 当期无法划分的全部进项税额 \times \frac{当期简易计税方法计税项目销售额 + 免征增值税项目销售额}{当期全部销售额}$$

主管税务机关可以按照上述公式依据年度数据对不得抵扣的进项税额进行清算。

【例 2-10】 宏达公司为一般纳税人,提供货物运输服务和装卸搬运服务,其中货物运输服务适用一般计税方法,装卸搬运服务选择适用简易计税方法。2022 年 7 月缴纳当月电费 11.3 万元,取得增值税专用发票并于当月抵扣。该进项税额无法在货物运输服务和装卸搬运服务间划分。宏达公司当月取得货物运输收入 6 万元,装卸搬运服务 4 万元。请计算宏达公司当月不得抵扣的进项税额。

【解析】 纳税人因兼营简易计税项目而无法划分所取得进项税额的,按照下列公式计算不得抵扣的进项税额:

不得抵扣的进项税额 = 113 000 ÷ (1 + 13%) × 40 000 ÷ (40 000 + 60 000)
 = 40 000(元)

(10)一般纳税人已抵扣进项税额的固定资产、无形资产或者不动产,发生不得从销项税额中抵扣进项税额情形的,按照下列公式计算不得抵扣的进项税额:

不得抵扣的进项税额 = 固定资产、无形资产或者不动产净值 × 适用税率

(11)有下列情形之一者,应当按照销售额和增值税税率计算应纳税额,不得抵扣进项税额,也不得使用增值税专用发票:

①一般纳税人会计核算不健全,或者不能够提供准确税务资料的。

②应当申请办理一般纳税人资格认定而未申请的。

【小思考 2-8】 企业为一般纳税人,既有简易计税项目,又有一般计税项目,若企业购进办公用不动产,能否抵扣进项税额?

【小思考 2-9】 如何理解增值税不可抵扣进项税额的规定?

【例 2-11】 德华公司为增值税一般纳税人,2022 年 8 月业务如下:
(1)购入一批原材料用于生产,价款 100 000 元,增值税 13 000 元;
(2)外购一批洗衣液发给职工作为福利,价款 10 000 元,增值税 1 300 元;
(3)外购一批水泥用于维修车间,价款 10 000 元,增值税 1 300 元;
(4)外购一批食品用于交际应酬,价款 4 000 元,增值税 520 元;
(5)外购一批办公用品用于管理部门使用,价款 50 000 元,增值税 6 500 元;
(6)当月外购的一批半成品因管理不善被盗,价款 10 000 元,增值税 1 300 元。
请计算德华公司当月可抵扣的进项税额。

【解析】 根据规定,只有(1)、(3)、(5)业务的进项税额可以抵扣。
当月可抵扣的进项税额=13 000+1 300+6 500=20 800(元)

三、应纳税额的计算

在确定了销项税额和进项税额后,就可以得出实际应纳税额,基本计算公式为

当期应纳税额=当期销项税额-当期进项税额

(一)计算应纳税额的时间界定

为保证计算应纳税额的合理、准确性,纳税人必须严格把握当期进项税额从当期销项税额中抵扣这个要点。"当期"是个重要的时间限定,具体是指税务机关依照税法规定对纳税人确定的纳税期限。只有在纳税期限内实际发生的销项税额、进项税额,才是法定的当期销项税额或当期进项税额。

1. 销项税额的时间限定

关于销项税额的确定时间,总的原则是:销项税额的确定不得滞后。为防止纳税人推迟其纳税义务,税法对此作了严格的规定,以保证准时、准确记录和核算当期销项税额(详见本章第十节的有关规定)。

2. 进项税额抵扣时限的规定

增值税一般纳税人取得 2017 年 1 月 1 日及以后开具的增值税专用发票、海关进口增值税专用缴款书、机动车销售统一发票、收费公路通行费增值税电子普通发票,取消认证确认、稽核比对、申报抵扣的期限。纳税人在进行增值税纳税申报时,应当通过本省(自治区、直辖市和计划单列市)增值税发票综合服务平台对上述扣税凭证信息进行用途确认。

增值税一般纳税人取得 2016 年 12 月 31 日及以前开具的增值税专用发票、海关进口增值税专用缴款书、机动车销售统一发票,超过认证确认、稽核比对、申报抵扣期限,但符合规定条件的,仍可按照规定,继续抵扣进项税额。

(二)进项税额不足抵扣的税务处理

1. 结转抵扣

由于增值税实行购进扣税法,如果企业当期购进的货物、劳务、服务、无形资产、

不动产很多,在计算应纳税额时会出现当期销项税额小于当期进项税额而不足抵扣的情况。根据税法规定,当期销项税额不足抵扣进项税额的部分可以结转下期继续抵扣。

2. 退还增量留抵税额

对于符合留抵退税条件的纳税人,可以向主管税务机关申请退还增量留抵税额。增量留抵税额是指与2019年3月底相比增加的期末留抵税额。

(三)销货退回或折让的税务处理

增值税一般纳税人因发生应税销售行为的退回或者折让而退还给购买方的增值税额,应从发生应税销售行为退回或者折让当期的销项税额中扣减;因购进货物、劳务、服务、无形资产、不动产退出或者折让而收回的增值税额,应从发生应税销售行为退出或者折让当期的进项税额中扣减。

一般纳税人发生应税销售行为,开具增值税专用发票后,发生销售退回或者折让、开票有误等情形,应按国家税务总局的规定开具红字增值税专用发票。未按规定开具红字增值税专用发票的,增值税额不得从销项税额中扣减。

纳税人适用简易计税方法计税的,因销售折让、中止或者退回而退还给购买方的销售额,应当从当期销售额中扣减。扣减当期销售额后仍有余额造成多缴的税款,可以从以后的应纳税额中扣减。

【例2-12】 2022年6月,星星商场(增值税一般纳税人)上月售出的彩电10台,因质量问题顾客要求退货(原不含税售价每台3 000元),商场开具了红字专用发票后,将彩电退回厂家(原购进的不含税价格每台2 500元),又取得厂家开具的红字专用发票。请说明星星商场当月销项税额和进项税额的处理。

【解析】 6月应扣减的销项税额=10×3 000×13%=3 900(元)

6月应扣减的进项税额=10×2 500×13%=3 250(元)

(四)扣减发生期进项税额的规定

当期购进的货物、劳务、服务、无形资产、不动产如果事先并未确定将用于不得抵扣进项税额项目,其进项税额会在当期销项税额中予以抵扣。但已抵扣进项税额的购进货物、劳务、服务、无形资产、不动产如果事后改变用途,用于不得抵扣进项税额项目,应当将该项购进货物、劳务、服务、无形资产、不动产的进项税额从当期的进项税额中扣减(也称进项税额转出);无法确定该项进项税额的,按当期实际成本计算应扣减的进项税额。

以上所称"从当期发生的进项税额中扣减",是指已抵扣进项税额的购进货物、劳务、服务、无形资产、不动产是在哪一个时期发生上述情况的,就从这个发生期内纳税人的进项税额中扣减,而无须追溯到这些购进货物、劳务、服务、无形资产、不动产抵扣进项税额的那个时期。

对无法准确确定该项进项税额的,"按当期实际成本计算应扣减的进项税额",是指其扣减进项税额的计算依据不是按该货物、劳务、服务、无形资产、不动产的原进价,而是按发生上述情况的当期该货物、劳务、服务、无形资产、不动产的"实际成本"与征税时该货物、劳务、服务、无形资产、不动产适用的税率计算应扣减的进项税额。

$$实际成本 = 进价 + 运费 + 保险费 + 其他有关费用$$

上述实际成本的计算公式,如果属于进口货物是完全适用的;如果是国内购进的货物、劳务、服务、无形资产、不动产,主要包括进价和运费两大部分。

【例 2-13】 2022 年 8 月,丰收公司(增值税一般纳税人)将上月从农民手中收购的免税农产品的 40% 作为职工福利,60% 零售并取得含税收入 35 000 元。该农产品收购凭证上注明支付收购货款 30 000 元。另支付运输公司运输费 327 元,取得专用发票。同月,丰收公司还将 6 月购进的一批玩具毁损,账面成本 12 200 元(其中含分摊的运输费用 200 元)。请计算丰收公司本月应扣减的进项税额。

【解析】 本月应扣减的进项税额 = [30 000×9% + 327÷(1+9%)×9%]×40% + (12 200−200)×13% + 200×9% = 2 768.8(元)。

【例 2-14】 宏达公司为一般纳税人,2022 年 5 月购进一栋楼,购进含税价款为 1 090 万元,会计上作固定资产管理,直线法折旧,折旧年限 20 年,预计残值为零。已取得增值税专用发票并于当月抵扣。当年 6 月用作职工宿舍,请计算 6 月应转出的进项税额。如果是在 7 月用作职工宿舍,7 月转出的进项税额又是多少?

【解析】 纳税人购买不动产用于集体福利,属于不得抵扣进项税额的情形。因该不动产在 5 月份没确定用途但已经抵扣进项,6 月份确定用于集体福利,应于 6 月做进项税额转出处理。

$$应转出的进项税额 = 10\ 900\ 000 \div (1+9\%) \times 9\% = 900\ 000(元)$$

7 月该楼确定用于集体福利,按 20 年予以折旧,则 6 月份计提折旧金额 = 10 000 000÷20÷12×1 = 41 666.67(元)。

$$应转出的进项税额 = (10\ 000\ 000 - 41\ 666.67) \times 9\% = 896\ 250(元)$$

【例 2-15】 无忧公司为一般纳税人,提供职业和婚姻中介服务,适用一般计税方法,其中婚姻中介服务享受免征增值税优惠政策。2022 年 5 月 1 日购进复印机一台,取得增值税专用发票列明的货物金额 1 万元,于当月抵扣。该复印机在会计上作为固定资产核算,折旧期 5 年,预计残值值为零,兼用于上述两项服务。2022 年 12 月,该纳税人将上述复印机移送至婚姻中介部门,专用于免征增值税项目。请计算无忧公司当月应转出的进项税额。

【解析】 纳税人购进的固定资产专用于免税项目,应于发生的次月按下列公式计算不得抵扣的进项税额:

$$固定资产的净值 = 10\ 000 - 10\ 000 \div (5 \times 12) \times 6 = 9\ 000(元)$$
$$应转出的进项税额 = 9\ 000 \times 13\% = 1\ 170(元)$$

(五)向供货方取得返还收入的增值税处理

对商业企业向供货方收取的与商品销售量、销售额挂钩(如以一定比例、金额、数量计算)的各种返还收入,均应按照平销返利行为的有关规定冲减当期增值税进项税金。应冲减进项税金的计算公式调整为

$$当期应冲减进项税金 = \frac{当期取得的返还资金}{1+所购货物适用增值税税率} \times 所购货物适用增值税税率$$

商业企业向供货方收取的各种返还收入,一律不得开具增值税专用发票。

（六）一般纳税人注销时进项税额的处理

一般纳税人注销或被取消辅导期一般纳税人资格，转为小规模纳税人时，其存货不作进项税额转出处理，其留抵税额也不予以退税。

（七）纳税人跨县（市、区）提供建筑服务的增值税处理

跨县（市、区）提供建筑服务，是指单位和个体工商户（以下简称纳税人）在其机构所在地以外的县（市、区）提供建筑服务。纳税人在同一直辖市、计划单列市范围内跨县（市、区）提供建筑服务的，由直辖市、计划单列市国家税务局决定是否适用本办法。其他个人跨县（市、区）提供建筑服务，不适用本办法。

纳税人跨县（市、区）提供建筑服务，应按照规定的纳税义务发生时间和计税方法，向建筑服务发生地主管国税机关预缴税款，向机构所在地主管国税机关申报纳税。

《建筑工程施工许可证》未注明合同开工日期，但建筑工程承包合同注明的开工日期在2016年4月30日前的建筑工程项目，属于可以选择简易计税方法计税的建筑工程老项目。

（1）纳税人跨县（市、区）提供建筑服务，按照以下规定预缴税款：

①一般纳税人跨县（市、区）提供建筑服务，适用一般计税方法计税的，以取得的全部价款和价外费用扣除支付的分包款后的余额，按照2%的预征率计算应预缴税款。

②一般纳税人跨县（市、区）提供建筑服务，选择适用简易计税方法计税的，以取得的全部价款和价外费用扣除支付的分包款后的余额，按照3%的征收率计算应预缴税款。

③小规模纳税人跨县（市、区）提供建筑服务，以取得的全部价款和价外费用扣除支付的分包款后的余额，按照3%的征收率计算应预缴税款。

（2）纳税人跨县（市、区）提供建筑服务，按照以下公式计算应预缴税款：

①适用一般计税方法计税的：

应预缴税款＝（全部价款和价外费用－支付的分包款）÷（1＋9%）×2%

②适用简易计税方法计税的：

应预缴税款＝（全部价款和价外费用－支付的分包款）÷（1＋3%）×3%

纳税人取得的全部价款和价外费用扣除支付的分包款后的余额为负数的，可结转下次预缴税款时继续扣除。

纳税人应按照工程项目分别计算应预缴税款，分别预缴。

（3）纳税人按照上述规定从取得的全部价款和价外费用中扣除支付的分包款，应当取得符合法律、行政法规和国家税务总局规定的合法有效凭证，否则不得扣除。

（4）纳税人跨县（市、区）提供建筑服务，向建筑服务发生地主管国税机关预缴的增值税税款，可以在当期增值税应纳税额中抵减，抵减不完的，结转下期继续抵减。

（八）纳税人提供不动产经营租赁服务的增值税处理

纳税人以经营租赁方式出租其取得的不动产（以下简称出租不动产），适用以下

规定(纳税人提供道路通行服务不适用本规定)。

上述取得的不动产包括以直接购买、接受捐赠、接受投资入股、自建以及抵债等各种形式取得的不动产。

(1)一般纳税人出租不动产,按照以下规定缴纳增值税:

①一般纳税人出租其2016年4月30日前取得的不动产,可以选择适用简易计税方法,按照5%的征收率计算应纳税额。

$$应预缴税款=含税销售额÷(1+5\%)×5\%$$

②一般纳税人出租其2016年5月1日后取得的不动产,适用一般计税方法计税。

$$应预缴税款=含税销售额÷(1+9\%)×3\%$$

一般纳税人出租其2016年4月30日前取得的不动产适用一般计税方法计税的,按照上述规定执行。

(2)小规模纳税人出租不动产,按照以下规定缴纳增值税:

①单位和个体工商户出租不动产(不含个体工商户出租住房),按照5%的征收率计算应纳税额;个体工商户出租住房,按照5%的征收率减按1.5%计算应纳税额。

$$单位和个体工商户出租不动产应预缴税款=含税销售额÷(1+5\%)×5\%$$

$$个体工商户出租住房应预缴税款=含税销售额÷(1+5\%)×1.5\%$$

②其他个人出租不动产(不含住房),按照5%的征收率计算应纳税额;其他个人出租住房,按照5%的征收率减按1.5%计算应纳税额。

a.其他个人出租非住房:

$$应纳税款=含税销售额÷(1+5\%)×5\%$$

b.其他个人出租住房:

$$应纳税款=含税销售额÷(1+5\%)×1.5\%$$

(3)征收管理:

①纳税人(其他个人除外)出租不动产,不动产所在地与机构所在地不在同一县(市、区)的,纳税人应按照上述计税方法向不动产所在地主管税务机关预缴税款,向机构所在地主管税务机关申报纳税。不动产所在地与机构所在地在同一县(市、区)的,纳税人应向机构所在地主管税务机关申报纳税。

②其他个人出租不动产,向不动产所在地主管税务机关申报纳税。

③单位和个体工商户出租不动产,向不动产所在地主管国税机关预缴的增值税款,可以在当期增值税应纳税额中抵减,抵减不完的,结转下期继续抵减。

(九)房地产开发企业(一般纳税人)销售自行开发的房地产项目的增值税处理

自行开发,是指在依法取得土地使用权的土地上进行基础设施和房屋建设。房地产开发企业以接盘等形式购入未完工的房地产项目继续开发后,以自己的名义立项销售的,属于销售自行开发的房地产项目。

1.销售额

房地产开发企业中的一般纳税人(以下简称一般纳税人)销售自行开发的房地

产项目,适用一般计税方法计税,按照取得的全部价款和价外费用,扣除当期销售房地产项目对应的土地价款后的余额计算销售额。销售额的计算公式如下:

销售额＝(全部价款和价外费用－当期允许扣除的土地价款)÷(1＋9％)

当期允许扣除的土地价款按照以下公式计算:

$$当期允许扣除的土地价款 = \frac{当期销售房地产项目建筑面积}{房地产项目可供销售建筑面积} \times 支付的土地价款$$

当期销售房地产项目建筑面积,是指当期进行纳税申报的增值税销售额对应的建筑面积。

房地产项目可供销售建筑面积,是指房地产项目可以出售的总建筑面积,不包括销售房地产项目时未单独作价结算的配套公共设施的建筑面积。

支付的土地价款,是指向政府、土地管理部门或受政府委托收取土地价款的单位直接支付的土地价款。

2. 预缴税款

一般纳税人采取预收款方式销售自行开发的房地产项目,应在收到预收款时按照3％的预征率预缴增值税。

应预缴税款按照以下公式计算:

$$应预缴税款 = \frac{预收款}{1 + 适用税率或征收率} \times 3\%$$

适用一般计税方法计税的,按照9％的适用税率计算;适用简易计税方法计税的,按照5％的征收率计算。

一般纳税人应在取得预收款的次月纳税申报期向主管国税机关预缴税款。

3. 进项税额

一般纳税人销售自行开发的房地产项目,兼有一般计税方法计税、简易计税方法计税、免征增值税的房地产项目而无法划分不得抵扣的进项税额的,应以《建筑工程施工许可证》注明的"建设规模"为依据进行划分。

$$不得抵扣的进项税额 = 当期无法划分的全部进项税额 \times \frac{简易计税、免税房地产项目建设规模}{房地产项目总建设规模}$$

4. 纳税申报

房地产开发企业的一般纳税人销售自行开发的房地产项目,适用一般计税方法计税的,以当期销售额和9％的适用税率(适用简易计税方法计税的,以当期销售额和5％的征收率)计算当期应纳税额,应按照规定的纳税义务发生时间,抵减已预缴税款后,向主管税务机关申报纳税。未抵减完的预缴税款可以结转下期继续抵减。

(十)一般纳税人应纳税额计算实例

【例2-16】 欣欣公司为增值税一般纳税人,适用增值税税率为13％。2022年4月有关生产经营业务如下:

(1)销售甲产品给某大商场,开具增值税专用发票,取得不含税销售额80万元;另外,开具普通发票,取得销售甲产品的送货运输费收入5.65万元(含增值税,与销售货物不能分开核算)。

(2)销售乙产品,开具普通发票,取得含税销售额28.25万元。

(3)将试制的一批应税新产品用于本企业基建工程,该产品成本价为20万元,成本利润率为10%,无同类产品市场销售价格。

(4)销售2016年10月份购进作为固定资产使用过的进口摩托车5辆,开具普通发票,每辆取得含税销售额1.13万元。

(5)购进货物取得增值税专用发票,注明支付的货款60万元,进项税额7.8万元;另外支付购货的运费价税合计6.54万元,取得运输公司开具的增值税专用发票。

(6)向农业生产者(小规模纳税人)购进免税农产品一批(不适用进项税额核定扣除办法)作为生产货物的原材料,取得的增值税专用发票上注明的金额为30万元,税额为0.9万元,同时支付给运输单位的运费5万元(不含增值税),取得运输公司开具的增值税专用发票,上面注明的税额为0.45万元。本月下旬将购进的农产品的20%用于本企业职工福利。

(7)当月租入商用楼房一层,取得对方开具的增值税专用发票上注明的税额为5.8万元。该楼房的1/3用于工会的集体福利项目,其余为企业管理部门使用。

以上相关票据均符合税法规定,并在当月申报抵扣。请计算欣欣公司2022年4月应缴纳的增值税税额。

【解析】

(1)销售甲产品的销项税额=80×13%+5.65÷(1+13%)×13%=11.05(万元)。

(2)销售乙产品的销项税额=28.25÷(1+13%)×13%=3.25(万元)。

(3)自用新产品的销项税额=20×(1+10%)×13%=2.86(万元)。

(4)销售使用过的摩托车应纳税额=1.13÷(1+13%)×13%×5=0.65(万元)。

(5)外购货物应抵扣的进项税额=7.8+6.54÷(1+9%)×9%=8.34(万元)。

(6)外购免税农产品应抵扣的进项税额=(30×9%+0.45)×(1−20%)=2.52(万元)。

(7)租入商用楼房应抵扣的进项税额=5.8(万元)。

(8)该公司4月份应缴纳的增值税额=11.05+3.25+2.86+0.65−8.34−2.52−5.8=1.15(万元)。

【例2-17】 甲建筑工程公司(以下简称甲公司)为增值税一般纳税人,2022年8月在项目所在地发生如下经营业务:

(1)甲公司以包工包料方式承包翔源公司畅达建筑工程,工程结算价款为10 900万元,开具增值税专用发票注明的价款为10 000万元,税额为900万元。

(2)以清包工方式承包凯迪公司宾馆室内装修工程,工程结算价款为1 030万元,开具增值税专用发票注明的价税合计1 030万元。

(3)承接乙公司亿豪建筑工程项目,工程计算价款为2 060万元,开具增值税专用发票注明的价税合计为2 060万元,亿豪建筑工程项目《建筑工程施工许可证》日期在2016年4月30日之前。

(4)购进A工程物资1 000万元,取得增值税专用发票,注明增值税额130万元;购进B工程物资,取得增值税普通发票200万元;甲公司自建职工宿舍领用工程物资100万元(购入时取得增值税专用发票并已抵扣进项税额)。

(5)甲公司将畅达建筑工程分包给丙建筑公司,支付工程结算价款为218万元,取得增值税专用发票注明的价款为200万元,增值税税额为18万元。

(6)甲公司购买一台设备,增值税专用发票注明的价款为100万元,增值税税额为13万元。

(7)甲公司承包鸿达公司建筑工程项目,全部材料、设备、动力由鸿达公司自行采购。工程计算价税合计为3 090万元。

(8)甲公司取得华悦公司工程质量优质奖218万元;发生运输费100万元,取得增值税专用发票,注明增值税税额9万元。

以上相关票据均符合税法规定,并在当月申报抵扣。能够选择简易计税办法计税的,该公司均选择简易计税办法计税。请计算甲公司2022年8月应缴纳的增值税税额。

【解析】

(1)销项税额=900(万元)。

(2)清包工方式,甲公司可选择简易计税办法计税。

销项税额=1 030÷(1+3%)×3%=30(万元)

(3)《建筑工程施工许可证》日期在2016年4月30日之前,亿豪建筑工程项目是建筑工程老项目,甲公司可选择简易计税办法计税。

销项税额=2 060÷(1+3%)×3%=60(万元)

(4)普通发票不能抵扣。已抵扣进项税额的购进货物,发生用于集体福利的,应当将该进项税额从当期进项税额中抵减,作进项税额转出处理。

进项税额=130(万元)

进项税额转出=100×13%=13(万元)

(5)进项税额=18(万元)。

(6)进项税额=13(万元)。

(7)本工程是甲(不是本案例中的甲公司)供工程,可选择简易办法计税。

销项税额=3090÷(1+3%)×3%=90(万元)

(8)工程质量优质奖的销项税额=218÷(1+9%)×9%=18(万元)

运输费进项税额=9(万元)

综上:

(1)按照一般计税方法计算的应纳增值税:

销项税额=900+18=918(万元)

进项税额=130+18+13+9=170(万元)

进项税额转出=13(万元)

应纳增值税=销项税额-(进项税额-进项税额转出)

=918-(170-13)=761(万元)

(2)按照简易计税方法计算的应纳增值税:

应纳增值税=30+60+90=180(万元)

(3)甲建筑公司2022年8月应纳增值税=761+180=941(万元)。

第五节　简易计税方法应纳税额的计算

一、应纳税额的计算

纳税人发生应税销售行为适用按简易方法计税的,按照销售额和征收率计算应纳税额,不得抵扣进项税额。其应纳税额计算公式为

$$应纳税额＝销售额\times 征收率$$

小规模纳税人一律采用简易计税方法计税。一般纳税人发生特定应税销售行为可以选择适用简易计税方法,具体范围参考本章第二节征收率和第三节简易计税方法的相关内容。

实行简易计税办法,其征收率的确定是结合增值税多档税率的货物、劳务、服务、无形资产和不动产的税收负担水平而设计的,征收率相当于实际的税负,因此不能再抵扣进项税额。

二、含税销售额的换算

简易计税方法的销售额不包括其应纳税额,纳税人采用销售额和应纳税额合并定价方法的,按照下列公式计算销售额:

$$销售额＝含税销售额\div (1＋征收率)$$

【例2-18】　开开汽车配件商店是小规模纳税人。2022年8月销售汽车配件取得零售收入18 000元,收取包装费2 000元。当月购进汽车配件,支付价款4 000元,取得普通发票。请计算开开商店当月应缴纳的增值税。

【解析】　当月取得的不含税销售额＝(18 000＋2 000)÷(1＋3%)＝19 417.48(元)
当月应缴纳增值税＝19 417.48×3%＝582.52(元)

纳税人适用简易计税方法计税的,因销售折让、中止或者退回而退还给购买方的销售额,应当从当期销售额中扣减。扣减当期销售额后仍有余额造成多缴的税款,可以从以后的应纳税额中扣减。

第六节　进口货物应纳税额的计算

一、进口货物的纳税人

进口货物增值税的纳税义务人为进口货物的收货人或办理报关手续的单位和个人,包括国内一切从事进口业务的企事业单位、机关团体和个人。

跨境电子商务零售进口商品按照货物征收关税和进口环节增值税、消费税,购买跨境电子商务零售进口商品的个人作为纳税义务人。电子商务企业、电子商务交易平台企业或物流企业可作为代收代缴义务人。

二、进口货物的征税范围

(1)申报进入我国海关境内的货物,均应缴纳增值税。

确定一项货物是否属于进口货物,看其是否有报关手续。只要是报关进境的应税货物,不论是国外产制还是我国出口转内销,是自行采购还是国外捐赠,是进口者自用还是作为贸易或其他用途等,均应按照规定缴纳进口环节的增值税(免税进口的货物除外)。

(2)跨境电子商务零售进口增值税税收政策详见第五章第一节"六、跨境电子商务零售进口税收政策"内容。

三、进口货物的适用税率

进口货物增值税税率与增值税一般纳税人在国内销售同类货物的税率相同。

小规模纳税人进口货物,海关进口环节代征增值税与增值税一般纳税人一样,使用13%或9%的税率,而不使用征收率。

对进口抗癌药品,自2018年5月1日起,减按3%征收进口环节增值税。对进口罕见病药品,自2019年3月1日起,减按3%征收进口环节增值税。

四、进口货物应纳税额的计算

纳税人进口货物,按照组成计税价格和《增值税暂行条例》规定的税率计算应纳税额。进口货物计算增值税时,不能直接得到类似销售额这样一个计税依据,而需要通过计算而得,即要计算组成计税价格。进口货物计算增值税组成计税价格和应纳税额的计算公式为

$$组成计税价格 = 关税完税价格 + 关税 + 消费税$$
$$应纳进口增值税 = 组成计税价格 \times 税率$$

纳税人在计算进口货物的增值税时应注意以下问题:

(1)进口货物增值税的组成计税价格中包括已纳关税税额,如果进口货物属于消费税应税消费品,其组成计税价格中还要包括进口环节已纳消费税税额。

(2)在计算进口环节的应纳增值税税额时不得抵扣任何税额,即在计算进口环节的应纳增值税税额时,不得抵扣发生在我国境外的各种税金。

(3)按照《海关法》和《进出口关税条例》的规定,一般贸易下进口货物的关税完税价格以海关审定的成交价格为基础的到岸价格作为完税价格。所谓成交价格是一般贸易下进口货物的买方为购买该项货物向卖方实际支付或应当支付的价格;到岸价格,包括货价,再加上货物运抵我国关境内输入地点起卸前的包装费、运费、保险费和其他劳务费等费用构成的一种价格。特殊贸易下进口的货物,进口时没有"成交价格"可作依据,为此,《进出口关税条例》也针对其制定了完税价格的确定方法。

(4)纳税人进口货物取得的合法的海关进口增值税专用缴款书,是计算增值税进项税额的唯一依据。

【例 2-19】 兴业外贸公司 10 月从法国进口货物一批,成交离岸价格折合 50 万元人民币,支付国外运费 2 万元以及保险费 1 万元。该批进口货物当月在国内全部销售,取得不含税销售额 100 万元。已知该货物适用的关税税率为 50%,增值税税率为 13%。请按下列顺序回答问题:

(1) 计算关税的组成计税价格;
(2) 计算进口环节应纳的进口关税;
(3) 计算进口环节应纳增值税的组成计税价格;
(4) 计算进口环节应缴纳的增值税;
(5) 计算国内销售环节的销项税额;
(6) 计算国内销售环节应缴纳的增值税。

【解析】
(1) 关税的组成计税价格 = 50 + 2 + 1 = 53(万元)
(2) 进口环节应纳的进口关税 = 53 × 50% = 26.5(万元)
(3) 进口环节应纳增值税的组成计税价格 = 53 + 26.5 = 79.5(万元)
(4) 进口环节应缴纳的增值税 = 79.5 × 13% = 10.34(万元)
(5) 国内销售环节的销项税额 = 100 × 13% = 13(万元)
(6) 国内销售环节应缴纳的增值税 = 13 − 10.34 = 2.66(万元)

第七节　出口货物、劳务和跨境应税行为的退(免)税

出口货物退(免)税是国际贸易中通常采用的并为世界各国普遍接受的、目的在于鼓励各国出口货物公平竞争的一种退还或免征间接税(主要是增值税和消费税)的税收措施。我国的出口货物退(免)增值税是指在国际贸易业务中,对我国报关出口的货物、劳务和跨境应税行为退还或免征其在国内各生产和流转环节按税法规定已缴纳的增值税,对增值税出口货物、劳务和跨境应税行为实行零税率(国务院另有规定的除外)。

增值税出口货物、劳务和跨境应税行为的零税率,从税法上理解有两层含义:一是对本道环节生产或销售货物、劳务和跨境应税行为的增值部分免征增值税;二是对出口货物、劳务和跨境应税行为前道环节所含的进项税额进行退付。当然,由于各种货物、劳务和跨境应税行为出口前涉及征免税情况有所不同,且国家对少数货物有限制出口政策,因此,对货物、劳务和跨境应税行为出口的不同情况,我国在遵循"征多少、退多少"、"未征不退和彻底退税"基本原则的基础上,制定了不同的税务处理办法。

一、出口退(免)税的基本政策

目前,我国的出口货物、劳务和跨境应税行为的增值税税收政策分为以下三种形式。

(一)出口免税并退税

出口免税是指货物、劳务和跨境应税行为出口环节免征增值税;出口退税是指对货物、劳务和跨境应税行为在出口前实际承担的税收负担,按规定的退税率计算后予以退还。一般情况下,出口货物免税并退税政策适用于出口货物以往环节纳过税而须退税的情况。

(二)出口免税但不退税

出口免税与上述第(一)项含义相同。出口不退税是指适用这个政策的出口货物、劳务和跨境应税行为因在前一道生产、销售或进口环节是免税的,因此出口时该货物、劳务和跨境应税行为的价格本身就不含税,也无须退税。一般情况下,出口货物免税不退税政策适用于出口货物以往环节未纳过税而无须退税的情况。

(三)出口不免税也不退税

出口不免税指对国家限制出口的某些货物、劳务和跨境应税行为的出口环节视同内销环节,照常征税;出口不退税是指对这些货物、劳务和跨境应税行为出口不退还出口前其所负担的税款。适用这个政策的主要是税法列举限制或禁止出口的货物,如天然牛黄、麝香等。

二、适用增值税退(免)税政策的出口货物、劳务和跨境应税行为

对下列出口货物、劳务和跨境应税行为,除适用增值税免税政策和征税政策的出口货物和劳务规定以外,实行免征和退还增值税[以下称增值税退(免)税]政策。

(一)出口企业出口货物

出口企业,是指依法办理工商登记、税务登记、对外贸易经营者备案登记,自营或委托出口货物的单位或个体工商户,以及依法办理工商登记、税务登记但未办理对外贸易经营者备案登记,委托出口货物的生产企业。

出口货物,是指向海关报关后实际离境并销售给境外单位或个人的货物,分为自营出口货物和委托出口货物两类。

生产企业,是指具有生产能力(包括加工修理修配能力)的单位或个体工商户。

(二)出口企业或其他单位视同出口货物

(1)出口企业对外援助、对外承包、境外投资的出口货物。

(2)出口企业经海关报关进入国家批准的出口加工区、保税物流园区、保税港区、综合保税区、珠澳跨境工业区(珠海园区)、中哈霍尔果斯国际边境合作中心(中方配套区域)、保税物流中心(B型)(以下统称特殊区域)并销售给特殊区域内单位或境外单位、个人的货物。

(3)免税品经营企业销售的货物(国家规定不允许经营和限制出口的货物、卷烟和超出免税品经营企业《企业法人营业执照》规定经营范围的货物除外)。

(三)出口企业对外提供劳务

对外提供劳务,是指对进境复出口货物或从事国际运输的运输工具进行的加工修理修配。

(四)融资租赁货物出口退税

根据《关于在全国开展融资租赁货物出口退税政策试点的通知》的规定,对融资租赁出口货物试行退税政策。对融资租赁企业、金融租赁公司及其设立的项目子公司(以下统称融资租赁出租方),以融资租赁方式租赁给境外承租人且租赁期限在5年(含)以上,并向海关报关后实际离境的货物,试行增值税、消费税出口退税政策。

融资租赁出口货物的范围,包括飞机、飞机发动机、铁道机车、铁道客车车厢、船舶及其他货物,具体应符合《增值税暂行条例实施细则》第二十一条"固定资产"的相关规定。

上述所称融资租赁,是指具有融资性质和所有权转移特点的有形动产租赁活动。即出租人根据承租人所要求的规格、型号、性能等条件购入有形动产租赁给承租人,合同期内有形动产所有权属于出租人,承租人只拥有使用权,合同期满付清租金后,承租人有权按照残值购入有形动产,以拥有其所有权。不论出租人是否将有形动产残值销售给承租人,均属于融资租赁。

上述融资租赁企业,仅包括金融租赁公司、经商务部批准设立的外商投资融资租赁公司、经商务部和国家税务总局共同批准开展融资业务试点的内资融资租赁企业、经商务部授权的省级商务主管部门和国家经济技术开发区批准的融资租赁公司。金融租赁公司,仅包括经中国银行业监督管理委员会批准设立的金融租赁公司。

三、增值税退(免)税办法

适用增值税退(免)税政策的出口货物、劳务和跨境应税行为,按照下列规定实行增值税免抵退税或免退税办法。

(一)"免、抵、退"税办法

生产企业出口自产货物和视同自产货物及对外提供劳务,以及列名的74家生产企业出口非自产货物,免征增值税,相应的进项税额抵减应纳增值税额(不包括适用增值税即征即退、先征后退政策的应纳增值税额),未抵减完的部分予以退还。

境内的单位和个人提供适用增值税零税率的服务或者无形资产,如果属于适用增值税一般计税方法的,生产企业实行"免、抵、退"税办法,外贸企业直接将服务或自行研发的无形资产出口,视同生产企业连同其出口货物统一实行"免、抵、退"税办法。

实行退(免)税办法的研发服务和设计服务,如果主管税务机关认定出口价格偏高的,有权按照核定的出口价格计算退(免)税,核定的出口价格低于外贸企业购进价格的,低于部分对应的进项税额不予退税,转入成本。

境内的单位和个人提供适用增值税零税率应税服务的,可以放弃适用增值税零税率,选择免税或按规定缴纳增值税。放弃适用增值税零税率后,36个月内不得再申请适用增值税零税率。

(二)"免、退"办法

不具有生产能力的出口企业(以下称外贸企业)或其他单位出口货物、劳务,免征增值税,相应的进项税额予以退还。

适用增值税一般计税方法的外贸企业外购服务或者无形资产出口,实行"免、退"税办法。外贸企业外购研发服务和设计服务免征增值税,其对应的外购应税服务的进项税额予以退还。

四、增值税出口退税率

(一)退税率的一般规定

除财政部和国家税务总局根据国务院决定而明确的增值税出口退税率(以下称退税率)外,出口货物、服务和无形资产的退税率为其适用税率。

(二)退税率的特殊规定

(1)外贸企业购进按简易办法征税的出口货物、从小规模纳税人购进的出口货物,其退税率分别为简易办法实际执行的征收率、小规模纳税人征收率。

(2)出口企业委托加工修理修配货物,其加工修理修配费用的退税率,为出口货物的退税率。

(3)中标机电产品、出口企业向海关报关进入特殊区域销售给特殊区域内生产企业生产耗用的列名原材料、输入特殊区域的水电气,其退税率为适用税率。

适用不同退税率的货物劳务,应分开报关、核算并申报退(免)税。未分开报关、核算或划分不清的,从低适用退税率。

五、增值税退(免)税的计税依据

出口货物、劳务的增值税退(免)税的计税依据,按出口货物、劳务的出口发票(外销发票)、其他普通发票或购进出口货物、劳务的增值税专用发票、海关进口增值税专用缴款书确定。

(1)生产企业出口货物劳务(进料加工复出口货物除外)增值税退(免)税的计税依据,为出口货物劳务的实际离岸价(FOB)。实际离岸价应以出口发票上的离岸价为准,但如果出口发票不能反映实际离岸价,主管税务机关有权予以核定。

(2)生产企业进料加工复出口货物增值税退(免)税的计税依据,按出口货物的离岸价(FOB)扣除出口货物所含的海关保税进口料件的金额后确定。

(3)生产企业国内购进无进项税额且不计提进项税额的免税原材料加工后出口的货物的计税依据,按出口货物的离岸价(FOB)扣除出口货物所含的国内购进免税原材料的金额后确定。

(4)外贸企业出口货物(委托加工修理修配货物除外)增值税退(免)税的计税依据,为购进出口货物的增值税专用发票注明的金额或海关进口增值税专用缴款书注明的完税价格。

(5)外贸企业出口委托加工修理修配货物增值税退(免)税的计税依据,为加工修理修配费用增值税专用发票注明的金额。

(6)出口进项税额未计算抵扣的已使用过的设备增值税退(免)税的计税依据,按下列公式确定:

$$\frac{退(免)税}{计税依据} = \frac{增值税专用发票上的金额或海关进口}{增值税专用缴款书注明的完税价格} \times \frac{已使用过的设备固定资产净值}{已使用过的设备原值}$$

$$\frac{已使用过的设备}{固定资产净值} = \frac{已使用过的}{设备原值} - \frac{已使用过的设备}{已提累计折旧}$$

已使用过的设备,是指出口企业根据财务会计制度已经提折旧的固定资产。

(7)免税品经营企业销售的货物增值税退(免)税的计税依据,为购进货物的增值税专用发票注明的金额或海关进口增值税专用缴款书注明的完税价格。

(8)中标机电产品增值税退(免)税的计税依据,生产企业为销售机电产品的普通发票注明的金额,外贸企业为购进货物的增值税专用发票注明的金额或海关进口增值税专用缴款书注明的完税价格。

(9)输入特殊区域的水电气增值税退(免)税的计税依据,为作为购买方的特殊区域内生产企业购进水(包括蒸汽)、电力、燃气的增值税专用发票注明的金额。

(10)增值税零税率应税服务的退(免)税计税依据依相关规定执行。

六、增值税免抵退税和免退税的计算

(一)生产企业出口货物、劳务、跨境应税行为增值税免抵退税的计算

1. 当期应纳税额的计算

当期应纳税额=当期销项税额-(当期进项税额-当期不得免征和抵扣税额)

$$\frac{当期不得免征}{和抵扣税额} = \frac{当期出口}{货物离岸价} \times \frac{外汇人民}{币折合率} \times \left(\frac{出口货物}{适用税率} - \frac{出口货物}{退税率}\right) - \frac{当期不得免征和}{抵扣税额抵减额}$$

$$\frac{当期不得免征和}{抵扣税额抵减额} = \frac{当期免税购进}{原材料价格} \times \left(\frac{出口货物}{适用税率} - \frac{出口货物}{退税率}\right)$$

2. 当期免抵退税额的计算

$$\frac{当期免抵}{退税额} = \frac{当期出口}{货物离岸价} \times \frac{外汇人民}{币折合率} \times \frac{出口货物}{退税率} - \frac{当期免抵退}{税额抵减额}$$

当期免抵退税额抵减额=当期免税购进原材料价格×出口货物退税率

3. 当期应退税额和免抵税额的计算

(1)当期期末留抵税额≤当期免抵退税额,则

当期应退税额=当期期末留抵税额

当期免抵税额=当期免抵退税额-当期应退税额

(2)当期期末留抵税额>当期免抵退税额,则

当期应退税额=当期免抵退税额

当期免抵税额=0

当期期末留抵税额为当期增值税纳税申报表中"期末留抵税额"。

4. 当期免税购进原材料价格

当期免税购进原材料价格包括当期国内购进的无进项税额且不计提进项税额

的免税原材料的价格和当期进料加工保税进口料件的价格,其中当期进料加工保税进口料件的价格为组成计税价格。

组成计税价格＝当期进口料件到岸价格＋海关实征关税＋海关实征消费税

(1)采用"实耗法"的,当期进料加工保税进口料件的组成计税价格为当期进料加工出口货物耗用的进口料件组成计税价格,即

$$\text{当期进料加工保税进口料件的组成计税价格} = \text{当期进料加工出口货物离岸价} \times \text{外汇人民币折合率} \times \text{计划分配率}$$

(2)采用"购进法"的,当期进料加工保税进口料件的组成计税价格为当期实际购进的进料加工进口料件的组成计税价格。

若当期实际不得免征和抵扣税额抵减额＞当期出口货物离岸价×外汇人民币折合率×(出口货物适用税率－出口货物退税率),则

$$\text{当期不得免征和抵扣税额抵减额} = \text{当期出口货物离岸价} \times \text{外汇人民币折合率} \times \left(\text{出口货物适用税率} - \text{出口货物退税率} \right)$$

【例 2-20】 万隆公司(增值税一般纳税人)为自营出口的生产企业,出口货物的征税税率为13%,退税税率为10%。2022年9月的有关经营业务为:购进原材料一批,取得的增值税专用发票注明价款200万元,外购货物准予抵扣的进项税额26万元通过认证。上月末留抵税款3万元,本月内销货物不含税销售额100万元,收款113万元存入银行,本月出口货物的销售额折合人民币200万元。试计算该企业当期的"免、抵、退"税额。

【解析】

(1)当期免抵退税不得免征和抵扣税额＝200×(13%－10%)＝6(万元)。

(2)当期应纳税额＝100×13%－(26－6)－3＝13－20－3＝－10(万元)。

(3)出口货物"免、抵、退"税额＝200×10%＝20(万元)。

(4)按规定,如当期期末留抵税额≤当期免抵退税额时,当期应退税额＝当期期末留抵税额,即

该企业当期应退税额＝10(万元)

(5)当期免抵税额＝当期免抵退税额－当期应退税额,即

当期免抵税额＝20－10＝10(万元)

【例 2-21】 欣荣公司(增值税一般纳税人)为自营出口的生产企业,出口货物的征税税率为13%,退税税率为10%。2022年9月有关经营业务为:购进原材料一批,取得的增值税专用发票注明价款400万元,外购货物准予抵扣的进项税额52万元通过认证。上期期末留抵税款5万元。本月内销货物不含税销售额100万元,收款113万元存入银行。本月出口货物的销售额折合人民币200万元。试计算该企业当期的"免、抵、退"税额。

【解析】

(1)当期免抵退税不得免征和抵扣税额＝200×(13%－10%)＝6(万元)。

(2)当期应纳税额＝100×13%－(52－6)－5＝13－46－5＝－38(万元)。

(3)出口货物"免、抵、退"税额＝200×10%＝20(万元)。

(4)按规定,如当期期末留抵税额＞当期免抵退税额时,当期应退税额＝当期免抵退税额,即

该企业当期应退税额＝20(万元)

(5)当期免抵税额＝当期免抵退税额－当期应退税额,即

企业当期免抵税额＝20－20＝0(万元)

(6)9月期末留抵结转下期继续抵扣的税额为18万元(38－20)。

5.零税率跨境应税行为增值税退(免)税的计算

(1)零税率应税行为当期免抵退税额的计算：

$$\text{当期零税率应税行为免抵退税额} = \text{当期零税率应税行为免抵退税计税价格} \times \text{外汇人民币牌价} \times \text{零税率应税行为退税率}$$

零税率应税行为免抵退税计税价格为提供零税率应税行为取得的全部价款,扣除支付给非试点纳税人价款后的余额。

(2)当期应退税额和当期免抵税额的计算：

当期期末留抵税额≤当期免抵退税额时,

当期应退税额＝当期期末留抵税额

当期免抵税额＝当期免抵退税额－当期应退税额

当期期末留抵税额＞当期免抵退税额时,

当期应退税额＝当期免抵退税额

当期免抵税额＝0

"当期期末留抵税额"为当期《增值税纳税申报表》的"期末留抵税额"。

(3)零税率应税行为提供者如同时有货物出口的,可结合现行出口货物免抵退税公式一并计算免抵退税。

【例2-22】 上海某高新技术研发公司为增值税一般纳税人,从事自主研发、设计软件并委托其他企业生产加工后收回出口业务,拥有进出口经营权并办理了出口退(免)税认定手续。2022年7月,该公司报关出口了一批100万美元自主研发委托加工收回的A产品,根据国家规定该产品可以享受免抵退税政策。同时,该公司在5月与国外客户签订了一份软件研发项目的合同,技术出口合同登记证上的成交价格为100万美元,其中包括支付给项目研发合作伙伴北京A公司的20万美元费用。按照合同规定,研发软件必须在7月交付使用,现已完成,国外客户支付了全部研发款项(不考虑按比例提前预付研发费因素)。该公司当月发生内销销售收入(不含税价)200万元,销项税额为26万元,发生委托加工费461.54万元,进项税额为60万元,上期无留抵税额。假设当月1日人民币对美元汇率中间价为6.3,A产品的征税率为13%,退税率为10%,研发服务征退税率为6%。该公司当月的退税额为多少？

【解析】

(1)收到A产品100万美元的出口款项,收到国外客户支付的100万美元研发费,取得全部凭证并扣除支付给北京A公司的20万美元。

外销收入＝(1 000 000＋1 000 000－200 000)×6.3＝11 340 000(元)

(2)计算免抵退税不得免征和抵扣税额：

当期免抵退税不得免征和抵扣税额＝1 000 000×6.3×(13%－10%)＋(1 000 000－200 000)×6.3×(6%－6%)

＝189 000(元)

(3)计算应退税额、免抵税额：

当期应纳税额=260 000-(600 000-189 000)-0=-151 000(元)

当期免抵退税额=1 000 000×6.3×13%+(1 000 000-200 000)×6.3×6%
=1 121 400(元)

(4)由于期末留抵税额小于当期免抵退税额,应退税额=期末留抵税额=151 000(元),即

免抵税额=1 121 400-151 000=970 400(元)

(二)外贸企业出口货物劳务服务免退税的计算

1. 外贸企业出口委托加工修理修配货物以外的货物

增值税应退税额=增值税退(免)税计税依据×出口货物退税率

【例2-23】 名仕进出口公司2022年9月出口美国平纹布2 000米,进货增值税专用发票列明单价30元/米,计税金额6万元,退税税率为13%。请计算名仕公司的应退税额。

【解析】 名仕公司的应退税额=2 000×30×13%=7 800(元)

2. 外贸企业出口委托加工修理修配货物

$$\begin{aligned}\text{出口委托加工修理修配货物} \\ \text{的增值税应退税额}\end{aligned} = \begin{aligned}\text{委托加工修理修配的增值税} \\ \text{退(免)税计税依据}\end{aligned} \times \begin{aligned}\text{出口货物退税率} \\ \text{应退税额}\end{aligned}$$

$$= \begin{aligned}\text{外贸企业收购不含} \\ \text{增值税购进金额}\end{aligned} \times \text{退税税率}$$

【例2-24】 天意进出口公司2022年9月购进牛仔布委托加工成服装出口,取得牛仔裤增值税专用发票一张,注明计税金额为1万元;取得服装加工费增值税专用发票,注明计税金额为2 000元。假设退税率为13%。请计算天意公司的应退税额。

【解析】 天意公司的应退税额=(10 000+2 000)×13%=1 560(元)

3. 外贸企业兼营的零税率应税服务增值税免退税

$$\begin{aligned}\text{外贸企业兼营的零税率} \\ \text{应税服务应退税额}\end{aligned} = \begin{aligned}\text{外贸企业兼营的零税率} \\ \text{应税服务免退税计税依据}\end{aligned} \times \begin{aligned}\text{零税率应税服务} \\ \text{增值税退税率}\end{aligned}$$

第八节 税 收 优 惠

一、《增值税暂行条例》规定的免税项目

增值税的减税、免税项目由国务院规定,任何地区、部门均不得规定免税、减税项目。根据《增值税暂行条例》及其实施细则的规定,下列项目免征增值税。

(1)农业生产者销售的自产农产品。

农业,是指种植业、养殖业、林业、牧业、水产业。农业生产者,包括从事农业生产的单位和个人。农业生产者销售的自产农产品,是指直接从事植物的种植、收割和动物的饲养、捕捞的单位和个人销售的自产农产品,具体范围由财政部、国家税务总局确定;对上述单位和个人销售的外购农产品,以及单位和个人外购农产品生产、

加工后销售的仍然属于规定范围的农业产品,不属于免税的范围,应当按照规定的税率征收增值税。

纳税人采取"公司+农户"经营模式从事畜禽饲养,纳税人回收再销售畜禽,属于农业生产者销售自产农产品,应根据《增值税暂行条例》的有关规定免征增值税。

(2)避孕药品和用具。

(3)古旧图书。指向社会收购的古书和旧书。

(4)直接用于科学研究、科学试验和教学的进口仪器、设备。

(5)外国政府、国际组织无偿援助的进口物资和设备。

(6)由残疾人组织直接进口供残疾人专用的物品。

(7)销售的自己使用过的物品。自己使用过的物品,是指其他个人自己使用过的物品。

需要注意的是,纳税人兼营免税、减税项目的,应当分别核算免税、减税项目的销售额;未分别核算的,不得免税、减税。

二、《营改增通知》及有关部门规定的税收优惠政策

(一)免征增值税项目

(1)托儿所、幼儿园提供的保育和教育服务。

(2)养老机构提供的养老服务。

(3)残疾人福利机构提供的育养服务。

(4)婚姻介绍服务。

(5)殡葬服务。

(6)残疾人员本人为社会提供的服务。

(7)医疗机构提供的医疗服务。

(8)从事学历教育的学校提供的教育服务。

(9)学生勤工俭学提供的服务。

(10)农业机耕、排灌、病虫害防治、植物保护、农牧保险以及相关技术培训业务,家禽、牲畜、水生动物的配种和疾病防治。

(11)纪念馆、博物馆、文化馆、文物保护单位管理机构、美术馆、展览馆、书画院、图书馆在自己的场所提供文化体育服务取得的第一道门票收入。

(12)寺院、宫观、清真寺和教堂举办文化、宗教活动的门票收入。

(13)行政单位之外的其他单位收取的符合《营业税改征增值税试点实施办法》第十条规定条件的政府性基金和行政事业性收费。

(14)个人转让著作权。

(15)个人销售自建自用住房。

(16)台湾航运公司、航空公司从事海峡两岸海上直航、空中直航业务在大陆取得的运输收入。

(17)纳税人提供的直接或者间接国际货物运输代理服务。

(18)以下贷款利息收入。

①国家助学贷款。

②国债、地方政府债。

③人民银行对金融机构的贷款。

④住房公积金管理中心用住房公积金在指定的委托银行发放的个人住房贷款。

⑤外汇管理部门在从事国家外汇储备经营过程中，委托金融机构发放的外汇贷款。

⑥统借统还业务中，企业集团或企业集团中的核心企业以及集团所属财务公司按不高于支付给金融机构的借款利率水平或者支付的债券票面利率水平，向企业集团或者集团内下属单位收取的利息。

(19)被撤销金融机构以货物、不动产、无形资产、有价证券、票据等财产清偿债务。

(20)保险公司开办的一年期以上人身保险产品取得的保费收入。

(21)再保险服务。

(22)下列金融商品转让收入。

①合格境外投资者(QFII)委托境内公司在我国从事证券买卖业务。

②香港市场投资者(包括单位和个人)通过沪港通买卖上海证券交易所上市A股。

③对香港市场投资者(包括单位和个人)通过基金互认买卖内地基金份额。

④证券投资基金(封闭式证券投资基金、开放式证券投资基金)管理人运用基金买卖股票、债券。

⑤个人从事金融商品转让业务。

(23)金融同业往来利息收入。

(24)符合条件的担保机构从事中小企业信用担保或者再担保业务取得的收入(不含信用评级、咨询、培训等收入)3年内免征增值税。

(25)国家商品储备管理单位及其直属企业承担商品储备任务，从中央或者地方财政取得的利息补贴收入和价差补贴收入。

(26)纳税人提供技术转让、技术开发和与之相关的技术咨询、技术服务。

技术转让、技术开发，是指《销售服务、无形资产、不动产注释》中"转让技术"、"研发服务"范围内的业务活动。技术咨询，是指就特定技术项目提供可行性论证、技术预测、专题技术调查、分析评价报告等业务活动。

与技术转让、技术开发相关的技术咨询、技术服务，是指转让方(或者受托方)根据技术转让或者开发合同的规定，为帮助受让方(或者委托方)掌握所转让(或者委托开发)的技术，而提供的技术咨询、技术服务业务，且这部分技术咨询、技术服务的价款与技术转让或者技术开发的价款应当在同一张发票上开具。

(27)符合条件的合同能源管理服务。

(28)政府举办的从事学历教育的高等、中等和初等学校(不含下属单位)，举办进修班、培训班取得的全部归该学校所有的收入。

(29)政府举办的职业学校设立的主要为在校学生提供实习场所，并由学校出资自办、由学校负责经营管理、经营收入归学校所有的企业,从事《销售服务、无形资产或者不动产注释》中"现代服务"(不含融资租赁服务、广告服务和其他现代服务)、"生活服务"(不含文化体育服务、其他生活服务和桑拿、氧吧)业务活动取得的收入。

(30)家政服务企业由员工制家政服务员提供家政服务取得的收入。

(31)福利彩票、体育彩票的发行收入。

(32)军队空余房产租赁收入。

(33)为了配合国家住房制度改革,企业、行政事业单位按房改成本价、标准价出售住房取得的收入。

(34)将土地使用权转让给农业生产者用于农业生产。

(35)涉及家庭财产分割的个人无偿转让不动产、土地使用权。

家庭财产分割,包括下列情形:离婚财产分割;无偿赠与配偶、父母、子女、祖父母、外祖父母、孙子女、外孙子女、兄弟姐妹;无偿赠与对其承担直接抚养或者赡养义务的抚养人或者赡养人;房屋产权所有人死亡,法定继承人、遗嘱继承人或者受遗赠人依法取得房屋产权。

(36)土地所有者出让土地使用权和土地使用者将土地使用权归还给土地所有者。

(37)县级以上地方人民政府或自然资源行政主管部门出让、转让或收回自然资源使用权(不含土地使用权)。

(38)随军家属就业。

(39)军队转业干部就业。

(40)青藏铁路公司提供的铁路运输服务免征增值税。

(41)中国邮政集团公司及其所属邮政企业提供的邮政普遍服务和邮政特殊服务,免征增值税。

(42)全国社会保障基金理事会、全国社会保障基金投资管理人运用全国社会保障基金买卖证券投资基金、股票、债券取得的金融商品转让收入,免征增值税。

(43)对社保基金会、社保基金投资管理人在运用社保基金投资过程中,提供贷款服务取得的全部利息及利息性质的收入和金融商品转让收入,免征增值税。

(44)自2022年5月1日至2022年12月31日,对纳税人为居民提供必需生活物资快递收派服务取得的收入,免征增值税。

快递收派服务的具体范围,按照《销售服务、无形资产、不动产注释》(财税〔2016〕36号印发)执行。

(45)自2018年9月1日至2023年12月31日,对金融机构向小型企业、微型企业和个体工商户发放小额贷款取得的利息收入,免征增值税。

(46)境外教育机构与境内从事学历教育的学校开展中外合作办学,提供学历教育服务取得的收入免征增值税。

(47)自2018年1月1日至2023年12月31日,免征图书批发、零售环节增值税。

(48)自2018年1月1日至2023年12月31日,对科普单位的门票收入,以及县级及以上党政部门和科协开展科普活动的门票收入免征增值税。

(49)自2019年1月1日至2023年12月31日,对国家级、省级科技企业孵化器、大学科技园和国家备案众创空间向在孵对象提供孵化服务取得的收入,免征增值税。

(50)纳税人取得的财政补贴收入,与其销售货物、劳务、服务、无形资产、不动产的收入或者数量直接挂钩的,应按规定计算缴纳增值税。纳税人取得的其他情形的财政补贴收入,不属于增值税应税收入,不征收增值税。

(二)增值税即征即退

(1)增值税一般纳税人销售其自行开发生产的软件产品,按13%税率征收增值税后,对其增值税实际税负超过3%的部分实行即征即退政策。

增值税一般纳税人将进口软件产品进行本地化改造后对外销售,其销售的软件产品可享受上款规定的增值税即征即退政策。

(2)一般纳税人提供管道运输服务,对其增值税实际税负超过3%的部分实行增值税即征即退政策。

(3)经人民银行、银监会或者商务部批准从事融资租赁业务的试点纳税人中的一般纳税人,提供有形动产融资租赁服务和有形动产融资性售后回租服务,对其增值税实际税负超过3%的部分实行增值税即征即退政策。

上述所称增值税实际税负,是指纳税人当期提供应税服务实际缴纳的增值税额占纳税人当期提供应税服务取得的全部价款和价外费用的比例。

(4)对安置残疾人的单位和个体工商户(以下称纳税人),实行由税务机关按纳税人安置残疾人的人数,限额即征即退增值税的办法。

$$纳税人本期应退增值税额 = 本期所含月份每月应退增值税额之和$$

$$月应退增值税额 = 纳税人本月安置残疾人员人数 \times 本月月最低工资标准的4倍$$

月最低工资标准是指纳税人所在区县(含县级市、旗)适用的经省(含自治区、直辖市、计划单列市)人民政府批准的月最低工资标准。

纳税人新安置的残疾人从签订劳动合同并缴纳社会保险的次月起计算,其他职工从录用的次月起计算;安置的残疾人和其他职工减少的,从减少当月计算。

(三)增值税先征后退政策

自2018年1月1日起至2023年12月31日,对宣传文化执行下列增值税先征后退政策。

(1)对下列出版物在出版环节执行增值税100%先征后退的政策:

①中国共产党和各民主党派的各级组织的机关报纸和机关期刊,各级人大、政协、政府、工会、共青团、妇联、残联、科协的机关报纸和机关期刊,新华社的机关报纸和机关期刊,军事部门的机关报纸和机关期刊。

②专为少年儿童出版发行的报纸和期刊,中小学的学生教科书。

③专为老年人出版发行的报纸和期刊。

④少数民族文字出版物。

⑤盲文图书和盲文期刊。

⑥经批准在内蒙古、广西、西藏、宁夏、新疆五个自治区内注册的出版单位出版的出版物。

⑦相关目录中的图书、报纸和期刊。

(2)对下列出版物在出版环节执行增值税先征后退50%的政策：

①各类图书、期刊、音像制品、电子出版物，但第(1)条规定执行增值税100%先征后退的出版物除外。

②列入相关目录中的报纸。

(3)对下列印刷、制作业务执行增值税100%先征后退的政策：

①对少数民族文字出版物的印刷或制作业务。

②列入通知规定的新疆维吾尔自治区印刷企业的印刷业务。

(四)金融企业发放贷款后应收未收利息的增值税处理

金融企业发放贷款后，自结息日起90天内发生的应收未收利息按现行规定缴纳增值税，自结息日起90天后发生的应收未收利息暂不缴纳增值税，待实际收到利息时按规定缴纳增值税。

(五)个人销售住房的征免增值税处理

个人将购买不足2年的住房对外销售的，按照5%的征收率全额缴纳增值税；个人将购买2年以上(含2年)的住房对外销售的，免征增值税。上述政策适用于北京市、上海市、广州市和深圳市之外的地区。

个人将购买不足2年的住房对外销售的，按照5%的征收率全额缴纳增值税；个人将购买2年以上(含2年)的非普通住房对外销售的，以销售收入减去购买住房价款后的差额按照5%的征收率缴纳增值税；个人将购买2年以上(含2年)的普通住房对外销售的，免征增值税。上述政策仅适用于北京市、上海市、广州市和深圳市。

三、财政部、国家税务总局规定的其他部分征免税项目

(一)资源综合利用及其他产品的增值税政策

纳税人销售自产符合规定的综合利用产品和提供符合规定的资源综合利用劳务，可享受增值税即征即退政策。退税比例有30%、50%、70%和100%四个档次。

纳税人从事优惠目录所列的资源综合利用项目，享受规定的增值税即征即退政策时，应同时符合一些条件，如应属于增值税一般纳税人，销售综合利用产品和劳务不属于国家发展改革委员会发布的《产业结构调整指导目录》中的禁止、限制类项目等。

(二)免征蔬菜流通环节增值税

(1)对从事蔬菜批发、零售的纳税人销售的蔬菜免征增值税。

蔬菜是指可做副食的草本、木本植物,包括各种蔬菜、菌类植物和少数可做副食的木本植物。蔬菜的主要品种参照《蔬菜主要品种目录》执行。

经挑选、清洗、切分、晾晒、包装、脱水、冷藏、冷冻等工序加工的蔬菜,属于上述蔬菜的范围。

各种蔬菜罐头不属于上述蔬菜的范围。蔬菜罐头是指蔬菜经处理、装罐、密封、杀菌或无菌包装而制成的食品。

(2)纳税人既销售蔬菜又销售其他增值税应税货物的,应分别核算蔬菜和其他增值税应税货物的销售额;未分别核算的,不得享受蔬菜增值税免税政策。

(三)粕类产品免征增值税问题

豆粕属于征收增值税的饲料产品,除豆粕以外的其他粕类饲料产品,均免征增值税。

(四)制种企业增值税政策

制种企业在下列生产经营模式下生产销售种子,属于农业生产者销售自产农业产品,应根据《增值税暂行条例》有关规定免征增值税。

(1)制种企业利用自有土地或承租土地,雇用农户或雇工进行种子繁育,再经烘干、脱粒、风筛等深加工后销售种子。

(2)制种企业提供亲本种子委托农户繁育并从农户手中收回,再经烘干、脱粒、风筛等深加工后销售种子。

(五)有机肥产品免征增值税

纳税人生产销售和批发、零售符合标准的有机肥产品免征增值税。

(六)小微企业增值税政策

1. 国家税务总局公告 2021 年第 5 号规定

(1)小规模纳税人发生增值税应税销售行为,合计月销售额未超过 15 万元(以 1 个季度为 1 个纳税期的,季度销售额未超过 45 万元,下同)的,免征增值税。

小规模纳税人发生增值税应税销售行为,合计月销售额超过 15 万元,但扣除本期发生的销售不动产的销售额后未超过 15 万元的,其销售货物、劳务、服务、无形资产取得的销售额免征增值税。

(2)适用增值税差额征税政策的小规模纳税人,以差额后的销售额确定是否可以享受本公告规定的免征增值税政策。

(3)按固定期限纳税的小规模纳税人可以选择以 1 个月或 1 个季度为纳税期限,一经选择,一个会计年度内不得变更。

(4)其他个人采取一次性收取租金形式出租不动产,取得的租金收入,可在租金对应的租赁期内平均分摊,分摊后的月租金收入不超过15万元的,可享受小微企业免征增值税的优惠政策。

(5)按照现行规定应当预缴增值税税款的小规模纳税人,凡在预缴地实现的月销售额未超过15万元的,当期无需预缴税款。

2. 财政部税务总局公告2022年第15号公告规定

(1)自2022年4月1日至2022年12月31日,增值税小规模纳税人适用3%征收率的应税销售收入,免征增值税;适用3%预征率的预缴增值税项目,暂停预缴增值税。

(2)增值税小规模纳税人适用3%征收率应税销售收入免征增值税的,应按规定开具免税普通发票。纳税人选择放弃免税并开具增值税专用发票的,应开具征收率为3%的增值税专用发票。

3. 政策说明

财政部税务总局公告2022年第15号公告与国家税务总局公告2021年第5号规定并不矛盾,政策仍然有效且按现行口径继续执行。

具体来说,如果小规模纳税人取得的所有应税销售收入均适用3%征收率的,可以全部享受免税政策;如果小规模纳税人取得的应税销售收入含有5%征收率的,若符合月销售额15万元以下免税政策口径的,5%征收率部分也可以享受免税政策,若不符合月销售额15万元以下免税政策口径,则3%征收率部分可以享受免税,5%征收率部分需按照现行政策规定计算缴纳增值税。

(七)符合条件的扶贫捐赠免征增值税处理

自2019年1月1日至2022年12月31日,对单位或者个体工商户将自产、委托加工或购买的货物通过公益性社会组织、县级及以上人民政府及其组成部门和直属机构,或直接无偿捐赠给目标脱贫地区的单位和个人,免征增值税。在政策执行期限内,目标脱贫地区实现脱贫的,可继续适用上述政策。

(八)社区养老托育家政服务收入免征增值税

自2019年6月1日至2025年12月31日为社区提供养老、托育、家政等服务的机构,提供社区养老、托育、家政服务取得的收入免征增值税。

四、增值税的起征点

个人发生应税销售行为的销售额未达到增值税起征点的,免征增值税;达到起征点的,全额计算缴纳增值税。

增值税起征点仅适用于个人,包括个体工商户和其他个人,但不适用于认定为一般纳税人的个体工商户,即增值税起征点仅适用于按照小规模纳税人纳税的个体工商户和其他个人。

增值税起征点的幅度规定如下:

(1)按期纳税的,为月销售额5000~20000元(含本数)。

(2)按次纳税的,为每次(日)销售额300~500元(含本数)。

五、其他有关减免税规定

(1)纳税人兼营免税、减税项目的,应当分别核算免税、减税项目的销售额;未分别核算销售额的,不得免税、减税。

(2)纳税人发生应税销售行为适用免税规定的,可以放弃免税,依照《增值税暂行条例》的规定缴纳增值税。放弃免税后,36个月内不得再申请免税。

第九节 征收管理

一、纳税义务发生时间

纳税义务发生时间,是纳税人发生应税销售行为应当承担纳税义务的起始时间。

1. 应税销售行为纳税义务发生时间的一般规定

(1)纳税人发生应税销售行为,其纳税义务发生时间为收讫销售款项或者取得索取销售款项凭据的当天;先开具发票的,为开具发票的当天。

收讫销售款项,是指纳税人发生应税销售行为过程中或者完成后收到的款项。

取得索取销售款项凭据的当天,是指书面合同确定的付款日期;未签订书面合同或者书面合同未确定付款日期的,为应税销售行为完成的当天或者不动产权属变更的当天。

(2)进口货物,为报关进口的当天。

(3)增值税扣缴义务发生时间为纳税人增值税纳税义务发生的当天。

2. 应税销售行为纳税义务发生时间的具体规定

(1)采取直接收款方式销售货物,不论货物是否发出,均为收到销售款或者取得索取销售款凭据的当天。

纳税人生产经营活动中采取直接收款方式销售货物,已将货物移送对方并暂估销售收入入账,但既未取得销售款或取得索取销售款凭据也未开具销售发票的,其增值税纳税义务发生时间为取得销售款或取得索取销售款凭据的当天;先开具发票的,为开具发票的当天。

(2)采取托收承付和委托银行收款方式销售货物,为发出货物并办妥托收手续的当天。

(3)采取赊销和分期收款方式销售货物,为书面合同约定的收款日期的当天;无书面合同的或者书面合同没有约定收款日期的,为货物发出的当天。

(4)采取预收货款方式销售货物,为货物发出的当天,但生产销售生产工期超过12个月的大型机械设备、船舶、飞机等货物,为收到预收款或者书面合同约定的收款日期的当天。

(5)委托其他纳税人代销货物,为收到代销单位的代销清单或者收到全部或者部分货款的当天。未收到代销清单及货款的,为发出代销货物满 180 天的当天。

(6)销售劳务,为提供劳务同时收讫销售款或者取得索取销售款的凭据的当天。

(7)纳税人发生除将货物交付其他单位或者个人代销和销售代销货物以外的视同销售货物行为,为货物移送的当天。

(8)纳税人提供租赁服务采取预收款方式的,其纳税义务发生时间为收到预收款的当天。

(9)纳税人从事金融商品转让的,为金融商品所有权转移的当天。

(10)纳税人发生视同销售服务、无形资产或者不动产情形的,其纳税义务发生时间为服务、无形资产转让完成的当天或者不动产权属变更的当天。

二、纳税期限

纳税期限是指纳税人发生纳税义务后向国家缴纳税款的时间限定。增值税的纳税期限分别为 1 日、3 日、5 日、10 日、15 日、1 个月或者 1 个季度。

纳税人的具体纳税期限,由主管税务机关根据纳税人应纳税额的大小分别核定。以 1 个季度为纳税期限的规定适用于小规模纳税人、银行、财务公司、信托投资公司、信用社,以及财政部和国家税务总局规定的其他纳税人。不能按照固定期限纳税的,可以按次纳税。小规模纳税人的具体纳税期限,由主管税务机关根据其应纳税额的大小分别核定。

纳税人以 1 个月或者 1 个季度为 1 个纳税期的,自期满之日起 15 日内申报纳税;以 1 日、3 日、5 日、10 日或者 15 日为 1 个纳税期的,自期满之日起 5 日内预缴税款,于次月 1 日起 15 日内申报纳税并结清上月应纳税款。

纳税人进口货物,应当自海关填发进口增值税专用缴纳书之日起 15 日内缴纳税款。

扣缴义务人解缴税款的期限,依照上述规定执行。

三、纳税地点

(1)根据税收属地管辖原则,固定业户应当向其机构所在地主管税务机关申报纳税。这里的机构所在地是指纳税人的注册登记地。

总机构和分支机构不在同一县(市)的,应当分别向各自所在地的主管税务机关申报纳税;经国务院财政、税务主管部门或者其授权的财政、税务机关批准,可以由总机构汇总向总机构所在地的主管税务机关申报纳税。

(2)固定业户到外县(市)销售货物或者劳务,应当向其机构所在地的主管税务机关报告外出经营事项,并向其机构所在地的主管税务机关申报纳税;未报告的,应当向销售地或者劳务发生地的主管税务机关申报纳税;未向销售地或者劳务发生地的主管税务机关申报纳税的,由其机构所在地的主管税务机关补征税款。

(3)非固定业户销售货物、提供劳务,应当向销售地、劳务发生地的主管税务机关申报纳税;未申报纳税的,由其机构所在地或者居住地的主管税务机关补征税款。

其他个人提供建筑服务,销售或者租赁不动产,转让自然资源使用权,应向建筑服务发生地、不动产所在地、自然资源所在地主管税务机关申报纳税。

(4)进口货物应当向报关地海关申报纳税。

扣缴义务人应当向其机构所在地或者居住地主管税务机关申报缴纳扣缴的税款。

第十节 增值税发票的使用及管理

增值税一般纳税人发生应税销售行为,应使用增值税发票管理新系统开具增值税专用发票、增值税普通发票、机动车销售统一发票或者增值税电子普通发票。

一、增值税专用发票

(一)专用发票的联次

专用发票由基本联次或者基本联次附加其他联次构成。基本联次为三联:发票联、抵扣联和记账联。发票联,作为购买方核算采购成本和增值税进项税额的记账凭证;抵扣联,作为购买方报送主管税务机关认证和留存备查的凭证;记账联,作为销售方核算销售收入和增值税销项税额的记账凭证。其他联次用途,由一般纳税人自行确定。

(二)专用发票的开具

1. 专用发票开具要求

(1)项目齐全,与实际交易相符;

(2)字迹清楚,不得压线、错格;

(3)发票联和抵扣联加盖发票专用章;

(4)按照增值税纳税义务的发生时间开具。

对不符合上列要求的专用发票,购买方有权拒收。

2. 专用发票开票限额

专用发票实行最高开票限额管理。最高开票限额,是指单份专用发票开具的销售额合计数不得达到的上限额度。

最高开票限额由纳税人申请,区县税务机关依法审批。

3. 专用发票的开具范围

(1)一般纳税人发生应税销售行为,应当向索取增值税专用发票的购买方开具专用发票。

属于下列情形之一的,不得开具增值税专用发票:

①商业企业一般纳税人零售烟、酒、食品、服装、鞋帽(不包括劳保专用部分)、化妆品等消费品的;

②应税销售行为的购买方为消费者个人的;

③发生应税销售行为适用免税规定的。

(2)金融商品转让,不得开具增值税专用发票;经纪代理服务,向委托方收取的政府性基金或者行政事业性收费,不得开具增值税专用发票;试点纳税人提供有形动产融资性售后回租服务,向承租方收取的有形动产价款本金,不得开具增值税专用发票,可以开具普通发票;试点纳税人提供旅游服务,可以选择以取得的全部价款和价外费用,扣除向旅游服务购买方收取并支付给其他单位或者个人的住宿费、餐饮费、交通费、签证费、门票费和支付给其他接团旅游企业的旅游费用后的余额为销售额。选择上述办法计算销售额的试点纳税人,向旅游服务购买方收取并支付的上述费用,不得开具增值税专用发票,可以开具普通发票。

(3)增值税小规模纳税人专用发票开具规定:

①发生应税销售行为(其他个人除外),需要开具增值税专用发票的,可以自愿使用增值税发票管理系统自行开具。选择自行开具增值税专用发票的小规模纳税人,税务机关不再为其代开增值税专用发票。增值税小规模纳税人应当就开具增值税专用发票的销售额计算增值税应纳税额,并在规定的纳税申报期内向主管税务机关申报缴纳。

②小规模纳税人销售其取得的不动产,需要开具增值税专用发票的,应当按照有关规定向税务机关申请代开。

二、增值税普通发票

增值税专用发票与普通发票在计算缴纳增值税销项税额上是一致的,均按照"不含税价格=含税价格/(1+税率或者征收率)"、"税额=不含税价格×税率或者征收率"公式计算。两者的区别在于增值税专用发票可以抵扣进项税额,而普通发票一般不能申报抵扣。与增值税专用发票一样,增值税普通发票也纳入增值税发票管理新系统开具和管理。

(1)增值税普通发票的格式、字体、栏次、内容与增值税专用发票完全一致,按发票联次分为两联票和五联票两种。基本联次为两联,第一联为记账联,销货方用作记账凭证;第二联为发票联,购货方用作记账凭证。

此外,为满足部分纳税人的需要,在基本联次后添加了三联的附加联次,即五联票,供企业选择使用。

(2)增值税电子普通发票的开票方和受票方需要纸质发票的,可以自行打印增值税电子普通发票的版式文件,其法律效力、基本用途、基本使用规定等与税务机关监制的增值税普通发票相同。

三、机动车销售统一发票

凡从事机动车零售业务的单位和个人,在销售机动车(不包括销售旧机动车)收取款项时,必须开具税务机关统一印制的新版《机动车销售统一发票》(以下简称《机动车发票》),并在发票联加盖财务专用章或发票专用章,登记联加盖开票单位印章;抵扣联和报税联不得加盖印章。当购货单位不是增值税一般纳税人时,第二联抵扣联由销货单位留存。

《机动车发票》为电脑六联式发票。第一联发票联(购货单位付款凭证),第二联抵扣联(购货单位扣税凭证),第三联报税联(车购税征收单位留存),第四联注册登记联(车辆登记单位留存),第五联记账联(销货单位记账凭证),第六联存根联(销货单位留存)。

 案例与点评

案例 2-1 海清电视机厂如何缴纳增值税

2022年6月,海清电视机厂生产出最新型号的彩色电视机,每台不含税销售单价8 800元。当月发生如下经济业务。

(1)6月1日,向某商场销售新型号电视机1 200台,商场在当月20天内付清电视机购货款,电视机厂给予了5%的销售折扣。

(2)6月3日,将15台新型号彩色电视机用于表彰本厂的优秀职工。

(3)6月4日,采取以旧换新方式,从消费者个人手中收购旧型号电视机,销售新型号电视机100台,每台旧型号电视机折价为500元。

(4)6月8日,发货给外省分支机构新型号彩色电视机150台用于销售,支付运费价税合计1 090元,取得增值税专用发票。

(5)6月10日,购进生产电视机用原材料一批,取得防伪税控系统增值税专用发票上注明的价款2 800 000元,增值税额为364 000元,材料已经验收入库。

(6)6月13日,向贫困地区赠送新型号电视机200台。

(7)6月17日,从国外购进2台电视机检测设备,取得的海关开具的完税凭证上注明增值税税额为143 000元。

(8)6月21日,购进2辆小轿车,用于企业经理业务专用。取得的增值税专用发票注明的价款为500 000,税款为65 000元。

(9)月末盘点时发现,上月企业外购材料发生意外损毁,损失材料的成本为90 000元(其中含分摊的运费4 000元)。

(10)月末转让一台已使用过3年的旧设备,原价值为98 000元,转让价为67 800元。购买该设备时已足额抵扣了进项税额。

已知:上月留抵税额80 000元。当月取得的增值税扣税凭证均在当月申报抵扣。请计算海清电视机厂6月应纳增值税。

【点评】

(1)销项税额=1 200×8 800×13%=1 372 800(元)。

(2)将电视机用于奖励视同销售行为,销项税额=15×8 800×13%=17 160(元)。

(3)销项税额=100×8 800×13%=114 400(元)。

(4)销项税额=150×8 800×13%=171 600(元);

进项税额＝1 090÷1.09×9％＝90(元)。
(5)进项税额＝364 000(元)。
(6)销项税额＝200×8 800×13％＝228 800(元)。
(7)因为取得了海关的完税凭证,可抵扣的进项税额＝143 000(元)。
(8)进项税额＝65 000(元)。
(9)进项税额转出＝(90 000－4 000)×13％＋4 000×9％＝11 540(元)。
(10)转让旧设备销项税额＝67 800÷(1＋13％)×13％＝7 800(元)。
当期销项税额＝1 372 800＋17 160＋114 400＋171 600＋228 800＋7 800＝1 912 560(元)。
当期进项税额＝364 000＋90＋143 000＋65 000＋80 000＝652 090(元)。
当期进项税额转出＝11 540(元)。
因此,该企业6月应纳增值税＝1 912 560－652 090＋11 540＝1 272 010(元)。

案例2-2　天地大酒店应如何缴纳增值税

天地大酒店为增值税一般纳税人,2022年5月提供住宿服务取得收入100万元,提供餐饮服务取得收入100万元,提供会议服务取得收入20万元,提供水疗、健身服务取得收入5万元,出租附属小花园作为婚纱拍摄场地取得收入5万元,出租音响设备取得收入3万元,商务中心销售烟、酒、茶等商品取得收入20万元。5月发生经营成本为160万元,其中购买修缮服务、清洗布草、添置电器、购买各类商品(烟、酒、茶、农产品等)取得增值税发票上注明的税额合计12万元。天地大酒店全部选择一般计税方法,以上收入均为含税收入。该酒店5月应缴纳多少增值税?

【点评】　试点纳税人销售货物、加工修理修配劳务、服务、无形资产或者不动产适用不同税率或者征收率的,应当分别核算适用不同税率或者征收率的销售额。

该酒店5月销项税额＝(100＋100＋20＋5)/(1＋6％)×6％＋5/(1＋9％)×9％(不动产经营性租赁)＋3/(1＋13％)×13％(有形动产经营性租赁)＋20/(1＋13％)×13％＝12.74＋0.41＋0.35＋2.30＝15.80(万元)。

该酒店5月进项税额＝12(万元)。

该酒店5月应纳增值税＝15.80－12＝3.80(万元)。

案例2-3　国际运输公司如何缴纳增值税

某市有国际运输资质的运输公司,增值税一般纳税人,2022年6月经营情况如下:

(1)从事运输服务,开具增值税专用发票,注明运输费320万元、装卸费36万元。

(2)从事仓储服务,开具增值税专用发票,注明仓储收入110万元,装卸费18万元。

(3)从事境内运输服务,价税合计277.5万元;运输至香港、澳门,价税合计51.06万元。

(4)出租客货两用车,取得含税收入60.84万元。

(5)销售使用过的未抵扣过进项税额的固定资产,普通发票3.09万元。

(6)进口货车,成交价160万元,境外运费12万元,保险费8万元。

(7)境内购进卡车,取得增值税专用发票,价款80万元,增值税10.40万元;接受运输服务,取得增值税专用发票,价款6万元,增值税0.54万元。

(8)购买矿泉水,取得增值税专用发票,价款8万元,增值税1.04万元,其中60%赠送给客户,40%用于职工福利。

已知关税税率20%。根据上述资料,计算回答下列问题。

(1)计算业务(1)的销项税额。

(2)计算业务(2)的销项税额。

(3)计算业务(3)的销项税额。

(4)计算业务(4)的销项税额。

(5)计算业务(5)应纳的增值税。

(6)计算进口业务应纳的增值税。

(7)计算6月的进项税额。

(8)计算6月应缴纳的增值税。

【点评】

(1)业务(1)的销项税额=320×9%+36×6%=30.96(万元)。

(2)业务(2)的销项税额=110×6%+18×6%=7.68(万元)。

(3)业务(3)的销项税额=277.5÷(1+9%)×9%=22.91(万元)。

运输至香港、澳门适用零税率,所以销项税额=0。

(4)业务(4)的销项税额=60.84÷(1+13%)×13%=7.00(万元)。

(5)业务(5)应缴纳的增值税=3.09÷(1+3%)×2%=0.06(万元)。

(6)进口环节关税完税价格=160+12+8=180(万元);

关税=180×20%=36(万元);

进口环节应缴纳的增值税=(180+36)×13%=28.08(万元)。

(7)6月的进项税额=10.4+0.54+1.04×60%+28.08=39.64(万元)。

(8)6月应缴纳的增值税=30.96+7.68+22.91+7-39.64+0.06=28.97(万元)。

本章小结

本章是本书的重点章节之一。我国调整增值税征纳关系的法律依据主要是《增值税暂行条例》、《增值税暂行条例实施细则》和《营业税改征增值税试点实施办法》等。

我国的增值税是对在我国境内销售或者进口货物,提供劳务,销售服务、无形资产或者不动产的单位和个人,以其实现的增值额为征税对象征收的一种税。

我国现行增值税把增值税的纳税人分为一般纳税人和小规模纳税人。小规模纳税人采用简易方法计算应纳税额;一般纳税人采用一般计税方法计算应纳税额,凭票扣税,其应纳税额=销项税额-进项税额。对于一般纳税人来说,要正确计算其应纳税额,首先要准确计算其销项税额和进项税额。准确确定销项税额的关键是正确确定销售额;准确计算进项税额的关键是要把握进项税额抵扣的票据类型、范围和抵扣时限的规定。增值税的税率和征收率有13%、9%、6%、5%、3%和零税率6种。小规模纳税人应纳税额按照销售额和规定的征收率计算,不得抵扣进项税额。

增值税的税收优惠包括起征点、减免税和出口货物退(免)税政策。增值税纳税义务发生时间根据销售结算方式的不同而有所不同。增值税的纳税期限为1日、3日、5日、10日、15日、1个月或者1个季度。增值税的纳税地点一般为纳税人机构所在地的主管税务机关。

思考与练习题

【思考题】

1. 需要满足哪些条件才能作进项税额抵扣?
2. 一般纳税人和小规模纳税人是如何划分的?区分二者有何意义?
3. 增值税的税率和征收率有哪几档?分别适用于何种情形?
4. 出口退(免)政策的适用范围有哪些?
5. 增值税的纳税义务发生时间是如何规定的?
6. 专用发票的开具范围有哪些规定?

【练习题】

一、单项选择题

1. 某从事咨询业务的小规模纳税人,2021年10月应税销售额超过了小规模纳税人的标准,在11月的申报期后未按规定办理一般纳税人登记,接到税务机关送达的《税务事项通知书》后仍没有办理一般纳税人登记手续。2022年1月,该纳税人取得含增值税咨询收入50万元,当月购进复印纸张取得增值税专用发票,注明增值税1.5万元。则当月该纳税人应纳增值税(　　)万元。
   A. 1.33　　　　　　B. 1.45　　　　　　C. 2.11　　　　　　D. 2.83

2. 下列属于有形动产租赁项目的是(　　)。
   A. 航空运输的干租业务　　　　　　B. 航空运输的湿租业务
   C. 远洋运输的程租　　　　　　　　D. 远洋运输的期租

3. 某生产企业为增值税一般纳税人,2022年1月,其员工因公出差取得如下票据:注明本单位员工身份信息的铁路车票票价共计100 000元,注明本单位员工身份信息的公路客票票价共30 000元,道路通行费增值税电子普通发票税额共20 000元。该生产企业当月可以抵扣增值税进项税额(　　)万元。
   A. 0.83　　　　　　B. 2.91　　　　　　C. 0.91　　　　　　D. 3.07

4. 某旧机动车交易公司(增值税一般纳税人)2022年3月收购旧机动车50辆,支付收购价款300万元,销售旧机动车60辆,取得含税销售收入402万元,当月该旧机动车交易公司应缴纳增值税(　　)万元。

A. 0.26　　　　　B. 2　　　　　　C. 5.98　　　　　D. 7.8

5. 商业企业一般纳税人零售下列货物,可以开具增值税专用发票的是( )。

　　A. 烟酒　　　　B. 食品　　　　C. 化妆品　　　D. 办公用品

6. 某生产企业(增值税一般纳税人)7月销售化工产品,取得含税销售额793.26万元,为销售货物出借包装物收取押金15.21万元,约定3个月返还;当月没收逾期未退还包装物的押金1.3万元。该企业当月上述业务计税销售额为( )万元。

　　A. 703.15　　　B. 715.46　　　C. 716.61　　　D. 794.56

7. 下列结算方式中,以货物发出当天为增值税纳税义务发生时间的是( )。

　　A. 预收货款　　　　　　　　　　B. 赊销

　　C. 分期收款　　　　　　　　　　D. 将货物交付他人代销

8. 2021年某生产性服务企业为增值税一般纳税人,符合进项税额加计抵减政策条件。2022年2月销售服务开具增值税专用发票,注明税额25万元。购进服务取得增值税专用发票,注明税额13万元,其中10%的服务用于提供适用简易计税方法的项目。上期末加计抵减余额为3万元。假设当月取得的增值税专用发票当月申报抵扣,该企业当月应缴纳增值税( )万元。

　　A. 7.7　　　　　B. 8.55　　　　C. 9.13　　　　D. 10.30

9. 某增值税一般纳税人2022年3月销售三批同样的货物,每批各1 000件,不含税售价分别为每件70元、50元和30元,如果30元/件的销售价格被主管税务机关认定为明显偏低且无正当理由,则该纳税人当月计算销项税额的销售额应为( )元。

　　A. 130 000　　　B. 150 000　　　C. 180 000　　　D. 210 000

10. 某增值税一般纳税人,2021年11月从某花木栽培公司手中购入花卉1 100盆,取得的普通发票上注明价款为110 580元。该企业将275盆花卉赠送给兄弟单位用于节日庆典,其余全部卖给客户取得不含税销售额705 000元。则该企业当月应纳增值税为( )。

　　A. 96 374.96　　B. 74 647.80　　C. 89 415　　　D. 102 243.45

11. 某食品制造公司为增值税一般纳税人,2021年8月从农民手中购入其种植的黄芪药材一批5吨,税务机关批准使用的收购凭证上注明收购金额为40 000元。该食品公司本月将3吨黄芪领用生产本企业深加工各种食品,取得不含税销售额50 000元;将另外2吨作为元旦礼品发给本厂职工。则该食品公司当月应纳增值税额为( )元。

　　A. 2 500　　　　B. 2 900　　　　C. 4 100　　　　D. 4 340

12. 某企业为小规模纳税人,2021年12月销售一台使用过的固定资产,收取的价款为30 900元,则该企业应纳增值税为( )元。

　　A. 900　　　　　B. 600　　　　　C. 594.23　　　　D. 1 188.46

13. 某金店采取"以旧换新"方式销售纯金项链1条,新项链对外零售价格6 000元,旧项链作价4 000元,从消费者手中收取新旧差价款2 000元;以同一方式销售某品牌手表10块,此表对外零售价每块350元,旧表每块作价200元。下列说法正确的是( )。

　　A. 本期增值税销项税额为632.74元

　　B. 本期增值税销项税额为1 092.92元

　　C. 该金店以旧换新方式销售的手表,应当以150元为计税依据

　　D. 该金店以旧换新方式销售的金项链,应当以6 000元为计税依据

14. 某厂(增值税一般纳税人)同时生产应税药品和免税药品。2022年3月外购一座仓库,取得增值税专用发票,注明税额500 000元,该仓库用于存放应税药品和免税药品;该厂当月购买一批材料用于应税药品的生产,取得增值税专用发票上注明价款10 000元,增值税1 300元;外购一批材料用于应税和免税药品的生产,取得增值税专用发票上注明价款30 000元,增值税3 900元。

当月应税药品不含税销售额 50 000 元,免费药品销售额 70 000 元。该厂当月可抵扣的进项税额为( )元。

A.301 300　　　　B.501 300　　　　C.302 925　　　　D.502 925

15.某自营出口生产企业是增值税一般纳税人,出口货物的征税税率为 13%,退税率为 10%;2021 年 10 月外购货物取得增值税专用发票注明税额为 60 万元,已通过认证。上期期末留抵税额 4 万元。当月内销货物不含税销售额 100 万元,销项税额 13 万元。本月出口货物销售额折合人民币 500 万元。该企业当期应退税额为( )万元。

A.0　　　　B.50　　　　C.36　　　　D.14

16.下列有关纳税地点的说法,不正确的是( )。

A. 总机构和分支机构不在同一县(市)的,应当向总机构所在地的主管税务机关申报纳税
B. 扣缴义务人应当向其机构所在地或者居住地主管税务机关申报缴纳其扣缴的税款
C. 固定业户应当向其机构所在地主管税务机关申报缴纳其扣缴的税款
D. 非固定业户应当向其机构所在地或者居住地主管税务机关申报纳税

17.某按季申报的增值税小规模纳税人,2022 年二季度适用 3%征收率的不含税收入 60 万元,按规定开具免税普通发票;适用 5%征收率的不含税收入 20 万元,开具增值税专用发票。其二季度应缴纳增值税( )万元。

A.0　　　　B.1　　　　C.4.8　　　　D.4.8

18.甲省 B 市的甲建筑企业是增值税一般纳税人,2022 年 1 月在乙省 A 市取得含税建筑收入 200 万元,按照一般计税办法计算纳税。则甲企业在建筑服务发生地预交税款( )万元。

A.3.52　　　　B.3.67　　　　C.5.5　　　　D.9.52

19.甲企业 2021 年 10 月 1 日为乙建筑企业提供一项技术咨询服务,合同价款为 200 万元,合同约定 10 月 10 日乙企业付款 50 万元,但实际到 2019 年 12 月 7 日乙企业才付款,则甲企业的纳税义务发生时间是( )。

A. 10 月 1 日　　　　　　　　B. 10 月 10 日
C. 12 月 7 日　　　　　　　　D. 12 月 30 日

20.2020 年 8 月,某企业购买一座房产专用于职工食堂,取得增值税专用发票上注明增值税税额 55 万元。2022 年 2 月,该企业将上述房产改变用途,改作为企业产品展厅。改变用途时不动产净值率 96%。以下说法正确的是( )。

A.2022 年 3 月可抵扣项目进项税 52.8 万元
B.2022 年 2 月可抵扣项目进项税 52.8 万元
C.2022 年 3 月可抵扣项目进项税 48.44 万元
D.2022 年 2 月可抵扣项目进项税 48.44 万元

21.2022 年 4 月,王某出租一处住房,预收半年租金 48 000 元,王某收取租金应缴纳增值税( )元。

A.2 400　　　　B.720　　　　C.685.71　　　　D.0

22.某工艺品厂为增值税一般纳税人,2022 年 2 月 2 日销售给甲企业 200 套工艺品,每套不含税价格 600 元。由于部分工艺品存在瑕疵,该工艺品厂给予甲企业 15%的销售折让,开具红字增值税专用发票。为了鼓励甲企业及时付款,该工艺品厂提出"2/10,n/20"的付款条件。甲企业于当月 15 日付款,工艺品厂此项业务的销项税额为( )元。

A.12 360　　　　B.13 260　　　　C.15 600　　　　D.15 288

23.2022 年 3 月,某酒厂(增值税一般纳税人)销售白酒和啤酒给某副食品公司,其中销售白酒开具增值税专用发票,收取不含税价款 50 000 元,另收取包装物押金 1 225 元;销售啤酒开具增

值税普通发票,收取价税合计款24200元,另收取包装物押金1 500元。副食品公司按照合同约定,于2022年5月将白酒和啤酒包装物全部退还给酒厂,并取回全部押金。就此项业务该酒厂2022年3月增值税销项税额为(　　)元。

A.9 284.07　　　　　B.9 443.32　　　　　C.9 425　　　　　D.9 597.57

二、多项选择题

1.小规模纳税人进口货物,海关进口环节代征增值税可能使用(　　)。

A.3%的征收率　　　　　　　　　B.4%的征收率

C.13%的税率　　　　　　　　　　D.9%的税率

2.下列各项中,企业购进货物的进项税额不能从销项税额中抵扣的有(　　)。

A.用于生产免税产品　　　　　　B.用于装修员工宿舍

C.转售给其他企业　　　　　　　D.用于对外投资

3.一般纳税销售人销售下列货物,应计算缴纳增值税的有(　　)。

A.商店销售食用植物油　　　　　B.食品交易中心批发蔬菜

C.盐厂销售的食用盐　　　　　　D.农业生产者销售自产水果

4.混合销售行为的基本特征为(　　)。

A.既涉及货物销售又涉及劳务

B.发生在同一项销售行为中

C.从一个购买方取得货款

D.从不同购买方取得货款

5.一般销售方式下的销售额包括(　　)。

A.向购买方收取的全部价款　　　B.向购买方收的各种价外费用

C.消费税税金　　　　　　　　　D.增值税税金

6.下列应认定为增值税一般纳税人的是(　　)。

A.工业企业年应税销售额为490万元

B.汽车修理厂年应税销售额为510万元

C.商贸企业年应税销售额为490万元

D.营改增后提供应税服务企业年销售额为550万元

7.下列应计算增值税销项税额的项目有(　　)。

A.将购入的方便面发给职工作福利

B.将自产方便面发给职工作福利

C.将购入的方便面分给股东

D.将购入的方便面捐献给灾区

8.按现行增值税制度规定,下列行为应按"提供劳务"征收增值税的有(　　)。

A.企业受托为另一企业加工服装

B.企业为另一企业修理机器设备

C.个人为客户修缮房屋

D.汽车修理厂为本厂修理汽车

9.下列适用9%低税率的是(　　)。

A.居民煤炭制品　　　　　　　　B.原煤

C.酸奶　　　　　　　　　　　　D.玉米

10.下列项目中,免征增值税的有(　　)。

A.幼儿园收取的与幼儿园入园挂钩的赞助费

B. 学生勤工俭学收入
C. 职业培训机构提供的培训收入
D. 福利彩票发行收入

11. 下列各项中,属于非正常损失的有( )。
A. 因地震造成货物丢失   B. 因管理不善造成货物被盗
C. 货物被执法部门依法没收   D. 货物被执法部门强令自行销毁

12. 下列属于增值税视同销售行为的有( )。
A. 超市将购进的食用植物油用于本企业员工福利
B. 食品厂将委托加工收回的食品无偿赠送给关联企业
C. 运输公司无偿向新冠疫区运送抗疫物资的运输服务
D. 某软件开发企业向另一企业无偿提供软件维护服务

三、判断题

1. 增值税一般纳税人只要未取得增值税专用发票,一律不得计算进项税额抵扣销项税额。( )
2. 兼营不同税率的项目,须分别核算不同项目的销售额;未分别核算的,适用平均税率。( )
3. 购进货物支付的运输费用可从销项税额中抵扣,销售货物支付的运输费用不能抵扣。( )
4. 增值税一般纳税人销售货物,一律需要开具增值税专用发票。( )
5. 对销售除啤酒、黄酒外的其他酒类产品而收取的包装物押金,无论是否返还以及会计上如何核算,均应并入当期销售额计征增值税。( )
6. 购进或者自制固定资产时为小规模纳税人,认定为一般纳税人后销售该固定资产按照适用税率征收增值税。( )
7. 增值税一般纳税人初次购买增值税税控系统专用设备支付的费用以及缴纳的技术维护费允许在增值税应纳税额中全额抵减。( )
8. 公共交通运输服务可以选择适用简易计税方法。( )

四、计算题

1. 某食品加工厂(增值税一般纳税人)2022年3月发生下列业务:
(1)向农民收购大麦10吨,收购凭证上注明价款20 000元,验收后移送另一食品加工厂(增值税一般纳税人)加工膨化食品(已全部领用),支付加工费价税合计600元,取得增值税专用发票。
(2)从县城某工具厂(小规模纳税人)购进小工具一批,取得小规模纳税人通过增值税发票管理系统自开的增值税专用发票,发票金额3 500元。
(3)将以前月份购入的10吨玉米渣对外销售9吨,取得不含税销售额25 200元,将1吨玉米渣无偿赠送给客户。
(4)生产夹心饼干销售,开具的增值税专用发票上注明销售额100 000元。
(5)上月向农民收购的用于生产玉米渣的玉米,因保管不善霉烂,账面成本3 740元(含运费100元),已抵扣进项税额。
(6)转让2018年3月购入的检测设备一台,从购买方取得支票9 040元(含税)。
(7)允许广告公司在本厂2018年4月建成的围墙上喷涂服装广告,价税合计收取50 000元。
(8)修缮产品展示厅,该展示厅在工作中兼用作职工食堂。为修缮购进货物和设计服务,共支付30万元,取得增值税专用发票的进项税合计10 000元。

其他相关资料:上述合法扣税凭证均在当月申报抵扣。

根据上述资料,回答下列问题:

(1)计算该食品加工厂当期可抵扣的进项税额合计数;

(2)计算该食品加工厂当期的增值税销项税额合计数;

(3)计算该食品加工厂当期应缴纳的增值税额。

2.某运输企业位于市区,实行"营改增"后,申请登记为增值税一般纳税人。2022年4月发生如下业务:

(1)为某企业运输一批原材料,取得不含税货运收入80万元、装卸收入5万元、仓储保管费3万元,上述收入均开具了增值税专用发票,且各项收入予以分别核算。

(2)与甲运输企业(增值税一般纳税人)共同承接一项联运业务,收取全程货运收入135万元(不含税),并全额开具了增值税专用发票;将部分货运业务交给甲运输企业,支付给甲运输企业不含税运费45万元,并取得了甲运输企业开具的增值税专用发票。

(3)将部分自有车辆对外出租,取得含税租金收入16.95万元,车辆保证金6.78万元。

(4)将两艘运输用船对外出租,一艘签订程租合同,收取不含税租金10万元,开具了增值税专用发票;另外一艘签订光租合同,收取不含税租金8万元,因承租方没有按照规定时间归还光租船只,收取违约金1万元。

(5)本月自某汽车销售公司购进2辆运输用车辆,取得的增值税专用发票上注明不含税价款90万元。本月购进汽油等取得增值税专用发票注明的增值税税额合计1.8万元。

上述合法扣税凭证均在当月申报抵扣。根据上述资料,计算该运输企业当月应纳增值税。

3.某生产企业为增值税一般纳税人,2022年5月发生以下业务:

(1)销售一批货物给某商场,取得不含税销售收入100万元,同时取得货物包装物押金10万元、包装物租金6.78万元。

(2)折扣销售甲产品给A商场,在同一张增值税专用发票"金额"栏注明销售额80万元、折扣额8万元;另外,销售给A商场乙产品240件,采用"买一送一"方式,乙产品不含税售价每件3 600元,所赠送产品的不含税售价每件240元。

(3)采取以旧换新方式销售丙产品100件,每件不含税单价为6 600元,另支付给顾客每件旧产品收购款600元。

(4)将价值33万元(不含税)的丙产品投资于B企业。

(5)将成本为20万元的丁产品无偿赠送给C企业,丁产品成本利润率为10%。

(6)外购原材料一批,取得的增值税专用发票上注明价款200万元,支付不含税运输费20万元,取得专用发票。当月车间基建工程领用20%的外购材料。

(7)从小规模纳税人处购进材料,取得普通发票,注明价款6万元;从另一小规模纳税人处购进一批手套作劳保用品,取得代开增值税专用发票,注明税额2 000元。

(8)本月外购一批小家电发给员工每人一件,取得增值税专用发票上注明价款1.17万元。

(9)进口一套生产设备,关税完税价格15万元,关税3万元。

(10)因仓库管理不善,部分上月购进的材料被盗,经盘点损失材料10 985元,其中含分摊的运费500元。

(11)月末盘存发现,上月从农民手中直接收购的水果(有收购凭证)因保管不善霉烂损失4 000元。

以上相关发票均符合税法规定并在当月申报抵扣,货物增值税税率为13%。

要求:计算该企业当月应纳增值税额。

4.A市的甲建筑公司(简称甲公司)是增值税一般纳税人,2021年在B县和C市各有一个在建项目。B县在建项目的合同开工日期为2016年年初,故选择按照简易方法计算增值税;C市在建项目的合同开工日期为2018年年初,使用一般计税方法计税。2021年12月甲公司业务情况如下:

(1)在B县取得含税建筑收入101.8万元,支付含税分包款40万元,取得增值税普通发票。

(2)在C市取得含税建筑收入169万元,支付含税分包款6万元,取得增值税普通发票。

(3)将2018年5月购入的一座位于C市的材料仓库转让。原购入时取得一般计税方法的增值税专用发票,发票注明价税合计金额220万元。转让时开具增值税专用发票,取得价税合计金额275万元。

(4)当月采购建材,发生进项税额20万元(专用于一般计税项目),取得增值税专用发票。

(5)当月发生桥、闸通行费4.2万元,取得通行费发票。

其他相关资料:A市、B县、C市均位于不同省份,上述相关发票均合规并在当月申报抵扣。

根据上述资料,回答下列问题:

(1)甲公司在B县预缴的建筑服务增值税;

(2)甲公司在C市预缴的建筑服务增值税;

(3)甲公司在C市预缴的不动产转让增值税;

(4)甲公司向主管税务机关实际缴纳的增值税。

第三章 消费税法

学习目的与要求

1. 熟悉应税消费品税目。
2. 掌握生产销售、委托加工、进口应税消费品应纳消费税的计算。
3. 掌握应税消费品已纳税额的扣除。
4. 熟悉消费税应退税额的计算。

第一节 纳税义务人及征税范围

一、纳税义务人

在中华人民共和国境内生产、委托加工和进口《消费税暂行条例》规定的消费品的单位和个人,以及国务院确定的销售《消费税暂行条例》规定的消费品的其他单位和个人,为消费税的纳税义务人。

这里所指的"单位",是指企业、行政单位、事业单位、军事单位、社会团体及其他单位;所指的"个人",是指个体工商户及其他个人;"在中华人民共和国境内",是指生产、委托加工和进口属于应当缴纳消费税的消费品的起运地或者所在地在境内。

二、征税环节

1. 对生产应税消费品在生产销售环节征税

生产应税消费品销售是消费税征收的主要环节,因为消费税具有单一环节征税的特点,在生产销售环节征税以后,货物在流通环节无论再转销多少次,都不用再缴纳消费税。生产应税消费品除了直接对外销售应征收消费税外,纳税人将生产的应税消费品用于换取生产资料、消费资料、投资入股、偿还债务,以及用于继续生产应税消费品以外的其他方面,都应缴纳消费税。

另外,工业企业以外的单位和个人的下列行为,视为应税消费品的生产行为,按规定征收消费税:

(1)将外购的消费税非应税产品以消费税应税产品对外销售的;
(2)将外购的消费税低税率应税产品以高税率应税产品对外销售的。

2. 对委托加工应税消费品在委托加工环节征税

委托加工应税消费品是指委托方提供原料和主要材料,受托方只收取加工费和代垫部分辅助材料加工的应税消费品。由受托方提供原材料或其他情形的一律不能视同加工应税消费品。委托加工的应税消费品收回后,再继续用于生产应税消费品销售且符合现行政策规定的,其加工环节缴纳的消费税款可以扣除。

3. 对进口应税消费品在进口环节征税

单位和个人进口货物属于消费税征税范围的,在进口环节要缴纳消费税。为了减少征税成本,进口环节缴纳的消费税由海关代征。

4. 对零售应税消费品在零售环节征税

经国务院批准,自1995年1月1日起,金银首饰消费税由生产销售环节改为零售环节征收。改在零售环节征收消费税的金银首饰仅限于金基、银基合金首饰以及金、银和金基、银基合金的镶嵌首饰,进口环节暂不征收,零售环节适用税率为5%,在纳税人销售金银首饰、钻石及钻石饰品时征收。其计税依据是不含增值税的销售额。

自2016年12月1日起,在生产(进口)环节按现行税率征收消费税基础上,超豪华小汽车在零售环节加征一道消费税。

【小思考3-1】 新鑫公司(增值税一般纳税人)是一家综合性的大型企业,既从事高档化妆品的生产,又从事高档化妆品的受托加工。2019年5月,新鑫公司受托为福祥公司加工高档化妆品,同时将自己生产的高档化妆品出售给如意商场,如意商场再将高档化妆品销售给个人消费者。

请思考:上述三个主体中,哪些是消费税的纳税义务人,哪些是增值税纳税义务人?

5. 对移送使用应税消费品在移送使用环节征税

如果企业在生产经营的过程中,将应税消费品移送用于加工非应税消费品,则应对移送部分征收消费税。

6. 对批发卷烟在卷烟的批发环节征税

与其他应税消费品不同的是,卷烟除了在生产销售环节征收消费税外,还在批发环节征收一次。

第二节 税目及税率

一、税目

我国现行的消费税税目共有15类。

1. 烟

凡是以烟叶为原料加工生产的产品,不论使用何种辅料,均属于本税目的征收范围。包括卷烟(进口卷烟、白包卷烟、手工卷烟和未经国务院批准纳入计划的企业及个人生产的卷烟)、雪茄烟和烟丝。

在"烟"税目下分"卷烟"等子目,"卷烟"又分"甲类卷烟"和"乙类卷烟"。其中,甲类卷烟是指每标准条(200支,下同)调拨价格在70元(含70元,不含增值税)以上的卷烟;乙类卷烟是指每标准条调拨价格在70元(不含增值税)以下的卷烟。

2. 酒

酒是酒精度在1度以上的各种酒类饮料。酒类包括粮食白酒、薯类白酒、黄酒、啤酒和其他酒。

啤酒每吨出厂价(含包装物及包装物押金)在3000元(含3000元,不含增值税)以上的是甲类啤酒,每吨出厂价(含包装物及包装物押金)在3000元(不含增值税)以下的是乙类啤酒。包装物押金不包括重复使用的塑料周转箱的押金。对饮食业、商业、娱乐业举办的啤酒屋(啤酒坊)利用啤酒生产设备生产的啤酒,应当征收消费税。果啤属于啤酒,按啤酒征收消费税。

配制酒(露酒)是指以发酵酒、蒸馏酒或食用酒精为酒基,加入可食用的辅料或药食两用的辅料或食品添加剂,进行调配、混合或再加工制成的并改变了原酒基风格的饮料酒。具体规定如下:

(1)以蒸馏酒或食用酒精为酒基,具有国家相关部门批准的国食健字或卫食健字文号且酒精度低于38度(含)的配制酒,以及以发酵酒为酒基,酒精度低于20度(含)的配制酒,按消费税税目税率表"其他酒"适用税率征收消费税。

(2)其他配制酒,按消费税税目税率表"白酒"适用税率征收消费税。

葡萄酒消费税适用"酒"税目下设的"其他酒"子目。

3. 高档化妆品

自2016年10月1日起,本税目征收范围调整为包括高档美容、修饰类化妆品、高档护肤类化妆品和成套化妆品。

高档美容、修饰类化妆品和高档护肤类化妆品是指生产(进口)环节销售(完税)价格(不含增值税)在10元/毫升(克)或15元/片(张)及以上的美容、修饰类化妆品和护肤类化妆品。

美容、修饰类化妆品是指香水、香水精、香粉、口红、指甲油、胭脂、眉笔、唇笔、蓝眼油、眼睫毛以及成套化妆品。

舞台、戏剧、影视演员化妆用的上妆油、卸装油、油彩不属于本税目的征收范围。

高档护肤类化妆品征收范围另行制定。

4. 贵重首饰及珠宝玉石

包括以金、银、白金、宝石、珍珠、钻石、翡翠、珊瑚、玛瑙等高贵稀有物质以及其他金属、人造宝石等制作的各种纯金银首饰及镶嵌首饰和经采掘、打磨、加工的各种珠宝玉石。对出国人员免税商店销售的金银首饰征收消费税。

5. 鞭炮、焰火

包括各种鞭炮、焰火。体育上用的发令纸、鞭炮药引线,不按本税目征收。

6. 成品油

包括汽油、柴油、航空煤油、石脑油、溶剂油、润滑油、燃料油7个子目。航空煤油暂缓征收。

1)汽油

汽油是指用原油或其他原料加工生产的辛烷值不小于66的可用作汽油发动机燃料的各种轻质油。取消车用含铬汽油消费税,汽油税目不再划分二级子目,统一按照无铅汽油税率征收消费税。

以汽油、汽油组分调和生产的甲醇汽油、乙醇汽油也属于本税目征收范围。

2）柴油

柴油是指用原油或其他原料加工生产的倾点或凝点在－50号至30号的可用作柴油发动机燃料的各种轻质油和以柴油组分为主、经调和精制可用作柴油发动机燃料的非标油。

以柴油、柴油组分调和生产的生物柴油也属于本税目征收范围。

经国务院批准，从2009年1月1日起，对同时符合下列条件的纯生物柴油免征消费税：

(1)生产原料中废弃的动物油和植物油用量所占比重不低于70％。

(2)生产的纯生物柴油符合国家《柴油机燃料调合生物柴油（BD100）》标准。

3）石脑油

石脑油又叫化工轻油，是以原油或其他原料加工生产的用于化工原料的轻质油。

石脑油的征收范围包括除汽油、柴油、航空煤油、溶剂油以外的各种轻质油。非标汽油、重整生成油、拔头油、戊烷原料油、轻裂解料（减压柴油VGO和常压柴油AGO）、重裂解料、加氢裂化尾油、芳烃抽余油均属轻质油，属于石脑油征收范围。

4）溶剂油

溶剂油是用原油或其他原料加工生产的用于涂料、油漆、食用油、印刷油墨、皮革、农药、橡胶、化妆品生产和机械清洗、胶粘行业的轻质油。

橡胶填充油、溶剂油原料，属于溶剂油征收范围。

5）航空煤油

航空煤油也叫喷气燃料，是用原油或其他原料加工生产的用作喷气发动机和喷气推进系统燃料的各种轻质油。航空煤油的消费税暂缓征收。

6）润滑油

润滑油是用原油或其他原料加工生产的用于内燃机、机械加工过程的润滑产品。润滑油分为矿物性润滑油、植物性润滑油、动物性润滑油和化工原料合成润滑油。

润滑油的征收范围包括矿物性润滑油、矿物性润滑油基础油、植物性润滑油、动物性润滑油和化工原料合成润滑油。以植物性、动物性和矿物性基础油（或矿物性润滑油）混合掺配而成的"混合性"润滑油，不论矿物性基础油（或矿物性润滑油）所占比例高低，均属润滑油的征收范围。

另外，用原油或其他原料加工生产的用于内燃机、机械加工过程的润滑产品均属于润滑油征税范围。润滑脂是润滑产品，生产、加工润滑脂应当征收消费税。变压器油、导热类油等绝缘油类产品不属于润滑油，不征收消费税。

7）燃料油

燃料油也称重油、渣油，是用原油或其他原料加工生产，主要用作电厂发电、锅炉用燃料、加热炉燃料、冶金和其他工业炉燃料。腊油、船用重油、常压重油、减压重油、180CTS燃料油、7号燃料油、糠醛油、工业燃料、4～6号燃料油等油品的主要用途是作为燃料燃烧，属于燃料油征收范围。

7. 摩托车

包括轻便摩托车和摩托车两种。对最大设计车速不超过 50km/h,发动机气缸总工作容量不超过 50 毫升的三轮摩托车不征收消费税。气缸容量 250 毫升(不含)以下的小排量摩托车不征收消费税。

8. 小汽车

汽车是指由动力驱动,具有 4 个或 4 个以上车轮的非轨道承载的车辆。

本税目征收范围包括含驾驶员座位在内最多不超过 9 个座位(含)的,在设计和技术特性上用于载运乘客和货物的各类乘用车,以及含驾驶员座位在内的座位数在 10~23 座(含 23 座)的,在设计和技术特性上用于载运乘客和货物的各类中轻型商用客车。

用排气量小于 1.5 升(含)的乘用车底盘(车架)改装、改制的车辆属于乘用车征收范围。用排气量大于 1.5 升的乘用车底盘(车架)或用中轻型商用客车底盘(车架)改装、改制的车辆属于中轻型商用客车征收范围。

含驾驶员人数(额定载客)为区间值的(如 8~10 人、17~26 人)小汽车,按其区间值下限人数确定征收范围。

电动汽车不属于本税目征收范围。车身长度大于 7 米(含),并且座位在 10 至 23 座(含)以下的商用客车,不属于中轻型商用客车征税范围,不征收消费税。

沙滩车、雪地车、卡丁车、高尔夫车不属于消费税征收范围,不征收消费税。

9. 高尔夫球及球具

高尔夫球及球具是指从事高尔夫球运动所需的各种专用装备,包括高尔夫球、高尔夫球杆及高尔夫球包(袋)等。

本税目征收范围包括高尔夫球、高尔夫球杆、高尔夫球包(袋)。高尔夫球杆的杆头、杆身和握把属于本税目的征收范围。

10. 高档手表

高档手表是指销售价格(不含增值税)每只在 10 000 元(含)以上的各类手表。本税目征收范围包括符合以上标准的各类手表。

11. 游艇

游艇是指长度大于 8 米小于 90 米,船体由玻璃钢、钢、铝合金、塑料等多种材料制作,可以在水上移动的水上浮载体。按照动力划分,游艇分为无动力艇、帆艇和机动艇。

本税目征收范围包括艇身长度大于 8 米(含)小于 90 米(含),内置发动机,可以在水上移动,一般为私人或团体购置,主要用于水上运动和休闲娱乐等非牟利活动的各类机动艇。

12. 木制一次性筷子

木制一次性筷子,又称卫生筷子,是指以木材为原料经过锯段、浸泡、旋切、刨切、烘干、筛选、打磨、倒角、包装等环节加工而成的各类一次性使用的筷子。

本税目征收范围包括各种规格的木制一次性筷子。未经打磨、倒角的木制一次性筷子属于本税目征税范围。

13. 实木地板

实木地板是指以木材为原料,经锯割、干燥、刨光、截断、开榫、涂漆等工序加工而成的块状或条状的地面装饰材料。本税目征收范围包括各类规格的实木地板。实木指接地板、实木复合地板及用于装饰墙壁、天棚的侧端面为榫、槽的实木装饰板。未经涂饰的素板也属于本税目征税范围。

14. 电池

包括原电池、蓄电池、燃料电池、太阳能电池和其他电池。

自2015年2月1日起对电池(铅蓄电池除外)征收消费税；无汞原电池、金属氢化物镍蓄电池(又称"氢镍蓄电池"或"镍氢蓄电池")、锂原电池、锂离子蓄电池、太阳能电池、燃料电池、全钒液流电池免征消费税。自2016年1月1日起，对铅蓄电池按4%税率征收消费税。

15. 涂料

自2015年2月1日起对涂料征收消费税。施工状态下挥发性有机物(VOC)含量低于420克/升(含)的涂料免征消费税。

二、税率

我国现行消费税税率分别采用比例税率、定额税率和复合税率三种形式，以适应不同应税消费品的实际情况。

1. 比例税率

比例税率主要适用于价格差异较大、计量单位不规范的应税消费品，包括化妆品，鞭炮、焰火，贵重首饰及珠宝玉石，高档手表，实木地板，木制一次性筷子，游艇，摩托车，小汽车，电池，涂料等。

2. 定额税率

定额税率主要适用于价格差异不大、计量单位规范的应税消费品，包括啤酒、黄酒、成品油等。

3. 复合税率

复合税率主要适用于价格差异较大、税源较多的烟酒类消费品，包括白酒和卷烟。

消费税税目、税率具体规定如表3-1所示。

表3-1 消费税税目税率表

税 目	税 率
一、烟	
1. 卷烟	
(1)甲类卷烟(生产或进口环节)	56%加0.003元/支
(2)乙类卷烟(生产或进口环节)	36%加0.003元/支
(3)批发环节	11%加0.005元/支
2. 雪茄烟	36%
3. 烟丝	30%
二、酒	
1. 白酒	20%加0.5元/500克(500毫升)
2. 黄酒	240元/吨
3. 啤酒	
(1)甲类啤酒	250元/吨
(2)乙类啤酒	220元/吨
4. 其他酒	10%
三、高档化妆品	15%
四、贵重首饰及珠宝玉石	
1. 金银首饰、铂金首饰和钻石及钻石饰品	5%
2. 其他贵重首饰和珠宝玉石	10%

续表

税　　目	税　　率
五、鞭炮、焰火	15%
六、成品油	
1.汽油	1.52元/升
2.柴油	1.2元/升
3.航空煤油	1.2元/升
4.石脑油	1.52元/升
5.溶剂油	1.52元/升
6.润滑油	1.52元/升
7.燃料油	1.2元/升
七、摩托车	
1.气缸容量为250毫升的	3%
2.气缸容量在250毫升以上的	10%
八、小汽车	
1.乘用车	
(1)气缸容量(排气量,下同)在1.0升(含)以下的	1%
(2)气缸容量在1.0升以上至1.5升(含)的	3%
(3)气缸容量在1.5升以上至2.0升(含)的	5%
(4)气缸容量在2.0升以上至2.5升(含)的	9%
(5)气缸容量在2.5升以上至3.0升(含)的	12%
(6)气缸容量在3.0升以上至4.0升(含)的	25%
(7)气缸容量在4.0升以上的	40%
2.中轻型商用客车	5%
九、高尔夫球及球具	10%
十、高档手表	20%
十一、游艇	10%
十二、木制一次性筷子	5%
十三、实木地板	5%
十四、电池	4%
十五、涂料	4%

兼营不同税率应税消费品,应分别核算不同税率应税消费品的销售额或销售数量;未分别核算的,按最高税率征税。

将适用税率不同的应税消费品组成成套消费品出售的,应根据组合产制品的销售全额按应税消费品的最高税率征税。

例如,某酒厂既生产比例税率为20%的粮食白酒,又生产税率为10%的其他酒,如汽酒、药酒等。对于这种情况,税法规定,该厂应分别核算白酒与其他酒的销售额,然后按各自适用的税率计税;如不分别核算各自的销售额,其他酒也按白酒的税率计算纳税。如果该酒厂还生产白酒与其他酒小瓶装礼品套酒,即税法所指的成套消费品,应全部销售额以白酒的税率计算应纳消费税额,而不能以其他酒的税率计算其中任何一部分的应纳税额。对未分别核算的销售额按高税率计税,意在督促企业对不同税率应税消费品的销售额分别核算,准确计算纳税。

第三节 计税依据

依据现行消费税法的基本规定,消费税应纳税额的计算分为从价定率、从量定额和复合计税三种计算方法。

一、从价定率

在从价定率计算方法下,消费税的计税依据是销售额。

由于消费税和增值税实行交叉征收,消费税实行价内税,增值税实行价外税,这种情况决定了实行从价定率征收的消费品,其消费税税基和增值税税基是一致的,即都是以含消费税、不含增值税的销售额作为计税依据。

(一)销售额的确定

销售额是指纳税人销售应税消费品向购买方收取的全部价款和价外费用。

价外费用,包括价外向购买方收取的手续费、补贴、基金、集资费、返还利润、奖励费、违约金、滞纳金、延期付款利息、赔偿金、代收款项、代垫款项、包装费、包装物租金、储备费、优质费、运输装卸费以及其他各种性质的价外收费。但下列项目不包括在内:

1. 同时符合以下条件的代垫运输费用
(1)承运部门的运输费用发票开具给购买方的;
(2)纳税人将该项发票转交给购买方的。

2. 同时符合以下条件代为收取的政府性基金或者行政事业性收费
(1)由国务院或者财政部批准设立的政府性基金,由国务院或者省级人民政府及其财政、价格主管部门批准设立的行政事业性收费;
(2)收取时开具省级以上财政部门印制的财政票据;
(3)所收款项全额上缴财政。

其他价外费用,无论是否属于纳税人的收入,均应并入销售额计算征税。

对于销售额的确定,还需注意以下几点:

实行从价定率办法计算应纳税额的应税消费品,连同包装物销售的,无论包装物是否单独计价,也不论在会计上如何核算,均应并入应税消费品的销售额中征收消费税。

如包装物不作价随同产品销售,而是收取押金,此项押金则不并入应税消费品的销售额中征税。但对因逾期未收回的包装物不再退还的或者已收取时间超过12个月的押金,应并入应税消费品的销售额,按应税消费品的适用税率计算消费税。

对既作价随同产品销售,又另外收取押金的,凡纳税人在规定的期限内没有退还的,均应并入应税消费品的销售额,按应税消费品的适用税率计算消费税。

酒类生产企业销售酒类产品(除啤酒、黄酒外)而收取的包装物押金,无论是否返还以及会计上如何核算,均应并入当期销售额征税。啤酒、黄酒收取的包装物押金,无论是否逾期,均不缴消费税。

白酒生产企业向商业销售单位收取的"品牌使用费"是随着应税白酒的销售而向购货方收取的,属于应税白酒销售价款的组成部分。因此,不论企业采取何种方式或以何种名义收取价款,均应并入白酒的销售额中缴纳消费税。

【小思考 3-2】 酒类产品包装物押金消费税与增值税处理的相同点与不同点是什么?

(二)含增值税销售额的换算

从价定率征收消费税的消费品的销售额,与计算增值税销项税额的销售额是一致的,均为不包含增值税额但包括消费税额的销售额。价外费用为含税收入。

销售额=含增值税的销售额÷(1+增值税税率或征收率)

在使用换算公式时,应根据纳税人的具体情况分别使用增值税税率或征收率。如果消费税的纳税人同时又是增值税一般纳税人的,应适用13%的增值税税率;如果消费税的纳税人是增值税小规模纳税人的,应适用3%的征收率。

【例 3-1】 某汽车制造厂(增值税一般纳税人)销售汽车一辆,价款(含税)250 800元,另收取设计、改装费 20 400 元。请计算该辆汽车计征消费税的销售额。

【解析】 计征消费税的销售额=(250 800+20 400)÷(1+13%)=240 000(元)

【小思考 3-3】 在例 3-1 中,该辆汽车计征增值税的销售额是多少?对从价定率计征消费税的消费品,增值税和消费税的计税依据有何联系?通常所说的"不含税价"也意味着不含消费税吗?

二、从量定额

(一)销售数量的确定

从量定额计算方法下,应纳税额等于应税消费品的销售数量乘以单位税额。销售数量指纳税人生产、委托加工和进口应税消费品的数量。具体规定为:

(1)销售应税消费品的,为应税消费品的销售数量。
(2)自产自用应税消费品的,为应税消费品的移送使用数量。
(3)委托加工应税消费品的,为纳税人收回的应税消费品数量。
(4)进口应税消费品的,为海关核定的应税消费品进口征税数量。

(二)计量单位的换算标准

《消费税暂行条例》规定,黄酒、啤酒以吨为税额单位;汽油、柴油以升为税额单位。考虑到在实际销售过程中,一些纳税人会把吨和升这两个计量单位混用,为了规范不同产品的计量单位,以准确计算应纳税额,吨、升两个计量单位的换算标准见表 3-2。

表 3-2 吨、升换算表

序 号	名 称	计量单位的换算标准
1	黄酒	1 吨=962 升
2	啤酒	1 吨=988 升

序　号	名　称	计量单位的换算标准
3	汽油	1 吨 = 1 388 升
4	柴油	1 吨 = 1 176 升
5	航空煤油	1 吨 = 1 246 升
6	石脑油	1 吨 = 1 385 升
7	溶剂油	1 吨 = 1 282 升
8	润滑油	1 吨 = 1 126 升
9	燃料油	1 吨 = 1 015 升

三、复合计税

现行消费税的征税范围中，只有卷烟、白酒采用复合计税方法。复合计税方法下，应纳税额等于应税消费品的销售数量乘以单位税额再加上应税销售额乘以比例税率。

生产销售、进口、委托加工、自产自用卷烟、白酒从量定额计税依据分别为实际销售数量、海关核定的进口征税数量、委托方收回数量、移送使用数量。

四、计税依据的特殊规定

(1)纳税人用于换取生产资料和消费资料、投资入股和抵偿债务等方面的应税消费品，应当以纳税人同类应税消费品的最高销售价格作为计税依据计算消费税。

(2)纳税人通过自设非独立核算门市部销售应税消费品，应当按照门市部对外销售额或者销售数量征收消费税。

(3)纳税人将自产的应税消费品与外购或自产的非应税消费品组成成套消费品销售的，以套装产品的销售额为计税依据。

(4)卷烟计税价格的核定。

自2012年1月1日起，卷烟消费税最低计税价格(以下简称计税价格)核定范围为卷烟生产企业在生产环节销售的所有牌号、规格的卷烟。

计税价格由国家税务总局按照卷烟批发环节销售价格扣除卷烟批发环节批发毛利核定并发布。计税价格的核定公式为

某牌号、规格卷烟计税价格 = 批发环节销售价格 × (1 − 适用批发毛利率)

卷烟批发环节销售价格，按照税务机关采集的所有卷烟批发企业在价格采集期内销售的该牌号、规格卷烟的数量、销售额进行加权平均计算。计算公式为

$$批发环节销售价格 = \frac{\Sigma 该牌号、规格卷烟各采集点的销售额}{\Sigma 该牌号、规格卷烟各采集点的销售数量}$$

未经国家税务总局核定计税价格的新牌号、新规格卷烟，生产企业应按卷烟调拨价格申报纳税。

已经国家税务总局核定计税价格的卷烟，生产企业实际销售价格高于计税价格的，按实际销售价格确定适用税率，计算应纳税款并申报纳税；实际销售价格低于计

税价格的,按计税价格确定适用税率,计算应纳税款并申报纳税。

(5)白酒最低计税价格的核定。

①核定范围。

白酒生产企业销售给销售单位的白酒,生产企业消费税计税价格低于销售单位对外销售价格(不含增值税,下同)70%以下的,税务机关应核定消费税最低计税价格。自 2015 年 6 月 1 日起,纳税人将委托加工收回的白酒销售给销售单位,消费税计税价格低于销售单位对外销售价格(不含增值税)70%以下的,也应核定消费税最低计税价格。

销售单位,是指销售公司、购销公司以及委托境内其他单位或个人包销本企业生产白酒的商业机构。销售公司、购销公司,是指专门购进并销售白酒生产企业生产的白酒,并与该白酒生产企业存在关联性质。包销,是指销售单位依据协定价格从白酒生产企业购进白酒,同时承担大部分包装材料等成本费用,并负责销售白酒。

白酒生产企业应将各种白酒的消费税计税价格和销售单位销售价格,按照规定的式样及要求,在主管税务机关规定的时限内填报。白酒消费税最低计税价格由白酒生产企业自行申报,税务机关核定。

②核定标准。

白酒生产企业销售给销售单位的白酒,生产企业消费税计税价格高于销售单位对外销售价格 70%(含)以上的,税务机关暂不核定消费税最低计税价格。

白酒生产企业销售给销售单位的白酒,生产企业消费税计税价格低于销售单位对外销售价格 70%以下的,消费税最低计税价格由税务机关根据生产规模、白酒品牌、利润水平等情况在销售单位对外销售价格 50%～70%范围内自行核定。其中生产规模较大、利润水平较高的企业生产的需要核定消费税最低计税价格的白酒,税务机关核价幅度原则上应选择在销售单位对外销售价格 60%～70%范围内。

③重新核定。

已核定最低计税价格的白酒,销售单位对外销售价格持续上涨或下降时间达到 3 个月以上、累计上涨或下降幅度在 20%(含)以上的白酒,税务机关重新核定最低计税价格。

④计税价格的适用。

已核定最低计税价格的白酒,生产企业实际销售价格高于消费税最低计税价格的,按实际销售价格申报纳税;实际销售价格低于消费税最低计税价格的,按最低计税价格申报纳税。

(6)金银首饰销售额的确定。

对既销售金银首饰,又销售非金银首饰的生产、经营单位,应将两类商品划分清楚,分别核算销售额。凡划分不清楚或不能分别核算的,在生产环节销售的,一律从高适用税率征收消费税;在零售环节销售的,一律按金银首饰征收消费税。金银首饰与其他产品组成成套消费品销售的,应按销售额全额征收消费税。

带料加工的金银首饰,应按受托方销售同类金银首饰的销售价格确定计税依据征收消费税。没有同类金银首饰销售价格的,按照组成计税价格计算纳税。

纳税人采用以旧换新(含翻新改制)方式销售的金银首饰,应按实际收取的不含增值税的全部价款确定计税依据征收消费税。

第四节 应纳税额的计算

一、生产销售环节应纳税额的计算

纳税人在生产销售环节应缴纳的消费税,包括直接对外销售应税消费品应缴纳的消费税和自产自用应税消费品应缴纳的消费税。

(一)直接对外销售应税消费品应纳税额的计算

1. 从价定率计算

在从价定率计算方法下,应纳消费税等于销售额乘以适用税率。计算公式为

$$应纳税额＝应税消费品的销售额×适用税率$$

【例3-2】 前方公司是一个大型化妆品生产企业,为增值税一般纳税人。2022年7月3日销售给某商场高档化妆品一批,开具增值税专用发票,注明销售额30万元;7月26日向某企业销售高档化妆品一批,开具普通发票,含税销售额4.52万元。请计算前方公司应缴纳的消费税。

【解析】 应纳消费税＝30×15%＋4.52÷(1＋13%)×15%＝5.1(万元)

2. 从量定额计算

在从量定额计算方法下,应纳税额等于应税消费品的销售数量乘以单位税额。计算公式为

$$应纳税额＝应税消费品的销售数量×单位税额$$

【例3-3】 2022年8月开心啤酒厂销售甲类啤酒100吨,取得不含税销售额30万元,增值税税款3.9万元,另收取包装物押金1.13万元。请计算开心啤酒厂当月应缴纳的消费税。

【解析】 应纳消费税＝100×250＝25 000(元)

销售啤酒而收取的包装物押金,不缴消费税。

3. 从价定率与从量定额复合计算

从价定率与从量定额复合计算要求计算应纳消费税时,既从价定率又从量定额计算。现行消费税的征税范围中,只有卷烟、白酒采用复合计算方法。计算公式为

$$应纳税额＝应税销售数量×定额税率＋应税销售额×比例税率$$

【例3-4】 永和酒厂为增值税一般纳税人。2022年8月粮食白酒150吨,取得不含税收入300万元。请计算永和酒厂8月应缴纳的消费税。

【解析】 应纳消费税＝300×10 000×20%＋150×1 000×1＝750 000(元)

(二)自产自用应税消费品应纳税额的计算

所谓自产自用,是指纳税人生产应税消费品后,不是用于直接对外销售,而是用于连续生产应税消费品或用于其他方面。这种自产自用应税消费品形式,在实际经济活动中是非常常见的,但也是在是否纳税和如何纳税上最容易出现问题的。例如,有的企业把自己生产的应税消费品,以福利或奖励等形式发给本厂职工、用作广

告、赠送客户等,以为不是对外销售,不必计入销售额,无须纳税,这样就出现了漏缴税款的现象。因此,有必要界定这种行为,认真理解税法对自产自用应税消费品的有关规定。

1. 用于连续生产应税消费品

纳税人自产自用的应税消费品,用于连续生产应税消费品的,不纳消费税。所谓"纳税人自产自用的应税消费品,用于连续生产应税消费品的",是指作为生产最终应税消费品的直接材料并构成最终产品实体的应税消费品。也就是说,将自己生产的应税消费品用于连续生产应税消费品的,中间投入的应税消费品不需纳税,只是最终的应税消费品纳税。这样的规定体现了税不重征且计税简便的原则。

例如,卷烟厂生产出烟丝,烟丝已是应税消费品,卷烟厂再用生产出的烟丝连续生产卷烟,这样,用于连续生产卷烟的烟丝就不缴纳消费税,只对生产的卷烟征收消费税。当然,生产出的烟丝如果直接销售,则烟丝还是要缴纳消费税的。

2. 用于其他方面

1) 用于其他方面的含义

纳税人自产自用的应税消费品,除用于连续生产应税消费品外,凡用于其他方面的,于移送使用时纳税。

"用于其他方面的"是指纳税人用于生产非应税消费品、在建工程、管理部门、非生产机构、提供劳务,以及用于馈赠、赞助、集资、广告、样品、职工福利、奖励等方面。

所谓"用于生产非应税消费品",是指把自产的应税消费品用于生产现行税目税率表所列15类产品以外的产品。例如,酒厂用生产出的白酒进一步制成跌打正骨水,跌打正骨水就属于非应税消费品。所谓"用于在建工程",是指把自产的应税消费品用于本单位的各项建设工程。例如,石化工厂把自己生产的柴油用于本厂基建工程的车辆、设备使用。所谓"用于管理部门、非生产机构",是指把自己生产的应税消费品用于与本单位有隶属关系的管理部门或非生产机构。例如,汽车制造厂把生产出的小汽车用于本厂高级管理人员使用。所谓"用于馈赠、赞助、集资、广告、样品、职工福利、奖励",是指把自己生产的应税消费品无偿赠送给他人,或以资金的形式投资于外单位或作为商品广告、经销样品,或以福利、奖励的形式发给职工。例如,体育用品公司把自己生产的高尔夫球及球具赠送或赞助给高尔夫比赛参赛队员使用,兼作商品广告;化妆品公司把生产的高档化妆品以福利的形式发给职工等。总之,企业自产的应税消费品虽然没有用于销售或连续生产应税消费品,但只要是用于税法所规定的范围的,都要视同销售,依法缴纳消费税。

2) 用于其他方面应纳税额的计算

纳税人自产自用的应税消费品,凡用于其他方面的,应当纳税。具体分以下两种情况。

(1) 有同类消费品销售价格的。

按照纳税人生产的同类消费品的销售价格计算纳税。其应纳税额的计算公式为

$$应纳税额 = 同类消费品销售价格 \times 自产自用数量 \times 适用税率$$

这里的"同类消费品的销售价格",是指纳税人当月销售的同类消费品的销售价格。如果当月同类消费品各期销售价格高低不同,则应按销售数量加权平均计算。

但销售的应税消费品有下列情况之一的,不得列入加权平均计算:销售价格明显偏低又无正当理由的;无销售价格的。如果当月无销售或者当月未完结,应按照同类消费品上月或者最近月份的销售价格计算纳税。

(2)没有同类消费品销售价格的。

纳税人自产自用的应税消费品,没有同类消费品销售价格的,应按组成计税价格计算纳税。组成计税价格的计算公式分为以下两种情况。

第一,实行从价定率办法计税的组成计税价格。

$$组成计税价格=\frac{成本\times(1+成本利润率)}{1-比例税率}$$

$$应纳税额=组成计税价格\times比例税率$$

【例 3-5】 2022 年 8 月合和化妆品厂将一批高档化妆品赠送给客户,成本价 5 000 元,该产品无同类产品市场价格。已知其成本利润率为 5%,消费税税率 15%。请计算此业务应缴纳的消费税和增值税。

【解析】 应纳消费税=5 000×(1+5%)÷(1-15%)×15%=926.47(元)

应纳增值税=5 000×(1+5%)÷(1-15%)×13%=802.94(元)

第二,实行复合计税办法计税的组成计税价格。

$$组成计税价格=\frac{成本+利润+自产自用数量\times定额税率}{1-比例税率}$$

$$应纳税额=组成计税价格\times比例税率+自产自用数量\times定额税率$$

这里的"成本",是指应税消费品的产品生产成本;这里的"利润",是指根据应税消费品的全国平均成本利润率计算的利润。应税消费品全国平均成本利润率由国家税务总局确定,如表 3-3 所示。

表 3-3 平均成本利润率表

货物名称	利润率	货物名称	利润率
1.甲类卷烟	10%	10.贵重首饰及珠宝玉石	6%
2.乙类卷烟	5%	11.摩托车	6%
3.雪茄烟	5%	12.高尔夫球及球具	10%
4.烟丝	5%	13.高档手表	20%
5.粮食白酒	10%	14.游艇	10%
6.薯类白酒	5%	15.木制一次性筷子	5%
7.其他酒	5%	16.实木地板	5%
8.高档化妆品	5%	17.乘用车	8%
9.鞭炮、焰火	5%	18.中轻型商用客车	5%

【例 3-6】 2022 年 5 月太和酒厂试制一批新型号的粮食白酒 5 000 千克发给职工作为福利,成本价 60 000 元,成本利润率 10%,该产品无同类产品市场价格。请计算太和酒厂当月应缴纳的消费税和增值税。

【解析】 组成计税价格=[60 000×(1+10%)+5 000×1]÷(1-20%)
=88 750(元)

应纳消费税=88 750×20%+5 000×1=22 750(元)

应纳增值税＝[60 000×(1＋10％)＋5 000×1]÷(1－20％)×13％
　　　　　＝11 537.5(元)

或

应纳增值税＝[60 000×(1＋10％)＋22 750]×13％＝11 537.5(元)

【例3-7】 2022年6月芊芊黄酒厂将2吨黄酒发放给职工作福利,成本4 000元/吨,成本利润率10％,每吨税额240元。请计算芊芊黄酒厂应缴纳的消费税和增值税。

【解析】 　　　　　应纳消费税＝2×240＝480(元)
　　　　应纳增值税＝[4 000×2×(1＋10％)＋480]×13％＝1 206.4(元)

【小思考3-4】 自产自用应税消费品应纳消费税与增值税有何相同点和不同点?

二、委托加工应税消费品应纳税额的计算

企业、单位或个人由于设备、技术、人力等方面的局限,或其他方面的原因,常常要委托其他单位代为加工应税消费品,然后将加工好的应税消费品收回,直接销售或自己使用。这是生产应税消费品的另一种形式,也需要纳入征收消费税的范围。例如,某企业将外购的烟丝提供给某卷烟加工厂,加工成卷烟后自己使用,加工的卷烟就需要缴纳消费税。为了加强对委托加工应税消费品的管理,税法对委托加工应税消费品作出了明确的规定。

(一)委托加工应税消费品的确定

委托加工应税消费品是指由委托方提供原料和主要材料,受托方只收取加工费和代垫部分辅助材料加工的应税消费品。对于由受托方提供原材料生产的应税消费品,或者受托方先将原材料卖给委托方,然后再接受加工的应税消费品,以及由受托方以委托方名义购进原材料生产的应税消费品,不论纳税人在财务上是否作销售处理,都不得作为委托加工应税消费品,而应当按照自制应税消费品缴纳消费税。

(二)委托加工应税消费品的计税价格

委托加工应税消费品,按照受托方同类消费品的销售价格计算纳税。同类消费品的销售价格是指受托方当月销售的同类消费品的销售价格,如果当月同类消费品各期销售价格高低不同,则应按销售数量加权平均计算。但销售的应税消费品有下列情况之一的,不得列入加权平均计算:销售价格明显偏低又无正当理由的;无销售价格的。

如果当月无销售或者当月未完结,应按照同类消费品上月或最近月份的销售价格计算纳税。没有同类消费品销售价格的,按照组成计税价格计算纳税。

实行从价定率办法计税的组成计税价格计算公式:
　　组成计税价格＝(材料成本＋加工费)÷(1－比例税率)

实行复合计税办法计税的组成计税价格计算公式:
组成计税价格＝(材料成本＋加工费＋委托加工数量×定额税率)÷(1－比例税率)

这里的"材料成本",是指委托方所提供的加工材料的实际成本;这里的"加工

费"是指受托方加工应税消费品向委托方所收取的全部费用（包括代垫辅助材料的实际成本，不包括增值税税金）。

（三）委托加工应税消费品消费税的缴纳

对于委托加工应税消费品，受托方加工完毕向委托方交货时，由受托方代收代缴消费税。这样，受托方就是法定的代收代缴义务人。如果受托方对委托加工的应税消费品没有代收代缴或少代收代缴消费税，就要按照《税收征收管理法》的规定，处以应代收代缴税款50%以上3倍以下的罚款。

纳税人委托个人（含个体工商户）加工应税消费品，一律于委托方收回后，在委托方所在地主管税务机关缴纳消费税。

委托加工应税消费品，受托方在交货时已代收代缴消费税，委托方将收回的应税消费品以不高于受托方的计税价格出售的，为直接出售，不再缴纳消费税；委托方以高于受托方的计税价格出售的，不属于直接出售，需要按照规定申报缴纳消费税，在计税时准予扣除受托方已代收代缴的消费税。

如果受托方没有代收代缴消费税，委托方应补交税款（对受托方不再重复补税），对委托方补征税款的计税依据为：在检查时收回的应税消费品已直接销售的，按销售额计税；收回的应税消费品尚未销售或不能直接销售的（如收回后用于连续生产等），按组成计税价格计税。组成计税价格的计算公式与上述委托加工组成计税价格公式相同。

【例3-8】 2022年9月甲酒厂委托乙酒厂加工药酒10箱，乙酒厂无该药酒销售价格。已知甲酒厂提供的原料成本为20 000元，乙酒厂垫付辅料成本1 500元，另收取不含税加工费4 000元。药酒消费税税率为10%。请计算乙酒厂应代收代缴的消费税和应缴纳的增值税。

【解析】

乙酒厂因代收代缴的消费税=(20 000+1 500+4 000)÷(1−10%)×10%
=2 833.33（元）

乙酒厂提供加工劳务应缴纳的增值税=(1 500+4 000)×13%=715（元）

【小思考3-5】 委托加工中委托方与受托方税务如何处理？

三、进口应税消费品应纳税额的计算

进口应税消费品的收货人或办理报关手续的单位和个人，为进口应税消费品消费税的纳税义务人。进口的应税消费品，于报关进口时缴纳消费税，消费税由海关代征，由进口人或其代理人向报关地海关申报纳税。纳税人进口应税消费品，按照关税征收管理的相关规定，应当自海关填发进口消费税专用缴款书之日起15日内缴纳税款。

（一）从价定率计税办法应纳税额的计算

进口的应税消费品，实行从价定率办法计算应纳税额的，按组成计税价格和规定的税率计算纳税。实行从价定率办法计算纳税的组成计税价格计算公式为

$$组成计税价格=\frac{关税完税价格+关税}{1-比例税率}$$

$$应纳税额=组成计税价格×比例税率$$

【例3-9】 清洁公司2022年9月进口应税消费品100件,关税完税价格为30 000元,关税6 000元,取得海关开具的完税凭证。当月在国内销售80件,获得含税销售收入90 400元。已知该消费品的消费税税率为10%,请计算清洁公司当月应纳的消费税和增值税(相关票据符合抵扣条件并于当月申报抵扣)。

【解析】 进口环节应纳消费税=(30 000+6 000)÷(1-10%)×10%
　　　　　　　　　　　=4 000(元)

由于进口时已缴纳消费税,因此国内销售时无需再纳消费税。

进口环节应纳增值税=(30 000+6 000)÷(1-10%)×13%=5 200(元)

当月国内销售环节应纳增值税=90 400÷(1+13%)×13%-5 200
　　　　　　　　　　　　　=5 200(元)

(二)从量定额计税办法应纳税额的计算

$$应纳税额=应税消费品数量×单位税额$$

这里的"应税消费品数量",是指海关核定的应税消费品进口征税数量。

(三)从价从量复合计税办法应纳税额的计算

$$组成计税价格=\frac{关税完税价格+关税+进口数量×消费税定额税率}{1-消费税比例税率}$$

$$应纳税额=\frac{应税消费品}{进口数量}×\frac{消费税}{定额税率}+\frac{组成计}{税价格}×\frac{消费税}{比例税率}$$

进口环节消费税除国务院另有规定者外,一律不得给予减税、免税。

四、已纳消费税扣除的计算

为避免重复征税,现行消费税规定,用外购或委托加工收回的应税消费品用于连续生产应税消费品销售的,对这些连续生产出来的应税消费品计算征税时,可将外购或委托加工收回的应税消费品已缴纳的消费税给予扣除。

(一)外购应税消费品已纳税款的扣除

1. 外购应税消费品已纳税款扣除的范围

(1)外购已税烟丝生产的卷烟;
(2)外购已税高档化妆品生产的高档化妆品;
(3)外购已税珠宝、玉石生产的贵重首饰及珠宝、玉石;
(4)外购已税鞭炮、焰火生产的鞭炮、焰火;
(5)外购已税杆头、杆身和握把为原料生产的高尔夫球杆;
(6)外购已税木制一次性筷子为原料生产的木制一次性筷子;
(7)外购已税实木地板为原料生产的实木地板;
(8)外购已税汽油、柴油、石脑油、燃料油、润滑油为原料生产的应税成品油。

2. 外购应税消费品已纳税款扣除的计算

上述列举的扣除范围内的应税消费品,在对这些连续生产出来的应税消费品计算征税时,税法规定应按当期生产领用数量计算准予扣除外购应税消费品已纳的消费税税款。当期准予扣除外购应税消费品已纳消费税税款的计算公式为

$$\text{当期准予扣除的外购应税消费品已纳税款} = \text{当期准予扣除的外购应税消费品买价} \times \text{适用税率}$$

$$\text{当期准予扣除的外购应税消费品买价} = \text{期初库存的外购应税消费品的买价} + \text{当期外购应税消费品的买价} - \text{期末库存的外购应税消费品的买价}$$

公式中的"外购应税消费品的买价",是指购货发票上注明的销售额(不包括增值税款)。

另外,根据《葡萄酒消费税管理办法(试行)》的规定,自 2015 年 5 月 1 日起,从葡萄酒生产企业购进、进口葡萄酒连续生产应税葡萄酒的,准予从葡萄酒消费税应纳税额中扣除所耗用应税葡萄酒已纳消费税税款。如本期消费税应纳税额不足抵扣的,余额留待下期抵扣。

【例 3-10】 芙蓉烟厂 2022 年 4 月外购烟丝,取得增值税专用发票上注明税款为 6.5 万元。期初尚有库存的外购烟丝 2 万元,期末库存烟丝 12 万元。请计算该烟厂当期准予扣除的外购应税消费品已纳税款。

【解析】

当期准予扣除的外购应税消费品买价 = 2 + 6.5 ÷ 13% - 12 = 40(万元)

当期准予扣除的外购应税消费品已纳税款 = 40 × 30% = 12(万元)

需要说明的是,纳税人用外购的已税珠宝玉石生产的改在零售环节征收消费税的金银首饰(镶嵌首饰),计算应纳消费税时一律不得扣除外购珠宝玉石的已纳税款。

3. 外购应税消费品后销售

对自己不生产应税消费品,而只是购进后再销售应税消费品的工业企业,其销售的化妆品、鞭炮、焰火和珠宝玉石,凡不能构成最终消费品直接进入消费品市场,而需要进一步生产加工(如需进一步深加工)、包装、贴标、组合的珠宝玉石、化妆品、鞭炮、焰火等,应当征收消费税,同时允许扣除上述外购应税消费品的已纳税款。

(二)委托加工收回的应税消费品已纳税款的扣除

因为委托加工的应税消费品已由受托方代收代缴消费税,因此,委托方收回货物后用于连续生产应税消费品的,其已纳税款准予按照规定从连续生产的应税消费品应纳消费税税额中抵扣。

1. 委托加工收回的应税消费品已纳税款扣除的范围

(1)以委托加工收回的已税烟丝为原料生产的卷烟;

(2)以委托加工收回的已税高档化妆品为原料生产的高档化妆品;

(3)以委托加工收回的已税珠宝、玉石为原料生产的贵重首饰及珠宝、玉石;

(4)以委托加工收回的已税鞭炮、焰火为原料生产的鞭炮、焰火;

(5)以委托加工收回的已税杆头、杆身和握把为原料生产的高尔夫球杆;

(6)以委托加工收回的已税木制一次性筷子为原料生产的木制一次性筷子;

(7)以委托加工收回的已税实木地板为原料生产的实木地板;

(8)以委托加工收回的已税汽油、柴油、石脑油、燃料油、润滑油为原料生产的应税成品油。

2. 委托加工收回原应税消费品已纳税款扣除的计算

上述列举的扣除范围内的应税消费品,在对这些连续生产出来的应税消费品计算征税时,税法规定应按当期生产领用数量计算准予扣除委托加工收回的应税消费品已纳的消费税税款。当期准予扣除委托加工收回的应税消费品已纳消费税税款的计算公式为

$$\begin{matrix}\text{当期准予扣除的}\\\text{收回的委托加工应税}\\\text{消费品已纳税款}\end{matrix} = \begin{matrix}\text{当期准予扣除的}\\\text{收回的委托加工应税}\\\text{消费品买价}\end{matrix} \times \begin{matrix}\text{收回的委托加工}\\\text{应税消费品适用税率}\end{matrix}$$

$$\begin{matrix}\text{当期准予扣除的}\\\text{委托加工应税}\\\text{消费品已纳税款}\end{matrix} = \begin{matrix}\text{期初库存的}\\\text{委托加工应税}\\\text{消费品已纳税款}\end{matrix} + \begin{matrix}\text{当期收回的}\\\text{委托加工应税}\\\text{消费品已纳税款}\end{matrix} - \begin{matrix}\text{期末库存的}\\\text{委托加工应税}\\\text{消费品已纳税款}\end{matrix}$$

纳税人以外购、进口、委托加工收回的应税消费品(以下简称外购应税消费品)为原料连续生产应税消费品,准予按现行政策规定抵扣外购应税消费品已纳消费税税款。经主管税务机关核实上述外购应税消费品未缴纳消费税的,纳税人应将已抵扣的消费税税款,从核实当月允许抵扣的消费税中冲减。

需要说明的是,纳税人用委托加工收回的已税珠宝玉石生产的改在零售环节征收消费税的金银首饰,计算应纳消费税时一律不得扣除委托加工收回的珠宝玉石的已纳消费税税款。

【小思考3-6】 应税消费品已纳税额的扣除与增值税进项抵扣有什么区别?应注意哪些问题?

【例3-11】 丽人化妆品厂是增值税一般纳税人,2022年7月发生下列业务:

(1)外购化工材料A,增值税专用发票注明价款43 250元,税款5 622.5元。

(2)外购化工材料B,增值税专用发票注明价款20 000元,税款2 600元。

(3)丽人化妆品厂将A、B材料验收后交运输公司运送到甲化妆品厂(增值税一般纳税人),委托其加工成香水精,支付运输公司运费,取得增值税专用发票上注明运费1 000元。

(4)甲化妆品厂为加工香水精从乙企业购入辅料,取得增值税专用发票,价款5 000元,税款650元,甲化妆品厂收取丽人化妆品厂加工费和代垫辅料费共8 000元(不含增值税),开具增值税专用发票。甲化妆品厂无同类香水精销售价格。

(5)丽人化妆品厂收回香水精后,将其中的70%投入生产,进一步加工成香水,并分装出厂取得含税销售额113 000元,支付运费8 000元,取得普通发票;将其余30%的香水精销售给丙企业,取得不含税销售额30 000元,支付运费2 000元,尚未取得发票。

以上香水、香水精均为高档化妆品,上述取得的发票均当月申报抵扣。请计算:

(1)丽人化妆品厂提货时甲化妆品厂应代收代缴的消费税。

(2)丽人化妆品厂应缴纳的增值税。

(3)丽人化妆品厂销售香水和香水精应缴纳的消费税(不包括由甲代收代缴的消费税)。

(4)甲化妆品厂应缴纳的流转税。

【解析】

(1)提货时乙化妆品厂应代收代缴的消费税=(43 250+20 000+1 000+8 000)÷(1-15%)×15%=12 750(元)。

(2)销售香水的销项税额=113 000÷(1+13%)×13%=13 000(元)

销售香水精的销项税额=30 000×13%=3 900(元)

取得运费普通发票和尚未取得发票,进项不得抵扣。

进项税额=5 622.5+2 600+1 000×9%+8 000×13%=9 352.5(元)

应缴纳的增值税=13 000+3 900-9 352.5=7 547.5(元)

(3)销售香水应纳消费税=113 000÷(1+13%)×15%-12 750×70%=6 075(元)

甲化妆品厂香水精的计税价格=(43 250+20 000+1 000+8 000)÷(1-15%)
=85 000(元)

委托加工收回的30%的香水精的计税价格=85 000×30%=25 500(元)

将30%的香水精销售给丙企业,取得不含税销售额30 000元,售价高于受托方甲化妆品厂的计税价格25 500元,因此委托方丽人化妆品厂应补缴消费税。

委托加工收回的30%的香水精的已纳消费税=85 000×30%×15%=3 825(元)

补缴消费税=30 000×15%-3 825=675(元)

应纳消费税=6 075+675=6 750(元)

(4)甲化妆品厂提供加工劳务,应缴纳增值税=8 000×13%-650=390(元)。

五、特殊环节应纳消费税的计算

(一)卷烟批发环节应纳消费税的计算

为了适当增加财政收入,完善烟产品消费税制度,自 2009 年 5 月 1 日起,在卷烟批发环节加征一道从价税。

(1)纳税义务人:在中华人民共和国境内从事卷烟批发业务的单位和个人。

纳税人销售给纳税人以外的单位和个人的卷烟于销售时纳税。纳税人之间销售的卷烟不缴纳消费税。

(2)征收范围:纳税人批发销售的所有牌号规格的卷烟。

(3)适用税率:从价税税率11%,从量税税率0.005元/支。

(4)计税依据:纳税人批发卷烟的销售额(不含增值税)、销售数量。

纳税人应将卷烟销售额与其他商品销售额分开核算。未分开核算的,一并征收消费税。

纳税人兼营卷烟批发和零售业务的,应当分别核算批发和零售环节的销售额、销售数量;未分别核算批发和零售环节销售额、销售数量的,按照全部销售额、销售数量计征批发环节消费税。

(5)纳税义务发生时间:纳税人收讫销售款或者取得索取销售款凭据的当天。

(6)纳税地点:卷烟批发企业的机构所在地。总机构与分支机构不在同一地区的,在总机构申报纳税。

(7)卷烟消费税在生产和批发两个环节征收后,批发企业在计算纳税时不得扣除已纳的生产环节的消费税税款。

(二)超豪华小汽车零售环节应纳消费税的计算

为了引导合理消费,促进节能减排,自2016年12月1日起,在生产(进口)环节按现行税率征收消费税基础上,超豪华小汽车在零售环节加征一道消费税。

(1)征税范围:每辆零售价格130万元(不含增值税)及以上的乘用车和中轻型商用客车,即乘用车和中轻型商用客车子税目中的超豪华小汽车。

(2)纳税人:将超豪华小汽车销售给消费者的单位和个人为超豪华小汽车零售环节纳税人。

(3)税率:税率为10%。

(4)应纳税额的计算:

$$应纳税额＝零售环节销售额(不含增值税)×零售环节税率$$

国内汽车生产企业直接销售给消费者的超豪华小汽车,消费税税率按照生产环节税率和零售环节税率加总计算。其消费税应纳税额计算公式为

$$应纳税额＝销售额(不含增值税)×(生产环节税率＋零售环节税率)$$

六、消费税出口退税的计算

对纳税人出口应税消费品,免征消费税;国务院另有规定的除外。

(一)出口免税并退税

适用出口免税并退税政策的是:有出口经营权的外贸企业购进应税消费品直接出口,以及外贸企业受其他外贸企业委托代理出口应税消费品。这里需要注意的是:外贸企业只有受其他外贸企业委托,代理出口应税消费品才可办理退税;外贸企业受其他企业(主要是非生产性的商贸企业)委托,代理出口应税消费品是不予退(免)税的。

属于从价定率计征消费税的,为已征且未在内销应税消费品应纳税额中抵扣的购进出口货物金额;属于从量定额计征消费税的,为已征且未在内销应税消费品应纳税额中抵扣的购进出口货物数量;属于复合计征消费税的,按从价定率和从量定额的计税依据分别确定。

$$消费税应退税额＝从价定率计征消费税的退税计税依据×比例税率＋从量定额计征消费税的退税计税依据×定额税率$$

计算出口应税消费品应退消费税的税率,依据《消费税暂行条例》所附消费税税目、税率表执行。

(二)出口免税但不退税

适用出口免税但不退税政策的是:有出口经营权的生产性企业自营出口或生产企业委托外贸企业代理出口自产的应税消费品,依据其实际出口数量免征消费税,不予办理退还消费税。这里,免征消费税是指对生产性企业按其实际出口数量免征

生产环节的消费税;不予办理退还消费税,是指因已免征生产环节的消费税,该应税消费品出口时,已不含有消费税,所以也无须再办理退还消费税了。

(三)出口不免税也不退税

适用出口不免税也不退税政策的是:除生产企业、外贸企业外的其他企业,具体是指一般商贸企业,这类企业委托外贸企业代理出口应税消费品一律不予退(免)税。

【小思考3-7】 消费税出口退税与增值税出口退税有哪些区别?

第五节 征收管理

一、纳税义务发生时间

消费税纳税义务发生的时间,以货款结算方式或行为发生时间分别确定。

(一)生产销售应税消费品纳税义务发生时间

(1)纳税人采取赊销和分期收款结算方式的,为书面合同约定的收款日期的当天;无书面合同的或书面合同没有约定收款日期的,为发出应税消费品的当天。

(2)纳税人采取预收货款结算方式的,为发出应税消费品的当天。

(3)纳税人采取托收承付和委托银行收款方式销售应税消费品,为发出应税消费品并办妥托收手续的当天。

(4)纳税人采取其他结算方式的,为收讫销售款或取得索取销售款凭据的当天。

(二)其他应税行为的纳税义务发生时间

(1)纳税人自产自用应税消费品,为移送使用的当天。
(2)纳税人委托加工应税消费品,为纳税人提货的当天。
(3)纳税人进口应税消费品,为报关进口的当天。

二、纳税期限

消费税纳税期限分别为1日、3日、5日、10日、15日、1个月或1个季度。纳税人的具体纳税期限,由主管税务机关根据纳税人应纳税额的大小分别核定。不能按固定期限纳税的,可按次纳税。

纳税人以1个月或1个季度为1个纳税期的,自期满之日起15日内申报纳税;以1日、3日、5日、10日或15日为1个纳税期的,自期满之日起5日内预缴税款,于次月1日起至15日内申报纳税并结清上月税款。

纳税人进口应税消费品,应当自海关填发进口消费税专用缴纳书之日起15日内缴纳税款。

三、纳税地点

(1)纳税人销售的应税消费品及自产自用的应税消费品,除国务院财政、税务主管部门另有规定外,应向纳税人机构所在地或居住地的主管税务机关申报纳税。

(2)委托个人加工的应税消费品,由委托方向其机构所在地或者居住地主管税务机关申报纳税。除此之外,由受托方向机构所在地或者居住地的主管税务机关解缴消费税税款。

(3)进口的应税消费品,由进口人或者其代理人向报关地海关申报纳税。

(4)纳税人到外县(市)销售或者委托外县(市)代销自产应税消费品的,于应税消费品销售后,向机构所在地或者居住地主管税务机关申报纳税。

(5)纳税人的总机构与分支机构不在同一县(市)的,但在同一省(自治区、直辖市)范围内,经省(自治区、直辖市)财政厅(局)、国家税务总局审批同意,可以由总机构汇总向总机构所在地的主管税务机关申报缴纳消费税。

另外,纳税人销售的应税消费品,如因质量等原因由购买者退回时,经所在地主管税务机关审核批准后,可退还已征收的消费税税款,但不能自行直接抵减应纳税款。

案例与点评

案例 3-1　甲高尔夫球具厂如何纳税

甲高尔夫球具厂(甲厂)为增值税一般纳税人,产成品成本中外购比例为60%,2022年8月有关生产经营情况如下:

(1)向农业生产者收购原木 30 吨,收购凭证上注明支付收购货款 42 万元,另支付运输费用 2 万元(不含增值税),取得运输公司开具的增值税专用发票;原木验收入库后,甲厂又将其运往乙高尔夫球具厂(乙厂)加工成木制杆头,取得乙厂开具的增值税专用发票,注明支付加工费 12 万元、增值税 1.56 万元,甲厂收回木制杆头时乙厂代收代缴了消费税,且乙厂没有同类木制杆头的销售价格。

(2)向丙高尔夫球具生产厂外购一批高尔夫球杆的金属杆身,取得的增值税专用发票上注明货款 200 万元、增值税 26 万元。

(3)甲厂领用 50% 的委托加工收回的木制杆头用于进一步加工(烤漆);将 30% 的委托加工收回的木制杆头以 22 万元(不含税价)销售给另一家高尔夫球具厂;领用当期外购杆身的 90%,与自产握把组合成成套产品。

(4)当月销售高尔夫球具 1 200 套,取得不含税销售额 450 万元。

(5)当月将同类自产高尔夫球具 100 套赞助某国际高尔夫大赛;将同类自产高尔夫球具 10 套用于本企业职工奖励。

(6)月末盘点时发现企业因管理不善丢失库存高尔夫球具产成品一批,账面成本 8 万元。

已知:高尔夫球具消费税税率为 10%;成本利润率为 10%,相关发票均在当月申报抵扣。

根据上述资料,回答下列问题:

(1)计算甲厂当月发生的增值税进项税;

(2)计算甲厂当月发生的增值税进项税转出金额；
(3)计算甲厂当月委托加工业务被代收代缴的消费税；
(4)计算甲厂当月应纳的增值税；
(5)计算甲厂当月应向主管税务机关申报缴纳的消费税。

【点评】
(1)甲厂当月发生的增值税进项税：
业务(1) 外购原木进项税额=42×9%+2×9%=3.96(万元)。
委托加工业务的加工费进项税 1.56 万元。
业务(2) 外购杆身增值税进项税 26 万元。
当期进项税合计=3.96+1.56+26=31.52(万元)
(2)甲厂当月发生的增值税进项税转出金额：
进项税额转出=8×60%×13%=0.62(万元)
(3)甲厂当月委托加工业务被代收代缴的消费税：
收回加工杆头组成计税价格=[42×(1−9%)+2+12]÷(1−10%)
=58.02(万元)
被代收代缴的消费税=58.02×10%=5.80(万元)
注意：因为没有受托方同类消费品的销售价格，只能用组成计税价格计税。在计算组成计税价格时注意收购木材的 42 万元收购款中计算扣除了 9% 的进项税，剩余(1−9%)的部分计入采购成本；支付 2 万元运费也要计入采购成本。
(4)甲厂当月应纳的增值税：
销售和视同销售高尔夫球具的销售额=450+450÷1200×(100+10)+22
=450+41.25+22=513.25(万元)
销项税额=513.25×13%=66.72(万元)
应缴纳增值税=66.72−31.52+0.62=35.82(万元)
(5)甲厂当月应自行向主管税务机关申报缴纳的消费税=22×10%−5.80×(50%+30%)+450×10%+450÷1200×(100+10)×10%−200×90%×10%=28.67(万元)。

本章小结

我国现行的消费税是指对在中国境内从事生产、委托加工和进口应税消费品的单位和个人，就其销售额或销售数量在特定环节征收的一种税。消费税对不同的税目实行有差别的定额税率和比例税率，实行从价定率、从量定额、复合计税三种计税方法。

纳税人自产自用的应税消费品，用于连续生产其他应税消费品的，不缴纳消费税；除用于连续生产应税消费品外，凡用于其他方面的，于移送使用时纳税。委托加工的应税消费品，按照受托方同类消费品的销售价格计算纳税；如果当月无销售或者当月未完结，应按照同类消费品上月或最近月份的销售价格计算纳税；没有同类消费品销售价格的，按照组成计税价格计算纳税。

为避免重复征税,用外购或委托加工收回的应税消费品用于连续生产应税消费品的,对这些连续生产出来的应税消费品计算征税时,可将外购或委托加工收回的应税消费品已缴纳的消费税给予扣除。

思考与练习题

【思考题】

1. 消费税的纳税环节是如何规定的？
2. 自产自用的应税消费品如何征税？
3. 委托加工应税消费品如何征税？
4. 消费税已纳税额的扣除范围有哪些？
5. 消费税的纳税义务发生时间是如何规定的？

【练习题】

一、单项选择题

1. 下列经营业务中,应征收消费税的是( )。
   A. 大型超市零售卷烟　　　　　　　　B. 日化厂将自产高档化妆品用于广告样品
   C. 某公司进口金银首饰　　　　　　　D. 日化厂将护肤护发品用于促销赠送

2. 某高尔夫球具厂为增值税一般纳税人,下设一非独立核算的门市部。2022年5月该厂将生产的一批成本价70万元的高尔夫球具移送门市部,门市部将其中80%的高尔夫球具零售,取得含税销售额74.58万元。高尔夫球具的消费税税率为10%,成本利润率为10%。该项业务应缴纳的消费税为( )万元。
   A. 7.7　　　　　　B. 8.25　　　　　　C. 6.6　　　　　　D. 7

3. 某外贸公司2022年4月进口一批烟丝,关税完税价格140万元,关税14万元。烟丝适用的消费税税率为30%,该批进口烟丝应缴纳的消费税税额为( )万元。
   A. 22　　　　　　B. 60　　　　　　C. 66　　　　　　D. 0

4. 某外贸企业从摩托车厂购进摩托车500辆,直接报关离境出口,取得的增值税专用发票注明单价每辆5 000元,支付从摩托车厂到出境口岸的运费8万元,装卸费2万元,离岸每辆720美元(美元与人民币汇率1∶6.8)。摩托车消费税税率为10%。则该企业应退消费税税款是( )万元。
   A. 25　　　　　　B. 25.8　　　　　　C. 26　　　　　　D. 29.88

5. 某酒厂2022年2月生产一种新的粮食白酒,广告样品使用0.8吨。已知该种白酒无同类产品出厂价,生产成本每吨40 000元,成本利润率为10%,粮食白酒定额税率为1元/千克,比例税率为20%。该厂当月应缴纳的消费税为( )元。
   A. 8 600　　　　　B. 8 800　　　　　C. 9 600　　　　　D. 9 800

6. 消费税纳税义务发生时间为( )。
   A. 分期收款结算方式下实际收款日期
   B. 赊销方式下收到货款的当天
   C. 委托收款方式下收到货款的当天
   D. 预收货款结算方式下发出应税消费品的当天

7. 某生产企业为增值税一般纳税人,2022年8月从国外进口一批应税消费品,关税完税价格为150万元,进口关税60万元,进口消费税90万元,进口增值税39万元。本月该企业将进口的应税消费品的 80% 生产加工为成套应税消费品 7 800 件,对外销售 6 000 件,取得不含税销售额 334 万元。该企业国内生产缴纳的消费税为( )万元。(已知该应税消费品消费税税率为 30%)

  A.28.20 B.72 C.5.78 D.0

8.某金店(增值税一般纳税人)采取"以旧换新"方式零售 24K 纯金金项链 1 条,新项链对外销售价 8 000 元,旧项链作价 3 000 元,从消费者手中收取新旧差价款 5 000 元。已知金银首饰的消费税税率为 5%。此业务应纳消费税税额为( )元。

  A.221.24 B.250 C.341.88 D.400

9.某企业(增值税一般纳税人)2022 年 5 月受托加工 A 类烟丝 10 件,该企业同类产品含税售价为 11 300 元/件;受托加工 B 类烟丝 5 件,委托方提供的材料成本为 40 000 元,加工费(不含税)为 10 000 元,受托方不销售 B 类烟丝。烟丝消费税税率为 30%。该企业应代收代缴消费税税额为( )元。

  A.51 428.57   B.51 420.57
  C.52 428.57   D.50 420.57

10.某酒厂(增值税一般纳税人)2022 年 6 月购进酒精,取得防伪税控系统开具的增值税专用发票,注明价款 80 万元、增值税 10.4 万元,生产领用其中的 70% 用于生产白酒。本月销售白酒 30 吨,取得不含税销售额 60 万元,同时收取包装物押金 5.65 万元。该酒厂 6 月应纳消费税为( )万元。

  A.10.4 B.15 C.16 D.15.6

11.国内某汽车制造厂将一辆高档小轿车以 140 万元(不含增值税)的价格直接销售给国内某歌星,该小轿车生产环节消费税税率为 40%,则该厂应纳消费税( )万元。

  A.56 B.70 C.78 D.86

12.甲卷烟批发企业 2022 年 8 月批发销售卷烟 500 箱,其中批发给另一卷烟批发企业 300 箱、零售专卖店 150 箱、个体烟摊 50 箱。每箱不含税批发价格为 13 000 元。甲企业应缴纳的消费税为( )元。

  A.32 500 B.32 5000 C.336 000 D.195 000

13.某筷子生产企业为增值税一般纳税人,2022 年 8 月取得不含税销售额如下:销售烫花木制筷子 15 万元;销售竹制筷子 18 万元;销售木制一次性筷子 12 万元。另外没收逾期未退还的木制一次性筷子包装物押金 0.565 万元,该押金于 2018 年 12 月收取。已知木制一次性筷子适用的消费税税率为 5%,该企业当月应纳消费税( )万元。

  A. 0.6 B.0.625 C. 0.628 D.2.275

14.某商场为增值税一般纳税人,2022 年 8 月珠宝首饰部发生下列业务:零售铂金首饰取得收入 12.77 万元;将金银首饰与镀金首饰组成配套首饰销售,取得收入 20 万元,其中金银首饰 16.56 万元、镀金首饰 3.44 万元。该商场当月应缴消费税( )万元。

  A.0.57 B.1.30 C.1.45 D.2.90

二、多项选择题

1.根据消费税的有关规定,下列应纳消费税的有( )。

  A.炼油厂用于本企业基建部门车辆的自产汽油
  B.汽车厂用于管理部门的自产汽车
  C.商店零售的实木地板
  D.卷烟厂用于生产卷烟的自制烟丝

2.下列环节既征消费税又征增值税的有( )。

  A.将自产粮食白酒用于赠送 B.商场零售化妆品
  C.金银首饰的进口环节 D.高档化妆品的生产销售环节

3.某酒厂2022年7月用10吨特制粮食白酒与供货方换取原材料。合同规定,该特制粮食白酒按平均售价计税。供货方提供的原材料价款40万元,供货方与酒厂均开具了税款为5.2万元的增值税专用发票。特制粮食白酒平均售价40元/千克,最高售价45元/千克。下列关于酒厂的业务,说法正确的有(　　)。

A.酒厂应按特制粮食白酒平均售价计算消费税

B.本业务应缴纳消费税为10万元

C.本业务计算消费税时,从价采用最高价45元/千克

D.本业务应纳增值税为0万元

4.下列销售业务中,收取的包装物押金应征消费税的有(　　)。

A.盛装盐酸的坛子,单独收取包装物押金,6个月后坛子收回,押金返还

B.销售葡萄酒时,单独收取包装物押金,14个月后容器收回,押金返还

C.销售白酒时,单独收取包装物押金,2个月后瓶子收回,押金返还

D.啤酒专用的瓶子,单独收取包装物押金,15个月后瓶子收回,押金返还

5.按照现行消费税制度规定,纳税人外购下列已税消费品可以从应税销售额中扣除的有(　　)。

A.以外购已税实木地板为原料生产的实木地板

B.外购已税鞭炮、焰火生产的鞭炮、焰火

C.外购已税珠宝玉石生产的金银首饰

D.外购高档手表生产的高档手表

6.下列关于消费税纳税义务发生时间的描述,说法正确的有(　　)。

A.某金银珠宝店销售金银首饰10件,收取价款50万元,其纳税义务发生时间为收款当天

B.某涂料厂采取赊销方式销售涂料,其纳税义务发生时间为合同规定的收到货款的当天

C.某汽车厂采取托收承付销售方式销售汽车,其纳税义务发生时间为发出汽车并办妥托收手续的当天

D.某酒厂销售白酒采用赊销方式,合同规定收款日为5月,实际收到货款为8月,纳税义务发生时间为8月

三、判断题

1.所有消费品的消费税都在生产环节征收。(　　)

2.纳税人将不同税率的应税消费品组成成套消费品销售的,应按应税消费品的不同税率分别计征。(　　)

3.纳税人委托加工应税消费品,一律于委托方收回后在委托方所在地缴纳消费税。(　　)

4.企业委托加工应税消费品收回后出售的,不缴纳消费税。(　　)

5.生产应税消费品出口的企业,增值税和消费税都享受免税并退税的政策。(　　)

四、计算题

1.思恋化妆品公司为增值税一般纳税人,主要从事高档化妆品的生产和销售业务,2022年5月发生以下业务:

(1)发出自产高档香水500瓶换取生产资料,取得对方开具的增值税普通发票。已知当月该类香水的最高含税价为565元/瓶,平均含税价为500元/瓶。

(2)向某超市销售高档化妆品,开具增值税普通发票,注明不含税价款15万元;另收取包装物租金2万元。

(3)将公司一批新研发的高档化妆品无偿赠送给某客户,该批化妆品成本为60万元,无同类可比的市场价格。

(4)委托美涛化妆品公司(增值税一般纳税人)加工一批高档化妆品,提供的材料成本为160万元,支付美涛公司不含税加工费10万元,取得增值税专用发票;当月收回该批加工的化妆品,美

涛公司没有同类消费品销售价格。

(5)将委托加工的高档化妆品40%销售给某商场,取得不含税销售收入100万元;将另40%的委托加工的高档化妆品销售给某单位,取得不含税收入120万元;剩余20%的委托加工的高档化妆品用于连续生产加工高档化妆品,所生产的高档化妆品全部销售给某商场,化妆品不含价为100万元。

(6)从某工业企业外购高档香水精一批,取得专用发票注明价款200万元。当月为职工运动会制造气氛领用了5%的外购高档香水精,因暴雨造成水灾损失了20%的外购高档香水精,其余全部领用,用于生产高档化妆品。

(7)当月因管理不善致一批上月购进的原材料被盗(购进时已抵扣进项),账面成本为70万元。

已知:高档化妆品的成本利润率为5%,消费税税率为15%,以上相关票据均在当月申报抵扣。请计算:

(1)思恋公司当月准予抵扣的进项税;
(2)思恋公司当月销项税额;
(3)思恋公司当月应纳增值税税额;
(4)思恋公司当月应自行向税务机关申报缴纳的消费税。

2.某汽车制造厂为增值税一般纳税人,2022年8月该企业发生以下业务:

(1)外购钢材一批,从供货方取得的增值税专用发票上注明价、税款分别为100万元、13万元。此外,购进该批钢材,取得运输企业开具的普通发票上注明运费8万元。

(2)从美国进口用于生产小汽车的零部件一批,已验收入库。从海关取得的完税凭证上注明关税完税价格100万元、关税6万元。

(3)采取直接收款方式销售小汽车一批,已收到全部车价款(含增值税)226万元,给购车方开具了增值税专用发票,并于当日将"提车单"交给购车方自行提货。8月31日购车方尚未将该批车提走。

(4)采取托收承付方式销售公司小汽车一批,车价款(不含增值税)为300万元,另外向买方收取了10万元的手续费。该批汽车于8月20日发出并向银行办妥了托收手续,8月31日尚未收到该批车款。

(5)将自己生产的一批小汽车无偿赠送给客户,该批汽车的成本为100万元,税务机关核定的成本利润率为10%。

(6)采用分期收款方式销售一批小汽车,合同约定不含税销售额共计1 500万元。本月按合同约定已收取40%货款,其余货款下月20日收取。

以上小汽车适用的消费税税率为12%,8月1日增值税进项税额余额为10万元。

上述相关票据当月均申报抵扣。请计算:

(1)该汽车制造厂8月应纳增值税。
(2)该汽车制造厂8月应纳消费税。

第四章 城市维护建设税和教育费附加

 学习目标与要求

1. 掌握城市维护建设税、教育费附加和地方教育费附加的计算。
2. 掌握城市维护建设税、教育费附加和地方教育费附加的税收优惠。

第一节 城市维护建设税

城市维护建设税是对从事经营活动,缴纳增值税、消费税的单位和个人征收的一种典型的附加税。城市维护建设税法是指国家制定的用以调整城市维护建设税征收与缴纳之间的权利和义务关系的法律规范。现行的城市维护建设税的基本规范,是 2020 年 8 月 11 日第十三届全国人大常委会第二十一次会议表决通过,并于 2021 年 9 月 1 日施行的《中华人民共和国城市维护建设税法》(以下简称《城市维护建设税法》)。

一、纳税义务人

城市维护建设税(以下简称城建税)的纳税义务人,是指负有缴纳增值税、消费税的单位和个人,包括国有企业、集体企业、私营企业、股份制企业、其他企业和行政单位、事业单位、军事单位、社会团体、其他单位,以及个体工商户及其他个人。

城建税扣缴义务人为负有增值税、消费税扣缴义务的单位和个人,在扣缴增值税、消费税的同时扣缴城建税。

二、税率

城建税按照纳税人所在地的不同,设置了三档地区差别比例税率:
(1)纳税人所在地为市区的,税率为 7%。
(2)纳税人所在地为县城、镇的,税率为 5%。
(3)纳税人所在地不在市区、县城或者镇的,税率为 1%。
纳税人所在地,是指纳税人住所地或者与纳税人生产经营活动相关的其他地点,具体地点由省、自治区、直辖市确定。

三、应纳税额的计算

(一)计税依据

城建税以纳税人依法实际缴纳的增值税、消费税(以下称两税)税额为计税依据。

依法实际缴纳的两税税额,是指纳税人依照增值税、消费税相关法律法规和税收政策规定计算的应当缴纳的两税税额(不含因进口货物或境外单位和个人向境内销售劳务、服务、无形资产缴纳的两税税额),加上增值税免抵税额,扣除直接减免的两税税额和期末留抵退税退还的增值税税额(以下简称留抵退税额)后的金额。

直接减免的两税税额,是指依照增值税、消费税相关法律法规和税收政策规定,直接减征或免征的两税税额,不包括实行先征后返、先征后退、即征即退办法退还的两税税额。

纳税人自收到留抵退税额之日起,应当在下一个纳税申报期从城建税计税依据中扣除。

留抵退税额仅允许在按照增值税一般计税方法确定的城建税计税依据中扣除。当期未扣除完的余额,在以后纳税申报期按规定继续扣除。

对于增值税小规模纳税人更正、查补此前按照一般计税方法确定的城建税计税依据,允许扣除尚未扣除完的留抵退税额。

纳税人违反增值税、消费税有关税法而加收的滞纳金和罚款,是税务机关对纳税人违法行为的经济制裁,不作为城建税的计税依据;但纳税人在被查补增值税、消费税并被处以罚款时,应同时对其偷漏的城建税进行补税、征收滞纳金、并处罚款。

(二)应纳税额的计算

城建税应纳税额的计算公式为

$$应纳税额 = 纳税人实际缴纳的增值税、消费税税额 \times 适用税率$$

【例4-1】 某企业位于市区,2022年6月份缴纳增值税50 000元、消费税40 000元,被查补增值税4 000元、消费税6 000元,处以罚款5 000元,加收滞纳金500元。本月该企业还缴纳了城镇土地使用税120 000元,房产税100 000元。计算该企业应缴纳的城建税。

【解析】 应纳税额=(50 000+40 000+4 000+6 000)×7%=7 000(元)

四、税收优惠

(1)对黄金交易所会员单位通过黄金交易所销售且发生实物交割的标准黄金,免征城建税。

(2)对上海期货交易所会员和客户通过上海期货交易所销售且发生实物交割并已出库的标准黄金,免征城建税。

(3)对国家重大水利工程建设基金免征城建税。

(4)由省、自治区、直辖市人民政府根据本地区实际情况,以及宏观调控需要确定,对增值税小规模纳税人、小型微利企业和个体工商户可以在50%的税额幅度内减征城建税。

(5)自 2019 年 1 月 1 日至 2025 年 12 月 31 日,实施支持和促进重点群体创业就业城建税减免。

五、征收管理

城建税的征收管理等事项,比照两税的有关规定办理。

城建税的纳税义务发生时间与两税的纳税义务发生时间一致,分别与两税同时缴纳。同时缴纳是指在缴纳两税时,应当在两税同一缴纳地点、同一缴纳期限内,一并缴纳对应的城建税。

采用委托代征、代扣代缴、代收代缴、预缴、补缴等方式缴纳两税的,应当同时缴纳城建税。代扣代缴,不含因境外单位和个人向境内销售劳务、服务、无形资产代扣代缴增值税情形。

因纳税人多缴发生的两税退税,同时退还已缴纳的城建税。两税实行先征后返、先征后退、即征即退的,除另有规定外,不予退还随两税附征的城建税。出口产品退还增值税、消费税的,不退还已缴纳的城建税。

第二节 教育费附加和地方教育费附加

教育费附加和地方教育费附加是对缴纳增值税、消费税的单位和个人就其实际缴纳的"两税"税额为计税依据而征收的一种附加费。它和城建税一样,依附于"两税"而存在。

教育费附加和地方教育费附加是我国专门为加快地方教育事业,扩大地方教育经费而征收的一项政府性基金,实质上具有税的性质。现行的教育费附加的基本规范,是 2011 年 1 月 8 日国务院第三次修订通过的《征收教育费附加的暂行规定》和 2010 年财政部下发的《关于统一地方教育附加政策有关问题的通知》。

一、征收范围

教育费附加和地方教育费附加对缴纳增值税、消费税的单位和个人征收,以其实际缴纳的增值税、消费税为计征依据,分别与增值税和消费税同时缴纳。

二、征收率

现行教育费附加征收率为 3%,地方教育费附加征收率为 2%。

三、教育费附加和地方教育费附加的计算

(一)计征依据

教育费附加和地方教育费附加的计征依据是纳税人实际缴纳的"两税"税额。纳税人违反"两税"有关税法规定而加收的滞纳金和罚款,是税务机关对纳税人违法行为的经济制裁,不作为教育费附加的计税依据。

（二）计算方法

教育费附加和地方教育费附加的计算公式为

$$\text{应纳教育费附加或地方教育费附加} = \text{实际缴纳的增值税、消费税} \times 3\%（或2\%）$$

【例4-2】 某市区一家企业12月实际缴纳增值税10 000元，缴纳消费税30 000元。计算该企业应缴纳的教育费附加和地方教育费附加。

【解析】 应纳教育费附加和地方教育费附加＝（10 000＋30 000）×（3％＋2％）＝2 000(元)。

四、减免规定

教育费附加和地方教育费附加的减免规定与"两税"的减免息息相关。具体规定如下：

（1）教育费附加和地方教育费附加按减免后实际缴纳的"两税"税额计征，即随"两税"的减免而减免。

（2）海关对进口产品代征的增值税、消费税，不征收教育费附加；对出口产品退还增值税、消费税的，不退还已缴纳的教育费附加和地方教育费附加。

（3）对国家重大水利工程建设基金免征教育费附加和地方教育费附加。

（4）由省、自治区、直辖市人民政府根据本地区实际情况，以及宏观调控需要确定，对增值税小规模纳税人、小型微利企业和个体工商户可以在50％的税额幅度内减征教育费附加、地方教育附加。

五、征收管理

教育费附加和地方教育费附加的征收管理，比照增值税、消费税的有关规定执行，其纳税环节、纳税期限、纳税地点与城建税相同。

案例与点评

案例4-1 华瑞公司如何缴纳城建税、教育费附加和地方教育费附加

坐落在市区的华瑞公司为增值税一般纳税人。2022年6月缴纳进口关税65万元，进口环节增值税15万元，进口环节消费税26.47万元；本月实际缴纳增值税36万元，消费税85万元。在税务检查过程中，税务机关发现，该企业所属商场上月隐瞒销售收入100万元，本月被查补相关税金。本月收到上月报关出口自产货物应退增值税35万元。该企业6月份应纳多少城建税、教育费附加和地方教育费附加？

【点评】 进口环节征收的增值税和消费税不用计算征收城建税、教育费附加和地方教育费附加。出口产品退还增值税和消费税，但不退还已缴纳的城建税、教育费附加和地方教育费附加。

该企业所属商场上月隐瞒销售收入100万元，本月应查补增值税＝100×13％

=13(万元),属于企业实际缴纳的增值税,应作为城建税、教育费附加和地方教育费附加的计税依据。

6月应纳城建税=(36+85+13)×7%=9.38(万元)
6月应纳教育费附加=(36+85+13)×3%=4.02(万元)
6月应纳地方教育费附加=(36+85+13)×2%=2.68(万元)

本章小结

城建税是对从事经营活动,缴纳增值税、消费税的单位和个人就其实际缴纳的"两税"税额为计税依据而征收的一种税。教育费附加和地方教育费附加的征收目的是加快我国地方教育事业,扩大地方教育经费,实质上具有税的性质。城建税、教育费附加和地方教育费附加具有典型的附加性质,均依附于"两税"存在而存在,只要缴纳增值税、消费税的地方,都属于其征税的范围。

思考与练习题

【思考题】

1. 城建税、教育费附加和地方教育费附加的计税依据是什么?
2. 城建税、教育费附加和地方教育费附加有哪些税收优惠?

【练习题】

一、单项选择题

1. 某企业地处市区,2022年5月被税务机关查补增值税 45 000 元、消费税 25 000 元、所得税 30 000 元,还被加收滞纳金 2 000 元、被处罚款 50 000 元。该企业应补缴城建税、教育费附加、地方教育费附加(　　)元。

　　A. 8 400　　　　　　B. 12 000　　　　　　C. 18 000　　　　　　D. 18 240

2. 单位或个人的下列行为中,在缴纳相关税种的同时,还应缴纳城建税的是(　　)。

　　A. 私营企业销售货物　　　　　　B. 养猪场销售自产生猪
　　C. 企业购置车辆自用　　　　　　D. 个人取得稿酬所得

3. 某市区甲卷烟厂委托某县城乙卷烟厂加工一批雪茄烟,双方均为增值税一般纳税人。委托方提供原材料 40 000 元(不含税),支付加工费 5 000 元(不含增值税),雪茄烟消费税税率为 36%,受托方无同类雪茄烟市场价格。受托方代收代缴消费税时,应代收代缴的城建税为(　　)元。

　　A. 810　　　　　　B. 1 120.24　　　　　C. 1 265.63　　　　　D. 1 334.23

4. 下列情况中,需缴纳城建税的有(　　)。

　　A. 某个人缴纳的车船税
　　B. 某企业进口货物被海关代征的增值税
　　C. 某企业销售古旧图书直接免征的增值税
　　D. 某生产企业自产应税消费品移送加工非应税消费品,在移送环节缴纳的消费税

二、多项选择题

1. 下列行为中,不需要缴纳城建税、教育费附加和地方教育费附加的有(　　)。
   A. 企业出租房屋行为
   B. 企业购买房屋行为
   C. 油田开采天然原油行为
   D. 商场销售外购化妆品行为

2. 下列行为中,需要缴纳城建税、教育费附加和地方教育附加的有(　　)。
   A. 政府机关出租房屋的行为
   B. 企业购买房屋的行为
   C. 油田开采天然原油并销售的行为
   D. 企业将土地使用权转让给农业生产者用作农业生产的行为

3. 依据城建税的有关规定,下列说法中正确的有(　　)。
   A. 适用的税率均应按纳税人所在地的税率执行
   B. 城建税计税依据是实际缴纳的增值税、消费税税额,不包括加收的滞纳金
   C. 海关对进口产品代征增值税、消费税的不征收城建税
   D. 对出口产品退还增值税、消费税的同时,退还已缴纳的城建税

三、判断题

1. 凡是缴纳增值税、消费税的纳税人,须同时缴纳城建税。(　　)
2. 城建税进口不征、出口不退。(　　)

四、计算题

A 卷烟厂为增值税一般纳税人,位于市区,2022 年 8 月主要纳税情况如下:

(1)向主管税务机关正常缴纳增值税 50 000 元、消费税 80 000 元。

(2)税务机关查账后,补缴消费税 20 000 元、增值税 13 000 元,被处以罚款 10 000 元,加收滞纳金 1 000 元。

(3)进口一批烟丝,海关征收进口关税 80 000 元、增值税 130 000 元、消费税 300 000 元。

(4)受一家位于县城的 B 卷烟厂委托,加工烟丝一批,B 卷烟厂提供的烟叶成本为 60 000 元,A 卷烟厂收取的加工费(不含增值税)金额为 14 200 元。

请计算:

(1)A 卷烟厂应代收代缴 B 卷烟厂的城建税、教育费附加和地方教育费附加。

(2)A 卷烟厂当月自身业务应缴纳的和补缴的城建税、教育费附加和地方教育费附加。

第五章 关税法和船舶吨税法

学习目的与要求

1. 掌握进口货物关税完税价格的一般规定和特殊规定。
2. 掌握出口货物关税完税价格的确定。
3. 掌握关税应纳税额的计算。
4. 熟悉关税征收管理办法。
5. 熟悉关税的减免。
6. 了解船舶吨税。

第一节 关 税 法

关税法,是指国家制定的调整关税征收与缴纳权利义务关系的法律规范。我国关税的相关法律、法规主要包括国务院颁布的《中华人民共和国进出口关税条例》(以下简称《进出口关税条例》)、《中华人民共和国海关进出口税则》(以下简称《进出口税则》)、2017年11月4日第十二届全国人民代表大会常务委员会第三十次会议第五次修正的《中华人民共和国海关法》(以下简称《海关法》)及《中华人民共和国海关入境旅客行李物品和个人邮递物品征收进口税办法》。

一、征税对象及纳税义务人

(一)征税对象

关税的征税对象是准许进出境的货物和物品。货物是指贸易性商品,物品是指入境旅客随身携带的行李物品、个人邮递物品、各种运输工具上的服务人员携带进口的自用物品、馈赠物品以及以其他方式进境的个人物品。

【小思考5-1】"货物"与"物品"有何不同?

(二)纳税义务人

进口货物的收货人、出口货物的发货人、进出境物品的所有人,是关税的纳税义务人。进出口货物的收、发货人是依法取得对外贸易经营权,并进口或者出口货物的法人或者其他社会团体。进出境物品的所有人包括该物品的所有人和推定为所有人的人。一般情况下,对于携带进境的物品,推定其携带人为所有人;对分离运输的行李,推定相应的进出境旅客为所有人;对以邮递方式进境的物品,推定其收件人为所有人;以邮递或其他运输方式出境的物品,推定其寄件人或托运人为所有人。

二、进出口税则概况

进出口税则是一国政府根据国家关税政策和经济政策,通过一定的立法程序制定公布实施的进出口货物和物品应税的关税税率表。进出口税则以税率表为主体,通常还包括实施税则的法令、使用税则的有关说明和附录等。《进出口税则》是我国海关据以征收关税的法律依据,也是我国关税政策的具体体现。

税率表作为税则主体,包括税则商品分类目录和税率栏两大部分。税则商品分类目录是把种类繁多的商品加以综合,按照其不同特点分门别类地简化成数量有限的商品类目,分别编号按序排列,称为税则号列,并逐号列出该号中应列入的商品名称。商品分类的原则即归类规则,包括归类总规则和各类、章、目的具体注释。税率栏是按商品分类目录逐项定出的税率栏目。我国现行进口税则为四栏税率,出口税则为一栏税率。

三、关税税率

(一)进口货物税率

1. 进口货物税率形式

自 2002 年 1 月 1 日起,我国进口税则设有最惠国税率、协定税率、特惠税率、普通税率、关税配额税率等税率。对进口货物在一定期限内可以实行暂定税率。

适用最惠国税率、协定税率、特惠税率的国家或者地区名单,由国务院关税税则委员会决定,报国务院批准后执行。

1)最惠国税率

原产于共同适用最惠国待遇条款的世界贸易组织成员的进口货物,原产于与我国签订含有相互给予最惠国待遇条款的双边贸易协定的国家或者地区的进口货物,以及原产于我国境内的进口货物,适用最惠国税率。

2)协定税率

原产于与我国签订含有关税优惠条款的区域性贸易协定的国家或者地区的进口货物,适用协定税率。

3)特惠税率

原产于与我国签订含有特殊关税优惠条款的贸易协定的国家或者地区的进口货物,适用特惠税率。

4)普通税率

普通税率适用于原产于上述国家或地区以外的其他国家或地区的进口货物,以及原产地不明的进口货物。按照普通税率征税的进口货物,经国务院关税税则委员会特别批准,可以适用最惠国税率。

5)关税配额税率

指关税配额限度内的税率。关税配额是进口国限制进口货物数量的措施,把征收关税和进口配额相结合以限制进口。对于在配额内进口的货物可以适用较低的关税配额税率,对于配额之外的则适用较高税率。

6) 暂定税率

暂定税率是在进出口税则规定的进口优惠税率基础上,对进口的某些重要的工农业生产原材料和机电产品关键部件(但只限于从与中国订有关税互惠协议的国家和地区进口的货物)和出口的特定货物实施的更为优惠的关税税率。这种税率一般按照年度制定,并且随时可以根据需要恢复按照法定税率征税。

2. 进口货物税率适用规则

(1) 暂定税率优先适用于优惠税率或最惠国税率,所以适用最惠国税率的进口货物有暂定税率的,适用暂定税率;当最惠国税率低于或等于协定税率时,协定有规定的,按相关协定的规定执行;协定无规定的,两者从低适用。适用协定税率、特惠税率的进口货物有暂定税率的,应当从低适用税率。

按照国家规定实行关税配额管理的进口货物,关税配额内的,适用关税配额税率;关税配额外的,按其适用税率的规定执行。

按照普通税率征税的进口货物,不适用暂定税率;经国务院关税税则委员会特别批准,可以适用最惠国税率。

(2) 按照有关法律、行政法规的规定,对进口货物采取反倾销、反补贴、保障措施的,其税率的适用按照《中华人民共和国反倾销法》(国务院令第401号)、《中华人民共和国反补贴法》(国务院令第402号)和《中华人民共和国保障措施条例》(国务院令第403号)的有关规定执行。

(二) 进口物品税率

自2019年4月9日起,除另有规定外,我国对准予应税进口的旅客行李物品、个人邮寄物品以及其他个人自用物品,均由海关按照《中华人民共和国进境物品进口税税率表》(见表5-1)的规定,征收进口关税、代征进口环节增值税和消费税等进口税。

表5-1 中华人民共和国进境物品进口税税率表

税目序号	物品名称	税率/(%)
1	书报、刊物、教育用影视资料;计算机、视频摄录一体机、数字照相机等信息技术产品;食品、饮料;金银;家具;玩具,游戏品、节日或其他娱乐用品;药品(除国家规定减按3%征收进口环节增值税的进口药品)	13
2	运动用品(不含高尔夫球及球具)、钓鱼用品;纺织品及其制成品;电视摄像机及其他电器用具;自行车;税目1、3中未包含的其他商品	20
3	烟、酒;贵重首饰及珠宝玉石;高尔夫球及球具;高档手表;化妆品	50

注:①对国家规定减按3%征收进口环节增值税的进口药品,按照货物税率征税;②税目3所列商品的具体范围与消费税征收范围一致。

(三) 出口货物税率

我国出口税则为一栏税率,即出口税率。国家仅对少数资源性产品及易于竞相杀价、盲目进口、需要规范出口秩序的半制成品征收出口关税。

(四)税率的运用

《中华人民共和国进出口关税条例》规定,进出口货物,应当依照税则规定的归类原则归入合适的税号,并按照适用的税率征税。

(1)进出口货物,应当适用海关接受该货物申报进口或者出口之日实施的税率。

(2)进口货物到达前,经海关核准先行申报的,应当适用装载该货物的运输工具申报进境之日实施的税率。

(3)进口转关运输货物,应当适用指运地海关接受该货物申报进口之日实施的税率;货物运抵指运地前,经海关核准先行申报的,应当适用装载该货物的运输工具抵达指运地之日实施的税率。出口转关运输货物,应当适用启运地海关接受该货物申报出口之日实施的税率。

(4)经海关批准,实行集中申报的进出口货物,应当适用每次货物进出口时海关接受该货物申报之日实施的税率。

(5)因超过规定期限未申报而由海关依法变卖的进口货物,其税款计征应当适用装载该货物的运输工具申报进境之日实施的税率。

(6)因纳税义务人违反规定需要追征税款的进出口货物,应当适用违反规定的行为发生之日实施的税率;行为发生之日不能确定的,适用海关发现该行为之日实施的税率。

(7)已申报进境并放行的保税货物、减免税货物、租赁货物或者已申报进出境并放行的暂时进出境货物,有下列情形之一需缴纳税款的,应当适用海关接受纳税义务人再次填写报关单申报办理纳税及有关手续之日实施的税率:

①保税货物经批准不复运出境的;
②保税仓储货物转入国内市场销售的;
③减免税货物经批准转让或者移作他用的;
④可暂不缴纳税款的暂时进出境货物,经批准不复运出境或者进境的;
⑤租赁进口货物,分期缴纳税款的。

(8)补征或者退还进出口货物税款,应当按照上述规定确定适用的税率。

四、关税完税价格

(一)一般进口货物的完税价格

根据《海关法》规定,进口货物的完税价格包括货物的货价、货物运抵我国境内输入地点起卸前的运输及其相关费用、保险费。

进口货物完税价格的确定方法大致可以划分为两类:一类是以进口货物的成交价格为基础进行调整,从而确定进口货物完税价格的估价方法(以下称成交价格估价方法);另一类则是在进口货物的成交价格不符合规定条件或者成交价格不能确定的情况下,海关用以审查确定进口货物完税价格的估价方法(以下称海关估价方法)。

1. 成交价格估价方法

进口货物的完税价格,由海关以该货物的成交价格为基础审查确定,并应当包括货物运抵中华人民共和国境内输入地点起卸前的运输及其相关费用、保险费。

【小思考 5-2】 货物运抵我国关境内输入地点起卸后的包装费、运费和其他劳务费,是否计入关税完税价格?

1)进口货物的成交价格

进口货物的成交价格,是指卖方向中华人民共和国境内销售该货物时买方为进口该货物向卖方实付、应付的,并按《完税价格办法》调整后的价款总额,包括直接支付的价款和间接支付的价款。

进口货物的成交价格应当符合以下条件:

(1)对买方处置或者使用进口货物不予限制,但是法律、行政法规规定实施的限制、对货物销售地域的限制和对货物价格无实质性影响的限制除外。有下列情形之一的,应当视为对买方处置或者使用进口货物进行了限制:

①进口货物只能用于展示或者免费赠送的;
②进口货物只能销售给指定第三方的;
③进口货物加工为成品后只能销售给卖方或者指定第三方的;
④其他经海关审查,认定买方对进口货物的处置或者使用受到限制的。

(2)进口货物的价格不得受到使该货物成交价格无法确定的条件或者因素的影响。有下列情形之一的,应当视为进口货物的价格受到了使该货物成交价格无法确定的条件或者因素的影响:

①进口货物的价格是以买方向卖方购买一定数量的其他货物为条件而确定的;
②进口货物的价格是以买方向卖方销售其他货物为条件而确定的;
③其他经海关审查,认定货物的价格受到使该货物成交价格无法确定的条件或者因素影响的。

(3)卖方不得直接或者间接获得因买方销售、处置或者使用进口货物而产生的任何收益,或者虽然有收益但是能够按照本办法的相关规定作出调整;

(4)买卖双方之间没有特殊关系,或者虽有特殊关系但未对成交价格产生影响。

2)应计入完税价格的调整项目

以成交价格为基础审查确定进口货物的完税价格时,未包括在该货物实付、应付价格中的下列费用或者价值应当计入完税价格。

(1)由买方负担的下列费用。

①除购货佣金以外的佣金和经纪费。"购货佣金"是指买方为购买进口货物向自己的采购代理人支付的劳务费用。"经纪费"是指买方为购买进口货物向代表买卖双方利益的经纪人支付的劳务费用。

②与该货物视为一体的容器费用。

③包装材料费用和包装劳务费用。

(2)与该货物的生产和向中华人民共和国境内销售有关的,由买方以免费或者以低于成本的方式提供并可以按适当比例分摊的料件、工具、模具、消耗材料及类似货物的价款,以及在境外开发、设计等相关服务的费用。

(3)与该货物有关并作为卖方向我国销售该货物的一项条件,应当由买方向卖方或者有关方直接或间接支付的特许权使用费。"特许权使用费"是指进口货物的买方为取得知识产权权利人及权利人有效授权人关于专利权、商标权、专有技术、著作权、分销权或者销售权的许可或者转让而支付的费用。

【例5-1】 某服装商标权利所有人向国内企业转让商标的使用权,该转让行为属于海关税收的管辖范围吗?如果该服装商标权利所有人在向国内企业销售品牌服装的同时,又向国内企业收取了一笔商标使用费,则该笔商标使用费是否应计入进口服装的完税价格?

【解析】 海关征税的管理对象主要是有形货物,例如机器、工业原料、消费品等,单纯的技术贸易、服务贸易不属于海关税收的管辖范围。因此第一种情况,服装商标权利所有人向国内企业转让商标的使用权,该转让行为属于单纯的知识产权交易范畴,因此发生的商标转让费不属于海关税收的管辖范围。但是,如果买方在购买进口货物的同时,又发生了一项技术贸易或服务贸易,技术贸易或服务贸易是随附于货物贸易同步发生的,则技术贸易或服务贸易涉及的特许权使用费就构成了本项应税的价格调整项目,应合并计入进口货物的完税价格。第二种情况支付的商标使用费属于应税的特许权使用费,应计入进口服装的完税价格。

(4)卖方直接或者间接从买方对该货物进口后销售、处置或者使用所得中获得的收益。

3)不计入完税价格的调整项目

进口货物的价款中单独列明的下列税收、费用,不计入该货物的完税价格:

(1)厂房、机械或者设备等货物进口后发生的建设、安装、装配、维修或者技术援助费用,但是保修费用除外。

(2)进口货物运抵中华人民共和国境内输入地点起卸后发生的运输及其相关费用、保险费。

(3)进口关税、进口环节海关代征税及其他国内税。

(4)为在境内复制进口货物而支付的费用。

(5)境内外技术培训及境外考察费用。

(6)同时符合下列条件的利息费用不计入完税价格:利息费用是买方为购买进口货物而融资所产生的;有书面的融资协议的;利息费用单独列明的;纳税义务人可以证明有关利率不高于在融资当时当地此类交易通常应当具有的利率水平,且没有融资安排的相同或者类似进口货物的价格与进口货物的实付、应付价格非常接近的。

【例5-2】 清风公司从英国进口一批货物共200吨,货物以境外口岸离岸价格成交,单价折合人民币20 000元,买方承担包装费每吨500元人民币,向卖方支付佣金为每吨600元人民币,向自己的采购代理人支付佣金4 000元人民币。已知该货物运抵中国海关境内输入地起卸前的包装、运输、保险和其他劳务费用为每吨1 200元人民币,进口后另发生国内运输和装卸费用700元人民币。请计算该批货物的完税价格。

【解析】 该批货物的完税价格=(20 000+500+600+1 200)×200
=4 460 000(元)

4)运费及相关费用、保险费

(1)进口货物的运费。

进口货物的运输及其相关费用,应当按照由买方实际支付或者应当支付的费用计算。如果进口货物的运输及其相关费用无法确定的,海关应当按照该货物进口同期的正常运输成本审查确定。

运输工具作为进口货物,利用自身动力进境的,海关在审查确定完税价格时,不再另行计入运输及其相关费用。

(2)进口货物的保险费。

进口货物的保险费,应当按照实际支付的费用计算。如果进口货物的保险费无法确定或者未实际发生,海关应当按照"货价加运费"两者总额的3‰计算保险费,其计算公式如下:

$$保险费=(货价+运费)\times 3‰$$

邮运进口的货物,应当以邮费作为运输及其相关费用、保险费。

2. 海关估价方法

进口货物的成交价格不符合规定条件或者成交价格不能确定,海关经了解有关情况,并且与纳税义务人进行价格磋商后,海关应依次以相同货物成交价格方法、类似货物成交价格方法、倒扣价格方法、计算价格估价方法及其他合理方法审查该货物的完税价格。纳税义务人向海关提供有关资料后,可以提出申请,颠倒倒扣价格估价方法和计算价格估价方法的适用次序。

1)相同或类似货物成交价格方法

相同或类似货物成交价格估价方法,是指海关以与进口货物同时或者大约同时(在海关接受申报进口之日的前后各45天之内)向中华人民共和国境内销售的相同或类似货物的成交价格为基础,审查确定进口货物的完税价格的估价方法。

相同货物,是指与进口货物在同一国家或地区生产的,在物理性质、质量和信誉等所有方面都相同的货物,但表面的微小差异允许存在。

类似货物,是指与进口货物在同一国家或地区生产的,虽然不是在所有方面都相同,但具有相似的特征、相似的组成材料、同样的功能,并且在商业中可以互换的货物。选择类似货物时,应主要考虑货物的品质、信誉和现有商标。

2)倒扣价格方法

倒扣价格方法,是指海关以进口货物、相同或者类似进口货物在境内的销售价格为基础,扣除境内发生的有关费用后,审查确定进口货物完税价格的估价方法。

按照倒扣价格估价法审查确定进口货物的完税价格时,如果进口货物、相同或者类似货物没有在海关接受进口货物申报之日前后45日内在境内销售,可以将在境内销售的时间延长至接受货物申报之日前后90日内。

3)计算价格估价方法

计算价格估价方法即按下列各项的总和计算出的价格估定完税价格。包括:

(1)生产该货物所使用的料件成本和加工费用;

(2)向境内销售同等级或者同种类货物通常的利润和一般费用(包括直接费用和间接费用);

(3)该货物运抵境内输入地点起卸前的运输及相关费用、保险费。

4）合理方法

合理方法，是指当海关不能根据成交价格估价方法、相同货物成交价格估价方法、类似货物成交价格估价方法、倒扣价格估价方法和计算价格估价方法确定完税价格时，海关根据《完税价格办法》规定的原则，以客观量化的数据资料为基础审查确定进口货物完税价格的估价方法。

海关在采用合理方法确定进口货物的完税价格时，不得使用以下价格：

(1)境内生产的货物在境内的销售价格；

(2)可供选择的价格中较高的价格；

(3)货物在出口地市场的销售价格；

(4)以计算价格估价方法规定之外的价值或者费用计算的相同或者类似货物的价格；

(5)出口到第三国或者地区的货物的销售价格；

(6)最低限价或者武断、虚构的价格。

（二）特殊进口货物的完税价格

1. 运往境外修理的货物

运往境外修理的机械器具、运输工具或者其他货物，出境时已向海关报明，并且在海关规定的期限内复运进境的，应当以境外修理费和料件费为基础审查确定完税价格。

【例5-3】 红豆公司2021年将以前年度进口的设备运往境外修理，设备进口时成交价格58万元，发生境外运费和保险费共计6万元。在海关规定的期限内复运进境，进境时同设备价格65万元，发生境外修理费8万元，料件费9万元，境外运输费和保险费共计3万元。请计算运往境外修理的设备报关进口时的完税价格。

【解析】 设备报关进口时的关税完税价格＝8＋9＝17（万元）

2. 运往境外加工的货物

运往境外加工的货物，出境时已向海关报明，并且在海关规定期限内复运进境的，应当以境外加工费和料件费以及该货物复运进境的运输及其相关费用、保险费为基础审查确定完税价格。

3. 暂时进境的货物

经海关批准的暂时进境货物，应当按照一般进口货物估价方法的规定，估定完税价格。

4. 租赁方式进口的货物

租赁方式进口的货物，按照下列方法审查确定完税价格：

(1)以租金方式对外支付的租赁货物，在租赁期间以海关审查确定的租金作为完税价格，利息应当予以计入；

(2)留购的租赁货物以海关审查确定的留购价格作为完税价格；

(3)纳税义务人申请一次性缴纳税款的，可以选择申请按照海关估价方法确定完税价格，或者按照海关审查确定的租金总额作为完税价格。

5. 予以补税的减免税货物

特定地区、特定企业或者具有特定用途的特定减免税进口货物，应当接受海关监管。监管年限依次为：船舶、飞机8年；机动车辆6年；其他货物3年。监管年限自货物进口放行之日起计算。

由海关监管使用的减免税进口货物，在监管年限内转让或移作他用需要补税的，应当以海关审定的该货物原进口时的价格，扣除折旧部分价值作为完税价格。

$$完税价格 = \frac{海关审定的该货物}{原进口时的价格} \times \left(1 - \frac{补税时实际已进口的时间（月）}{监管年限 \times 12}\right)$$

上式中，补税时实际已进口的时间按月计算。不足1个月但超过15日的，按照1个月计算；不超过15日的，不予计算。

【例5-4】 2020年4月1日风华公司由于承担国家重要工程项目，经批准免税进口了一批电子设备。使用2年后项目完工，2022年3月31日，公司将该设备出售给了国内另一家企业。该电子设备的到岸价格为300万元，海关规定的监管年限为5年。请计算该设备补税时的关税完税价格。

【解析】 补税时的关税完税价格 $= 300 \times \left(1 - \dfrac{2 \times 12}{5 \times 12}\right) = 180$（万元）

6. 留购的进口货样

对于境内留购的进口货样、展览品和广告陈列品，以海关审定的留购价格作为完税价格。

7. 逾期未出境的暂进口货物的完税价格

对于经海关批准暂时进口的施工机械、工程车辆、供安装使用的仪器和工具、电视或电影摄制机械，以及盛装货物的容器等，如入境超过半年仍留在国内使用的，应自第7个月起，按月征收进口关税，其完税价格按原货进口时的到岸价格确定，每月的税额计算公式为

$$每月关税 = 货物原到岸价格 \times 关税税率 \times 1 \div 48$$

8. 不存在成交价格的进口货物

易货贸易、寄售、捐赠、赠送等不存在成交价格的进口货物，海关与纳税义务人进行价格磋商后，按照一般进口货物估价办法的规定，估定完税价格。

（三）出口货物的完税价格

1. 以成交价格为基础的完税价格

出口货物的完税价格由海关以该货物的成交价格（包括货物运至中华人民共和国境内输出地点装载前的运输及其相关费用，实务中多采用离岸价格）为基础，扣除出口关税后确定。

出口货物的成交价格，是指该货物出口销售时，卖方为出口该货物应当向买方直接收取和间接收取的价款总额。

下列税收、费用不计入出口货物的完税价格：

(1) 出口关税；

(2) 在货物价款中单独列明的货物运至中华人民共和国境内输出地点装载后的运输及其相关费用、保险费。

$$出口货物完税价格 = 离岸价格（FOB） - 出口关税$$

$$出口货物完税价格 = 离岸价格（FOB） \div (1 + 出口关税税率)$$

【例5-5】 某外贸企业收购一批货物出口,离岸价6万美元(汇率1:6.8)。请计算该批货物的完税价格。(该货物出口关税税率为20%)

【解析】 关税完税价格=6×6.8÷(1+20%)=34(万元)

2. 出口货物海关估价方法

出口货物的成交价格不能确定的,海关经了解有关情况,并且与纳税义务人进行价格磋商后,依次以下列价格审查确定该货物的完税价格:

(1)同时或者大约同时向同一国家或者地区出口的相同货物的成交价格;

(2)同时或者大约同时向同一国家或者地区出口的类似货物的成交价格;

(3)根据境内生产相同或者类似货物的成本、利润和一般费用(包括直接费用和间接费用)、境内发生的运输及其相关费用、保险费计算所得的价格;

(4)按照合理方法估定的价格。

五、应纳税额的计算

(一)从价税应纳税额的计算

从价税是以进(出)口货物的完税价格作为计税依据的一种关税计征方法。它是最普遍的关税计征方法。

关税=应税进(出)口货物数量×单位完税价格×税率

【例5-6】 九通商场于2022年6月进口一批指甲类高档化妆品。该批货物在国外的买价120万元,货物运抵我国入关前发生的运输费和相关费用、保险费分别为14万元、6万元。货物报关后,该商场按规定缴纳了进口环节的增值税和消费税并取得了海关开具的缴款书。从海关将化妆品运往商场发生运费价税合计2.18万元,取得增值税专用发票并于当月申报抵扣。该批化妆品当月在国内全部销售,取得不含税销售额520万元(2022年指甲类高档化妆品进口关税最惠国税率为5%,消费税税率为15%)。

要求:计算该批化妆品进口环节应缴纳的关税、增值税、消费税和国内销售环节应缴纳的增值税。

【解析】

(1)关税完税价格=120+14+6=140(万元),

应纳进口关税=140×5%=7(万元)。

(2)进口环节应纳增值税的组成计税价格=(140+7)÷(1-15%)=172.94(万元),进口环节应纳增值税=172.94×13%=22.48(万元)。

(3)进口环节应纳消费税=172.94×15%=25.94(万元)。

(4)国内销售环节应纳增值税=520×13%-2.18÷(1+9%)×9%-22.48=44.94(万元)。

(二)从量税应纳税额的计算

从量税是以进口商品的数量为计税依据的一种关税计征方法。

关税＝应税进（出）口货物数量×单位货物税额

（三）复合税应纳税额的计算

复合税是对某种进口货物同时使用从价和从量计征的一种关税计征方法。

$$关税 = 应税进（出）口货物数量 \times 单位货物税额 + 应税进（出）口货物数量 \times 单位完税价格 \times 税率$$

【例 5-7】 某公司进口 2 台日本产的非特种用途的其他电视摄像机，关税完税价格为 13 000 美元，计算应纳关税（征税日美元与人民币的外汇折算率为 1∶6.6386，适用最惠国税率为：完税价格不高于 5 000 美元/台，税率为 35%；完税价格高于 5 000 美元/台，税率为 3%。从量税为 9 278 元）。

【解析】 应纳关税＝2×9 278＋13 000×6.6386×3%＝21 145.05（元）

（四）滑准税应纳税额的计算

滑准税是指关税的税率随着进口商品价格的变动而反方向变动的一种税率形式，即价格越高，税率越低，税率为比例税率。因此，对实行滑准税率的进口商品应纳关税税额的计算方法与从价税的计算方法相同。

关税＝应税进（出）口货物数量×单位完税价格×滑准税税率

六、跨境电子商务零售进口税收政策

跨境电子商务零售进口商品按照货物征收关税和进口环节增值税、消费税，购买跨境电子商务零售进口商品的个人作为纳税义务人，实际交易价格（包括货物零售价格、运费和保险费）作为完税价格，电子商务企业、电子商务交易平台企业或物流企业可作为代收代缴义务人。

（一）适用范围

跨境电子商务零售进口税收政策适用于从其他国家或地区进口的《跨境电子商务零售进口商品清单》范围内的以下商品：

(1)所有通过与海关联网的电子商务交易平台交易，能够实现交易、支付、物流电子信息"三单"比对的跨境电子商务零售进口商品；

(2)未通过与海关联网的电子商务交易平台交易，但快递、邮政企业能够统一提供交易、支付、物流等电子信息，并承诺承担相应法律责任进境的跨境电子商务零售进口商品；

(3)不属于跨境电子商务零售进口的个人物品以及无法提供交易、支付、物流等电子信息的跨境电子商务零售进口商品，按现行规定执行。

（二）计征限额

跨境电子商务零售进口商品的单次交易限值为人民币 5 000 元，个人年度交易限值为人民币 26 000 元。在限值以内进口的跨境电子商务零售进口商品，关税税率暂设为 0%；进口环节增值税、消费税取消免征税额，暂按法定应纳税额的 70%征收。超过单次限值、累加后超过个人年度限值的单次交易,以及完税价格超过5 000元限值的单个不可分割商品,均按照一般贸易方式全额征税。

(三)其他规定

跨境电子商务零售进口商品自海关放行之日起30日内退货的,可申请退税,并相应调整个人年度交易总额。

跨境电子商务零售进口商品购买人(订购人)的身份信息应进行认证;未进行认证的,购买人(订购人)身份信息应与付款人一致。

【例5-8】 2022年2月,中国公民小李通过某电子商务企业(跨境电商)购买一件衣服,根据税法规定计算的实际交易价格是2 000元。假定该衣服进口关税税率是6%,则按照跨境电商零售进口税收政策,小李上述行为需缴纳关税、增值税多少元?

【解析】 小李通过跨境电商购买的衣服,属于跨境电子商务零售进口税征税对象,所购衣服未超过单次5 000元的限制,从而免征关税,但需缴纳增值税,按应纳税额的70%征收。

$$应纳增值税 = 2000 \times 13\% \times 70\% = 182(元)$$

七、入境旅客行李物品和个人邮递物品税收政策

海关对入境旅客行李物品和个人邮递物品征收的进口税称为行李和邮递物品进口税,简称行邮税。进口税是对个人进境携带物品和个人邮寄进境物品征收税款的总称,包括该物品的关税、增值税和消费税。

(1)进境居民旅客携带在境外获取的个人自用进境物品,总值在5 000元人民币以内(含5 000元)的;非居民旅客携带拟留在中国境内的个人自用进境物品,总值在2 000元人民币以内(含2 000元)的,海关予以免税放行。单一品种限自用、合理数量,但烟草制品、酒精制品以及国家规定应当征税的20种商品等另按有关规定办理。

(2)进境居民旅客携带超出5 000元人民币的个人自用进境物品,经海关审核确属自用的;进境非居民旅客携带拟留在中国境内的个人自用进境物品,超出人民币2 000元的,海关仅对超出部分的个人自用进境物品征税,对不可分割的单件物品,全额征税。

(3)海关计征税款公式如下:

$$进口税额 = 完税价格 \times 进口税税率$$

(4)短期内多次来往旅客行李物品征免税规定、验放标准等事项另行规定。

【例5-9】 旅客刘某是中国籍居民旅客,2022年2月从香港购买了8 000元的食品、保健品等进境,经海关审核确属自用。刘某应如何纳税?

【解析】 刘某携带超出5 000元人民币的个人自用进境物品,经海关审核确属自用,海关仅对超出5 000元部分的个人自用进境物品征税。食品、保健品进口税税率为13%。

$$进口税额 = 完税价格 \times 进口税税率 = (8\,000 - 5\,000) \times 13\% = 390(元)$$

八、关税减免

(一)法定减免税

法定减免税是税法中明确列出的减税或免税。符合税法规定可予减免税的进出口货物,纳税义务人无须提出申请,海关可按规定直接予以减免税。海关对法定减免税货物一般不进行后续管理。

下列进出口货物,免征关税:

(1)关税税额在人民币50元以下的一票货物;

(2)无商业价值的广告品和货样;

(3)外国政府、国际组织无偿赠送的物资;

(4)在海关放行前损失的货物;

(5)进出境运输工具装载的途中必需的燃料、物料和饮食用品;

(6)在海关放行前遭受损坏的货物,可以根据海关认定的受损程度减征关税;

(7)我国缔结或者参加的国际条约规定减征、免征关税的货物、物品,按照规定予以减免关税;

(8)法律规定减征、免征关税的其他货物、物品。

(二)特定减免税

特定减免税也称政策性减免税。在法定减免税之外,国家按照国际通行规则和我国实际情况,制定发布的有关进出口货物减免关税的政策,称为特定减免税或政策性减免税。特定减免税货物一般有地区、企业和用途的限制,海关需要进行后续管理,也需要减免税统计。

1. 科教用品

为有利于我国科研、教育事业的发展,对科学研究机构和学校,以科学研究和教学为目的,在合理数量范围内进口国内不能生产或者性能不能满足需要的科学研究和教学用品,免征进口关税和进口环节增值税、消费税。

免税进口的科学研究和教学用品,应当直接用于本单位的科学研究和教学,不得擅自转让、移作他用或者进行其他处置。

2. 残疾人专用品

对规定的残疾人个人专用品,免征进口关税和进口环节增值税、消费税;对康复机构、福利机构、假肢厂和荣誉军人康复医院进口国内不能生产的、该规定明确的残疾人专用品,免征进口关税和进口环节增值税。该规定对可以免税的残疾人专用品种类和品名作了明确规定。

3. 慈善捐赠物资

对境外捐赠人无偿向受赠人捐赠的直接用于慈善事业(非营利的慈善救助等社会慈善和福利事业)的物资,免征进口关税和进口环节增值税。该办法对慈善事业、境外捐赠人、受赠人、可以免税的用于慈善事业的物资种类和品名作了明确规定。

4. 重大技术装备

对符合规定条件的企业及核电项目业主为生产国家支持发展的重大技术装备或产品而确有必要进口的部分关键零部件及原材料,免征关税和进口环节增值税。

(三)暂时免税

经海关批准暂时进境或者暂时出境的下列货物,在进境或者出境时纳税义务人向海关缴纳相当于应纳税款的保证金或者提供其他担保的,可以暂不缴纳关税,并应当自进境或者出境之日起6个月内复运出境或者复运进境;需要延长复运出境或者复运进境的期限的,纳税义务人申请应当根据海关总署的规定向海关办理延期手续。

(1)在展览会、交易会、会议及类似活动中展示或者使用的货物。
(2)文化、体育交流活动中使用的表演、比赛用品。
(3)进行新闻报道或者摄制电影、电视节目使用的仪器、设备及用品。
(4)开展科研、教学、医疗活动使用的仪器设备及用品。
(5)在上述第(1)项至第(4)项所列活动中使用的交通工具及特种车辆。
(6)货样。
(7)供安装、调试、检测设备时使用的仪器、工具。
(8)盛装货物的容器。
(9)其他用于非商业目的的货物。

(四)临时减免税

临时减免税是指以上法定和特定减免税以外的其他减免税,即由国务院根据《中华人民共和国海关法》对某个单位、某类商品、某个项目或某批进出口货物的特殊情况,给予特别照顾,一案一批,专文下达的减免税。一般有单位、品种、期限、金额或数量等限制,不能比照执行。

九、征收管理

(一)关税缴纳

进口货物的纳税义务人应当自运输工具申报进境之日起14日内,出口货物的纳税义务人除海关特准的外,应当在货物运抵海关监管区后、装货的24小时以前,向货物的进出境地海关申报。海关根据税则归类和完税价格计算应缴纳的关税和进口环节代征税,并填发税款缴款书。纳税义务人应当自海关填发税款缴款书之日起15日内,向指定银行缴纳税款。如关税缴纳期限的最后1日是周末或法定节假日,则关税缴纳期限顺延至周末或法定节假日过后的第1个工作日。

为方便纳税义务人,经申请且海关同意,进(出)口货物的纳税义务人可以在设有海关的指运地(启运地)办理海关申报、纳税手续。

关税纳税义务人因不可抗力或者在国家税收政策调整的情形下,不能按期缴纳税款的,经海关总署批准,可以延期缴纳税款,但最长不得超过6个月。

(二)关税的强制执行

1. 征收关税滞纳金

纳税人逾期缴纳税款的,由海关自缴款期限届满之日起至缴清税款之日止,按日加收滞纳税款万分之五的滞纳金,周末或法定节假日不予扣除。滞纳金的起征点为50元。

关税滞纳金金额＝滞纳关税税额×滞纳金征收比率×滞纳天数

纳税义务人在批准的延期缴纳税款期限内缴纳税款的,不征收滞纳金;逾期缴纳税款的,自延期缴纳税款期限届满之日起至缴清税款之日止按日加收滞纳税款万分之五的滞纳金。

【例5-10】 天目公司进口一批货物,海关于2022年6月1日填发税款缴纳书,经审核货物的到岸价折合人民币1 000万元,但公司迟至2022年6月27日才缴清了税款。已知该货物的关税税率为10%,增值税税率为13%。请计算天目公司应缴纳的税款滞纳金。

【解析】 应缴纳的关税＝1 000×10%＝100(万元)

应缴纳的增值税＝(1 000+100)×13%＝143(万元)

关税缴纳期限届满日为6月15日,从6月16日至缴纳关税之日6月27日止,滞纳天数为12天。

应缴纳的税款滞纳金＝(100+143)×0.5‰×12＝1.458(万元)

2. 强制征收

纳税义务人、担保人自缴款期限届满之日起超过3个月仍未缴纳税款或者滞纳金的,经直属海关关长或者其授权的隶属海关关长批准,海关可以采取强制扣缴、变价抵缴等强制措施。强制扣缴即海关从纳税义务人在开户银行或者其他金融机构的存款中直接扣缴税款。变价抵缴即海关将应税货物依法变卖,以变卖所得抵缴税款。海关采取强制措施时,对纳税义务人、担保人未缴纳的滞纳金同时强制执行。

纳税义务人在规定的缴纳税款期限内有明显地转移、藏匿其应税货物以及其他财产迹象的,海关可以责令纳税义务人向海关提供税款担保。纳税义务人不能提供税款担保的,经直属海关关长或者其授权的隶属海关关长批准,海关可以采取冻结存款、扣留货物等税收保全措施。

(三)关税退还

关税退还是关税纳税义务人按海关核定的税额缴纳关税后,因某种原因的出现,海关将实际征收多于应当征收的税额(称为溢征关税)退还给原纳税义务人的一种行政行为。

根据《海关法》和《进出口关税条例》的规定,海关多征的税款,海关发现后应当立即退还;纳税义务人发现多缴税款的,自缴纳税款之日起1年内,可以以书面形式要求海关退还多缴的税款并加算银行同期活期存款利息;海关应当自受理退税申请之日起30日内查实并通知纳税义务人办理退还手续。此外,有下列情形之一的,纳税义务人自缴纳税款之日起1年内,可以申请退还关税,并应当以书面形式向海关说明理由,提供原缴款凭证及相关资料。

(1)已征进口关税的货物,因品质或者规格原因,原状退货复运出境的。

(2) 已征出口关税的货物,因品质或者规格原因,原状退货复运进境,并已重新缴纳因出口而退还的国内环节有关税收的。

(3) 已征出口关税的货物,因故未装运出口,申报退关的。

海关应当自受理退税申请之日起 30 日内查实并通知纳税义务人办理退还手续;纳税义务人应当自收到通知之日起 3 个月内办理有关退税手续。前述第(1)项和第(2)项规定强调的是,"因货物品质或者规格原因,原状复运进境或者出境的"。如果属于其他原因且不能以原状复运进境或者出境,不能退税。

(四)关税补征和追征

补征和追征是海关在关税纳税义务人按海关核定的税额缴纳关税后,发现实际征收税额少于应当征收的税额(称为短征关税)时,责令纳税义务人补缴所差税款的一种行政行为。《中华人民共和国海关法》根据短征关税的原因,将海关征收原短征关税的行为分为补征和追征两种。由于纳税人违反海关规定造成短征关税的,称为追征;非因纳税人违反海关规定造成短征关税的,称为补征。区分关税追征和补征的目的,是为了区别不同情况适用不同的征收时效。超过时效规定的期限,海关就丧失了追补关税的权力。

根据《中华人民共和国海关法》规定,进出境货物和物品放行后,海关发现少征或者漏征税款,应当自纳税款或者货物、物品放行之日起 1 年内,向纳税义务人补征;因纳税义务人违反规定而造成的少征或者漏征的税款,自纳税义务人应缴纳税款之日起 3 年以内可以追征,并从缴纳税款之日起按日加收少征或者漏征税款 0.5‰的滞纳金;海关发现海关监管货物因纳税义务人违反规定造成少征或者漏征税款的,应当自纳税义务人应缴纳税款之日起 3 年内追征,并从应缴纳税款之日起至海关发现违规行为之日止按日加收少征或漏征税款 0.5‰的滞纳金。

第二节 船舶吨税法

《中华人民共和国船舶吨税法》于 2017 年 12 月 27 日第十二届全国人民代表大会常务委员会第三十一次会议通过,自 2018 年 7 月 1 日起施行,经 2018 年 10 月 26 日第十三届全国人民代表大会常务委员会第六次会议修改,于同日以《中华人民共和国主席令第十六号》公布。

一、征税范围

自中华人民共和国境外港口进入境内港口的船舶(以下称应税船舶),应当缴纳船舶吨税(以下简称吨税)。

二、税目税率表

吨税税目税率表见表 5-2 所示。吨税设置优惠税率和普通税率。中华人民共和国籍的应税船舶,船籍国(地区)与中华人民共和国签订含有相互给予船舶税费最惠国待遇条款的条约或者协定的应税船舶,适用优惠税率;其他应税船舶,适用普通税率。《吨税税目税率表》的调整,由国务院决定。

表 5-2 吨税税目税率表

按船舶净吨位划分	税率/(元/净吨)						备 注
	普通税率（按执照期限划分）			优惠税率（按执照期限划分）			
	1年	90日	30日	1年	90日	30日	
不超过 2 000 净吨	12.6	4.2	2.1	9.0	3.0	1.5	拖船和非机动驳船分别按相同净吨位船舶税率的 50% 计征税款
超过 2 000 净吨,但不超过 10 000 净吨	24.0	8.0	4.0	17.4	5.8	2.9	
超过 10 000 净吨,但不超过 50 000 净吨	27.6	9.2	4.6	19.8	6.6	3.3	
超过 50 000 净吨	31.8	10.6	5.3	22.8	7.6	3.8	

注:拖船,是指专门用于拖(推)动运输船舶的专业作业船舶,拖船按照发动机功率每1千瓦折合净吨位0.67吨;非机动驳船,是指在船舶管理部门登记为驳船的非机动船舶。

三、应纳税额的计算

吨税按照船舶净吨位和吨税执照期限征收。净吨位,是指由船籍国(地区)政府授权签发的船舶吨位证明书上标明的净吨位;吨税执照期限,是指按照公历年、日计算的期间。其应纳税额按照船舶净吨位乘以适用税率计算。计算公式为

$$应纳税额＝船舶净吨位×定额税率$$

应税船舶在进入港口办理入境手续时,应当向海关申报纳税领取吨税执照,或者交验吨税执照。应税船舶负责人在每次申报纳税时,可以按照《吨税税目税率表》选择申领一种期限的吨税执照。应税船舶负责人缴纳吨税或者提供担保后,海关按照其申领的执照期限填发吨税执照。

应税船舶在吨税执照期限内,因修理导致净吨位变化的,吨税执照继续有效。应税船舶办理出入境手续时,应当提供船舶经过修理的证明文件。

应税船舶在吨税执照期限内,因税目税率调整或者船籍改变而导致适用税率变化的,吨税执照继续有效。因船籍改变而导致适用税率变化的,应税船舶在办理出入境手续时,应当提供船籍改变的证明文件。

应税船舶在离开港口办理出境手续时,应当交验吨税执照。

【例 5-11】 2022 年 8 月,某艘外国籍净吨位为 8 800 吨的轮船停靠在我国境内某港口装卸货物。纳税人自行选择为 30 天期缴纳吨税。该国与我国签订有相互给予船舶税费最惠国待遇条款。请计算该轮船应向海关缴纳的吨税。

【解析】 (1)首先确定税率,然后再计算税款。

净吨位 8 800 吨的轮船 30 天期的优惠税率为 2.9 元/净吨。

(2)应缴纳吨税＝8 800×2.9＝25 520(元)。

四、税收优惠

(一)直接优惠

下列船舶免征吨税:

(1)应纳税额在人民币 50 元以下的船舶；
(2)自境外以购买、受赠、继承等方式取得船舶所有权的初次进口到港的空载船舶；
(3)吨税执照期满后 24 小时内不上下客货的船舶；
(4)非机动船舶(不包括非机动驳船)，即自身没有动力装置，依靠外力驱动的船舶；
(5)捕捞、养殖渔船，是指在中华人民共和国渔业船舶管理部门登记为捕捞船或者养殖船的船舶；
(6)避难、防疫隔离、修理、终止运营或者拆解，并不上下客货的船舶；
(7)军队、武装警察部队专用或者征用的船舶；
(8)警用船舶；
(9)依照法律规定应当予以免税的外国驻华使领馆、国际组织驻华代表机构及其有关人员的船舶；
(10)国务院规定的其他船舶。

(二)延期优惠

在吨税执照期限内，应税船舶发生下列情形之一的，海关按照实际发生的天数批注延长吨税执照期限：
(1)避难、防疫隔离、修理，并不上下客货；
(2)军队、武装警察部队征用。

符合直接免税第(5)项至第(9)项以及延期优惠政策的船舶，应当提供海事部门、渔业船舶管理部门或者卫生检疫部门等部门、机构出具的具有法律效力的证明文件或者使用关系证明文件，申明免税或者延长吨税执照期限的依据和理由。

五、征收管理

吨税由海关负责征收。海关征收吨税应当制发缴款凭证。

吨税纳税义务发生时间为应税船舶进入港口的当日。

应税船舶在吨税执照期满后尚未离开港口的，应当申领新的吨税执照，自上一次执照期满的次日起续缴吨税。

应税船舶负责人应当自海关填发吨税缴款凭证之日起 15 日内向指定银行缴清税款。未按期缴清税款的，自滞纳税款之日起，按日加收滞纳税款 0.5‰ 的滞纳金。

海关发现少征或者漏征税款的，应当自应税船舶应当缴纳税款之日起 1 年内，补征税款。但因应税船舶违反规定造成少征或者漏征税款的，海关可以自应当缴纳税款之日起 3 年内追征税款，并自应当缴纳税款之日起按日加征少征或者漏征税款 0.5‰ 的滞纳金。

海关发现多征税款的，应当立即通知应税船舶办理退还手续，并加算银行同期活期存款利息。应税船舶发现多缴税款的，可以自缴纳税款之日起 1 年内以书面形式要求海关退还多缴的税款并加算银行同期活期存款利息；海关应当自受理退税申请之日起 30 日内查实并通知应税船舶办理退还手续。应税船舶应当自收到退还通知之日起 3 个月内办理有关退还手续。

案例 5-1 外贸公司如何纳税

有进出口经营权的某外贸公司,2022年6月发生以下经营业务:

(1)经有关部门批准从境外进口小轿车30辆,每辆小轿车货价15万元,运抵我国海关前发生的运输费用、保险费用无法确定,经海关查实其他运输公司相同业务的运输费用占货价的比例为2‰。公司向海关缴纳了相关税款,并取得了完税凭证。

公司委托运输公司将小轿车从海关运回本单位,支付运输公司运费价税合计9.81万元,取得了运输公司开具的专用发票。当月售出24辆,每辆取得含税销售额39.55万元。公司自用2辆,并作为本企业固定资产。

(2)经海关核准,月初将上月购进的库存材料价款40万元委托境外公司加工一批货物,月末该批加工货物在海关规定的期限内复运进境供销售。支付给境外公司加工费20万元,进境前的运输费和保险费共3万元。向海关缴纳了相关税款,并取得了完税凭证。

(提示:小轿车关税税率15%、消费税税率5%,货物关税税率10%。)

要求:

(1)计算小轿车在进口环节应缴纳的关税、消费税和增值税。
(2)计算加工货物在进口环节应缴纳的关税、增值税。
(3)计算国内销售环节2月应缴纳的增值税。

【点评】

(1)小轿车在进口环节应缴纳的关税、消费税、增值税:

①进口环节小轿车应缴纳的关税:

关税的完税价格 = 15 × 30 × (1 + 2%) × (1 + 3‰) = 460.38(万元)

应缴纳关税 = 460.38 × 15% = 69.06(万元)

②进口环节小轿车应缴纳的消费税:

消费税组成计税价格 = (460.38 + 69.06) ÷ (1 − 5%) = 557.31(万元)

应缴纳消费税 = 557.31 × 5% = 27.87(万元)

③进口环节小轿车应缴纳增值税:

应缴纳增值税 = (460.38 + 69.06 + 27.87) × 13% = 72.45(万元)

(2)加工货物在进口环节应缴纳的关税、增值税:

①加工货物关税的组成计税价格 = 20 + 3 = 23(万元);

加工货物进口时应缴纳的关税 = 23 × 10% = 2.3(万元)。

②加工货物进口时应缴纳的增值税 = (23 + 2.3) × 13% = 3.29(万元)。

(3)国内销售环节应缴纳的增值税:

销项税额 = 39.55 ÷ (1 + 13%) × 13% × 24 = 109.2(万元)

可抵扣的进项税额 = [9.81 ÷ (1 + 9%) × 9% + 72.45] + 3.29 = 76.55(万元)

应缴纳增值税 = 109.2 − 76.55 = 32.65(万元)

本章小结

关税是指海关对进出境的货物、物品征收的一种税。进口货物的收货人、出口货物的发货人、进出境物品的所有人,是关税的纳税义务人。

关税的征税基础是关税完税价格;进口货物以海关审定的成交价值为基础的到岸价格为关税完税价格;出口货物以该货物销售给境外的离岸价格减去出口税后,经过海关审查确定的价格为完税价格。目前世界各国普遍征收的是进口关税,出口则一般实行免税,只对少数资源产品及部分原材料及半成品征收出口关税。

关税由海关征收,其减免分为法定减免、特定减免和临时减免。关税的征收包括关税的缴纳,关税的强制执行,关税的退还、补征和追征以及关税纳税争议等。

思考与练习题

【思考题】

1. 关税有哪些特征? 如何分类?
2. 关税的税率有哪些?
3. 一般进口货物关税完税价格如何确定?
4. 出口货物关税完税价格如何确定?
5. 关税的追征和补征有何区别?
6. 关税的强制执行有哪些措施? 什么情况下应进行关税退还?

【练习题】

一、单项选择题

1. 某科技公司 2019 年 4 月 1 日经批准进口一套特定免税设备用于研发项目。2021 年 10 月 1 日经海关批准,该公司将设备出售,取得销售收入 180 万元。该设备经海关审定的完税价格为 330 万元,已计提折旧 60 万元。2021 年 10 月,该公司补交关税(   )万元。(该货物 2019 年关税税率为 7%,2021 年关税税率为 5%)

   A. 2.75   B. 3.85   C. 9   D. 12.6

2. 某企业进口一批货物,海关审定货价折合人民币 5 460 万元,支付到达我国境内输入地点起卸前的运费折合人民币 40 万元,境内运费 5 万元,该批货物进口关税税率为 10%,保险费无法确定。该企业进口该批货物,应缴纳关税(   )万元。

   A. 546   B. 550   C. 550.5   D. 551.65

3. 下列项目中,属于进口关税完税价格组成部分的是(   )。

   A. 买方向自己的境外采购代理人支付的购货佣金
   B. 买方负担的向中介机构支付的经纪费
   C. 进口设备报关后的安装调试费用
   D. 货物运抵境内输入地点起卸之后的运输费用

4. 下列各项中,符合关税完税价格有关规定的是(   )。

   A. 运往境外加工的货物,出境时已向海关报明,并在海关规定期限内复运进境的,应以该货

物进境时的到岸价格为完税价格

B. 暂时进口的施工机械,按其离岸价格为完税价格

C. 转让进口时免税的旧货物需要补税时,以该货物原入境时的成交价格为完税价格

D. 运输工具作为进口货物,利用自身动力进境的,海关在审查确定完税价格时,不再另行计入运输及其相关费用

5. 中国公民李女士2022年1月通过跨境电商购买一件高档化妆品,根据税法规定计算的实际交易价格是3 400元。假定关税税率为10%,则张女士上述行为应缴纳( )。(高档化妆品消费税税率为15%)

A. 关税 340 元　　　　　　　　　　B. 增值税 364 元

C. 增值税 357.57 元　　　　　　　　D. 消费税 420 元

6. 关税税率随进口商品价格由高到低而由低到高设置,这种计征关税的方法称为( )。

A. 从量税　　　B. 复合税　　　C. 从价税　　　D. 滑准税

7. 某公司将一台设备运往境外修理,出境时向海关报明价值780 000元,支付境外修理费6 000美元,料件费2 500美元,支付复运进境的运输费2 000美元和保险费500美元。当期汇率美元:人民币=1:6.82,该设备适用关税税率7%,则该公司进口关税为( )元。

A. 6 657.35　　B. 6 345.43　　C. 4 057.9　　D. 5 793.9

8. 我国某公司2022年3月从国内甲港口出口一批货物到国外,货物成交价格237万元(不含出口关税),其中包括货物运抵甲港口装载前的运输费、保险费共计10万元,另支付甲港口到国外目的地港口之间的运输保险费20万元。已知该货物出口关税税率为20%,该公司出口该货物应缴纳的出口关税为( )万元。

A. 38.4　　　B. 44.4　　　C. 47.4　　　D. 51

9. 2021年10月8日,某企业按照规定免税进口一批货物。10月15日,该批货物报关入境。该企业因经营范围改变,于2022年1月20日经海关批准转让该批货物。1月28日,海关接受了企业再次填写的报关单,当日办理相关补税手续。该批货物补征关税适用的关税税率为( )的税率。

A. 2021年10月8日　　　　　　　　B. 2021年10月15日

C. 2022年1月20日　　　　　　　　D. 2022年1月28日

10. 下列从境外进入我国港口的船舶中,免征吨税的是( )。

A. 养殖渔船

B. 非机动驳船

C. 拖船

D. 吨税执照期满后24小时内上下客货的船舶

二、多项选择题

1. 下列未包含在进口货物价格中的项目,应计入关税完税价格的有( )。

A. 由买方负担的购货佣金

B. 由买方负担的包装材料和包装劳务费

C. 由买方支付的进口货物在境内的复制权费

D. 由买方负担的与该货物视为一体的容器费用

2. 下列进口货物中,免征进口关税的有( )。

A. 无商业价值的广告品

B. 外国企业赠送的物资

C. 海关放行前损坏的进口货物

D. 关税税额在人民币50元以下的一票货物

3. 根据海关审定进出口货物完税价格办法规定,出口货物离岸价格可扣除( ),作为出

口货物的完税价格。

　　A.出口负担的消费税

　　B.出口关税

　　C.售价中包含的离境口岸至境外口岸之间的运输费用

　　D.出口货物国内段运输、装卸、路桥费用

4.下列各项中,符合关税有关对特殊进口货物完税价格规定的有(　　)。

　　A.运往境外修理的机械,应当以海关审定的境外修理费和料件费,以及该货物复运进境的运输及其相关费用、保险费估定完税价格

　　B.租赁方式进口的货物,以海关审查确定的该货物的租金作为完税价格

　　C.运往境外加工的货物,应以加工后入境时的到岸价格为完税价格

　　D.留购的进口货物,以留购价格作为完税价格

5.使用倒扣价格方法计算进口货物完税价格,应扣除的项目包括(　　)。

　　A.境内销售利润　　　　　　　　　B.进口关税和进口消费税

　　C.运抵输入地点前的运保费　　　　D.运抵输入地点后的运保费

6.海关可以在境内获得的数据资料为基础估定进口货物的完税价格,但不得使用(　　)。

　　A.境内生产的货物在境内的销售价格

　　B.可供选择的价格中最低的价格

　　C.货物在出口地市场的销售价格

　　D.最低限价或虚构的价格

7.由买方负担的下列费用中,应计入进口货物关税完税价格的有(　　)。

　　A.境外考察费　　　　　　　　　　B.经纪费

　　C.与该货物视同一体的容器费用　　D.境外包装劳务费

8.下列关于吨税的说法正确的有(　　)。

　　A.自中华人民共和国境外港口进入境内港口的船舶,应当缴纳吨税

　　B.吨税设置普通税率和优惠税率

　　C.吨税按照船舶净吨位和吨税执照期限征收

　　D.吨税由海关负责征收

三、判断题

1.关税纳税义务人因不可抗力或者在国家税收政策调整的情形下,不能按期缴纳税款的,经海关总署批准,可以延期缴纳税款,但最多不得超过6个月。(　　)

2.进出口货物,因收发货人或者他们的代理人违反规定而造成少征或漏征关税的,海关可以在5年内追征。(　　)

3.关税只对有形的货品征收,对无形的货品不征收。(　　)

4.出口货物的完税价格,由海关以该货物向境外销售的成交价格为基础审查确定,并应包括货物运至我国境内输出地点装载后的运输及其相关费用、保险费,但不包括出口关税。(　　)

5.由买方负担的包装费和由买方负担的购货佣金均不得计入关税完税价格。(　　)

四、计算题

1.2022年8月,某具有进出口经营权的企业发生以下进口业务:

(1)以租赁方式进口一台设备,设备价款78万元,完税价格80万元,分8次支付租金,每次支付10万元,承租人申请一次性缴纳税款;

(2)进口材料一批,材料成交价100万元,向货物代理支付代理中介费0.5万元,发生国外运费1万元和保险费0.4万元。入关后运抵公司所在地,取得运输公司开具的增值税专用发票注明运费1万元,税额0.06万元。

(3)将一台设备运往境外修理,设备价60万元,修理费5万元,材料费6万元,运输费1万元,

保险费 0.4 万元。

(4)免税进口一台设备,设备价款 60 万元,海关监管期 3 年,免税项目使用 24 个月后转售。

(5)将价值 100 万元货物运往境外加工,出境时已向海关报明,在海关规定期限内复运进境。境外加工费和料件费 30 万元,复运进境的运费 1 万元,保险费 0.39 万元,该货物关税税率 10%。

进口关税税率:设备 15%,材料 20%。要求:计算该企业当月应纳进口关税和进口增值税。

2.某进出口公司 2022 年 5 月从 A 国进口货物一批,成交价(离岸价)折合人民币 9 000 万元(包括单独计价并经海关审查属实的货物进口后装配调试费用 60 万元,向境外采购代理人支付的买方佣金 50 万元),另支付境外运费 180 万元,保险费 90 万元。货物运抵我国口岸后,该公司在未经批准缓税的情况下,于海关填发税款缴款书的次日起第 20 天才缴纳税款。

已知:该货物使用的关税税率为 20%,增值税税率为 13%,消费税税率为 5%。

要求:

(1)计算该公司应缴纳的关税。

(2)计算该公司应缴纳的关税滞纳金。

(3)计算该公司应缴纳的消费税。

(4)计算该公司应缴纳的增值税。

第六章 资源类税法

 学习目标与要求

1. 掌握资源类税各税种的纳税人、征收对象和税率。
2. 掌握资源类税各税种应纳税额的计算。
3. 熟悉各税种的税收优惠。

第一节 资源税法

资源税是对在中华人民共和国领域和中华人民共和国管辖的其他海域开发应税资源的单位和个人征收的一种税。资源税法是指国家制定的用以调整资源税征收与缴纳之间的权利和义务关系的法律规范。我国现行的资源税法的基本规范,主要是 2019 年 8 月 26 日第十三届全国人民代表大会常务委员会第十二次会议通过,自 2020 年 9 月 1 日起施行的《中华人民共和国资源税法》(以下简称《资源税法》)。

一、纳税义务人

资源税的纳税义务人,是指在中华人民共和国领域和中华人民共和国管辖的其他海域开发应税资源的单位和个人。

中外合作开采陆上、海上石油资源的企业依法缴纳资源税。2011 年 11 月 1 日前已依法订立中外合作开采陆上、海上石油资源合同的,在该合同有效期内,继续依照国家有关规定缴纳矿区使用费,不缴纳资源税;合同期满后,依法缴纳资源税。

二、税目、税率

(一)税目

资源税税目包括能源矿产、金属矿产、非金属矿产、水气矿产、盐类,共计五大类,在 5 个税目下面又设有若干个子目。《资源税法》所列的税目有 164 个,涵盖了所有已经发现的矿种和盐。各税目的征税对象包括原矿或选矿,具体包括:

(1)能源矿产。包括原油;天然气、页岩气、天然气水合物;煤;煤成(层)气;铀、钍;油页岩、油砂、天然沥青、石煤;地热。

(2)金属矿产。包括黑色金属和有色金属。

黑色金属包括铁、锰、铬、钒、钛。

有色金属包括铜、铅、锌、锡、镍、锑、镁、钴、铋、汞、铝土矿、钨、钼、金、银、铂、钯、钌、锇、铱、铑、轻稀土、中重稀土、铍、锂、锆、锶、铷、铯、铌、钽、锗、镓、铟、铊、铪、铼、镉、硒、碲。

（3）非金属矿产。包括矿物类、岩石类、宝玉石类。

矿物类包括高岭土、石灰岩、磷、石墨、萤石、硫铁矿、自然硫、天然石英砂、脉石英、粉石英、水晶、工业用金刚石、冰洲石、蓝晶石、硅线石（矽线石）、长石、滑石、刚玉、菱镁矿、颜料矿物、天然碱、芒硝、钠硝石、明矾石、砷、硼、碘、溴、膨润土、硅藻土、陶瓷土、耐火粘土、铁矾土、凹凸棒石粘土、海泡石粘土、伊利石粘土、累托石粘土、叶蜡石、硅灰石、透辉石、珍珠岩、云母、沸石、重晶石、毒重石、分解石、蛭石、透闪石、工业用电气石、白垩、石棉、蓝石棉、红柱石、石榴子石、石膏、其他粘土。

岩石类包括大理岩、花岗岩、白云岩、石英岩、砂岩、辉绿岩、安山岩、闪长岩、板岩、玄武岩、片麻岩、角闪岩、页岩、浮石、凝灰岩、黑曜岩、霞石正长岩、蛇纹岩、麦饭石、泥灰岩、含钾岩石、含钾砂页岩、天然油石、橄榄岩、松脂岩、粗面岩、辉长岩、辉石岩、正长岩、火山灰、火山渣、泥炭、砂石。

宝玉石类包括宝石、玉石、宝石级金刚石、玛瑙、黄玉、碧玺。

（4）水气矿产。包括二氧化碳气、硫化氢气、氦气、氡气、矿泉水。

（5）盐。包括钠盐、钾盐、镁盐、锂盐、天然卤水、海盐。

国务院根据国民经济和社会发展需要，依照《资源税法》原则，对取用地表水或者地下水的单位和个人试点征收水资源税。征收水资源税的，停止征收水资源费。水资源税试点实施办法由国务院规定，报全国人民代表大会常务委员会备案。

（二）税率

资源税采用比例税率或者定额税率两种形式。税目、税率，依照《资源税税目税率表》执行。其中对地热、石灰岩、其他粘土、砂石、矿泉水和天然卤水6种应税资源采用比例税率或定额税率，其他应税资源均采用比例税率。对原油、天然气、中重稀土、钨、钼等战略资源实行固定税率，由税法直接确定。

《资源税税目税率表》中规定实行幅度税率的，其具体适用税率由省、自治区、直辖市人民政府统筹考虑该应税资源的品位、开采条件以及对生态环境的影响等情况，在《资源税税目税率表》规定的税率幅度内提出，报同级人民代表大会常务委员会决定，并报全国人民代表大会常务委员会和国务院备案。

《资源税税目税率表》中规定可以选择实行从价计征或者从量计征的，具体计征方式由省、自治区、直辖市人民政府提出，报同级人民代表大会常务委员会决定，并报全国人民代表大会常务委员会和国务院备案。

《资源税税目税率表》中规定征税对象为原矿或者选矿的，应当分别确定具体适用税率。

水资源税根据当地水资源状况、取用水类型和经济发展等情况实行差别税率。

资源税税目税率表见表6-1。

表 6-1 资源税税目税率表

税目			征税对象	税率
能源矿产		原油	原矿	6%
		天然气、页岩气、天然气水合物	原矿	6%
		煤	原矿或者选矿	2%~10%
		煤成（层）气	原矿	1%~2%
		铀、钍	原矿	4%
		油页岩、油砂、天然沥青、石煤	原矿或者选矿	1%~4%
		地热	原矿	1%~20%或者每立方米1~30元
金属矿产	黑色金属	铁、锰、铬、钒、钛	原矿或者选矿	1%~9%
	有色金属	铜、铅、锌、锡、镍、锑、镁、钴、铋、汞	原矿或者选矿	2%~10%
		铝土矿	原矿或者选矿	2%~9%
		钨	选矿	6.5%
		钼	选矿	8%
		金、银	原矿或者选矿	2%~6%
		铂、钯、钌、锇、铱、铑	原矿或者选矿	5%~10%
		轻稀土	选矿	7%~12%
		中重稀土	选矿	20%
		铍、锂、锆、锶、铷、铯、铌、钽、锗、镓、铟、铊、铪、铼、镉、硒、碲	原矿或者选矿	2%~10%
非金属矿产	矿物类	高岭土	原矿或者选矿	1%~6%
		石灰岩		1%~6%或者每吨（每立方米）1~10元
		磷		3%~8%
		石墨		3%~12%
		萤石、硫铁矿、自然硫		1%~8%
		天然石英砂、脉石英、粉石英、水晶、工业用金刚石、冰洲石、蓝晶石、硅线石（矽线石）、长石、滑石、刚玉、菱镁矿、颜料矿物、天然碱、芒硝、钠硝石、明矾石、砷、硼、碘、溴、膨润土、硅藻土、陶瓷土、耐火粘土、铁矾土、凹凸棒石粘土、海泡石粘土、伊利石粘土、累托石粘土	原矿或者选矿	1%~12%
		叶蜡石、硅灰石、透辉石、珍珠岩、云母、沸石、重晶石、毒重石、方解石、蛭石、透闪石、工业用电气石、白垩、石棉、蓝石棉、红柱石、石榴子石、石膏	原矿或者选矿	2%~12%
		其他粘土（铸型用粘土、砖瓦用粘土、陶粒用粘土、水泥配料用粘土、水泥配料用红土、水泥配料用黄土、水泥配料用泥岩、保温材料用粘土）		1%~5%或者每吨（每立方米）0.1~5元

续表

税目		征税对象	税率
非金属矿产	岩石类：大理岩、花岗岩、白云岩、石英岩、砂岩、辉绿岩、安山岩、闪长岩、板岩、玄武岩、片麻岩、角闪岩、页岩、浮石、凝灰岩、黑曜岩、霞石正长岩、蛇纹岩、麦饭石、泥灰岩、含钾岩石、含钾砂页岩、天然油石、橄榄岩、松脂岩、粗面岩、辉长岩、辉石岩、正长岩、火山灰、火山渣、泥炭	原矿或者选矿	1%～10%
	砂石		1%～5%或者每吨（每立方米）0.1～5元
	宝玉石类：宝石、玉石、宝石级金刚石、玛瑙、黄玉、碧玺	原矿或者选矿	4%～20%
水气矿产	二氧化碳气、硫化氢气、氦气、氡气	原矿	2%～5%
	矿泉水	原矿	1%～20%或者每立方米1～30元
盐	钠盐、钾盐、镁盐、锂盐	选矿	3%～15%
	天然卤水	原矿	3%～15%或者每立方米1～10元
	海盐		2%～5%

纳税人开采或者生产不同税目应税产品的,应当分别核算不同税目应税产品的销售额或者销售数量;未分别核算或者不能准确提供不同税目应税产品的销售额或者销售数量的,从高适用税率。

纳税人开采或者生产同一税目下适用不同税率应税产品的,应当分别核算不同税率应税产品的销售额或者销售数量;未分别核算或者不能准确提供不同税率应税产品的销售额或者销售数量的,从高适用税率。

三、计税依据

（一）从价定率征收的计税依据

(1)从价定率征收的计税依据为资源税应税产品(以下简称应税产品)的销售额或销售量。

应税产品的销售额,按照纳税人销售应税产品向购买方收取的全部价款确定,不包括增值税税款。

计入销售额中的相关运杂费用,凡取得增值税发票或者其他合法有效凭据的,准予从销售额中扣除。相关运杂费用是指应税产品从坑口或者洗选(加工)地到车站、码头或者购买方指定地点的运输费用、建设基金以及随运销产生的装卸、仓储、港杂费用。

(2)纳税人申报的应税产品销售额明显偏低且无正当理由的,或者有自用应税产

品行为而无销售额的,主管税务机关可以按下列方法和顺序确定其应税产品销售额:

①按纳税人最近时期同类产品的平均销售价格确定。

②按其他纳税人最近时期同类产品的平均销售价格确定。

③按后续加工非应税产品销售价格,减去后续加工环节的成本利润后确定。

④按应税产品组成计税价格确定。

$$组成计税价格 = 成本×(1+成本利润率)÷(1-资源税税率)$$

上述公式中的成本利润率由省、自治区、直辖市税务机关确定。

⑤按其他合理方法确定。

(二)从量定额征收的计税依据

实行从量定额征收的,以应税产品的销售数量为计税依据。应税产品的销售数量,包括纳税人开采或者生产应税产品的实际销售数量和自用于应当缴纳资源税情形的应税产品数量。

(三)计税依据的特殊规定

(1)纳税人开采或者生产应税产品自用的,视同销售,应当按规定缴纳资源税;但是,自用于连续生产应税产品的,不缴纳资源税。纳税人自用应税产品应当缴纳资源税的情形,包括纳税人以应税产品用于非货币性资产交换、捐赠、偿债、赞助、集资、投资、广告、样品、职工福利、利润分配或者连续生产非应税产品等。

(2)纳税人外购应税产品与自采应税产品混合销售或者混合加工为应税产品销售的,在计算应税产品销售额或者销售数量时,准予扣减外购应税产品的购进金额或者购进数量;当期不足扣减的,可结转下期扣减。纳税人应当准确核算外购应税产品的购进金额或者购进数量,未准确核算的,一并计算缴纳资源税。

纳税人核算并扣减当期外购应税产品购进金额、购进数量,应当依据外购应税产品的增值税发票、海关进口增值税专用缴款书或者其他合法有效凭据。

(3)纳税人以外购原矿与自采原矿混合为原矿销售,或者以外购选矿产品与自产选矿产品混合为选矿产品销售的,在计算应税产品销售额或者销售数量时,直接扣减外购原矿或者外购选矿产品的购进金额或者购进数量。

纳税人以外购原矿与自采原矿混合洗选加工为选矿产品销售的,在计算应税产品销售额或者销售数量时,按照下列方法进行扣减:

$$\frac{准予扣减的外购应税}{产品购进金额(数量)} = \frac{外购原矿购进}{金额(数量)} × \frac{本地区原矿适用税率}{本地区选矿产品适用税率}$$

不能按照上述方法计算扣减的,按照主管税务机关确定的其他合理方法进行扣减。

(4)纳税人以自采原矿(经过采矿过程采出后未进行选矿或者加工的矿石)直接销售,或者自用于应当缴纳资源税情形的,按照原矿计征资源税。

纳税人以自采原矿洗选加工为选矿产品(通过破碎、切割、洗选、筛分、磨矿、分级、提纯、脱水、干燥等过程形成的产品,包括富集的精矿和研磨成粉、粒级成型、切割成型的原矿加工品)销售,或者将选矿产品自用于应当缴纳资源税情形的,按照选矿产品计征资源税,在原矿移送环节不缴纳资源税。对于无法区分原生岩石矿种的粒级成型砂石颗粒,按照砂石税目征收资源税。

(5)纳税人开采或者生产同一应税产品,其中既有享受减免税政策的,又有不享受减免税政策的,按照免税、减税项目的产量占比等方法分别核算确定免税、减税项目的销售额或者销售数量。

四、应纳税额的计算

资源税的应纳税额,按照从价定率或者从量定额的办法,分别以应税产品的销售额乘以纳税人具体适用的比例税率或者以应税产品的销售数量乘以纳税人具体适用的定额税率计算。

(一)从价定率方式应纳税额的计算

实行从价定率方式征收资源税的,根据应税产品的销售额和规定的适用税率计算应纳税额,具体计算公式为

$$应纳税额＝销售额\times适用税率$$

【例6-1】 某石化企业为增值税一般纳税人,2022年5月发生以下业务:
(1)从国外某石油公司进口原油50 000吨,支付不含税价款折合人民币9 000万元,其中包含包装费及保险费折合人民币20万元。
(2)开采原油10 000吨,并将开采的原油对外销售6 000吨,取得含税销售额3 390万元,另外支付运输费用6.78万元。
(3)用开采的原油3 000吨加工生产汽油1 800吨。
(4)将开采的原油1 000吨用于投资入股。
已知原油的资源税税率为6%。计算该石化公司当月应纳资源税。

【解析】(1)由于资源税仅对在中华人民共和国领域及管辖的其他海域开发应税资源的单位和个人征收,因此业务(1)中该石化公司进口原油无需缴纳资源税。
(2)业务(2)应缴纳的资源税＝3 390÷(1+13%)×6%＝180(万元)。
(3)业务(3)应缴纳的资源税＝[3 390÷(1+13%)]÷6 000×3 000×6%＝90(万元)。
(4)将开采的原油1 000吨用于投资入股,视同销售。
 业务(4)缴纳的资源税＝[3 390÷(1+13%)]÷6 000×1 000×6%
　　　　　＝30(万元)
该石化公司当月应纳资源税＝180+90+30＝300(万元)

(二)从量定额方式应纳税额的计算

实行从量定额征收的,根据应税产品的课税数量和规定的单位税额计算应纳税额。具体计算公式为

$$应纳税额＝课税数量\times适用单位税额$$

五、税收优惠

(一)免征资源税的情形

(1)开采原油以及在油田范围内运输原油过程中用于加热的原油、天然气;

(2)煤炭开采企业因安全生产需要抽采的煤成(层)气。

(二)减征资源税的情形

(1)从低丰度油气田开采的原油、天然气,减征20%资源税。

低丰度油气田,包括陆上低丰度油田、陆上低丰度气田、海上低丰度油田、海上低丰度气田。陆上低丰度油田是指每平方公里原油可开采储量丰度低于25万立方米的油田;陆上低丰度气田是指每平方公里天然气可开采储量丰度低于2.5亿立方米的气田;海上低丰度油田是指每平方公里原油可开采储量丰度低于60万立方米的油田;海上低丰度气田是指每平方公里天然气可开采储量丰度低于6亿立方米的气田。

(2)高含硫天然气、三次采油和从深水油气田开采的原油、天然气,减征30%资源税。

高含硫天然气,是指硫化氢含量在30克/立方米以上的天然气。三次采油,是指二次采油后继续以聚合物驱、复合驱、泡沫驱、气水交替驱、二氧化碳驱、微生物驱等方式进行采油。深水油气田,是指水深超过300米的油气田。

(3)稠油、高凝油减征40%资源税。

稠油,是指地层原油粘度大于或等于50毫帕/秒或原油密度大于或等于0.92克/cm^3的原油。高凝油,是指凝固点高于40℃的原油。

(4)从衰竭期矿山开采的矿产品,减征30%资源税。

衰竭期矿山,是指设计开采年限超过15年,且剩余可开采储量下降到原设计可开采储量的20%以下或者剩余开采年限不超过5年的矿山。衰竭期矿山以开采企业下属的单个矿山为单位确定。

(5)自2014年12月1日至2023年8月31日,对充填开采置换出来的煤炭,资源税减征50%。

(6)自2022年1月1日至2024年12月31日,对增值税小规模纳税人、小型微利企业和个体工商户可以在50%的税额幅度内减征资源税。

根据国民经济和社会发展需要,国务院对有利于促进资源节约集约利用、保护环境等情形可以规定免征或者减征资源税,报全国人民代表大会常务委员会备案。

(三)省、自治区、直辖市可以决定免征或者减征资源税的情形

(1)纳税人开采或者生产应税产品过程中,因意外事故或者自然灾害等原因遭受重大损失;

(2)纳税人开采共伴生矿、低品位矿、尾矿。

(四)其他规定

纳税人的免税、减税项目,应当单独核算销售额或者销售数量;未单独核算或者不能准确提供销售额或者销售数量的,不予免税或者减税。

纳税人开采或者生产同一应税产品同时符合两项或者两项以上减征资源税优惠政策的,除另有规定外,只能选择其中一项执行。

纳税人享受资源税优惠政策,实行"自行判别、申报享受、有关资料留存备查"的

办理方式,另有规定的除外。纳税人对资源税优惠事项留存材料的真实性和合法性承担法律责任。

六、征收管理

(一)纳税义务发生时间

纳税人销售应税产品,纳税义务发生时间为收讫销售款或者取得索取销售款凭据的当日;自用应税产品的,纳税义务发生时间为移送应税产品的当日。

(二)纳税期限

资源税按月或者按季申报缴纳;不能按固定期限计算缴纳的,可以按次申报缴纳。

纳税人按月或者按季申报缴纳的,应当自月度或者季度终了之日起15日内,向税务机关办理纳税申报并缴纳税款;按次申报缴纳的,应当自纳税义务发生之日起15日内,向税务机关办理纳税申报并缴纳税款。

(三)纳税地点

纳税人应当在矿产品的开采地或者海盐的生产地缴纳资源税。

(四)征收机关

资源税由税务机关征收管理。海上开采的原油和天然气资源税由海洋石油税务管理机构征收管理。

第二节 城镇土地使用税法

城镇土地使用税是以国有土地为征税对象,对拥有土地使用权的单位和个人征收的一种税。城镇土地使用税法是指国家制定的用以调整城镇土地使用税征收与缴纳之间权利和义务关系的法律规范。我国现行的城镇土地使用税法的基本规范,是2006年12月31日国务院修改并颁布的《中华人民共和国城镇土地使用税暂行条例》,2013年12月4日国务院第32次常务会议作了部分修改(2013年12月7日起实施)(以下简称《城镇土地使用税暂行条例》)。

一、纳税义务人

凡在城市、县城、建制镇、工矿区范围内使用土地的单位和个人,是城镇土地使用税的纳税人。所称单位,包括国有企业、集体企业、私营企业、股份制企业、外商投资企业、外国企业以及其他企业和事业单位、社会团体、国家机关、军队以及其他单位;所称个人,包括个体工商户以及其他个人。

为确保将城镇土地使用税及时、足额地征收入库,根据用地者的不同情况,税法对纳税人作了如下具体规定:

(1)拥有土地使用权的单位或个人为纳税人。

(2)土地使用权未确定或权属纠纷未解决的,实际使用人为纳税人。

(3)拥有土地使用权的单位和个人不在土地所在地的,其土地的实际使用人和代管人为纳税人。

(4)土地使用权共有的,共有各方都是纳税人,由共有各方分别纳税。

几个人或几个单位共同拥有一块土地的使用权,这块土地的城镇土地使用的纳税人应是对这块土地拥有使用权的每一个人或每一个单位,各自应以其实际使用的土地面积占总面积的比例,分别计算缴纳土地使用税。

(5)在城镇土地使用税征税范围内,承租集体所有建设用地的,由直接从集体经济组织承租土地的单位和个人,缴纳城镇土地使用税。

二、征税范围

城镇土地使用税的征税范围为城市、县城、建制镇和工矿区内的国家所有和集体所有的土地。

城市是指经国务院批准设立的市,其征税范围包括市区和郊区;县城是指县人民政府所在地,其征税范围为县人民政府所在地的城镇;建制镇是指经省、自治区、直辖市人民政府批准设立的建制镇,其征税范围为镇人民政府所在地;工矿区是指工商业比较发达,人口比较集中,符合国务院规定的建制镇标准,但尚未设立建制镇的大中型工矿企业所在地,工矿区的设立须经省、自治区、直辖市人民政府批准。

建立在城市、县城、建制镇和工矿区以外的工矿企业,不需缴纳城镇土地使用税。

三、税率

城镇土地使用税采用定额税率,即采用有幅度的差别税额,按大、中、小城市和县城、建制镇、工矿区分别规定每平方米土地使用税的年应纳税额。具体标准如下:

大城市:1.5～30元;

中等城市:1.2～24元;

小城市:0.9～18元;

县城、建制镇、工矿区:0.6～12元。

大、中、小城市以公安部门登记在册的非农业正式户口人数为依据,按照国务院颁布的《城市规划条例》中规定的标准划分。人口50万以上者为大城市;人口在20万以上不足50万者为中等城市;人口不足20万者为小城市。

根据《城镇土地使用税暂行条例》规定,各省、自治区、直辖市人民政府可根据市政建设情况和经济繁荣程度在规定税额幅度内,确定所辖地区的适用税额幅度。经济落后地区,土地使用税的适用税额标准可适当降低,但降低额不得超过上述规定最低税额的30%。经济发达地区的适用税额标准可以适当提高,但须报财政部批准。

四、应纳税额的计算

(一)计税依据

城镇土地使用税以纳税人实际占用的土地面积(平方米)为计税依据。

纳税人实际占用的土地面积,按下列办法确定:

(1)由省、自治区、直辖市人民政府确定的单位组织测定土地面积的,以测定的面积为准。

(2)尚未组织测量,但纳税人持有政府部门核发的土地使用证书的,以证书确认的土地面积为准。

(3)尚未核发的土地使用证书的,应由纳税人据实申报土地面积,据以纳税,待核发土地使用证书以后再作调整。

(4)对在城镇土地使用税征税范围内单独建造的地下建筑用地,按规定征收城镇土地使用税。其中,已取得地下土地使用权证的,按土地使用权证确认的土地面积计算应征税款;未取得地下土地使用权证或地下土地使用权证上未标明土地面积的,按地下建筑垂直投影面积计算应征税款。对上述地下建筑用地暂按应征税款的50%征收城镇土地使用税。

(二)应纳税额的计算

城镇土地使用税的应纳税额依据纳税人实际占用的土地面积乘以适用单位税额计算。其计算公式为

全年应纳税额 = 实际占用土地面积(平方米)×适用税额

【例6-2】 某市摩托车生产企业生产经营占地面积80 000平方米。由于经营规模扩大,年初又受让了一块土地,土地使用证上确认的土地面积为20 000平方米,企业当年实际开发了10 000平方米。假设以上土地使用税均适用年税额8元/平方米。请计算该企业全年应纳城镇土地使用税。

【解析】 年应纳土地使用税 = (80 000 + 20 000)×8/10 000 = 80(万元)

五、税收优惠

(一)法定免缴土地使用税的优惠

(1)国家机关、人民团体、军队自用的土地。

这部分土地是指这些单位本身的办公用地和公务用地,如国家机关、人民团体的办公楼用地,军队的训练场用地等。

(2)由国家财政部门拨付事业经费的单位自用的土地。

这部分土地是指这些单位本身的业务用地,如学校的教学楼、操场、食堂等占用的土地。

(3)宗教寺庙、公园、名胜古迹自用的土地。

宗教寺庙自用的土地,是指举行宗教仪式等的用地和寺庙内的宗教人员生活用地。公园、名胜古迹自用的土地,是指供公共参观游览的用地及其管理单位的办公用地。

以上单位的生产、经营用地和其他用地,不属于免税范围,应按规定缴纳土地使用税,如公园、名胜古迹中附设的营业单位如影剧院、饮食部、茶社、照相馆使用的土地。

(4)市政街道、广场、绿化地带等公共用地。

(5)直接用于农、林、牧、渔业的生产用地。

这部分土地是指直接从事于种植养殖、饲养的专业用地,不包括农副产品加工场地和生活办公用地。

(6)经批准开山填海整治的土地和改造的废弃土地,从使用的月份起免缴土地使用税5年至10年。

(7)非营利性医疗机构、疾病控制机构和妇幼保健机构等卫生机构自用的土地。

(8)企业办的学校、医院、托儿所、幼儿园,其用地能与企业其他用地明确区分的,免征土地使用税。

(9)免税单位无偿使用纳税单位的土地(如公安、海关等单位使用铁路、民航等单位的土地),免征土地使用税;纳税单位无偿使用免税单位的土地,纳税单位应照章缴纳土地使用税。纳税单位与免税单位共同/共有使用权土地上的多层建筑,对纳税单位可按其占用的建筑面积占建筑总面积的比例计征土地使用税。

(10)对企业的铁路专用线、公路等用地,在厂区以外、与社会公用地段未加隔离的,暂免征收土地使用税。

(11)对企业厂区以外的公共绿化用地和向社会开放的公园用地,暂免征收土地使用税。

(12)对盐场的盐滩、盐矿的矿井用地,暂免征收土地使用税。

(13)对石油天然气生产建设中用于地质勘探、钻井、井下作业、油气田地面工程等施工临时用地暂免征收土地使用税。

(14)自2016年1月1日至2023年12月31日,对专门经营农产品的农产品批发市场、农贸市场使用(包括自有和承租,下同)的房产、土地,暂免征收房产税和城镇土地使用税。对同时经营其他产品的农产品批发市场和农贸市场使用的房产、土地,按其他产品与农产品交易场地面积的比例确定征免房产税和城镇土地使用税。

农产品批发市场和农贸市场,是指经工商登记注册,供买卖双方进行农产品及其初加工品现货批发或零售交易的场所。农产品包括粮油、肉禽蛋、蔬菜、干鲜果品、水产品、调味品、棉麻、活畜、可食用的林产品以及由省、自治区、直辖市财税部门确定的其他可食用的农产品。

享受上述税收优惠的房产、土地,是指农产品批发市场、农贸市场直接为农产品交易提供服务的房产、土地。农产品批发市场、农贸市场的行政办公区、生活区,以及商业餐饮娱乐等非直接为农产品交易提供服务的房产、土地,不属于规定的优惠范围,应按规定征收房产税和城镇土地使用税。

(15)自2019年1月1日至2023年12月31日,对国家级、省级科技企业孵化器、大学科技园和国家备案众创空间自用以及无偿或通过出租等方式提供给在孵对象使用的土地,免征城镇土地使用税。

(16)自2019年1月1日至2023年12月31日对城市公交站场、道路客运站场、城市轨道交通系统运营用地,免征城镇土地使用税。

城市公交站场运营用地,包括城市公交首末车站、停车场、保养场、站场办公用地、生产辅助用地。

道路客运站场运营用地,包括站前广场、停车场、发车位、站务用地、站场办公用地、生产辅助用地。

城市轨道交通系统运营用地,包括车站(含出入口、通道、公共配套及附属设施)、运营控制中心、车辆基地(含单独的综合维修中心、车辆段)以及线路用地,不包括购物中心、商铺等商业设施用地。

(17)自2020年1月1日起至2022年12月31日止,对物流企业自有(包括自用和出租)或承租的大宗商品仓储设施用地,减按所属土地等级适用税额标准的50%计征城镇土地使用税。

所称物流企业,是指至少从事仓储或运输一种经营业务,为工农业生产、流通、进出口和居民生活提供仓储、配送等第三方物流服务,实行独立核算、独立承担民事责任,并在工商部门注册登记为物流、仓储或运输的专业物流企业。

所称大宗商品仓储设施,是指同一仓储设施占地面积在6 000平方米及以上,且主要储存粮食、棉花、油料、糖料、蔬菜、水果、肉类、水产品、化肥、农药、种子、饲料等农产品和农业生产资料,煤炭、焦炭、矿砂、非金属矿产品、原油、成品油、化工原料、木材、橡胶、纸浆及纸制品、钢材、水泥、有色金属、建材、塑料、纺织原料等矿产品和工业原材料的仓储设施。

所称仓储设施用地,包括仓库库区内的各类仓房(含配送中心)、油罐(池)、货场、晒场(堆场)、罩棚等储存设施和铁路专用线、码头、道路、装卸搬运区域等物流作业配套设施的用地。

物流企业的办公、生活区用地及其他非直接用于大宗商品仓储的土地,不属于本项规定的减税范围,应按规定征收城镇土地使用税。

(18)由省、自治区、直辖市人民政府根据本地区实际情况,以及宏观调控需要确定,对增值税小规模纳税人、小型微利企业和个体工商户可以在50%的税额幅度内减征城镇土地使用税。

(二)省、自治区、直辖市地方税务局确定减免土地使用税的优惠

(1)个人所有的居住房屋及院落用地。
(2)房产管理部门在房租调整改革前经租的居民住房用地。
(3)免税单位职工家属的宿舍用地。
(4)集体和个人办的各类学校、医院、托儿所、幼儿园用地。

六、征收管理

(一)纳税义务发生时间

(1)纳税人购置新建商品房,自房屋交付使用之次月起缴纳城镇土地使用税。
(2)纳税人购置存量房,自办理房屋权属转移、变更登记手续,房地产权属登记机关签发房屋权属证书之次月起缴纳城镇土地使用税。
(3)纳税人出租、出借房产,自交付出租、出借房产之次月起缴纳土地使用税。
(4)以出让或转让方式有偿取得土地使用权的,应由受让方从合同约定交付土地时间之次月起缴纳土地使用税;合同未约定交付时间的,由受让方从合同签订之次月起缴纳土地使用税。
(5)纳税人新征用的耕地,自批准征用之日起满1年时开始缴纳城镇土地使用税。

(6)纳税人新征用的非耕地,自批准征用之次月起缴纳城镇土地使用税。

(7)纳税人因土地的权利发生变化而依法终止土地使用税纳税义务的,其应纳税款的计算应截止到土地权利发生变化的当月末。

(二)纳税地点

城镇土地使用税在土地所在地缴纳。纳税人使用的土地不属于同一省、自治区、直辖市管辖的,由纳税人分别向土地所在地的税务机关缴纳土地使用税;在同一省、自治区、直辖市管辖范围内,纳税人跨地区使用的土地,其纳税地点由各省、自治区、直辖市地方税务局确定。

(三)纳税期限

城镇土地使用税按年计算、分期缴纳。具体纳税期限由省、自治区、直辖市人民政府确定。

第三节 耕地占用税法

耕地占用税是对占用耕地建设建筑物、构筑物或从事非农业建设的单位和个人,就其实际占用的耕地面积征收的一种税。耕地占用税法是指国家制定的用以调整耕地占用税征收与缴纳之间的权利和义务关系的法律规范。我国现行的耕地占用税法的基本规范,是 2018 年 12 月 29 日第十届全国人民代表大会常务委员会第七次会议通过的《中华人民共和国耕地占用税法》(以下简称《耕地占用税法》)。

一、纳税义务人与征税范围

(一)纳税义务人

耕地占用税的纳税义务人,是指占用耕地建设建筑物、构筑物或从事非农业建设的单位和个人。

申请批准占用耕地的,纳税人为农用地转用审批文件中标明的建设用地人;农用地转用审批文件中未标明建设用地人的,纳税人为用地申请人,其中用地申请人为各级人民政府的,由同级土地储备中心、自然资源主管部门或政府委托的其他部门、单位履行耕地占用税申报纳税义务。

未经批准占用耕地的,纳税人为实际用地人。

(二)征税范围

耕地占用税的征税范围包括纳税人占用耕地建设建筑物、构筑物或从事非农业建设而占用的国家所有和集体所有的耕地。

耕地,是指用于种植农作物的土地。占用园地、林地、草地、农田水利用地、养殖水面、渔业水域滩涂以及其他农用地建设建筑物、构筑物或者从事非农业建设的,按规定缴纳耕地占用税。

园地,包括果园、茶园、橡胶园以及种植桑树、可可、咖啡、油棕、胡椒、药材等其他多年生作物的园地。

林地,包括乔木林地、竹林地、红树林地、森林沼泽、灌木林地、灌丛沼泽以及疏林地、未成林地、迹地、苗圃等林地。不包括城镇村庄范围内的绿化林木用地,铁路、公路征地范围内的林木用地,以及河流、沟渠的护堤林用地。

上述其他林地包括疏林地、未成林地、迹地、苗圃等林地。

草地,包括天然牧草地、沼泽草地、人工牧草地,以及用于农业生产并已由相关行政主管部门发放使用权证的草地。

农田水利用地,包括农田排灌沟渠及相应附属设施用地。

养殖水面,包括人工开挖或者天然形成的用于水产养殖的河流水面、湖泊水面、水库水面、坑塘水面及相应附属设施用地。

渔业水域滩涂,包括专门用于种植或者养殖水生动植物的海水潮浸地带和滩地,以及用于种植芦苇并定期进行人工养护管理的苇田。

建设直接为农业生产服务的生产设施占用上述农用地的,不缴纳耕地占用税。直接为农业生产服务的生产设施,是指直接为农业生产服务而建设的建筑物和构筑物。

二、税率

耕地占用税实行地区差别定额税率,以县级行政区域为单位,按人均耕地面积的多少确定每平方米耕地的适用税率。耕地占用税率规定如下:

(1)人均耕地不超过1亩的地区,每平方米为10~50元;
(2)人均耕地超过1亩但不超过2亩的地区,每平方米为8~40元;
(3)人均耕地超过2亩但不超过3亩的地区,每平方米为6~30元;
(4)人均耕地超过3亩以上的地区,每平方米为5~25元。

各地区耕地占用税的适用税额,由省、自治区、直辖市人民政府根据人均耕地面积和经济发展等情况,在规定的税额幅度内提出,报同级人民代表大会常务委员会决定,并报全国人民代表大会常务委员会和国务院备案。各省、自治区、直辖市耕地占用税适用税额的平均水平,不得低于《各省、自治区、直辖市耕地占用税平均税额表》(见表6-2)规定的平均税额。

表6-2 各省、自治区、直辖市耕地占用税平均税额表

地区	每平方米平均税额/元
上海	45
北京	40
天津	35
江苏、浙江、福建、广东	30
辽宁、湖北、湖南	25
河北、安徽、江西、山东、河南、重庆、四川	22.5
广西、海南、贵州、云南、陕西	20
山西、吉林、黑龙江	17.5
内蒙古、西藏、甘肃、青海、宁夏、新疆	12.5

在人均耕地低于0.5亩的地区,省、自治区、直辖市根据当地经济发展情况,适用税额可以适当提高,但最多不得超过上述规定税额的50%。占用基本农田的,应当按照适用税额加征150%。

基本农田,是指依据《基本农田保护条例》划定的基本农田保护区范围的耕地。

占用园地、林地、草地、农田水利用地、养殖水面、渔业水域滩涂以及其他农用地建设建筑物、构筑物或者从事非农业建设的,适用税额可以适当低于本地区确定的适用税额,但降低的部分不得超过50%。具体适用税额由省、自治区、直辖市人民政府提出,报同级人民代表大会常务委员会决定,并报全国人民代表大会常务委员会和国务院备案。

三、应纳税额的计算

（一）计税依据

耕地占用税以纳税人实际占用的属于耕地占用税征税范围的土地(以下简称应税土地)面积为计税依据,按应税土地当地适用税额计税,实行一次性征收。

实际占用的耕地面积,包括经批准占用的耕地面积和未经批准占用的耕地面积。

临时占用耕地,应当依照规定缴纳耕地占用税。纳税人在批准临时占用耕地的期限内恢复所占用耕地原状的,全额退还已经缴纳的耕地占用税。

纳税人临时占用耕地,是指经自然资源主管部门批准,在一般不超过2年内临时使用耕地并且没有修建永久性建筑物的行为。依法复垦应由自然资源主管部门会同有关行业管理部门认定并出具验收合格确认书。

（二）税额计算

耕地占用税以纳税人应税土地面积为计税依据,以每平方米土地为计税单位,按适用的定额税率计税。其计算公式为

应纳税额＝实际占用耕地面积(平方米)×适用定额税率

【例6-3】 武汉市一家企业新占用郊区20 000平方米耕地用于建设新厂区,所占耕地适用的定额税率为25元/平方米。计算该企业应纳的耕地占用税。

【解析】 应纳税额＝20 000×25/10 000＝50(万元)

四、税收优惠

耕地占用税对占用耕地实行一次性征收,对生产经营单位和个人不设立减免税,仅对公益性单位和需照顾群体设立减免税。

（一）免征耕地占用税

(1)军事设施占用耕地。免税的军事设施,是指《中华人民共和国军事设施保护法》第二条所列建筑物、场地和设备。

(2)学校、幼儿园、社会福利机构、医疗机构占用耕地。

免税的学校,具体范围包括县级以上人民政府教育行政部门批准成立的大学、

中学、小学、学历性职业教育学校和特殊教育学校，以及经省级人民政府或其人力资源社会保障行政部门批准成立的技工院校。学校内经营性场所和教职工住房占用耕地的，按照当地适用税额缴纳耕地占用税。

免税的幼儿园，具体范围限于县级以上人民政府教育行政部门批准成立的幼儿园内专门用于幼儿保育、教育的场所。

免税的社会福利机构，是指依法登记的养老服务机构、残疾人服务机构、儿童福利机构及救助管理机构、未成年人救助保护机构内专门为老年人、残疾人、未成年人及生活无着落的流浪乞讨人员提供养护、康复、托管等服务的场所。

免税的医疗机构，是指县级以上人民政府卫生健康行政部门批准设立的医疗机构内专门从事疾病诊断、治疗活动的场所及其配套设施。

(3)农村烈士遗属、因公牺牲军人遗属、残疾军人以及符合农村最低生活保障条件的农村居民，在规定用地标准以内新建自用住宅，免征耕地占用税。

(二)减征耕地占用税

(1)铁路线路、公路线路、飞机场跑道、停机坪、港口、航道占用耕地，减按每平方米2元的税额征收耕地占用税。

减税的铁路线路，具体范围限于铁路路基、桥梁、涵洞、隧道及其按照规定两侧留地、防火隔离带。专用铁路和铁路专用线占用耕地的，按照当地适用税额缴纳耕地占用税。

减税的公路线路，具体范围限于经批准建设的国道、省道、县道、乡道和属于农村公路的村道的主体工程以及两侧边沟或者截水沟。专用公路和城区内机动车道占用耕地的，按照当地适用税额缴纳耕地占用税。

减税的飞机场跑道、停机坪，具体范围限于经批准建设的民用机场专门用于民用航空器起降、滑行、停放的场所。

减税的港口，具体范围限于经批准建设的港口内供船舶进出、停靠以及旅客上下、货物装卸的场所。

减税的航道，具体范围限于在江、河、湖泊、港湾等水域内供船舶安全航行的通道。

减税的水利工程，具体范围限于经县级以上人民政府水利行政主管部门批准建设的防洪、排涝、灌溉、引(供)水、滩涂治理、水土保持、水资源保护等各类工程及其配套和附属工程的建筑物、构筑物占压地和经批准的管理范围用地。

(2)农村居民占用耕地新建住宅，按照当地适用税额减半征收耕地占用税。其中农村居民经批准搬迁，新建自用住宅占用耕地不超过原宅基地面积的部分，免征耕地占用税。

(3)自2022年1月1日至2024年12月31日，对增值税小规模纳税人、小型微利企业和个体工商户可以在50%的税额幅度内减征耕地占用税。

免征或者减征耕地占用税后，纳税人改变原占地用途，不再属于免征或者减征耕地占用税情形的，应当按照当地适用税额补缴耕地占用税。

五、征收管理

耕地占用税由税务机关征收。经批准占用耕地的,耕地占用税纳税义务发生时间为纳税人收到自然资源主管部门办理占用耕地手续通知的当天。纳税人应当自纳税义务发生之日起30日内申报缴纳耕地占用税。自然资源主管部门凭耕地占用税完税凭证或者免税凭证和其他有关文件发放建设用地批准书。

纳税人改变原占地用途,需要补缴耕地占用税的,其纳税义务发生时间为改变用途当日,具体为:经批准改变用途的,纳税义务发生时间为纳税人收到批准文件的当日;未经批准改变用途的,纳税义务发生时间为自然资源主管部门认定纳税人改变原占地用途的当日。

未经批准占用耕地的,耕地占用税纳税义务发生时间为自然资源主管部门认定的纳税人实际占用耕地的当日。

因挖损、采矿塌陷、压占、污染等损毁耕地的纳税义务发生时间为自然资源、农业农村等相关部门认定损毁耕地的当日。

因挖损、采矿塌陷、压占、污染等损毁耕地属于税法所称的非农业建设,应依照税法规定缴纳耕地占用税;自自然资源、农业农村等相关部门认定损毁耕地之日起3年内依法复垦或修复,恢复种植条件的,应按规定办理退税。

纳税人因建设项目施工或者地质勘查临时占用耕地,应当依照税法规定缴纳耕地占用税。纳税人在批准临时占用耕地期满之日起1年内依法复垦,恢复种植条件的,全额退还已经缴纳的耕地占用税

纳税人占用耕地,应当在耕地所在地申报纳税。

第四节 土地增值税法

土地增值税是对有偿转让国有土地使用权及地上建筑物和其他附着物产权并取得增值收入的单位和个人征收的一种税。土地增值税法是指国家制定的用以调整土地增值税征收与缴纳之间的权利和义务关系的法律规范。现行的土地增值税法的基本规范,是国务院于1993年12月13日颁布的《中华人民共和国土地增值税暂行条例》(以下简称《土地增值税暂行条例》),以及财政部于1995年1月27日公布的《中华人民共和国土地增值税暂行条例实施细则》(以下简称《土地增值税暂行条例实施细则》)。

一、纳税义务人

土地增值税的纳税义务人为转让国有土地使用权、地上的建筑物及其附着物(以下简称"转让房地产")产权,并取得收入的单位和个人。单位包括各类企业、事业单位、国家机关和社会团体及其他组织。个人包括个体经营者。

简单地说,只要有偿转让房地产,不论是法人还是自然人,不论企业经济性质,不论是内资还是外资企业,不论公民国籍,不论部门,都是土地增值税的纳税人。

二、征税范围

(一)基本征税范围

1. 转让国有土地使用权

国有土地,是指按国家法律规定属于国家所有的土地。根据我国宪法和土地管理法的规定,城市的土地属于国家所有。农村和城市郊区的土地除由法律规定属于国家所有的以外,属于集体所有。国家为了公共利益,可以依照法律规定对集体土地实行征用,依法被征用后的土地属于国家所有,可以转让。未经国家征用的集体土地不得转让。自行转让集体土地是一种违法行为,应由有关部门依照相关法律来处理,而不应纳入土地增值税的征税范围。

土地增值税是对转让国有土地使用权及其地上建筑物和附着物的行为征税,不包括国有土地使用权出让所取得的收入。

国有土地使用权转让,是指土地使用者通过出让等形式取得土地使用权后,将土地使用权再转让的行为,包括出售、交换和赠与,它属于土地买卖的二级市场。土地使用权转让,其地上的建筑物、其他附着物的所有权随之转让。国有土地使用权的转让,属于土地增值税的征税范围。

国有土地使用权出让,是指国家以土地所有者的身份将土地使用权在一定年限内让与土地使用者,并由土地使用者向国家支付土地出让金的行为。土地使用权的出让方是国家,出让收入在性质上是属于政府凭借所有权在土地一级市场上收取的租金,所以,政府出让土地的行为及取得的收入不在土地增值税的征税之列。

2. 地上建筑物及其附着物连同国有土地使用权一并转让

所谓地上建筑物,是指建于土地上的一切建筑物,包括地上地下的各种附属设施。如厂房、仓库、商店、医院、住宅、地下室、围墙、烟囱、电梯、中央空调、管道等。所谓附着物是指附着于土地上,不能移动,一经移动即遭损坏的种植物、养殖物及其他物品。

纳税人取得国有土地使用权后进行房屋开发建造然后出售的,这种情况即是所说的房地产开发。虽然这种行为通常被称做卖房,但按照国家有关房地产法律和法规的规定,卖房的同时,土地使用权也随之发生转让。由于这种情况既发生了产权的转让又取得了收入,所以应纳入土地增值税的征税范围。

3. 存量房地产的买卖

存量房地产是指已经建成并已投入使用的房地产,其房屋所有人将房屋产权和土地使用权一并转让给其他单位和个人。

(二)特殊征税范围

1. 房地产的继承

房地产的继承行为虽然发生了房地产的权属变更,但作为房产产权、土地使用权的原所有人(即被继承人)并没有因为权属变更而取得任何收入,因此,房地产的继承不属于土地增值税的征税范围。

2. 房地产的赠与

房地产的赠与虽发生了房地产的权属变更,但作为房产所有人、土地使用权的所有人并没有因为权属的转让而取得任何收入,因此,房地产的赠与不属于土地增值税的征税范围。但这里的赠与仅指以下情况:

(1)房产所有人、土地使用权所有人将房屋产权、土地使用权赠与直系亲属或承担直接赡养义务人的。

(2)房产所有人、土地使用权所有人通过中国境内非营利的社会团体、国家机关将房屋产权、土地使用权赠与教育、民政和其他社会福利、公益事业的。

3. 合作建房

对于一方出地,一方出资金,双方合作建房,建成后按比例分房自用的,暂免征收土地增值税;建成后转让的,应征收土地增值税。

4. 房地产的出租

房地产出租,出租人虽取得了收入,但没有发生房产产权、土地使用权的转让,因此不属于土地增值税的征收范围。

5. 房地产的抵押

在抵押期间不征收土地增值税。待抵押期满后,视该房地产是否转移产权来确定是否征收土地增值税。以房地产抵债而发生房地产产权转让的,应纳入土地增值税的征收范围。

6. 房地产的交换

交换房地产行为既发生了房产产权、土地使用权的转移,交换双方又取得了实物形态的收入,按照规定属于土地增值税的征收范围。但对个人之间互换自有居住用房地产的,经当地税务机关核实,可以免征土地增值税。

7. 房地产的评估增值

房地产评估增值,既没有发生房地产权属的转让,房产产权、土地使用权人也没有取得收入,因而不属于土地增值税的征收范围。

8. 房地产的代建房行为

房地产的代建房行为是指房地产开发公司代客户进行房地产的开发,开发完成后向客户收取代建收入的行为。对于房地产开发公司而言,虽然取得了收入,但没有发生房地产权属的转移,其收入属于劳务收入性质,因而不属于土地增值税的征收范围。

三、税率

征收土地增值税的主要目的在于抑制房地产的投机、炒卖活动,限制滥占耕地的行为,并适当调节纳税人的收入分配,保障国家权益,因此,土地增值税税率设计的基本原则是:增值多的多征,增值少的少征,无增值的不征。

按照这个原则,土地增值税实行四级超率累进税率:

(1)增值额未超过扣除项目金额50%的部分,税率为30%。

(2)增值额超过扣除项目金额50%、未超过扣除项目金额100%的部分,税率为40%。

(3)增值额超过扣除项目金额100%、未超过扣除项目金额200%的部分,税率为50%。

(4)增值额超过扣除项目金额200%的部分,税率为60%。

上述所列四级超率累进税率,每级增值额未超过扣除项目金额的比例,均包括本比例数。超率累进税率见表6-3。

表6-3 土地增值税四级超率累进税率

级数	增值额与扣除项目金额的比率	税率/(%)	速算扣除系数/(%)
1	不超过50%的部分	30	0
2	超过50%至100%的部分	40	5
3	超过100%至200%的部分	50	15
4	超过200%的部分	60	35

四、应纳税额的计算

(一)计税依据

土地增值税的计税依据是转让房地产所取得的增值额。转让房地产的增值额,是转让房地产的收入减除税法规定的扣除项目金额后的余额。

1. 转让收入的确定

纳税人转让房地产取得的收入是指转让房地产所取得的各种收入,包括货币收入、实物收入和其他收入在内的全部价款及有关的经济利益。土地增值税纳税人转让房地产取得的收入为不含增值税收入。

(1)货币收入,是指纳税人转让房地产而取得的现金、银行存款和国库券、金融债券、企业债券、股票等有价证券。

(2)实物收入,是指纳税人转让房地产而取得的各种实物形态的收入,如钢材、水泥等建材,房屋、土地等不动产,等等。对于这些实物收入一般要按照公允价值确认应税收入。

(3)其他收入,是指纳税人转让房地产而取得的无形资产收入或具有财产价值的权利,如专利权、商标权、著作权、专有技术使用权、土地使用权、商誉权等。对于这些无形资产收入一般要进行专门的评估,按照评估价确认应税收入。

2. 扣除项目的确定

1)取得土地使用权所支付的金额

取得土地使用权所支付的金额包括两方面的内容:

(1)纳税人为取得土地使用权所支付的地价款。如果是以出让方式取得土地使用权的,地价款为纳税人所支付的土地出让金;如果是以行政划拨方式取得土地使用权的,地价款为按照国家有关规定补交的土地出让金;如果是以转让方式取得土地使用权的,为向原土地使用权人实际支付的地价款。

(2)纳税人在取得土地使用权时按国家统一规定缴纳的有关费用。这是指纳税人在取得土地使用权过程中为办理有关手续,按国家统一规定缴纳的有关登记、过户手续费。

2)房地产开发成本

房地产开发成本是指纳税人房地产开发项目实际发生的成本,这些成本允许按实际发生数扣除。包括土地征用及拆迁补偿费、前期工程费、建筑安装工程费、基础设施费、公共配套设施费、开发间接费用等。

(1)土地征用及拆迁补偿费,包括土地征用费,耕地占用税,劳动力安置费及有关地上、地下附着物拆迁补偿的净支出,安置动迁用房支出等。

(2)前期工程费,包括规划、设计、项目可行性研究和水文、地质、勘察、测绘、"三通一平"等支出。

(3)建筑安装工程费,指以出包方式支付给承包单位的建筑安装工程费,以自营方式发生的建筑安装工程费。

(4)基础设施费,包括开发小区内道路、供水、供电、供气、排污、排洪、通信、照明、环卫、绿化等工程发生的支出。

(5)公共配套设施费,包括不能有偿转让的开发小区内公共配套设施发生的支出。

(6)开发间接费用,指直接组织、管理开发项目发生的费用,包括工资、职工福利费、折旧费、修理费、办公费、水电费、劳动保护费、周转房摊销等。

3)房地产开发费用

房地产开发费用是指与房地产开发项目有关的销售费用、管理费用和财务费用。根据现行财务会计制度的规定,这三项费用作为期间费用直接计入当期损益,不按房地产项目进行归集或分摊,而按《土地增值税暂行条例实施细则》的标准进行扣除。

《土地增值税暂行条例实施细则》规定,财务费用中的利息支出,凡能够按转让房地产项目计算分摊并提供金融机构证明的,允许据实扣除,但最高不能超过按商业银行同类同期贷款利率计算的金额。其他房地产开发费用,按取得土地使用权所支付的金额和房地产开发成本计算的金额之和的5%以内计算扣除。凡不能按转让房地产项目计算分摊利息支出或不能提供金融机构证明的,房地产开发费用按取得土地使用权所支付的金额和房地产开发成本计算的金额之和的10%以内计算扣除。计算扣除的具体比例,由各省、自治区、直辖市人民政府规定。

上述规定的具体含义是:

(1)纳税人能够按转让房地产项目计算分摊利息支出,并能提供金融机构的贷款证明的,其允许扣除的房地产开发费用为:利息+(取得土地使用权所支付的金额+房地产开发成本)×5%以内(注:利息最高不能超过按商业银行同类同期贷款利率计算的金额)。

(2)纳税人不能按转让房地产项目计算分摊利息支出或不能提供金融机构贷款证明的,其允许扣除的房地产开发费用为:(取得土地使用权所支付的金额+房地产开发成本)×10%以内。

全部使用自有资金,没有利息支出的,按照以上方法扣除。上述具体适用的比例按省级人民政府此前规定的比例执行。

(3)房地产开发企业既向金融机构借款,又有其他借款的,其房地产开发费用计算扣除时不能同时适用上述(1)、(2)项所述两种办法。

此外,财政部、国家税务总局还对扣除项目金额中利息支出的计算问题作了两点专门规定:一是利息的上浮幅度按国家的有关规定执行,超过上浮幅度的部分不允许扣除;二是对于超过贷款期限的利息部分和加罚的利息不允许扣除。

4)与转让房地产有关的税金

转让房地产有关的税金是指在转让房地产时缴纳的城市维护建设税、印花税,不含增值税。因转让房地产缴纳的教育费附加和地方教育费附加,也可视同税金扣除。

5)其他扣除项目

对从事房地产开发的纳税人,允许按取得土地使用权所支付的金额和房地产开发成本计算的金额之和,加计20%的扣除。此条优惠只适用于从事房地产开发的纳税人,除此之外的其他纳税人不适用。

为了抑制炒买炒卖地皮的投机行为,对取得土地或房地产使用权后,未进行开发即转让的,计算其增值额时,只允许扣除取得土地使用权时支付的地价款、缴纳的有关费用,以及在转让房地产环节缴纳的税金,不得加计扣除。

6)旧房及建筑物的评估价格

纳税人转让旧房的,应按房屋及建筑物的评估价格、取得土地使用权所支付的地价款或出让金、按国家统一规定缴纳的有关费用以及在转让环节缴纳的税金作为扣除项目金额计算土地增值税。对取得土地使用权时未支付地价款或不能提供已支付的地价款凭据的,在计征土地增值税时不允许扣除。

所谓旧房及建筑物的评估价格,是指在转让已使用的房屋及建筑物时,由政府批准设立的房地产评估机构评定的重置成本价乘以成新度折扣率后的价格。评估价格须经当地税务机关确认。

重置成本价是对旧房及建筑物按转让时的建材价格及人工费用计算,建造同样面积、同样层次、同样结构、同样建设标准的新房及建筑物所需花费的成本费用。成新度折扣率的含义是:按旧房的新旧程度作一定比例的折扣。例如,一幢房屋已使用近12年,建造时的造价为1 000万元,按转让时的建材及人工费用计算,建同样的新房需花费4 000万元,该房有五成新,则该房的评估价格为 4 000×50%=2 000(万元)。

纳税人转让旧房及建筑物,凡不能取得评估价格,但能提供购房发票的,经当地税务部门确认,根据规定的扣除项目的金额(即取得土地使用权所支付的金额,新建房及配套设施的成本、费用,或者旧房及建筑物的评估价格),可按发票所载金额并从购买年度起至转让年度止每年加计5%计算扣除。计算扣除项目时,"每年"按购房发票所载日期起至售房发票开具之日止,每满12个月计一年;超过一年,未满12个月但超过6个月的,可以视同为一年。

对纳税人购房时缴纳的契税,凡能提供契税完税凭证的,准予作为"与转让房地产有关的税金"予以扣除,但不作为加计5%的基数。

既没有评估价格,又不能提供购房发票的,地方税务机关可以根据《中华人民共和国税收征收管理法》第 35 条的规定,实行核定征收。

  7)计税依据的特殊规定

  在实际房地产交易活动中,有些纳税人通过缩小计税依据来逃避纳税。为了防止纳税人偷逃税款,税法规定,纳税人有下列情形之一的,按照房地产评估价格计算征收土地增值税。

  (1)隐瞒、虚报房地产成交价格。这是指纳税人不报或有意低报转让土地使用权、地上建筑物及其附着物价款的行为。隐瞒、虚报房地产成交价格,应由评估机构参照同类房地产的市场交易价格进行评估。税务机关根据评估价格确定转让房地产的收入。

  (2)提供扣除项目金额不实。这是指纳税人在纳税申报时,不据实提供扣除项目金额的行为。提供扣除项目金额不实的,应由评估机构按照房屋重置成本价乘以成新度折扣率计算的房屋成本价和取得土地使用权时的基准地价进行评估。税务机关根据评估价格确定扣除项目金额。

  (3)转让房地产的成交价格低于房地产评估价格,又无正当理由。这是指纳税人申报的转让房地产的实际成交价低于房地产评估机构评定的交易价,纳税人又不能提供凭据或无正当理由的行为。转让房地产的成交价格低于房地产评估价格,又无正当理由的,由税务机关参照房地产评估价格确定转让房地产的收入。

  上述所说的"房地产评估价格",是指由政府批准设立的房地产评估机构根据相同地段、同类房地产进行综合评定的价格。

3. 增值额的确定

  土地增值税纳税人转让房地产所取得的收入减除规定的扣除项目金额后的余额,为增值额。

(二)应纳税额的计算

  土地增值税按照纳税人转让房地产所取得的增值额和规定的税率计算征收。其计算公式为

$$应纳税额 = \sum(每级距的土地增值额 \times 适用税率)$$

  但在实际工作中,分步计算比较烦琐,一般可采用速算扣除法计算:计算土地增值税税额,可按增值额乘以适用的税率减去扣除项目金额乘以速算扣除系数。具体方法如下:

(1)增值额未超过扣除项目金额 50%。

$$土地增值税 = 增值额 \times 30\%$$

(2)增值额超过扣除项目金额 50%,未超过 100%。

$$土地增值税 = 增值额 \times 40\% - 扣除项目金额 \times 5\%$$

(3)增值额超过扣除项目金额 100%,未超过 200%。

$$土地增值税 = 增值额 \times 50\% - 扣除项目金额 \times 15\%$$

(4)增值额超过扣除项目金额 200%。

$$土地增值税 = 增值额 \times 60\% - 扣除项目金额 \times 35\%$$

【例6-4】 地处某县的某房地产公司系增值税一般纳税人,2015年1月自建100栋花园别墅,2021年8月建成完毕。建成后,其中80栋出售,10栋出租,10栋待售。每栋地价款14.8万元,登记、过户手续费0.2万元,开发成本包括土地征用及拆迁补偿费、前期工程费、建筑安装工程费等合计50万元/栋,贷款支付利息0.5万元/栋(能提供银行证明)。建成销售时,每栋不含增值税售价180万元。城市维护建设税税率5%,教育费附加征收率3%、地方教育费附加征收率2%。已知公司所在地政府规定的其他房地产开发费用的计算扣除比例为5%,该公司选择按简易计税方法计缴增值税。请计算该公司应缴纳的土地增值税。

【解析】
(1)确定转让房地产的收入。土地增值税纳税人转让房地产取得的收入为不含增值税收入。转让收入=180×80=14 400(万元)。
(2)确定转让房地产的扣除项目金额。
①取得土地使用权所支付的金额与房地产开发成本合计=(14.8+0.2+50)×80=5 200(万元)。
②房地产开发费用=0.5×80+5 200×5%=300(万元)。
③转让税金支出金额(增值税不得扣除)=14 400×5%×(5%+3%+2%)=72(万元)。
④加计扣除金额=5 200×20%=1 040(万元)。
⑤扣除项目合计=5 200+300+72+1 040=6 612(万元)。
(3)增值额=14 400-6 612=7 788(万元)。
(4)增值额与扣除项目金额比率=7 788÷6 612×100%=117.79%。
(5)应纳增值税税额=7 788×50%-6 612×15%=2 902.2(万元)。

五、税收优惠

(1)纳税人建造普通标准住宅出售,增值额未超过扣除项目金额20%的,免征土地增值税。

所谓"普通标准住宅",是指按所在地一般民用住宅标准建造的居住用住宅。高级公寓、别墅、度假村,以及超面积、超标准豪华装修的住宅,均不属于普通标准住宅。

纳税人建造普通标准住宅出售,增值额未超过扣除项目金额20%的,免征土地增值税;增值额超过扣除项目金额20%的,应就其全部增值额按规定计税。

对于纳税人既建普通标准住宅,又建造其他房地产开发的,应分别核算增值额。不分别核算增值额或不能准确核算增值额的,其建造的普通标准住宅不能适用这一免税规定。

(2)对企事业单位、社会团体以及其他组织转让旧房作为公租房房源,且增值额未超过扣除项目金额20%的,免征土地增值税。

(3)因国家建设需要依法征用、收回的房地产,免征土地增值税。

所谓"因国家建设需要依法征用、收回的房地产",是指因城市实施规划、国家建设的需要而被政府批准征用的房产或收回的土地使用权。

(4)因城市规划、国家建设需要而搬迁,由纳税人自行转让原房地产的,免征土地增值税。

(5)自 2008 年 11 月 1 日起,对个人转让住房暂免征收土地增值税。

六、房地产开发企业土地增值税清算

土地增值税清算是指纳税人在符合土地增值税清算条件后,依照税收法律、法规及土地增值税有关政策的规定,计算房地产开发项目应缴纳的土地增值税税额,并填写土地增值税清算申报表,向主管税务机关提供有关资料,办理土地增值税清算手续,结清该房地产项目应缴纳土地增值税税款的行为。

（一）土地增值税的清算单位

土地增值税以国家有关部门审批的房地产开发项目为单位进行清算,对于分期开发的项目,以分期项目为单位清算。

开发项目中同时包含普通住宅和非普通住宅的,应分别计算增值额。

（二）土地增值税的清算条件

(1)符合下列情形之一的,纳税人应进行土地增值税的清算：
①房地产开发项目全部竣工、完成销售的；
②整体转让未竣工决算房地产开发项目的；
③直接转让土地使用权的。

(2)符合下列情形之一的,主管税务机关可要求纳税人进行土地增值税清算：
①已竣工验收的房地产开发项目,已转让的房地产建筑面积占整个项目可售建筑面积的比例在 85% 以上,或该比例虽未超过 85%,但剩余的可售建筑面积已经出租或自用的；
②取得销售(预售)许可证满 3 年仍未销售完毕的；
③纳税人申请注销税务登记但未办理土地增值税清算手续的；
④省税务机关规定的其他情况。

（三）土地增值税的清算时间

(1)凡符合应办理土地增值税清算条件的项目,纳税人应当在满足条件之日起 90 日内到主管税务机关办理清算手续。

(2)凡属税务机关要求纳税人进行土地增值税清算的项目,纳税人应当在接到主管税务机关下发的清算通知之日起 90 日内,到主管税务机关办理清算手续。

（四）土地增值税清算应税收入的确认

(1)一般情形下销售房地产应税收入的确认。

土地增值税清算时,已全额开具商品房销售发票的,按照发票所载金额确认收入。

未开具发票或未全额开具发票的,以交易双方签订的销售合同所载的售房金额及其他收益确认收入。销售合同所载商品房面积与有关部门实际测量面积不一致,

在清算前已发生补、退房款的,应在计算土地增值税时予以调整。

房地产开发项目的销售行为跨越"营改增"前后的,按以下方法确定土地增值税应税收入:

$$\text{土地增值税清算应税收入} = \text{"营改增"前转让房地产取得的收入} + \text{"营改增"后转让房地产取得的不含增值税收入}$$

(2)视同销售房地产应税收入的确认。

房地产开发企业将开发产品用于职工福利、奖励、对外投资、分配给股东或投资人、抵偿债务、换取其他单位和个人的非货币性资产等,发生所有权转移时应视同销售房地产,其收入按下列方法和顺序确认:

①按本企业在同一地区、同一年度销售的同类房地产的平均价格确定;

②由主管税务机关参照当地当年、同类房地产的市场价格或评估价值确定。

(3)房地产开发企业将开发的部分房地产转为企业自用或用于出租等商业用途时,如果产权未发生转移,不征收土地增值税,在税款清算时不列收入,不扣除相应的成本和费用。

(五)土地增值税清算的扣除项目

(1)房地产开发企业办理土地增值税清算时计算与清算项目有关的扣除项目金额,应根据《土地增值税暂行条例》第六条及《实施细则》第七条的规定执行。除另有规定外,扣除取得土地使用权所支付的金额、房地产开发成本、费用及与转让房地产有关税金,须提供合法有效凭证;不能提供合法有效凭证的,不予扣除。

(2)房地产开发企业办理土地增值税清算所附送的前期工程费、建筑安装工程费、基础设施费、开发间接费用的凭证或资料不符合清算要求或不实的,税务机关可结合房屋结构、用途、区位等因素,核定上述四项开发成本的单位面积金额标准,并据以计算扣除。具体核定方法由省税务机关确定。

(3)房地产开发企业开发建造的与清算项目配套的居委会和派出所用房、会所、停车场(库)、物业管理场所、变电站、热力站、水厂、文体场馆、学校、幼儿园、托儿所、医院、邮电通信等公共设施,按以下原则处理:

①建成后产权属于全体业主所有的,其成本、费用可以扣除;

②建成后无偿移交给政府、公用事业单位用于非营利性社会公共事业的,其成本、费用可以扣除;

③建成后有偿转让的,应计算收入,并准予扣除成本、费用。

(4)房地产开发企业销售已装修的房屋,其装修费用可以计入房地产开发成本。房地产开发企业的预提费用,除另有规定外,不得扣除。

(5)属于多个房地产项目共同的成本费用,应按清算项目可售建筑面积占多个项目可售总建筑面积的比例或其他合理的方法,计算确定清算项目的扣除金额。

(6)房地产开发企业在工程竣工验收后,根据合同约定,扣留建筑安装施工企业一定比例的工程款,作为开发项目的质量保证金,在计算土地增值税时,建筑安装施工企业就质量保证金对房地产开发企业开具发票的,按发票所载金额予以扣除;未开具发票的,扣留的质保金不得计算扣除。

(7)房地产开发企业逾期开发缴纳的土地闲置费不得扣除。

(8)房地产开发企业为取得土地使用权所支付的契税,应视同"按国家统一规定交纳的有关费用",计入"取得土地使用权所支付的金额"中扣除。

(9)拆迁补偿费的扣除,按以下规定处理:

①房地产企业用建造的该项目房地产安置回迁户的,安置用房视同销售处理,按本企业在同一地区、同一年度销售的同类房地产的平均价格确定收入,或由主管税务机关参照当地当年、同类房地产的市场价格或评估价值确定收入,同时将此确认为房地产开发项目的拆迁补偿费。房地产开发企业支付给回迁户的补差价款,计入拆迁补偿费;回迁户支付给房地产开发企业的补差价款,应抵减本项目拆迁补偿费。

②开发企业采取异地安置,异地安置的房屋属于自行开发建造的,房屋价值按《通知》的规定计算,计入本项目的拆迁补偿费;异地安置的房屋属于购入的,以实际支付的购房支出计入拆迁补偿费。

③货币安置拆迁的,房地产开发企业凭合法有效凭据计入拆迁补偿费。

(六)土地增值税的核定征收

房地产开发企业有下列情形之一的,税务机关可以参照与其开发规模和收入水平相近的当地企业的土地增值税税负情况,按不低于预征率的征收率核定征收土地增值税:

(1)依照法律、行政法规的规定应当设置但未设置账簿的。

(2)擅自销毁账簿或者拒不提供纳税资料的。

(3)虽设置账簿,但账目混乱或者成本资料、收入凭证、费用凭证残缺不全,难以确定转让收入或扣除项目金额的。

(4)符合土地增值税清算条件,未按照规定的期限办理清算手续,经税务机关责令限期清算,逾期仍不清算的。

(5)申报的计税依据明显偏低,又无正当理由的。

核定征收必须严格依照税收法律法规规定的条件进行,任何单位和个人不得擅自扩大核定征收范围。核定征收率原则上不得低于5%,各省级税务机关要结合本地实际,区分不同房地产类型制定核定征收率。

(七)清算后再转让房地产的处理

在土地增值税清算时未转让的房地产,清算后销售或有偿转让的,纳税人应按规定进行土地增值税的纳税申报,扣除项目金额按清算时的单位建筑面积成本费用乘以销售或转让面积计算。

单位建筑面积成本费用=清算时的扣除项目总金额÷清算的总建筑面积

(八)土地增值税清算后应补缴的土地增值税加收滞纳金问题

纳税人按规定预缴土地增值税后,清算补缴的土地增值税,在主管税务机关规定的期限内补缴的,不加收滞纳金。

七、征收管理

(一)纳税申报

土地增值税的纳税人应在转让房地产合同签订后的7日内,到房地产所在地主管税务机关办理纳税申报,并向税务机关提交房屋及建筑物产权、土地使用权证书,土地转让、房产买卖合同,房地产评估报告及其他与转让房地产有关的资料。

对于纳税人预售房地产所取得的收入,凡当地税务机关规定预征土地增值税的,纳税人应当到主管税务机关办理纳税申报,并按规定比例预交,待办理决算后,多退少补;凡当地税务机关规定不预征土地增值税的,也应在取得收入时先到税务机关登记或备案。

纳税人因经常发生房地产转让而难以在每次转让后申报的,经税务机关审核同意后,可以定期进行纳税申报,具体期限由税务机关根据情况确定。纳税人选择定期申报方式的,应向纳税所在地的税务机关备案。定期申报方式确定后,一年之内不得变更。

(二)纳税地点

土地增值税的纳税人应向房地产所在地的主管税务机关办理纳税申报。所谓"房地产所在地",是指房地产的坐落地。纳税人转让的房地产坐落在两个或两个以上地区的,应按房地产所在地分别申报纳税。

在实际工作中,纳税地点的确定又可分为以下两种情况:

(1)纳税人是法人的,当转让的房地产坐落地与其机构所在地或经营所在地一致时,在办理税务登记的原管辖税务机关申报纳税即可;如果转让的房地产坐落地与其机构所在地或经营所在地不一致时,则应在房地产坐落地所管辖的税务机关申报纳税。

(2)纳税人是自然人的,当转让的房地产坐落地与其居住所在地一致时,在住所所在地税务机关申报纳税;当转让的房地产坐落地与其居住所在地不一致时,则在房地产坐落地的税务机关申报纳税。

案例与点评

案例6-1 铜矿企业如何缴纳资源税

某铜矿企业为增值税一般纳税人,2022年5月发生以下业务(以下金额均不含增值税):

(1)销售铜矿石原矿,收取价款合计600万元,其中从坑口到车站的运输费用20万元,随运销产生的装卸、仓储费用10万元,均取得增值税发票。

(2)将从外购的100万元铜原矿与自采的铜原矿混合加工成铜选矿进行销售,销售额为300万元。

(3)从衰竭期矿山开采铜原矿销售,取得销售额 200 万元。

已知:该企业铜矿石原矿适用的资源税税率为 6%,铜选矿资源税税率为 5%。计算该企业 5 月份应纳资源税税额。

【点评】

业务(1):应税产品销售额 = 600 − (20 + 10) = 570(万元)。

应纳资源税税额 = 570 × 6% = 34.2(万元)

业务(2):准予扣减的外购应税产品购进金额(数量)= 外购原矿购进金额(数量)×(本地区原矿适用税率÷本地区选矿产品适用税率)= 100 × (6%÷5%) = 120(万元)。

应纳资源税税额 = (300 − 120) × 6% = 10.8(万元)

业务(3):从衰竭期矿山开采的铜原矿销售,减征 30% 的资源税。

应纳资源税税额 = 200 × 6% × (1 − 30%) = 8.4(万元)

综上,该铜矿企业 5 月份应纳的资源税 = 34.2 + 10.8 + 8.4 = 53.4(万元)。

案例 6-2　长江公司如何缴纳城镇土地使用税

长江公司财务及有关部门提供的 2022 年上半年城镇土地使用税计税资料如下。

长江公司实际占地面积 4 万平方米,其中:

(1)企业内医院和学校共占地 1 000 平方米;

(2)厂区以外的公用绿化用地 5 000 平方米,厂区内生活小区的绿化用地 600 平方米;

(3)2022 年 4 月 1 日,将一块 2 000 平方米的土地对外出租给 A 企业生产经营使用;

(4)2022 年 4 月 30 日,将一块 800 平方米的土地无偿借给某国家机关作公务使用;

(5)除上述土地外,其余土地为长江公司生产经营用地;

(6)2022 年 5 月 20 日,新征用厂区附近的两块土地共计 3 300 平方米,一块是征用的耕地,面积为 1 500 平方米,另一块是征用的非耕地,面积为 1 800 平方米。

已知当地的城镇土地使用税每半年征收一次,该地区每平方米土地年税额为 3 元。计算该公司 2022 年 1—6 月应缴纳的城镇土地使用税。

【点评】

(1)企业办的学校、医院、托儿所、幼儿园,其用地能与企业其他用地明确区分的,免征土地使用税。

(2)企业厂区以外的公共绿化用地和向社会开放的公园用地,暂免征收土地使用税;对企业厂区(包括生产、办公及生活区)以内的绿化用地,应缴纳土地使用税 = 600 × 3 × 6 ÷ 12 = 900(元)。

(3)土地使用权出租的,由拥有土地使用权的企业缴纳,长江公司仍为土地使用税的纳税人。

长江公司应纳税额 = 2 000 × 3 × 6 ÷ 12 = 3 000(元)

(4)国家机关(免税单位)无偿使用纳税单位的土地,免征土地使用税。

长江公司 2022 年 1—4 月份应纳税额 = 800 × 3 × 4 ÷ 12 = 800(元)

(5)公司其余土地应纳税额=(40 000-1 000-5 000-600-2 000-800)×3×6÷12=45 900(元)。

(6)对征用的耕地因缴纳了耕地占用税,从批准征用之日起满1年时征收土地使用税;征用的非耕地,应从批准征收之次月起征收土地使用税。因此,长江公司上半年只需对征用的非耕地缴纳6月份一个月的土地使用税=1 800×3×1÷12=450(元)。

综上,长江公司2022年上半年应纳的城镇土地使用税=900+3 000+800+45 900+450=51 050(元)。

案例6-3 房地产开发公司如何缴纳土地增值税

西安某房地产开发公司为增值税一般纳税人,于2015年1月受让一宗土地使用权,根据转让合同支付转让方地价款6 000万元,当月办好土地使用权权属证书。2015年2月至2022年3月该房地产开发公司将受让土地70%(其余30%尚未使用)的面积开发建造一栋写字楼。在开发过程中,根据建筑承包合同支付给建筑公司的劳务费和材料费共计5 800万元;发生的利息费用为300万元,不高于同期银行贷款利率并能提供金融机构的证明。2022年4月该公司将开发建造的写字楼总面积的20%转为公司的固定资产并于2022年6月用于对外出租,其余部分对外销售。2022年6—8月该公司取得租金收入共计60万元(不含增值税),销售部分全部售完,共计取得不含税销售收入14 000万元。该公司在写字楼开发和销售过程中,共计发生管理费用800万元、销售费用400万元。(说明:该公司适用的城市维护建设税税率为7%;教育费附加征收率为3%;地方教育费附加征收率为2%;契税税率为3%;其他开发费用扣除比例为5%。)

该公司选择按简易计税方法计征增值税。请根据上述资料,按照下列序号计算回答问题,每问需计算出合计数。

(1)计算该房地产开发公司2022年6—8月共计应缴纳的增值税。
(2)计算该房地产开发公司2022年6—8月共计应缴纳的城市维护建设税、教育费附加和地方教育费附加。
(3)计算该房地产开发公司的土地增值税时应扣除的土地成本。
(4)计算该房地产开发公司的土地增值税时应扣除的开发成本。
(5)计算该房地产开发公司的土地增值税时应扣除的开发费用。
(6)计算该房地产开发公司销售写字楼土地增值税的增值额。
(7)计算该房地产开发公司销售写字楼应缴纳的土地增值税。

【点评】

(1)该房地产开发公司2022年6—8月共计应缴纳的增值税=60×5%+14 000×5%=703(万元)。

(2)该房地产开发公司2022年6—8月共计应缴纳的城市维护建设税、教育费附加和地方教育费附加=703×(7%+3%+2%)=84.36(万元)。

(3)该房地产开发公司的土地增值税时应扣除的土地成本=6 000×70%×(1-20%)+6 000×3%×70%×(1-20%)=3 460.80(万元)。

(4)该房地产开发公司的土地增值税时应扣除的开发成本=5 800×(1-20%)

=4 640(万元)。

(5)该房地产开发公司的土地增值税时应扣除的开发费用=300×(1-20%)+(3 460.80+4 640)×5%=645.04(万元)。

(6)该房地产开发公司销售写字楼土地增值税的增值额=14 000-3 460.80-4 640-645.04-14 000×5%×(7%+3%+2%)-(3 460.8+4 640)×20%=3 550(万元)。

(7)扣除项目合计=14 000-3 550=10 450(万元)。

该房地产开发公司销售写字楼增值率=3 550÷10 450=33.97%;

该房地产公司应纳土地增值税=3 550×30%=1 065(万元)。

本章小结

资源税是对各种自然资源开发、使用所征收的一种特别税类。目前,我国已开征的与资源有关的税有资源税、城镇土地使用税、耕地占用税和土地增值税。

本章主要阐述资源税、城镇土地使用税、耕地占用税和土地增值税的概念、征税范围、纳税人、税目税率、应纳税额的计算以及征收管理。资源税采用比例税率和定额税率两种形式,城镇土地使用税和耕地占用税采用有幅度的定额税率,土地增值税则适用超率累进税率。本章应重点把握资源税和土地增值税应纳税额的计算。

思考与练习题

【思考题】

1. 要同时符合哪些标准,才属于土地增值税的征税范围?
2. 资源税与增值税的关系如何?
3. 城镇土地使用税的税收优惠有哪些?
4. 城镇土地使用税的纳税义务发生时间是如何规定的?

【练习题】

一、单项选择题

1. 甲企业生产经营用地分布于某市的三个地域:第一块土地的土地使用权属于某免税单位,面积6 000平方米;第二块土地的土地使用权属于甲企业,面积30 000平方米,其中企业办学校5 000平方米,医院3 000平方米;第三块土地的土地使用权属于甲企业与乙企业共同拥有,面积10 000平方米,实际使用面积各50%。假定甲企业所在地城镇土地使用税单位税额每平方米8元,则甲企业全年应缴纳的城镇土地使用税为( )。

  A. 216 000元　　　　B. 224 000元　　　　C. 264 000元　　　　D. 328 000元

2. 下列各项中,《城镇土地使用税暂行条例》直接规定的免税项目是( )。

  A. 个人所有的居住房屋及院落用地

  B. 宗教寺庙自用的土地

  C. 民政部门举办的安置残疾人占一定比例的福利工厂用地

D. 个人办的医院、托儿所和幼儿园用地

3. 纳税人新征用耕地应缴纳的城镇土地使用税,其纳税义务发生时间是( )。
   A. 自批准征用之日起满3个月   B. 自批准征用之日起满6个月
   C. 自批准征用之日起满1年   D. 自批准征用之日起满2年

4. 纳税人开采应税矿产品销售的,实行从量定额的,其资源税的征税数量为( )。
   A. 开采数量   B. 实际产量   C. 计划产量   D. 销售数量

5. 某企业购买一幢单独建造的地下建筑物用于存放货物,于2022年4月3号签署合同并办理权属转移变更登记手续。在4月15号取得了地下建筑物产权证书及土地使用证书,注明土地面积400平方米。当地城镇土地使用税单位税额为12元/平方米,则该企业2022年应缴的城镇土地使用税是( )元。
   A. 1 600   B. 2 000   C. 3 200   D. 4 800

6. 某企业2022年年初实际占地面积共为30 000平方米,其中经县级人民政府教育行政部门批准成立的企业子弟学校面积2 000平方米,医院占地1 000平方米,6月底经批准新占用耕地20 000平方米用于扩大生产经营。企业所在地城镇土地使用税单位税额每平方米3元,耕地占用税单位税额为每平方米25元。该企业2022年应缴纳的城镇土地使用税和耕地占用税总共为( )元。
   A. 581 000   B. 611 000   C. 87 000   D. 90 000

7. 在人均耕地低于0.5亩的地区,省、自治区、直辖市可以根据当地经济发展情况,耕地占用税的适用税额可以适当提高,但提高幅度最多不得超过规定税额的一定比例。这一比例是( )。
   A. 20%   B. 30%   C. 50%   D. 100%

8. 某市某外资房地产公司为增值税一般纳税人,2022年9月转让2016年7月开工自建的普通标准住宅,取得不含税收入6 000万元。该单位为取得土地使用权而支付的地价款(不含税)和有关费用为1 000万元,投入的房地产建造成本3 000万元,其利息支出不能取得金融机构的合法证明,其转让办公楼相关的税金已经全部付清。已知该企业所在地政府规定的其他房地产开发费用的计算扣除比例为10%。该外资房地产公司当期应缴纳土地增值税额为( )万元(不考虑印花税扣除因素)。
   A. 0   B. 220.56   C. 456.24   D. 608.32

9. 2021年2月,A省甲铜矿企业兼并了B省乙铜矿企业,并将其作为下属非独立核算生产单位。2022年3月,甲铜矿企业销售铜选矿800吨(其中70%为乙铜矿企业移送),取得含增值税销售额3390万元。已知A省铜选矿资源税税率为6%,B省铜选矿资源税税率为5%,则甲铜矿企业2022年3月在A省应缴纳资源税( )万元。
   A. 203.4   B. 180   C. 159   D. 54

10. 某公司2022年1月购入200万元(不含增值税,下同)铜原矿,已取得增值税专用发票,与自产铜原矿混合进行销售,销售额为600万元。已知当地铜原矿税率为5%,则该公司应纳资源税( )万元。
    A. 10   B. 20   C. 30   D. 40

11. 某县某非房地产公司为一般纳税人。2022年8月销售2016年6月购入的办公楼一栋,取得含增值税价款1 090万元,开具增值税专用发票,缴纳印花税0.55万元。办公楼不含税原价500万元,取得增值税专用发票。经房地产评估机构评估,该楼不含税重置成本价为1 000万元,成新度折扣率为五成。该公司销售该办公楼应缴纳土地增值税( )万元。
    A. 172.96   B. 172.50   C. 172.73   D. 170.70

12. 某公司2022年3月购入300万元(不含增值税,下同)锰原矿,已取得增值税专用发票,与自采的锰原矿加工成锰选矿进行销售,销售额为600万元。已知当地锰原矿税率为8%,锰选矿税率为5%,则该公司应纳资源税（　　）万元。

A. 15　　　　　B. 11　　　　　C. 9　　　　　D. 6

13. 纳税人开采或者生产同一应税产品,其中既有享受减免税政策的,又有不享受减免税政策的,核算免税、减税项目的销售额或者销售数量采用的方法是（　　）。

A. 按照免税、减税项目的产量占比等方法分别核算确定

B. 按照免税、减税项目的销售额占比等方法分别核算确定

C. 按照免税、减税项目的成本费用占比等方法分别核算确定

D. 由主管税务机关进行核定

14. 某农户有一处花圃,占地1 200平方米。2022年2月,将其中的900平方米改造为果园,50平方米建造农业灌溉用机井房,其余250平方米建造自用住宅（在规定用地标准以内）。已知该地适用的耕地占用税定额税率为25元/平方米,则该农户应缴纳的耕地占用税为（　　）元。

A. 6 250　　　　B. 3 125　　　　C. 3 750　　　　D. 7 500

15. 某物流企业2022年拥有面积为10 000平方米的土地使用权,其中有9 000平方米为大宗商品仓储设施占地,该设施90%自用,10%出租;1 000平方米为该企业管理服务设施占地。当地城镇土地使用税税额标准为12元/平方米,则该企业2022年应缴纳的城镇土地使用税为（　　）元。

A. 66 000　　　　B. 71 400　　　　C. 77 200　　　　D. 80 000

16. 某单位经批准占用基本农田5 000平方米,其中1 000平方米用于建造幼儿园,1 500平方米用于建造医院,其余用于建造购物中心。当地耕地占用税税额为20元/平方米,该单位应缴纳耕地占用税（　　）万元。

A. 10　　　　　B. 10.5　　　　　C. 15　　　　　D. 7

17. 某市一家商贸企业,2022年4月转让一块位于市区的土地使用权,签订了产权转移数据,取得含税收入560万元。2016年年初取得该土地使用权时支付地价款434万元,取得土地使用权时发生的相关税费8万元。该企业应缴纳土地增值税（　　）万元。（该企业选择简易方法计算缴纳土地增值税,所在省政府允许扣除地方教育费附加）

A. 33.3　　　　B. 34.6　　　　C. 35.12　　　　D. 36.23

18. 2022年5月,张某将2021年6月购入的商铺转让,取得收入600万元。张某持有购房增值税普通发票注明金额350万元,税额17.5万元。无法取得商铺评估价格。计算缴纳土地增值税时,张某可以扣除旧房金额以及加计扣除共计（　　）万元。

A. 350　　　　B. 367.5　　　　C. 385.88　　　　D. 404.25

二、多项选择题

1. 下列可以成为城镇土地使用税纳税人的有（　　）。

A. 县城的中外合资工业企业　　　　B. 城市郊区的外资百货公司

C. 工矿区的杂货店　　　　　　　　D. 农村山区的小卖部

2. 下列关于城镇土地使用税的表述中,正确的有（　　）。

A. 城镇土地使用税采用有幅度的差别税额,每个幅度税额的差距为20倍

B. 经批准开山填海整治的土地和改造的废弃土地,从使用的月份起免缴城镇土地使用税10年至20年

C. 对在城镇土地使用税征税范围内单独建造的地下建筑用地,暂按应征税款的50%征收城镇土地使用税

D. 经济落后地区,城镇土地使用税的适用税额标准可适当降低,但降低额不得超过规定最低税额的30%

3. 耕地是指种植农作物的土地,包括（　　）。

A. 鱼塘

B. 药材种植园
C. 弃荒的前三年内曾用于种植农作物的土地
D. 花圃

4. 下列各项中,应征收资源税的有( )。
A. 进口原油
B. 生产销售海盐
C. 销售以未税原煤加工的选煤
D. 外购已税原煤自制煤炭制品并销售

5. 以下关于资源税表述不正确的有( )。
A. 原油是资源税的应税资源,包括天然原油和人造石油
B. 开采资源税应税产品销售的,应向销售地的主管税务机关缴纳资源税
C. 纳税人以自采铁矿石原矿加工成选矿销售,按照选矿计征资源税
D. 纳税人自采玉石原矿,用于连续加工成选矿待售,按照原矿计征资源税

6. 某煤矿开采销售有色金属矿原矿,应缴纳的税金有( )。
A. 资源税   B. 增值税   C. 消费税   D. 城建税

7. 下列行为中,应计算缴纳土地增值税的有( )。
A. 将房屋产权赠与直系亲属的
B. 以房地产进行抵押的
C. 双方合作建房后分房自用的
D. 以房地产抵债而发生房地产产权转让的

8. 下列关于土地增值税的说法,错误的有( )。
A. 增值额未超过扣除项目金额20%的别墅,免征土地增值税
B. 对取得土地使用权时未支付地价款或不能提供已支付地价款凭据的,在计征土地增值税时按评估价扣除土地使用权金额
C. 某房地产公司将待售的一栋花园别墅赠送给某影视明星,由于该房地产公司未取得收入,则不缴纳土地增值税
D. 超过贷款期限的利息部分和加罚的利息,不允许在房地产开发费用中扣除

9. 计算土地增值税时,下列费用准予从收入总额中扣除的有( )。
A. 超过国家的有关规定上浮幅度的利息部分
B. 开发小区的排污费、绿化费
C. 出售旧房过程中发生的评估费用
D. 取得土地使用权时办理登记的手续费

10. 下列项目中,属于房地产开发成本的有( )。
A. 土地出让金
B. 公共配套设施费
C. 耕地占用税
D. 借款利息费用

11. 下列各项中,符合城镇土地使用税规定的有( )。
A. 城镇土地使用税实行按年计算、分期缴纳的征收方法
B. 纳税人使用的土地不属于同一省的,由纳税人向注册地税务机关缴纳
C. 纳税人单位无偿使用免税单位的土地,纳税单位应当缴纳城镇土地使用税
D. 纳税人实际占用土地但尚未组织测量且未核发土地使用证书的,由税务机关核定计税依据

12. 下列选项中,应计算缴纳城镇土地使用税的有( )。
A. 专门经营农业产品的农贸市场用地
B. 工厂实验室用地
C. 公园内茶社用地
D. 百货大楼仓库用地

13. 以下符合耕地占用税规定的有( )。
A. 未经批准占用耕地的,纳税人为实际用地人

B. 实际占用的耕地面积包括经批准占用的耕地面积和未经批准占用的耕地面积
C. 免税医疗机构内职工住房占用耕地,免征耕地占用税
D. 耕地占用税按年计征,分期缴纳

14. 下列关于城镇土地使用税纳税义务发生时间的表述中,符合税法规定的有(　　)。
A. 纳税人出租房产,自交付出租房产之月起纳税
B. 纳税人购置新建商品房,自房屋交付使用之次月起纳税
C. 纳税人出租房产,自交付出租房产之次月起纳税
D. 纳税人新征用的耕地,自批准征用之次月起纳税

15. 纳税人以下行为中需要缴纳资源税的是(　　)。
A. 纳税人开采铜原矿用于连续加工铜选矿
B. 纳税人开采地热用于投资
C. 纳税人开采黏土用于连续加工陶器
D. 纳税人开采原煤用于换取检测仪器

三、判断题

1. 纳税单位无偿使用免税单位的土地免征城镇土地使用税,免税单位无偿使用纳税单位的土地照章征收城镇土地使用税。(　　)
2. 城镇土地使用税实行按年计算、分期缴纳的征收方法。所以,占用城镇土地的纳税人每年都要就其占用的土地计算缴纳城镇土地使用税。(　　)
3. 出租房地产,也要缴纳土地增值税。(　　)
4. 进口的矿产品和盐,不征收资源税;出口的矿产品和盐,也不免征或退还已纳资源税。(　　)
5. 资源税在生产、批发、零售等环节对应税的资源产品征收。(　　)

四、案例分析题

1. 位于 A 地的某煤矿(增值税一般纳税人)主要从事煤炭开采、原煤加工、洗煤生产业务。2022 年 7 月发生下列业务:

(1) 采用分期收款方式向位于 C 地的乙企业销售自行开采的原煤 1 200 吨,不含税销售额 66 万元。另支付销售活动中不含税运费,并取得运输企业(增值税一般纳税人)开具给该煤矿的增值税专用发票,发票金额 2 万元。合同规定,货款分两个月支付,本月支付 60%,其余货款于 8 月 15 日前支付。由于乙企业资金紧张,7 月支付货款 20 万元。

(2) 采用预收货款方式向位于 B 地的甲企业销售洗煤 1 000 吨,不含税销售额 60 万元,当月收取 20% 的货款作为定金,不含税金额为 12 万元,合同规定 8 月 5 日发货,并收回剩余货款。

(3) 为员工宿舍供暖,使用本月开采的原煤 200 吨;另将本月开采的原煤 500 吨无偿赠送给某有长期业务往来的客户。

(4) 外购原煤 300 吨,增值税专用发票上注明单价 500 元/吨(不含增值税)。将外购原煤和自采原煤混合生产选煤并销售,取得不含增值税销售额 50 万元,另向购买方收取运费 3 万元,能提供相关发票。

(5) 销售充填开采置换出来的原煤,不含增值税销售额 2 万元(其中含原煤从坑口到购买方指定地点的运输费用 0.2 万元,取得增值税发票)。

已知 A 地原煤资源税税率为 6%、选煤资源税税率为 5%。

根据上述资料,回答下列问题(单位:万元):
(1) 业务(1)—业务(5)各业务应缴纳的资源税。
(2) 说明该煤矿资源税的纳税地点和纳税申报期限。

2. 甲企业位于市区,2022 年 8 月转让一处 2014 年 6 月购置的位于市区的仓库,其购置和转让情况如下:

(1) 2014 年 6 月购置该仓库时取得的发票上注明的价款为 525 万元,另支付契税款 20 万元并取得契税完税凭证。

(2)由于某些原因在转让仓库时未能取得评估价格。

(3)转让仓库的产权转移书据上记载的含税销售金额为840万元,并按规定缴纳了转让环节的税金。

已知甲企业选择简易办法计算增值税。要求:

(1)计算该企业转让仓库时应缴纳的增值税、城市维护建设税、教育费附加、地方教育附加、印花税。

(2)计算该企业转让仓库计征土地增值税时允许扣除的金额。

(3)计算该企业转让仓库应缴纳的土地增值税。

(4)该企业转让仓库时没有取得评估价格,假设不能提供购房发票,税务机关应如何进行处理?

3.2022年4月,税务机关对某房地产开发公司开发的房产项目进行土地增值税清算,该房地产开发公司提供的资料如下:

(1)2015年8月,以18 000万元拍得一宗土地使用权,并缴纳了契税。

(2)自2016年6月起,对受让土地40%的面积进行一期普通住宅项目开发,发生开发成本6 000万元,利息支出600万元(未能提供金融机构的贷款证明)。允许扣除的有关税金及附加150万元。

(3)2022年6月,该项目实现全部销售,取得不含增值税收入25 000万元。

公司已按照2%的预征率预缴该项目的土地增值税。

其他相关资料:当地适用的契税税率为5%;不能按转让房地产项目计算分摊利息支出或不能提供金融机构证明的,当地允许扣除的房地产开发费用比例为10%。

要求:根据上述资料按照下列序号回答问题;如有计算,需计算出合计数。

(1)简要说明土地增值税的清算单位。

(2)简要说明主管税务机关可要求纳税人进行土地增值税清算的情形。

(3)计算该公司清算土地增值税时允许扣除的土地使用权支付金额。

(4)计算该公司清算土地增值税时允许扣除项目金额的合计数。

(5)计算该公司清算土地增值税时应补交的土地增值税。

第七章 财产类税法

学习目标与要求

1. 掌握财产类税法各税种的纳税人、征税对象和税率。
2. 掌握财产类税法各税种应纳税额的计算。
3. 熟悉各税种的税收优惠。
4. 了解各税种的纳税申报及缴纳期限等相关规定。

第一节 房产税法

房产税是以房屋为征税对象,以房屋的计税余值或租金收入为计税依据,向产权所有人征收的一种财产税。房产税法是指国家制定的用以调整房产税征收与缴纳之间的权利义务关系的法律规范。我国现行的房产税法的基本规范,是国务院于1986年9月15日颁布并自1986年10月1日起施行的《中华人民共和国房产税暂行条例》(以下简称《房产税暂行条例》)。

一、纳税义务人

房产税以在征税范围内的房屋产权所有人为纳税人。

(1)产权属国家所有的,由经营管理单位纳税;产权属集体和个人所有的,由集体单位和个人纳税。

(2)产权出典的,由承典人缴纳房产税。所谓产权出典,是指产权所有人将房屋、生产资料等的产权,在一定期限内典当给他人使用,而取得资金的一种融资业务。产权所有人(房主)称为房屋出典人,支付现金或实物取得房屋支配权的人称为房屋的承典人。承典人向出典人交付一定的典价后,在质典期内获取抵押物品的支配权,并可转典。产权的典价一般要低于卖价。出典人在规定期间内须归还典价的本金和利息,方可赎回出典房屋的产权。由于在房屋出典期间,产权所有人已无权支配房屋,因此,税法规定由对房屋具有支配权的承典人为纳税人。

(3)产权所有人、承典人不在房屋所在地的,或产权未确定及租典纠纷未解决的,由房产代管人或者使用人纳税。

(4)纳税单位和个人无租使用房产管理部门、免税单位及纳税单位的房产,应由使用人代为缴纳房产税。

二、征税范围

房产税的征税对象是房产。所谓房产,是以房屋形体表现的财产。房屋则是指有屋面和围护结构(有墙或两边有柱),能够遮风避雨,可供人们在其中生产、学习、工作、娱乐、居住或储藏物资的场所。

独立于房屋之外的建筑物,如围墙、烟囱、水塔、变电塔、油池油柜、酒窖菜窖、酒精池、糖蜜池、室外游泳池、玻璃暖房、砖瓦石灰窑以及各种油气罐等,不属于房产。

《房产税暂行条例》规定,房产税的征税范围为城市、县城、建制镇和工矿区。具体规定如下:

(1)城市是指国务院批准设立的市。

(2)县城是指县人民政府所在地的地区。

(3)建制镇是指经省、自治区、直辖市人民政府批准设立的建制镇。

(4)工矿区是指工商业比较发达、人口比较集中、符合国务院规定的建制镇标准但尚未设立建制镇的大中型工矿企业所在地。开征房产税的工矿区必须经省、自治区、直辖市人民政府批准。

为了减轻农民的负担,房产税的征税范围不包括农村。

三、税率

房产税采用比例税率。根据计税依据的不同,分为以下两种:

(1)按照房产余值计算缴纳的,税率为1.2%;

(2)按照房产租金收入计算缴纳的,税率为12%。

自2008年3月1日起,对个人出租住房,不区分用途,按4%的税率征收房产税。对企事业单位、社会团体以及其他组织按市场价格向个人出租用于居住的住房,减按4%的税率征收房产税。

四、应纳税额的计算

(一)计税依据

房产税的计税依据是房产的计税价值或房产的租金收入。按照房产计税价值征税的,称为从价计征;按照房产租金收入计征的,称为从租计征。

1. 从价计征

房产税依照房产原值一次减除10%~30%后的余值计算缴纳。具体减除比例,由当地省、自治区、直辖市人民政府确定。有关房产原值的具体规定如下:

(1)房产原值是指纳税人按照会计制度规定,在会计核算账簿"固定资产"科目中记载的房屋原价。因此,凡按会计制度规定在账簿中记载有房屋原价的,应以房屋原价按规定减除一定比例后作为房产余值计征房产税;没有记载房产原价的,按照上述原则,并参照同类房屋确定房产原值,按规定计征房产税。

对依照房产原值计税的房产,不论是否记载在会计账簿固定资产科目中,均应按照房屋原价计算缴纳房产税。房屋原价应根据国家有关会计制度规定进行核算。对纳税人未按国家会计制度规定核算并记载的,应按规定予以调整或重新评估。

对按照房产原值计税的房产,无论会计上如何核算,房产原值均应包含地价,包括为取得土地使用权支付的价款、开发土地发生的成本费用等。宗地容积率低于0.5的,按房产建筑面积的2倍计算土地面积并据此确定计入房产原值的地价。

(2)房产原值应包括与房屋不可分割的各种附属设备或一般不单独计算价值的配套设施。附属设备或配套设施主要包括:暖气、卫生、通风、照明、煤气等设备;各种管线,如蒸汽、压缩空气、石油、给水排水等管道及电力、电信、电缆导线;电梯、升降机、过道、晒台等。属于房屋附属设备的水管、下水道、暖气管、煤气管等应从最近的探视井或三通管起计算原值;电灯网、照明线从进线盒连接管起计算原值。

凡以房屋为载体,不可随意移动的附属设备和配套设施,如给排水、采暖、消防、中央空调、电气及智能化楼宇设备等,无论在会计核算中是否单独记账与核算,都应计入房产原值,计征房产税。对于更换房屋附属设备和配套设施的,在将其价值计入房产原值时,可扣减原来相应设备和设施的价值;对附属设备和配套设施中易损坏、需要经常更换的零配件,更新后不再计入房产原值。

(3)纳税人对原有房屋进行改建、扩建的,要相应增加房屋的原值。

(4)凡在房产税征收范围内的具备房屋功能的地下建筑,包括与地上房屋相连的地下建筑及完全建在地面以下的建筑、地下人防设施等,均应依照有关规定征收房产税。纳税人自用的地下建筑物,按以下方式确定房产原值:

①工业用途房产,以房屋原价的50%~60%作为应税房产原值;

②商业和其他用途房产,以房屋原价的70%~80%作为应税房产原值;

房屋原价折算为应税房产原值的具体比例,由各省、自治区、直辖市和计划单列市财政和地方税务部门在上述幅度内自行确定。

③对于与地上房屋相连的地下建筑物,如房屋的地下室、地下停车场、商场的地下部分等,应将地下部分与地上房屋视为一个整体按照地上房屋建筑的有关规定计算征收房产税。

2. 从租计征

根据规定,房产出租的,以房产租金收入为房产税的计税依据。计征房产税的租金收入不含增值税。

房产的租金收入,是房屋产权所有人出租房产使用权所得的报酬,包括货币收入和实物收入。如果是以劳务或者其他形式为报酬抵付房租收入的,应根据当地同类房产的租金水平,确定一个标准租金额从租计征。

出租的地下建筑,按照出租地上房屋建筑的有关规定计算征收房产税。

对出租房产,租赁双方签订的租赁合同约定有免收租金期限的,免收租金期间由产权所有人按照房产原值缴纳房产税。

3. 计税依据的特殊规定

(1)对投资联营的房产,在计征房产税时应予以区别对待。对于以房产投资联营,投资者参与投资利润分红,共担风险的,按房产余值作为计税依据计征房产税;对以房产投资,收取固定收入,不承担联营风险的,实际是以联营名义取得房产租金,应由出租方按租金收入计缴房产税。

(2)融资租赁的房产,由承租人自融资租赁合同约定开始日的次月起依照房产余值缴纳房产税。合同未约定开始日的,由承租人自合同签订的次月起依照房产余值缴纳房产税。

(3)居民住宅区内业主共有的经营性房产的计税规定。对居民住宅区内业主共有的经营性房产,由实际经营(包括自营和出租)的代管人或使用人缴纳房产税。其中自营的依照房产原值减除10%～30%后的余值计征,没有房产原值或不能将业主共有房产与其他房产的原值准确划分开的,由房产所在地税务机关参照同类房产核定房产原值;出租房产的,按照租金收入计征。

(二)应纳税额的计算

1. 从价计征的计算

从价计征是按房产的原值减除一定比例后的余值计征,其计算公式为

$$应纳税额 = 应税房产原值 \times (1 - 减除比例) \times 1.2\%$$

其中,减除比例为10%～30%,具体由省、自治区、直辖市人民政府确定。

2. 从租计征的计算

从租计征是按房产的租金收入(不含增值税)计征,其计算公式为

$$应纳税额 = 租金收入(不含增值税) \times 12\%(或4\%)$$

【例7-1】某公司2015年购进一处房产,2022年5月1日用于投资联营(收取固定收入,不承担联营风险),投资期3年,当年取得固定收入160万元(不含增值税)。该房产原值3 000万元,当地政府规定的减除幅度为30%,该公司2022年应缴纳的房产税是多少?

【解析】 对以房产投资,收取固定收入,不承担联营风险的,实际是以联营名义取得房产租金,应由出租方按租金收入计缴房产税。

该房产前4个月从价计征,后8个月从租计征。

应纳房产税 = $3\,000 \times (1 - 30\%) \times 1.2\% \times 4 \div 12 + 160 \times 12\% = 27.6$(万元)

五、税收优惠

根据《房产税暂行条例》及有关规定,对下列房产免征房产税。

(1)对国家机关、人民团体、军队自用的房产免征房产税。"人民团体",是指经国务院授权的政府部门批准设立或登记备案并由国家拨付行政事业经费的各种社会团体。自用的房产,是指这些单位本身的办公用房和公务用房。但上述免税单位的出租房产以及非自身业务使用的生产、营业用房,不属于免税范围。

(2)对由国家财政部门拨付事业经费的单位自用的房产免征房产税。由国家财政部门拨付事业经费的单位,如学校、医疗卫生单位、托儿所、幼儿园、敬老院及文化、体育、艺术等事业单位自用的房产。自用的房产是指这些单位本身的业务用房,不包括所属的附属工厂、商店、招待所等。

(3)对宗教寺庙、公园、名胜古迹自用的房产免征房产税。宗教寺庙自用的房产,是指举行宗教仪式等的房屋和宗教人员使用的生活用房屋。公园、名胜古迹自用的房产,是指供公共参观游览的房屋及其管理单位的办公用房屋。

但宗教寺庙、公园、名胜古迹中附设的营业单位,如影剧院、饮食部、茶庄、照相馆等所使用的房产及出租的房产,不属于免税范围,应征收房产税。

(4)对个人所有非营业用的房产免征房产税。个人所有的非营业用的房产,主

要是指居民用房,不论面积大小,均免征房产税。对于个人所有的营业用房及出租的房产,不属于免税房产,应照章纳税。

(5)对经财政部批准免税的其他房产免征房产税。根据《关于房产税若干具体问题的解释和暂行规定》,下列房产可免征房产税:

对非营利性医疗机构、疾病控制机构和妇幼保健机构等卫生机构自用的房产,免征房产税。

从 2001 年 1 月 1 日起,对按照政府规定价格出租的公有住房和廉租住房,包括企业和自收自支的事业单位向职工出租的单位自有住房,房管部门向居民出租的公有住房等落实私房政策中带户发还产权并以政府规定租金标准向居民出租的私有住房等,暂免征收房产税。

经营公租房的租金收入,免征房产税。公共租赁住房经营管理单位应单独核算公共租赁住房租金收入,未单独核算的,不得享受免征房产税优惠政策。

(6)自 2019 年 1 月 1 日至 2023 年 12 月 31 日,对国家级、省级科技企业孵化器、大学科技园和国家备案众创空间自用以及无偿或通过出租等方式提供给在孵对象使用的房产免征房产税。

(7)自 2019 年 1 月 1 日至 2023 年 12 月 31 日,对高校学生公寓免征房产税。高校学生公寓,是指为高校学生提供住宿服务,按照国家规定的收费标准收取住宿费的学生公寓。

(8)自 2019 年 1 月 1 日至 2023 年 12 月 31 日,对农产品批发市场、农贸市场(包括自有和承租)专门用于经营农产品的房产,暂免征收房产税。对同时经营其他产品的农产品批发市场和农贸市场使用的房产,按其他产品与农产品交易场地面积的比例确定征免房产税。

(9)经有关部门鉴定,对毁损不堪居住的房屋和危险房屋,在停止使用后,可免征房产税。

(10)纳税人因房屋大修导致连续停用半年以上的,在房屋大修期间免征房产税。

(11)凡是在基建工地为基建工地服务的各种工棚、材料棚、休息棚、办公室、食堂、茶炉房、汽车房等临时性房屋,无论是施工企业自行建造还是基建单位出资建造,交施工企业使用的,在施工期间,一律免征房产税。但是,如果在基建工程结束后,施工企业将这种临时性房屋交还或者低价转让给基建单位的,应当从基建单位接收的次月起,依照规定缴纳房产税。

(12)纳税单位与免税单位共同使用的房屋,按各自使用的部分分别征收或免征房产税。

(13)房地产开发企业建造的商品房,在出售前不征收房产税。但出售前房地产开发企业已使用或出租、出借的商品房,应按规定征收房产税。

(14)自 2019 年 6 月 1 日至 2025 年 12 月 31 日,为社区提供养老、托育、家政等服务的机构自用或其通过承租、无偿使用等方式取得并用于提供社区养老、托育、家政服务的房产,免征房产税。

(15)企业办的各类学校、医院、托儿所、幼儿园自用的房产,免征房产税。

(16)自 2022 年 1 月 1 日至 2024 年 12 月 31 日,对增值税小规模纳税人、小型微利企业和个体工商户可以在50%的税额幅度内减征房产税。

六、征收管理

（一）纳税义务发生时间

(1)纳税人将原有房产用于生产经营,从生产经营之月起缴纳房产税。
(2)纳税人自行新建房屋用于生产经营,从建成之次月起缴纳房产税。
(3)纳税人委托施工企业建设的房屋,从办理验收手续之次月起缴纳房产税。
(4)纳税人购置新建商品房,自房屋交付使用之次月起缴纳房产税。
(5)纳税人购置存量房,自办理房屋权属转移、变更登记手续,房地产权属登记机关签发房屋权属证书之次月起,缴纳房产税。
(6)纳税人出租、出借房产,自交付出租、出借房产之次月起,缴纳房产税。
(7)房地产开发企业自用、出租、出借本企业建造的商品房,自房屋使用或交付之次月起,缴纳房产税。
(8)纳税人因房产的实物或权利状态发生变化而依法终止房产税纳税义务的,其应纳税款的计算应截止到房产的实物或权利状态发生变化的当月末。

（二）纳税地点

房产税在房产所在地缴纳。房产不在同一地方的纳税人,应按房产的坐落地点分别向房产所在地的税务机关纳税。

（三）纳税期限

房产税实行按年计算、分期缴纳的征收方法,具体纳税期限由省、自治区、直辖市人民政府确定。

第二节 契 税 法

契税是以在中华人民共和国境内转移土地、房屋权属为征税对象,向产权承受人征收的一种财产税。契税法是指国家制定的用以调整契税征收与缴纳之间权利和义务关系的法律规范。我国现行契税法的基本规范,是2020年8月11日第十三届全国人民代表大会常务委员会第二十一次会议表决通过,并于2021年9月1日开始施行的《中华人民共和国契税法》(以下简称《契税法》)。

一、纳税义务人

在中华人民共和国境内转移土地、房屋权属,承受的单位和个人为契税的纳税人。

土地、房屋权属是指土地使用权和房屋所有权。转移土地、房屋权属,是指下列行为:

(1)土地使用权出让。

(2)土地使用权转让,包括出售、赠与、互换。土地使用权转让不包括土地承包经营权和土地经营权的转移。

(3)房屋买卖、赠与、互换。

以作价投资(入股)、偿还债务、划转、奖励等方式转移土地、房屋权属的,应当按规定征收契税。

二、征税范围

契税的征税对象为发生土地使用权和房屋所有权权属转移的土地和房屋。

(一)国有土地使用权出让

国有土地使用权出让是指土地使用者向国家交付土地使用权出让费用,国家将国有土地使用权在一定年限内让与土地使用者的行为。

国有土地使用权出让,受让者应向国家缴纳出让金,以出让金为依据计算缴纳契税。不得因减免土地出让金而减免契税。

(二)土地使用权转让

土地使用权的转让是指土地使用者以出售、赠与、交换或者其他方式将土地使用权转移给其他单位和个人的行为。

(三)房屋买卖

房屋买卖是以货币为媒介,出卖者向购买者让渡房产所有权的交易行为。以下几种特殊情况,视同买卖房屋。

1. 以房产抵债或实物交换房屋

经当地政府和有关部门批准,以房抵债和实物交换房屋,均视同房屋买卖,应由产权承受人按房屋现值缴纳契税。

2. 以房产作投资或作股权转让

这种交易业务属房屋产权转移,应根据国家房地产管理的有关规定,办理房屋产权交易和产权变更登记手续,视同房屋买卖,由产权承受方按投资房产价值或房产买价缴纳契税。

以自有房产作股投入本人独资经营的企业,免纳契税。因为以自有的房地产投入本人独资经营的企业,产权所有人和使用权人未发生变化,不需办理房产变更手续,也不办理契税手续。

3. 买房拆料或翻建新房

买房拆料是指购买房产的目的是为取得该房产的建筑材料;翻建新房是指购买该房产的目的是为了重新翻建该房产。

例如,甲某购买乙某房产,不论其目的是取得该房产的建筑材料或是翻建新房,实际构成房屋买卖。甲某应首先办理房屋产权变更手续,并按买价缴纳契税。

(四)房屋赠与

房屋赠与是指房屋产权所有人将房屋无偿转让给他人所有。其中,将自己的房屋转交给他人的法人和自然人,称作房屋赠与人;接受他人房屋的法人和自然人,称为受赠人。房屋赠与,受赠人要按规定缴纳契税。

以获奖方式获得房屋产权的,其实质是接受赠与房产,获奖人也应缴纳契税。

(五)房屋交换

房屋交换是指房屋所有者之间互相交换房屋的行为。

三、税率

契税实行3%～5%的幅度税率。各省、自治区、直辖市人民政府可以在3%～5%的幅度税率规定范围内,报同级人民代表大会常务委员会决定,并报全国人民代表大会常务委员会和国务院备案。

四、应纳税额的计算

(一)计税依据

计征契税的计税依据不含增值税。由于土地、房屋权属转移方式不同,定价方法不同,因而具体计税依据视不同情况而确定。

(1)土地使用权出让、出售,房屋买卖,以成交价格为计税依据。成交价格是指土地、房屋权属转移合同确定的价格,包括承受者应交付的货币、实物、无形资产或者其他经济利益。

(2)土地使用权赠与、房屋赠与,其计税依据由征收机关参照土地使用权出售、房屋买卖的市场价格核定。

(3)土地使用权交换、房屋交换,其计税依据为所交换的土地使用权、房屋的价格差额。也就是说,交换价格相等时,免征契税;交换价格不等时,由多交付货币、实物、无形资产或者其他经济利益的一方缴纳契税。

(4)房屋买卖的契税计税价格为房屋买卖合同的总价款,买卖装修的房屋,装修费用应包括在内。

(5)其他计税依据的具体情形:

①以划拨方式取得的土地使用权,经批准改为出让方式重新取得该土地使用权的,应由该土地使用权人以补缴的土地出让价款为计税依据缴纳契税。

②先以划拨方式取得土地使用权,后经批准转让房地产,划拨土地性质改为出让的,承受方应分别以补缴的土地出让价款和房地产权属转移合同确定的成交价格为计税依据缴纳契税。

③先以划拨方式取得土地使用权,后经批准转让房地产,划拨土地性质未发生改变的,承受方应以房地产权属转移合同确定的成交价格为计税依据缴纳契税。

④土地使用权及所附建筑物、构筑物等(包括在建的房屋、其他建筑物、构筑物和其他附着物)转让的,计税依据为承受方应交付的总价款。

⑤土地使用权出让的,计税依据包括土地出让金、土地补偿费、安置补助费、地上附着物和青苗补偿费、征收补偿费、城市基础设施配套费、实物配建房屋等应交付的货币以及实物、其他经济利益对应的价款。

⑥房屋附属设施(包括停车位、机动车库、非机动车库、顶层阁楼、储藏室及其他房屋附属设施)与房屋为同一不动产单元的,计税依据为承受方应交付的总价款,并适用与房屋相同的税率;房屋附属设施与房屋为不同不动产单元的,计税依据为转移合同确定的成交价格,并按当地确定的适用税率计税。

纳税人申报的成交价格、互换价格差额明显偏低且无正当理由的,由税务机关依照《中华人民共和国税收征收管理法》的规定核定。

(二)应纳税额的计算

契税应纳税额的计算公式为

$$应纳税额=计税依据\times税率$$

【例7-2】 居民甲2022年购置了一套价值100万元(不含增值税,下同)的新住房,同时对原有的两套住房处理如下:一套出售给居民乙,成交价格50万元;另一套市场价格80万元的住房与居民丙进行交换,由丙支付差价款5万元。假定当地省政府规定的契税税率为4%,则居民甲、乙、丙应缴纳的契税是多少?

【解析】

契税以受让方为纳税人,甲购置新住房,应缴纳契税。

$$甲应缴纳契税=100\times4\%=4(万元)$$
$$乙应缴纳契税=50\times4\%=2(万元)$$

房屋交换,交换价格不等时,由多交付的货币的一方缴纳契税。

$$丙应缴纳契税=5\times4\%=0.2(万元)$$

五、税收优惠

(一)免征契税的情形

(1)国家机关、事业单位、社会团体、军事单位承受土地、房屋权属用于办公、教学、医疗、科研、军事设施。

(2)非营利性的学校、医疗机构、社会福利机构承受土地、房屋权属用于办公、教学、医疗、科研、养老、救助。

(3)承受荒山、荒地、荒滩土地使用权用于农、林、牧、渔业生产。

(4)婚姻关系存续期间夫妻之间变更土地、房屋权属。

(5)夫妻因离婚分割共同财产发生土地、房屋权属变更的,免征契税。

(6)城镇职工按规定第一次购买公有住房的,免征契税。

公有制单位为解决职工住房而采取集资建房方式建成的普通住房或由单位购买的普通商品住房,经县级以上地方人民政府房改部门批准、按照国家房改政策出售给本单位职工的,如属职工首次购买住房,比照公有住房免征契税。

已购公有住房经补缴土地出让价款成为完全产权住房的,免征契税。

(7)法定继承人通过继承承受土地、房屋权属。

(8)依照法律规定应当予以免税的外国驻华使馆、领事馆和国际组织驻华代表机构承受土地、房屋权属。

(9)2021年1月1日起至2023年12月31日,企业、事业单位改制重组等契税

优惠的规定如下:

①企业改制。企业按照《中华人民共和国公司法》有关规定整体改制,包括非公司制企业改制为有限责任公司或股份有限公司,有限责任公司变更为股份有限公司,股份有限公司变更为有限责任公司,原企业投资主体存续并在改制(变更)后的公司中所持股权(股份)比例超过75%,且改制(变更)后公司承继原企业权利、义务的,对改制(变更)后公司承受原企业土地、房屋权属,免征契税。

②事业单位改制。事业单位按照国家有关规定改制为企业,原投资主体存续并在改制后企业中出资(股权、股份)比例超过50%的,对改制后企业承受原事业单位土地、房屋权属,免征契税。

③公司合并。两个或两个以上的公司,依照法律规定、合同约定,合并为一个公司,且原投资主体存续的,对合并后公司承受原合并各方土地、房屋权属,免征契税。

以上所称投资主体存续,是指原改制重组企业、事业单位的出资人必须存在于改制重组后的企业,出资人的出资比例可以发生变动。

④公司分立。公司依照法律规定、合同约定分立为两个或两个以上与原公司投资主体相同的公司,对分立后公司承受原公司土地、房屋权属,免征契税。

以上所称投资主体相同,是指公司分立前后出资人不发生变动,出资人的出资比例可以发生变动。

⑤企业破产。企业依照有关法律法规规定实施破产,债权人(包括破产企业职工)承受破产企业抵偿债务的土地、房屋权属,免征契税;对非债权人承受破产企业土地、房屋权属,凡按照《中华人民共和国劳动法》等国家有关法律法规政策妥善安置原企业全部职工规定,与原企业全部职工签订服务年限不少于三年的劳动用工合同的,对其承受所购企业土地、房屋权属,免征契税;与原企业超过30%的职工签订服务年限不少于三年的劳动用工合同的,减半征收契税。

⑥资产划转。对承受县级以上人民政府或国有资产管理部门按规定进行行政性调整、划转国有土地、房屋权属的单位,免征契税。

同一投资主体内部所属企业之间土地、房屋权属的划转,包括母公司与其全资子公司之间,同一公司所属全资子公司之间,同一自然人与其设立的个人独资企业、一人有限公司之间土地、房屋权属的划转,免征契税。

母公司以土地、房屋权属向其全资子公司增资,视同划转,免征契税。

⑦债权转股权。经国务院批准实施债权转股权的企业,对债权转股权后新设立的公司承受原企业的土地、房屋权属,免征契税。

⑧划拨用地出让或作价出资。以出让方式或国家作价出资(入股)方式承受原改制重组企业、事业单位划拨用地的,不属上述规定的免税范围,对承受方应按规定征收契税。

⑨公司股权(股份)转让。在股权(股份)转让中,单位、个人承受公司股权(股份),公司土地、房屋权属不发生转移,不征收契税。

(二)省、自治区、直辖市可以决定免征或者减征契税的情形

省、自治区、直辖市可以决定对下列情形免征或者减征契税:

(1)因土地、房屋被县级以上人民政府征收、征用,重新承受土地、房屋权属;

(2)因不可抗力灭失住房,重新承受住房权属。

免征或者减征契税的具体办法,由省、自治区、直辖市人民政府提出,报同级人民代表大会常务委员会决定,并报全国人民代表大会常务委员会和国务院备案。

经批准减征、免征契税的纳税人,纳税人改变有关土地、房屋的用途,或者有其他不再属于规定的免征、减征契税情形的,应当缴纳已经免征、减征的税款。

六、征收管理

(一)纳税义务发生时间

契税的纳税义务发生时间是纳税人签订土地、房屋权属转移合同的当天,或者纳税人取得其他具有土地、房屋权属转移合同性质凭证的当天。

(二)纳税地点

契税在土地、房屋所在地的征收机关缴纳。

(三)纳税期限

纳税人应当自纳税义务发生之日起10日内,向土地、房屋所在地的契税征收机关办理纳税申报,填写《契税纳税申报表》,并在契税征收机关核定的期限内缴纳税款。

(四)征收管理

纳税人办理纳税事宜后,税务机关应当开具契税完税凭证。纳税人办理土地、房屋权属登记,不动产登记机构应当查验契税完税、减免税凭证或者有关信息。未按照规定缴纳契税的,不动产登记机构不予办理土地、房屋权属登记。

在依法办理土地、房屋权属登记前,权属转移合同、权属转移合同性质凭证不生效、无效、被撤销或者被解除的,纳税人可以向税务机关申请退还已缴纳的税款,税务机关应当依法办理。

第三节 车船税法

车船税是对在中华人民共和国境内的车辆、船舶的所有人或者管理人按车船税法征收的一种财产税。车船税法是指国家制定的用以调整车船税征收与缴纳之间的权利义务关系的法律规范。我国现行的车船税法的基本规范,是2011年2月25日第十一届全国人民代表大会常务委员会第十九次会议通过、2019年4月23日第十三届全国人民代表大会常务委员会第十次会议修订的《中华人民共和国车船税法》(以下简称《车船税法》)。2011年12月5日国务院发布、2019年3月2日修订《中华人民共和国车船税法实施条例》。

一、纳税义务人和扣缴义务人

在中华人民共和国境内,属于《车船税法》中《车船税税目税额表》规定的车辆、船舶(以下简称"车船")的所有人或者管理人为车船税的纳税义务人,应当依照规定缴纳车船税。管理人是指对车船具有管理使用权,不具有所有权的单位和个人。车船的所有人或管理人未缴纳车船税的,使用人应当代为缴纳车船税。

从事机动车第三者责任强制保险业务的保险机构为机动车车船税的扣缴义务人,应当在收取保险费时依法代收车船税,并出具代收税款凭证。

对于依法不需要购买机动车交通事故责任强制保险的车辆,纳税人应当向主管税务机关申报缴纳车船税。

二、征税范围

车船税征税范围是在中华人民共和国境内属于《车船税法》所附《车船税税目税额表》规定的车辆、船舶。车辆、船舶是指:

(1)依法应当在车船管理部门登记的机动车辆和船舶。

(2)依法不需要在车船管理部门登记的在单位内部场所行驶或者作业的机动车辆和船舶。

车船管理部门,是指公安、交通运输、农业、渔业、军队、武装警察部队等依法具有车船登记管理职能的部门;单位,是指依照中国法律、行政法规规定,在中国境内成立的行政机关、企业、事业单位、社会团体以及其他组织。

三、税目

车船税的税目分为六大类,包括乘用车、商用车、挂车、其他车辆、摩托车和船舶。

1. 乘用车

乘用车是指在设计和技术特性上主要用于载运乘客及随身行李,核定载客人数包括驾驶员在内不超过9人的汽车。

2. 商用车

商用车是指除乘用车外,在设计和技术特性上用于载运乘客、货物的汽车,划分为客车和货车。

客车核定载客人数9人以上,包括电车。

货车包括半挂牵引车、三轮汽车和低速载货汽车等。

(1)半挂牵引车,是指装备有特殊装置用于牵引半挂车的商用车。

(2)三轮汽车,是指最高设计车速不超过每小时50公里,具有三个车轮的货车。

(3)低速载货汽车,是指以柴油机为动力,最高设计车速不超过每小时70公里,具有四个车轮的货车。

3. 挂车

挂车是指就其设计和技术特性需由汽车或者拖拉机牵引,才能正常使用的一种无动力的道路车辆。

4. 其他车辆

(1)专用作业车,是指在其设计和技术特性上用于特殊工作的车辆。

(2)轮式专用机械车,是指有特殊结构和专门功能,装有橡胶车轮可以自行行驶,最高设计车速大于每小时20公里的轮式工程机械车。

5. 摩托车

摩托车是指无论采用何种驱动方式,最高设计车速大于每小时 50 公里,或者使用内燃机,其排量大于 50 毫升的两轮或者三轮车辆。

6. 船舶

船舶是指各类机动、非机动船舶以及其他水上移动装置,但是船舶上装备的救生艇筏和长度小于 5 米的艇筏除外。其中,机动船舶是指用机器推进的船舶;拖船是指专门用于拖(推)动运输船舶的专业作业船舶;非机动驳船,是指在船舶登记管理部门登记为驳船的非机动船舶;游艇是指具备内置机械推进动力装置,长度在 90 米以下,主要用于游览观光、休闲娱乐、水上体育运动等活动,并应当具有船舶检验证书和适航证书的船舶。

四、税率

车船税实行定额税率。车辆的具体适用税额由省、自治区、直辖市人民政府依照《车船税法》所附《车船税税目税额表》规定的税额幅度和国务院的规定确定。船舶的具体适用税额由国务院在《车船税法》所附《车船税税目税额表》规定的税额幅度内确定。

车船税的适用税额,依照《车船税法》所附的《车船税税目税额表》(见表 7-1)执行。

表 7-1 车船税税目税额表

税 目		计税单位	年基准税额/元	备 注
乘用车[按发动机汽缸容量(排气量)分档]	1.0 升(含)以下的	每辆	60～360	核定载客人数 9 人(含)以下
	1.0 升以上至 1.6 升(含)的		300～540	
	1.6 升以上至 2.0 升(含)的		360～660	
	2.0 升以上至 2.5 升(含)的		660～1 200	
	2.5 升以上至 3.0 升(含)的		1 200～2 400	
	3.0 升以上至 4.0 升(含)的		2 400～3 600	
	4.0 升以上的		3 600～5 400	
商用车	客车	每辆	480～1 440	核定载客人数 9 人以上,包括电车
	货车	整备质量每吨	16～120	包括半挂牵引车、挂车、客货两用汽车、三轮汽车和低速载货汽车等
挂车		整备质量每吨	按照货车税额的 50% 计算	
其他车辆	专用作业车	整备质量每吨	16～120	不包括拖拉机
	轮式专用机械车	整备质量每吨	16～120	
摩托车		每辆	36～180	

续表

税　　目		计税单位	年基准税额/元	备　　注
船舶	机动船舶	净吨位每吨	3~6	拖船、非机动驳船分别按照机动船舶税额的50%计算
	游艇	艇身长度每米	600~2 000	

注：整备质量，是指车辆按出厂技术条件装备完整（如备胎、工具等安装齐备）、各种油水添满后的重量，即惯称的"空车重量"或"自重"。

车船税确定税额总的原则是：非机动车船的税负轻于机动车船；人力车的税负轻于畜力车；小吨位船舶的税负轻于大吨位船舶。

1. 机动船舶适用税额

(1)净吨位不超过200吨的，每吨3元；
(2)净吨位超过200吨但不超过2 000吨的，每吨4元；
(3)净吨位超过2 000吨但不超过10 000吨的，每吨5元；
(4)净吨位超过10 000吨的，每吨6元。
拖船按照发动机功率每1千瓦折合净吨位0.67吨计算征收车船税。

2. 游艇适用税额

(1)艇身长度不超过10米的，每米600元；
(2)艇身长度超过10米但不超过18米的，每米900元；
(3)艇身长度超过18米但不超过30米的，每米1 300元；
(4)艇身长度超过30米的，每米2 000元；
(5)辅助动力帆艇，每米600元。
艇身长度是指游艇的总长。

五、应纳税额的计算

（一）计税依据

车船税按其征税对象的性质，计税标准分别为辆、整备质量、净吨位和艇身长度。

(1)按"辆"征收，主要适用于乘用车、客车和摩托车。
(2)按"整备质量"征收，主要适用于货车、挂车和其他车辆。
(3)按"净吨位"征收，主要适用于机动船舶、拖船、非机动驳船。拖船、非机动驳船分别按照机动船舶税额的50%计算。
(4)按"艇身长度"征收，仅适用于游艇。

车船税法及其实施条例所涉及的排气量、整备质量、核定载客人数、净吨位、千瓦数、艇身长度，以车船登记管理部门核发的车船登记证书或者行驶证所载数据为准。

依法不需要办理登记的车船和依法应当登记而未办理登记或者不能提供车船

登记证书、行驶证的车船,以车船出厂合格证明或者进口凭证标注的技术参数、数据为准;不能提供车船出厂合格证明或者进口凭证的,由主管税务机关参照国家相关标准核定,没有国家相关标准的,参照同类车船核定。

(二)应纳税额的计算

车船税实行从量定额征税方法,其应纳税额的基本计算公式为

$$应纳税额＝计税依据×适用税额$$

【例7-3】 2021年某公司拥有3辆载客汽车,3辆载货汽车,1辆挂车。载货汽车整备质量分别为3吨、4吨、2.5吨,挂车整备质量为4吨。当地车船税的年税额为:载客汽车每辆600元,载货汽车整备质量每吨50元。则该公司2021年应缴纳的车船税为多少?

【解析】 应纳税额＝3×600＋(3＋4＋2.5＋4×50％)×50＝2 375(元)

购置的新车船,购置当年的应纳税额自纳税义务发生的当月起按月计算。应纳税额为年应纳税额除以12再乘以应纳税月份数。

$$应纳税额＝年应纳税额÷12×应纳税月份数$$

六、税收优惠

(一)法定减免

(1)捕捞、养殖渔船免征车船税。捕捞、养殖渔船是指在渔业船舶管理部门登记为捕捞船或者养殖船的船舶。

(2)军队、武装警察部队专用的车船免征车船税。军队、武装警察部队专用的车船是指按照规定在军队、武装警察部队车船管理部门登记,并领取军队、武警牌照的车船。

(3)警用车船免征车船税。警用车船是指公安机关、国家安全机关、监狱和人民法院、人民检察院领取警用牌照的车辆和执行警务的专用船舶。

(4)悬挂应急救援专用号牌的国家综合性消防救援车辆和国家综合性消防救援船舶免征车船税。

(5)依照法律规定应当予以免税的外国驻华使领馆、国际组织驻华代表机构及其有关人员的车船免征车船税。

(6)节约能源、使用新能源的车船可以免征或者减半征收车船税。免征或者减半征收车船税的车船的范围,由国务院财政、税务主管部门商国务院有关部门制订,报国务院批准。

(7)省、自治区、直辖市人民政府根据当地实际情况,可以对公共交通车船,农村居民拥有并主要在农村地区使用的摩托车、三轮汽车和低速载货汽车定期减征或免征车船税。

(二)特定减免

(1)经批准临时入境的外国车船和香港特别行政区、澳门特别行政区、台湾地区

的车船,不征收车船税。

(2)按照规定缴纳船舶吨税的机动船舶,自《车船税法》实施之日起5年内免征车船税。

(3)依法不需要在车船登记管理部门登记的机场、港口、铁路站场内部行驶或者作业的车船,自《车船税法》实施之日起5年内免征车船税。

(三)临时减免

对受严重自然灾害影响纳税困难以及有其他特殊原因确需减税、免税的,可以减征或者免征车船税。具体办法由国务院规定,并报全国人民代表大会常务委员会备案。

七、征收管理

(一)纳税义务发生时间

车船税纳税义务发生时间为取得车船所有权或者管理权的当月,以购买车船的发票或者其他证明文件所载日期的当月为准。

(二)纳税地点

车船税的纳税地点为车船的登记地或车船税扣缴义务人所在地。依法不需要办理登记的车船,车船税的纳税地点为车船的所有人或管理人所在地。

扣缴义务人代收代缴车船税的,纳税地点为扣缴义务人所在地。

纳税人自行申报缴纳车船税,纳税地点为车船登记地的主管税务机关所在地。

(三)纳税期限

车船税按年申报,分月计算,一次性缴纳。纳税年度为公历1月1日至12月31日。具体申报纳税期限由省、自治区、直辖市人民政府确定。

(四)其他规定

在一个纳税年度内,已完税的车船被盗抢、报废、灭失的,纳税人可以凭有关管理机关出具的证明和完税证明,向纳税所在地的主管税务机关申请退还自被盗抢、报废、灭失月份起至该纳税年度终了期间的税款。

已办理退税的被盗抢车船,失而复得的,纳税人应当从公安机关出具相关证明的当月起计算缴纳车船税。

在一个纳税年度内,纳税人在非车辆登记地由保险机构代收代缴机动车车船税,且能够提供合法有效完税证明的,纳税人不再向车辆登记地的地方税务机关缴纳车船税。

已缴纳车船税的车船在同一纳税年度内办理转让过户的,不另纳税,也不退税。

案例与点评

案例 7-1　明珠集团如何缴纳房产税

明珠集团 2022 年初自有房产原值 2 000 万元,2021 年发生以下业务:

(1)5 月 1 日将临街的原值为 200 万元的房屋出租,月租金为 3 万元(不含增值税)。

(2)6 月 1 日将原值为 500 万元的房产用于投资联营(收取固定收入,不承担联营风险),投资期为 5 年。已知该企业当年取得固定收入 50 万元(不含增值税)。

(3)6 月 1 日将原值为 200 万元的房产用于投资,承担风险,年末收到按投资比例分得的利润 20 万元。

(4)委托施工企业建造一间仓库,7 月末办理验收手续,入账价值为 50 万元。

当地房产税的扣除比例为 20%,请计算明珠集团 2021 年应缴纳的房产税。

【点评】

(1)应纳房产税 $= 3 \times 8 \times 12\% = 2.88$(万元)。

(2)对以房产投资,收取固定收入,不承担联营风险的,实际是以联营名义取得房产租金,应由出租方按租金收入计缴房产税。

应纳房产税 $= 50 \times 12\% + 500 \times (1-20\%) \times 1.2\% \times 5 \div 12 = 8$(万元)

(3)根据房产税法律制度的规定,以房产投资联营,投资者参与投资利润分红,共担风险的,按房产余值作为计税依据计征房产税。明珠集团以房产投资入股,其房屋的所有权已发生转移,其应缴纳的房产税应由拥有房屋产权的被投资方缴纳。

1—5 月应纳房产税 $= 200 \times (1-20\%) \times 1.2\% \times 5 \div 12 = 0.8$(万元)

(4)纳税人委托施工企业建设的房屋,从办理验收手续之次月起缴纳房产税。

应纳房产税 $= 50 \times (1-20\%) \times 1.2\% \times 5 \div 12 = 0.2$(万元)

(5)其余房产应纳房产税 $=(2\,000-200-500-200)\times(1-20\%)\times 1.2\% = 10.56$(万元)。

综上,明珠集团 2021 年应纳房产税 $= 2.88+8+0.8+0.2+10.56 = 22.44$(万元)。

案例 7-2　体操冠军如何缴纳契税

某省体操冠军李某 2022 年发生以下购置行为:

(1)购买一套别墅,购买价格 200 万元(不含增值税,下同)。

(2)获得国家奖励的一套三室两厅住房,市场价格为 90 万元。

(3)将自己以前的一套二居室住房与王某的商业用房交换,支付差价 10 万元。

(4)将上述(3)中换得的商业用房投资于一家公司。

当地政府规定契税税率为 4%,请计算李某应缴纳的契税。

【点评】

(1)购买别墅应缴纳契税 $= 200 \times 4\% = 8$(万元)。

(2)接受奖励房应缴纳契税,应纳契税＝90×4％＝3.6(万元)。

(3)交换住房由多支付货币的一方缴纳,李某应纳契税＝10×4％＝0.4(万元)。

(4)将房产投资,由承受方缴纳契税,因此李某不用纳税。

综上,李某应纳契税＝8＋3.6＋0.4＝12(万元)。

案例 7-3　船运公司如何缴纳车船税

某船运公司 2021 年年初拥有旧机动船 10 艘,每艘净吨位 1 500 吨;拥有拖船 2 艘,每艘发动机功率 500 马力。当年 8 月新购置机动船 4 艘,每艘净吨位 2 000 吨;10 月购置游艇 1 艘,长度为 50 米。该公司船舶适用的年税额为:净吨位超过 200 吨但不超过 2 000 吨的,每吨 4 元;艇身长度超过 30 米的游艇,每米 2 000 元。请计算该船运公司当年应缴纳的车船税。

【点评】

(1)旧机动船应纳车船税＝10×1 500×4＝60 000(元)。

(2)拖船 1 马力＝0.735 千瓦,500 马力＝500×0.735 千瓦＝367.5 千瓦,折合 367.5×0.67 吨＝246.23 吨,按照船舶税额的 50％计算。

应纳车船税＝2×246.23×4×50％＝984.92(元)

车船税纳税义务发生时间为取得车船所有权或者管理权的当月。

(3)新购置机动船应纳车船税＝4×2 000×4×5÷12＝13 333.33(元)。

(4)新购置游艇应纳车船税＝50×2 000×3÷12＝25 000(元)。

综上,船运公司 2021 年应纳车船税＝60 000＋984.92＋13 333.33＋25 000＝99 318.25(元)。

本章小结

财产税是以纳税人所拥有或支配的应税财产为征税对象的一种税。目前,我国已开征的与财产有关的税收主要包括房产税、契税、车船税等。

本章主要阐述房产税、契税和车船税的概念、纳税人、征税对象、征税范围、税目、税率、应纳税额的计算以及征收管理。房产税和契税采用比例税率,车船税实行定额税率。本章应重点把握各税种应纳税额的计算。

思考与练习题

【思考题】

1.分析《车船税法》出台的背景。

2.房产税的计税依据如何确定？税率各为多少？

3.契税的征税范围包括哪些？

4.房产税、契税、车船税各自主要有哪些税收优惠？

【练习题】

一、单项选择题

1. 下列各项中，符合房产税纳税人规定的是（　　）。
   A. 产权属于集体的由承典人缴纳
   B. 房屋产权出典的由出典人缴纳
   C. 产权纠纷未解决的由代管人或使用人缴纳
   D. 产权属于国家所有的不缴纳

2. 2021年3月底，某企业将其与办公楼相连的地下停车场和另一独立的地下建筑物改为地下生产车间。停车场原值100万元，地下建筑物原价200万元。该企业所在省确定的工业用途的独立地下建筑物的房产原价折算比例为50％，房产原值减除比例为30％。该企业以上两处地下建筑物2021年4月至12月应缴纳房产税（　　）万元。
   A. 0.95　　　　B. 1.15　　　　C. 1.26　　　　D. 1.89

3. 甲乙双方发生房屋交换行为，当交换价格相等时，契税（　　）。
   A. 由甲方缴纳　　　　　　　　B. 由乙方缴纳
   C. 由甲乙双方各缴一半　　　　D. 甲乙双方都不缴纳

4. 以下行为应缴纳契税的是（　　）。
   A. 法定继承人承受房屋权属
   B. 以自有房产作股投入本人独资经营的企业
   C. 接受捐赠的房屋
   D. 承包者获得农村集体土地承包经营权

5. 下列项目中属于车船税的扣缴义务人的是（　　）。
   A. 办理交强险业务的保险机构　　　B. 机动车的生产厂家
   C. 车辆船舶的所有人　　　　　　　D. 车辆船舶的管理人

6. 某企业拥有一幢三层的办公楼，原值6 000万元。该企业将其中的1/3以每月15万元（不含增值税）的租金出租给其他单位使用。2021年4月底，原租户的租期到期，该企业将该幢办公楼进行改建，更换楼内电梯，将原值80万元的电梯更换为120万元的新电梯，为该楼安装了300万元的智能化楼宇设施。这些改建工程于7月底完工。该企业所在地省级人民政府规定计算房产余值的减除比例为30％。该企业2021年应纳房产税（　　）万元。
   A. 51.49　　　　B. 52.38　　　　C. 53.05　　　　D. 53.19

7. 某企业向其他企业购置一幢使用过的办公楼，于2021年5月交付使用，2021年7月办理完权属变更手续领取房产证。会计在固定资产账面记录房产原值2 000万元，在无形资产账面记载了购买该幢楼支付的土地使用权金额800万元。当地规定的计算房产余值的减除比例为30％，则该企业2021年应纳房产税（　　）万元。
   A. 9.80　　　　B. 17.64　　　　C. 19.60　　　　D. 21.56

8. 某公司2021年2月1日购入一载货商用车，当月将全年应纳车船税一次性缴纳完毕。此车整备质量为10吨，每吨年税额96元。该车于6月1日被盗，经公安机关确认后，该公司遂向税务局申请退税。但在办理退税手续期间，此车又于9月1日被追回并取得公安机关证明。则该公司就该车2021年实际应缴纳的车船税为（　　）。
   A. 240元　　　　B. 480元　　　　C. 640元　　　　D. 880元

9. 天津市张三2022年1月购买一辆小轿车，依法缴纳了当年的车船税660元。2022年3月底，因工作地点变动，张三将该辆轿车转让给北京市的李四。下列表述正确的是（　　）。
   A. 张三应向天津市税务机关申请退还当年的660元的车船税，李四应在北京市缴纳660元的车船税
   B. 张三应向天津市税务机关申请退还已纳车船税550元，李四应在北京市缴纳3至12月的

车船税 550 元

C. 张三应向天津市税务机关申请退还已纳车船税 495 元,李四应在北京市缴纳 4 至 12 月的车船税 495 元

D. 当年该轿车既不需要重新纳税,也不再退税

10. 甲企业将国有土地使用权转让给乙企业,以下说法正确的是(　　)。

A. 甲企业缴纳土地增值税和契税

B. 乙企业缴纳土地增值税和契税

C. 甲企业缴纳土地增值税,乙企业缴纳契税

D. 甲企业缴纳契税,乙企业缴纳土地增值税

11. 某企业 2016 年 2 月以 2 800 万元购得一宗 1 500 平方米的土地,投入 200 万元进行土地开发,并在这宗土地上建造一座建筑面积 600 平方米的车间。则计入该车间计征房产税的房产原值的地价为(　　)万元。

A. 1 200　　　　　B. 2 400　　　　　C. 2 800　　　　　D. 3 600

12. 甲企业与商户签订房屋租赁合同,将一幢原值 2 500 万元的写字楼租赁给乙商户使用。因乙租期为两年,合同规定,可在租赁开始时有 2 个月的免收租金期限。按照合同规定,该写字楼月租金 20 万元(不含增值税),写字楼于 2021 年 12 月 31 日交付承租方,并规定了甲于 2022 年 3 月 1 日起向乙收取租金。则甲企业在 2022 年应缴纳的房产税为(　　)万元。

A. 24　　　　　B. 28.8　　　　　C. 26.8　　　　　D. 28

13. 甲企业 2022 年年初拥有厂房原值 2 000 万元,仓库原值 500 万元。2022 年 5 月 10 日将仓库以 1 000 万元的价格转让给乙企业。当地政府规定房产税减除比例为 30%,甲企业当年应缴纳房产税(　　)万元。

A. 17.65　　　　　B. 18.2　　　　　C. 18.55　　　　　D. 20.3

14. 某学校将一栋闲置不用的房屋转让给 A 公司,房产价值 500 万元。该房产的土地使用权当年是以无偿划拨的方式取得后经批准改为出让方式取得的。按规定,上述行为(　　)。

A. 应由 A 公司缴纳土地使用权的契税

B. 应由学校缴纳房屋转让的契税

C. 应由学校和 A 公司各负担一半房屋转让的契税

D. 应由学校补缴土地使用权的契税,A 公司缴纳房屋买卖的契税

15. 某运输企业 2021 年年初拥有净吨位为 3 000 吨的货运船只 6 艘,发动机功率 7 000 千瓦的拖船 4 只,净吨位 2 吨的非机动救生小舢板 10 只,净吨位 1 000 吨的非机动驳船 3 只。机动船舶车船税适用年税额如下:净吨位 200 吨(含)以下每吨为 3 元;净吨位超过 200 吨但不超过 2 000 吨的,每吨 4 元;净吨位超过 2 000 吨,但不超过 10 000 吨的,每吨 5 元。该企业 2021 年应纳车船税(　　)元。

A. 136 000　　　　　B. 140 600　　　　　C. 142 900　　　　　D. 149 000

二、多项选择题

1. 下列关于房产投资的房产税的说法正确的是(　　)。

A. 以房产投资成立有限公司,投资方按房产余值为计税依据计征房产税

B. 对以房产投资,收取固定收入,不承担联营风险的,由出租方按租金收入计缴房产税

C. 以房产联营投资,共担经营风险的,被投资方按房产余值为计税依据计征房产税

D. 以房产联营投资,共担经营风险的,投资方不再计征房产税

2. 契税征税对象具体包括(　　)。

A. 土地使用权的转让　　　　　B. 房屋买卖

C. 房屋交换　　　　　D. 国有土地使用权的出让

3. 下列各类在用车船中,可以享受车船税减免税优惠政策的有(　　)。

A. 纯电动汽车 B. 外国驻华使领馆的车船
C. 武装警察部队专用的车船 D. 在渔业船舶管理部门登记的捕捞船

4. 契税纳税义务发生时间是(　　)。
A. 取得具有房地产权属转移合同性质凭证的当天
B. 签订房地产权属转移合同的当天
C. 办理房地产产权证的当天
D. 交纳房地产预付款的当天

5. 下列各项中,符合房产纳税义务发生时间规定的是(　　)。
A. 将原有房产用于生产经营,从生产经营之次月起缴纳房产税
B. 委托施工企业建设的房屋,从办理验收手续之次月起缴纳房产税
C. 购置存量房,自权属登记机关签发房屋权属证书之次月起缴纳房产税
D. 房地产开发企业出借本企业建造的商品房,自房屋交付之次月起缴纳房产税

6. 甲将原值28万元的房产评估作价30万元(不含增值税)投资乙企业,乙企业办理产权登记后又将该房产以40万元(不含增值税)的价格售给丙企业,当地契税税率为3%,则下列表述正确的是(　　)。
A. 甲企业应纳契税0.9万元 B. 丙企业应纳契税1.2万元
C. 乙企业应纳契税0.9万元 D. 乙企业应纳契税0.84万元

7. 下列情况中不缴或免缴车船税的有(　　)。
A. 建筑工地的小推车 B. 公安部门的警车
C. 武警的雷达车 D. 汽车制造厂尚未销售的汽车

8. 下列各项中,符合房产税优惠政策的规定的有(　　)。
A. 个人所有的非营业用房产免征房产税
B. 宗教寺庙名胜古迹自用的房产免征房产税
C. 国家机关附属招待所使用的房产免征房产税
D. 经营公租房的租金收入免征房产税

9. 下列各项中,符合房产税法有关规定的有(　　)。
A. 对按照政府规定价格出租的公有住房和廉租住房,免征房产税
B. 损坏不堪居住的房屋和危险房屋,经有关部门鉴定,在继续使用时免征房产税
C. 在基建工地为基建工地服务的各种工棚等临时性房屋,在施工期间免征房产税
D. 因房屋大修导致连续停用半年以上的,该房屋在当年免征房产税

10. 以下关于房产税的有关规定,表述正确的有(　　)。
A. 纳税单位无租使用免税单位的房产,免纳房产税
B. 房产不在同一个地方的,应分别向房产所在地税务机关缴纳房产税
C. 房地产开发企业建造的商品房在出售前已经使用的,按规定缴纳房产税
D. 单位和个人使用其他单位房产的,由使用人代为缴纳房产税

11. 下列各项中,符合车船税征收管理规定的是(　　)。
A. 车船税按年申报,分月计算,一次性缴纳
B. 依法需要办理登记的车船,纳税人自行申报缴纳车船的纳税地点为车船登记地的主管税务机关所在地
C. 车船纳税义务发生时间为取得车船所有权或者管理权的次月
D. 不需要办理登记的车船不必缴纳车船税

三、判断题

1. 3月购置的新车船,购置当年的应纳税额应从4月起按月计算。(　　)
2. 附属设备或配套设施如果在会计核算中单独记账与核算,可不用计入房产原值计征房产

税。（　　）

3. 契税的纳税人是指在我国境内出让土地和出售房屋的单位和个人。（　　）

4. 车船的所有人或者管理人未缴纳车船税的，使用人应当代为缴纳车船税。（　　）

5. 房屋买卖的契税计税价格为房屋买卖合同的总价款，买卖装修的房屋，装修费用可以不包括在内。（　　）

四、计算题

1. 2021年年初，某集团拥有2.9升乘用车2辆，1.6升（含）的乘用车2辆，大型客车2辆，中型客车3辆，小型客车6辆，载货汽车（整备质量5吨）3辆，挂车1辆（整备质量10吨）。当地2.5升至3.0升的乘用车年税额为2 000元，1.0至1.6升（含）的乘用车年税额为450元，大型客车年税额为600元，中型客车年税额为500元，小型客车年税额为400元，载货汽车每吨年税额为100元。

请根据以上资料，计算该集团当年应纳车船税额。

2. 位于建制镇的某公司（增值税一般纳税人）主要经营农产品采摘、销售、观光业务。公司占地3万平方米，其中采摘、观光的种植用地2.5万平方米，职工宿舍和办公用地0.5万平方米；房产原值3 000万元，其中企业办幼儿园房产原值200万元。公司2021年发生以下业务：

(1) 全年取得旅游观光业务不含增值税收入1 500万元，农产品不含增值税零售收入1 800万元。

(2) 6月30日签订房屋租赁合同一份，将价值500万元的办公室从7月1日起出租给他人使用，租期12个月，月租2万元（不含增值税），每月收租金1次。

(3) 7月1日将原值1 000万元的厂房用于对外投资A企业，当年按协议取得固定收入150万元（不含增值税）。

(4) 委托施工企业建造农产品仓库，8月末办理验收手续，入账价值为500万元。

(5) 9月5日，因甲企业无力偿还该公司一到期的债务3 000万元，经双方协商，甲企业以自有房产偿还债务。该房产的原值5 000万元，净值2 000万元，评估价值9 000万元。企业支付了差价款6 000万元，当月双方办理了产权过户手续。该公司将此房产以9 000万元计入固定资产科目。

(6) 10月10日，将原值800万元的一处独立地下建筑物（为商业用途房产）出售。当地省政府规定，商业用途地下建筑以原价的70%作为应税房产原值。

(7) 11月2日，受让一宗土地使用权，土地出让合同记载土地出让金1 200万元，拆迁补偿费4 000万元，市政建设配套费1 500万元，青苗补偿费500万元。

其他相关资料：该公司适用的城镇土地使用税税率为每平方米5元；契税税率为3%；计算房产余值的扣除比例为30%。

要求：根据上述资料，按照下列序号回答问题；如有计算，需计算出合计数。

(1) 公司当年租赁房屋应缴纳的增值税。

(2) 公司当年租赁房屋应缴纳的城建税、教育费附加和地方教育费附加。

(3) 公司当年应缴纳的城镇土地使用税。

(4) 公司当年应缴纳的房产税。

(5) 公司当年应缴纳的契税。

第八章 行为目的类税法

学习目标与要求

1. 掌握行为目的类税法各税种的纳税人、征税对象和税率。
2. 掌握行为目的类税法各税种应纳税额的计算。
3. 熟悉各税种的税收优惠。
4. 了解各税种的纳税申报及缴纳期限等相关规定。

第一节 印 花 税 法

印花税是对经济活动和经济交往中书立、领受、使用应税凭证的行为为征税对象所征收的一种税。因纳税人主要是通过在应税凭证上粘贴印花税票来完成纳税义务,故名印花税。印花税法是指国家制定的用以调整印花税征收与缴纳之间的权利和义务关系的法律规范。我国现行的印花税法的基本法律规范,是2021年6月10日第十三届全国人民代表大会常务委员会第二十九次会议通过,自2022年7月1日起施行的《中华人民共和国印花税法》(以下简称《印花税法》)。

一、纳税义务人

印花税的纳税义务人,是指在中华人民共和国境内书立应税凭证、进行证券交易的单位和个人。

应税凭证,是指《印花税税目税率表》列明的合同、产权转移书据和营业账簿。证券交易,是指转让在依法设立的证券交易所、国务院批准的其他全国性证券交易场所交易的股票和以股票为基础的存托凭证。

在中华人民共和国境外书立在境内使用的应税凭证的单位和个人,应当依照规定缴纳印花税。书立应税凭证的纳税人,为对应税凭证有直接权利义务关系的单位和个人。

同一应税凭证由两方以上当事人书立的,各方都是印花税的纳税义务人,按照各自涉及的金额分别计算应纳税额。但证券交易印花税对证券交易的出让方征收,不对受让方征收。

按照书立、使用应税凭证的不同,印花税的纳税人可以分为以下几种。

(一)立合同人

书立各类经济合同的,以立合同人为纳税人。立合同人,是指合同的当事人,即对凭证有直接权利义务关系的单位和个人,但不包括合同的担保人、证人、鉴定人。

所称合同,是指根据《中华人民共和国合同法》和其他有关合同法规订立的合同;所称具有合同性质的凭证,是指具有合同效力的协议、契约、合约、单据、确认书及其他各种名称的凭证。

当事人的代理人有代理纳税的义务,与纳税人负有同等的税收法律义务和责任。

采用委托贷款方式书立的借款合同纳税人,为受托人和借款人,不包括委托人。

(二)立据人

订立各种财产转移书据的,以立据人为纳税人。立据人是指财产权属转移过程中买卖双方的当事人。

按买卖合同或者产权转移书据税目缴纳印花税的拍卖成交确认书,纳税人为拍卖标的的产权人和买卖人,不包括拍卖人。

(三)立账簿人

建立营业账簿的,以立账簿人为纳税人。立账簿人是指设立并使用营业账簿的单位和个人。

(四)使用人

使用人是指在国外书立,但在国内使用应税凭证的单位和个人。

(五)证券交易的出让方

证券交易印花税对证券交易的出让方征收,不对受让方征收。

(六)各类电子应税凭证的签订人

电子应税凭证的签订人是指以电子形式签订的各类应税凭证的当事人。

纳税人为境外单位或者个人,在境内有代理人的,以其境内代理人为扣缴义务人;在境内没有代理人的,由纳税人自行申报缴纳印花税,具体办法由国务院税务主管部门规定。

二、应税凭证

我国现行印花税只对《印花税法》列举的凭证征收,没有列举的凭证不征税。列举的凭证分为四类,即合同类、产权转移书据类、营业账簿类和证券交易类。

(一)合同

(1)买卖合同。包括供应、预购、采购、购销结合及协作、调剂、补偿、贸易等合同;出版单位与发行单位之间订立的图书、报纸、期刊和音像制品的应税凭证,例如订购单、订数单等；发电厂与电网之间、电网与电网之间（国家电网公司系统、南方电网公司系统内部各级电网互供电量除外）签订的购售电合同。但电网与用户之间签订的供用电合同不征收印花税。

（2）借款合同。包括银行及其他金融组织与借款人（不包括银行同业拆借）所签订的借款合同，以及只填开借据并作为合同使用、取得银行借款的借据。

（3）融资租赁合同。

（4）承揽合同。包括加工、定做、修缮、修理、印刷、广告、测绘、测试等合同。

（5）建设工程合同。包括勘察、设计、建筑、安装工程合同的总包合同、分包合同和转包合同。

（6）运输合同。包括民用航空运输、铁路运输、海上运输、公路运输和联运合同，以及作为合同使用的单据。

（7）技术合同。包括技术开发、转让、咨询、服务等合同，以及作为合同使用的单据。其中：

①技术转让合同，包括专利申请转让、非专利技术转让所书立的合同，但不包括专利权转让、专利实施许可所书立的合同。后者适用于产权转移书据合同。

②技术咨询合同，是当事人就有关项目的分析、论证、预测和调查订立的技术合同，而一般的法律、会计、审计等方面的咨询不属于技术咨询，其所立合同不贴印花。

③技术服务合同，是当事人一方委托另一方就解决有关特定技术问题所订立的技术合同，包括技术服务合同、技术培训合同和技术中介合同。但不包括以常规手段或为生产经营目的进行一般加工、修理、修缮、广告、印刷、测绘、标准化测试，以及勘察、设计等所书立的合同。

（8）租赁合同。包括租赁房屋、船舶、飞机、机动车辆、机械、器具、设备等合同，还包括企业、个人出租门店、柜台等签订的合同。

（9）保管合同。

（10）仓储合同。

（11）财产保险合同。包括财产、责任、保证、信用保险合同，以及作为合同使用的单据。

（二）产权转移书据

产权转移即财产权利关系的变更行为，表现为产权主体发生变更。产权转移书据是在产权的买卖、交换、继承、赠与、分割等产权主体变更过程中，由产权出让人与受让人之间所订立的民事法律文书。

我国印花税税目中的产权转移书据包括土地使用权出让和转让书据；房屋等建筑物和构筑物所有权、股权（不包括上市和挂牌公司股票）、商标专用权、著作权、专利权、专有技术使用权转让书据。

（三）营业账簿

营业账簿指单位或者个人记载生产经营活动的财务会计核算账簿。营业账簿按其反映内容的不同，可分为记载资金的账簿（简称资金账簿）和其他营业账簿两类。记载资金的账簿是指反映生产经营单位"实收资本"和"资本公积"金额增减变化的账簿。其他营业账簿,是指除上述账簿以外的有关其他生产经营活动内容的账簿,包括日记账簿和各明细分类账簿。

(四)证券交易

证券交易是指在依法设立的证券交易所上市交易或者在国务院批准的其他证券交易场所转让公司股票和以股票为基础发行的存托凭证。

(五)应税凭证的具体情形

(1)在中华人民共和国境外书立在境内使用的应税凭证,应当按规定缴纳印花税。包括以下几种情形:

①应税凭证的标的为不动产的,该不动产在境内;

②应税凭证的标的为股权的,该股权为中国居民企业的股权;

③应税凭证的标的为动产或者商标专用权、著作权、专利权、专有技术使用权的,其销售方或者购买方在境内,但不包括境外单位或者个人向境内单位或者个人销售完全在境外使用的动产或者商标专用权、著作权、专利权、专有技术使用权;

④应税凭证的标的为服务的,其提供方或者接受方在境内,但不包括境外单位或者个人向境内单位或者个人提供完全在境外发生的服务。

(2)企业之间书立的确定买卖关系、明确买卖双方权利义务的订单、要货单等单据,且未另外书立买卖合同的,应当按规定缴纳印花税。

(3)发电厂与电网之间、电网与电网之间书立的购售电合同,应当按买卖合同税目缴纳印花税。

(4)下列情形的凭证,不属于印花税征收范围:

①人民法院的生效法律文书,仲裁机构的仲裁文书,监察机关的监察文书。

②县级以上人民政府及其所属部门按照行政管理权限征收、收回或者补偿安置房地产书立的合同、协议或者行政类文书。

③总公司与分公司、分公司与分公司之间书立的作为执行计划使用的凭证。

三、税率

(1)借款合同、融资租赁合同,适用税率为 $0.05‰$。

(2)买卖合同、承揽合同、建设工程合同、运输合同、技术合同等,适用税率为 $0.3‰$。

(3)租赁合同、保管合同、仓储合同、财产保险合同、证券交易,适用税率为 $1‰$。

(4)土地使用权出让和转让书据,房屋等建筑物和构筑物所有权、股权(不包括上市和挂牌公司股票)、商标专用权、著作权、专利权、专有技术使用权转让书据,适用税率为 $0.5‰$。

(5)营业账簿,适用税率为 $0.25‰$。

印花税税目税率表见表8-1。

表 8-1 印花税税目税率表

税目		税率	备注
合同（指书面合同）	借款合同	借款金额的 0.05‰	指银行业金融机构、经国务院银行业监督管理机构批准设立的其他金融机构与借款人（不包括同业拆借）的借款合同
	融资租赁合同	租金的 0.05‰	
	买卖合同	价款的 0.3‰	指动产买卖合同（不包括个人书立的动产买卖合同）
	承揽合同	报酬的 0.3‰	
	建设工程合同	价款的 0.3‰	
	运输合同	运输费用的 0.3‰	指货运合同和多式联运合同（不包括管道运输合同）
	技术合同	价款、报酬或者使用费的 0.3‰	不包括专利权、专有技术使用权转让书据
	租赁合同	租金的 1‰	
	保管合同	保管费的 1‰	
	仓储合同	仓储费的 1‰	
	财产保险合同	保险费的 1‰	不包括再保险合同
产权转移书据	土地使用权出让书据	价款的 0.5‰	转让包括买卖（出售）、继承、赠与、互换、分割
	土地使用权、房屋等建筑物和构筑物所有权转让书据（不包括土地承包经营权和土地经营权转移）	价款的 0.5‰	
	股权转让书据（不包括应缴纳证券交易印花税的）	价款的 0.5‰	
	商标专用权、著作权、专利权、专有技术使用权转让书据	价款的 0.3‰	
营业账簿		实收资本（股本）、资本公积合计金额的 0.25‰	
证券交易		成交金额的 1‰	

四、印花税应纳税额的计算

(一)计税依据

1. 计税依据的一般规定

(1)应税合同的计税依据,为合同所列的金额,不包括列明的增值税税款。

(2)应税产权转移书据的计税依据,为产权转移书据所列的金额,不包括列明的增值税税款。

应税合同、产权转移书据未列明金额的,印花税的计税依据按照实际结算的金额确定;仍不能确定的,按照书立合同、产权转移书据时的市场价格确定;依法应当执行政府定价或者政府指导价的,按照国家有关规定确定。

(3)应税营业账簿的计税依据,为账簿记载的实收资本(股本)、资本公积合计金额。

对记载资金的账簿征收印花税,对其他营业账簿不征收印花税。

已缴纳印花税的营业账簿,以后年度记载的实收资本(股本)、资本公积合计金额比已缴纳印花税的实收资本(股本)、资本公积合计金额增加的,按照增加部分计算应纳税额。

已缴纳印花税的凭证所载价款或者报酬增加的,纳税人应当补缴印花税;已缴纳印花税的凭证所载价款或者报酬减少的,纳税人可以向主管税务机关申请退还印花税税款。

(4)证券交易的计税依据,为成交金额。

证券交易无转让价格的,按照办理过户登记手续时该证券前一个交易日收盘价计算确定计税依据;无收盘价的,按照证券面值计算确定计税依据。

2. 计税依据的具体情形

(1)同一应税合同、应税产权转移书据中涉及两方以上纳税人,按照各自涉及的金额分别计算应纳税额;未列明纳税人各自涉及金额的,以纳税人平均分摊的应税凭证所列金额确定计税依据。

(2)应税合同、应税产权转移书据所列的金额与实际结算金额不一致,不变更应税凭证所列金额的,以所列金额为计税依据;变更应税凭证所列金额的,以变更后的所列金额为计税依据。

(3)纳税人因应税凭证列明的增值税税款计算错误导致应税凭证的计税依据减少或者增加的,纳税人应当按规定调整应税凭证列明的增值税税款,重新确定应税凭证计税依据。

(4)已缴纳印花税的应税凭证,调整后计税依据增加的,纳税人应当就增加部分的金额补缴印花税;调整后计税依据减少的,纳税人可以就减少部分的金额向税务机关申请退还或者抵缴印花税。

(5)纳税人转让股权的印花税计税依据,按照产权转移书据所列的金额(不包括列明的认缴后尚未实际出资权益部分)确定。

(6)应税凭证金额为人民币以外的货币的,应当按照凭证书立当日的人民币汇率中间价折合人民币确定计税依据。

(7)境内的货物多式联运,采用在起运地统一结算全程运费的,以全程运费作为运输合同的计税依据,由起运地运费结算双方缴纳印花税;采用分程结算运费的,以分程的运费作为计税依据,分别由办理运费结算的各方缴纳印花税。

(8)由受托方提供原材料的加工、定作合同,凡在合同中分别记载加工费金额与原材料金额的,应分别按"承揽合同"、"购销合同"计税,两项税额相加数,即为合同应贴印花;合同中不划分加工费金额与原材料金额的应按全部金额,依照"承揽合同"计税贴花。

(9)对商店、门市部的零星加工修理业务开具的修理单,不贴印花。

(10)对房地产管理部门与个人订立的租房合同,凡用于生活居住的,暂免贴花;用于生产经营的,应按法规贴花。

(11)有些合同在签订时无法确定计税金额,如技术转让合同中的转让收入,是按销售收入的一定比例收取或是按实现利润分成的;租赁合同,只是规定了月(天)租金标准而却无租赁期限的。对这类合同,可在签订时先按定额5元贴花,以后结算时再按实际金额计税,补贴印花。

(12)对货物运输、仓储保管、财产保险、银行借款等,办理一项业务既书立合同,又开立单据的,只就合同贴花;凡不书立合同,只开立单据,以单据作为合同使用的,应按照法规贴花。

(13)对铁路、公路、航运、水陆承运快件行李、包裹开具的托运单据,暂免贴花印花。

(14)合同签订时即应贴花,履行完税手续。因此,不论合同是否兑现或能否按期兑现,都一律按照法规贴花。

(15)对开展融资租赁业务签订的融资租赁合同(含融资性售后回租),统一按照其所载明的租金总额依照"借款合同"税目,按0.05‰的税率计税贴花。在融资性售后回租业务中,对承租人、出租人因出售租赁资产及购回租赁资产所签订的合同,不征收印花税。

(16)未履行的应税合同、产权转移书据,已缴纳的印花税不予退还及抵缴税款。

(17)纳税人多贴的印花税票,不予退税及抵缴税款。

(二)应纳税额的计算

应纳税额=计税依据×适用税率。具体如下:
(1)应税合同的应纳税额计算公式为

$$应纳税额 = 价款或者报酬 \times 适用税率$$

(2)应税产权转移书据的应纳税额计算公式为

$$应纳税额 = 价款 \times 适用税率$$

(3)应税营业账簿的应纳税额计算公式为

$$应纳税额 = 实收资本(股本)、资本公积合计金额 \times 适用税率$$

(4)证券交易的应纳税额计算公式为

$$应纳税额 = 成交金额或者依法确定的计税依据 \times 适用税率$$

同一应税凭证载有两个以上税目事项并分别列明金额的,按照各自适用的税目税率分别计算应纳税额;未分别列明金额的,从高适用税率。

五、税收优惠

下列凭证免征印花税：

(1)应税凭证的副本或者抄本。

(2)依照法律规定应当予以免税的外国驻华使馆、领事馆和国际组织驻华代表机构为获得馆舍书立的应税凭证。

(3)中国人民解放军、中国人民武装警察部队书立的应税凭证。

(4)农民、家庭农场、农民专业合作社、农村集体经济组织、村民委员会购买农业生产资料或者销售农产品书立的买卖合同和农业保险合同。

(5)无息或者贴息借款合同、国际金融组织向中国提供优惠贷款书立的借款合同。

(6)财产所有权人将财产赠与政府、学校、社会福利机构、慈善组织书立的产权转移书据。

(7)非营利性医疗卫生机构采购药品或者卫生材料书立的买卖合同。

(8)个人与电子商务经营者订立的电子订单。

(9)根据国民经济和社会发展的需要，国务院对居民住房需求保障、企业改制重组、破产、支持小型微利企业发展等情形可以规定减征或者免征印花税，报全国人民代表大会常务委员会备案。

(10)自 2022 年 1 月 1 日至 2024 年 12 月 31 日，对增值税小规模纳税人、小型微利企业和个体工商户可以在 50% 的税额幅度内减征印花税（不含证券交易印花税）。

(11)对个人销售或购买住房暂免征收印花税。

(12)对与高校学生签订的高校学生公寓租赁合同，免征印花税。

所称高校学生公寓，是指为高校学生提供住宿服务，按照国家规定的收费标准收取住宿费的学生公寓。

【例 8-1】 某企业 2022 年 2 月与其他企业订立专利权转让书据一件，所载金额 80 万元；订立产品购销合同两件，所载金额为 150 万元；订立借款合同一份，所载金额为 40 万元。此外，企业的营业账簿中，"实收资本"科目载有资金 600 万元。2022 年 6 月该企业"实收资本"所载资金增加为 800 万元。试计算该企业 2022 年 2 月应纳印花税额和 6 月应补缴印花税额。

【解析】

(1)企业订立专利权转让书据应纳税额 = 800 000 × 0.3‰ = 240(元)

(2)企业订立购销合同应纳税额 = 1 500 000 × 0.3‰ = 450(元)

(3)企业订立借款合同应纳税额 = 400 000 × 0.05‰ = 20(元)

(4)企业营业账簿中"实收资本"所载资金应纳税额 = 6 000 000 × 0.25‰ = 1 500(元)

(5)2 月份企业应纳印花税税额 = 240 + 450 + 20 + 1 500 = 2 210(元)

(6)6 月份资金账簿应补缴税额 = (8 000 000 − 6 000 000) × 0.25‰ = 500(元)

六、征收管理

(一)纳税义务发生时间及纳税期限

印花税的纳税义务发生时间为纳税人书立应税凭证或者完成证券交易的当日。

印花税按季、按年或者按次计征。实行按季、按年计征的,纳税人应当自季度、年度终了之日起 15 日内申报缴纳税款;实行按次计征的,纳税人应当自纳税义务发生之日起 15 日内申报缴纳税款。

证券交易印花税扣缴义务发生时间为证券交易完成的当日。

证券交易印花税按周解缴。证券交易印花税扣缴义务人应当自每周终了之日起 5 日内申报解缴税款以及银行结算的利息。

(二)纳税地点

纳税人为单位的,应当向其机构所在地的主管税务机关申报缴纳印花税;纳税人为个人的,应当向应税凭证书立地或者纳税人居住地的主管税务机关申报缴纳印花税。

不动产产权发生转移的,纳税人应当向不动产所在地的主管税务机关申报缴纳印花税。

证券登记结算机构为证券交易印花税的扣缴义务人,应当向其机构所在地的主管税务机关申报解缴税款以及银行结算的利息。

(三)纳税方法

印花税票由国务院税务主管部门监制。印花税可以采用粘贴印花税票或者由税务机关依法开具其他完税凭证的方式缴纳。印花税票粘贴在应税凭证上的,由纳税人在每枚税票的骑缝处盖戳注销或者画销。

第二节 车辆购置税法

车辆购置税法是指国家制定的用以调整车辆购置税征收与缴纳权利及义务关系的法律规范。现行车辆购置税法的基本规范,是 2018 年 12 月 29 日第十三届全国人民代表大会常务委员会第七次会议通过,并于 2019 年 7 月 1 日起施行的《中华人民共和国车辆购置税法》(以下简称《车辆购置税法》)。

一、纳税义务人

车辆购置税是以在中国境内购置规定车辆为课税对象、在特定的环节向车辆购置者征收的一种税。

车辆购置税的纳税人是指在中华人民共和国境内购置汽车、有轨电车、汽车挂车、排气量超过 150 毫升的摩托车(以下统称应税车辆)的单位和个人。购置是指以购买、进口、自产、受赠、获奖或者其他方式取得并自用应税车辆的行为。

车辆购置税实行一次性征收。购置已征车辆购置税的车辆,不再征收车辆购置税。

二、征税范围

车辆购置税以列举的车辆作为征税对象,未列举的车辆不纳税。其征税范围包括汽车、有轨电车、汽车挂车、排气量超过150毫升的摩托车。

地铁、轻轨等城市轨道交通车辆,装载机、平地机、挖掘机、推土机等轮式专用机械车,以及起重机(吊车)、叉车、电动摩托车,不属于应税车辆。

三、税率

车辆购置税的税率为10%。

四、计税依据

应税车辆的计税价格,按照下列规定确定:

(1)自2020年6月1日起,纳税人购置应税车辆,以发票电子信息中的不含增值税价款作为计税价格。纳税人依据相关规定提供其他有效价格凭证的情形除外。

应税车辆存在多条发票电子信息或者没有发票电子信息的,纳税人按照购置应税车辆实际支付给销售方的全部价款(不含增值税)申报纳税。

(2)纳税人进口自用应税车辆的计税价格,为关税完税价格加上关税和消费税。纳税人进口自用应税车辆,是指纳税人直接从境外进口或者委托代理进口自用的应税车辆,不包括在境内购买的进口车辆。

(3)纳税人自产自用应税车辆的计税价格,按照纳税人生产的同类应税车辆的销售价格确定,不包括增值税税款;没有同类应税车辆销售价格的,按照组成计税价格确定。组成计税价格计算公式如下:

$$组成计税价格=成本×(1+成本利润率)$$

属于应征消费税的应税车辆,其组成计税价格中应加计消费税税额。

上述公式中的成本利润率,由国家税务总局以及各省、自治区、直辖市、计划单列市税务局确定。

(4)纳税人以受赠、获奖或者其他方式取得自用应税车辆的计税价格,按照购置应税车辆时相关凭证载明的价格确定,不包括增值税税款。

所称的购置应税车辆时相关凭证,是指原车辆所有人购置或者以其他方式取得应税车辆时载明价格的凭证。无法提供相关凭证的,参照同类应税车辆市场平均交易价格确定其计税价格。原车辆所有人为车辆生产或者销售企业,未开具机动车销售统一发票的,按照车辆生产或者销售同类应税车辆的销售价格确定应税车辆的计税价格。无同类应税车辆销售价格的,按照组成计税价格确定应税车辆的计税价格。

(5)纳税人申报的应税车辆计税价格明显偏低,又无正当理由的,由税务机关依照《中华人民共和国税收征收管理法》的规定核定其应纳税额。

(6)纳税人以外汇结算应税车辆价款的,按照申报纳税之日的人民币汇率中间价折合成人民币计算缴纳税款。

五、应纳税额的计算

车辆购置税实行从价定率的方法计算应纳税额,计算公式为

$$应纳税额 = 计税依据 \times 税率$$

由于应税车辆的来源、应税行为的发生以及计税依据组成的不同,因而车辆购置税应纳税额的计算方法也有区别。

1. 购买自用应税车辆应纳税额的计算

在应纳税额的计算当中,应注意以下费用的计税规定:

(1) 购买者随购买车辆支付的工具件和零部件价款应作为购车价款的一部分,并入计税依据中征收车辆购置税。

(2) 支付的车辆装饰费应作为价外费用并入计税依据中计税。

(3) 代收款项应区别征税。凡使用代收单位(受托方)票据收取的款项,应视作代收单位价外收费,购买者支付的价费款,应并入计税依据中一并征税;凡使用委托方票据收取,受托方只履行代收义务和收取代收手续费的款项,应按其他税收政策规定征税。

(4) 销售单位开给购买者的各种发票金额中包含增值税税款,因此,计算车辆购置税时,应换算为不含增值税的计税价格。

(5) 购买者支付的控购费,是政府部门的行政性收费,不属于销售者的价外费用,不应计入计税价格计税。

(6) 销售单位开展优质销售活动所开票收取的有关费用,应属于经营性收入,企业在代理过程中按规定支付给有关部门的费用,企业已作经营性支出列支核算,其收取的各项费用并在一张发票上难以划分的,应作为价外收入计算征税。

【例8-2】 王某2021年6月8日,从上海大众汽车有限公司购买一辆轿车供自己使用,支付含增值税车价款113 000元,另支付代收临时牌照费150元,代收保险费2 850元,支付购买工具件和零配件价款2 035元,车辆装饰费2 550元。支付的各项价费均由上海大众汽车有限公司开具"机动车销售统一发票"和有关票据。计算车辆购置税应纳税额。

【解析】 因支付的各项价费均由上海大众汽车有限公司开具票据,因此各项价费全部计入计税价格。

(1) 计税价格 = (113 000 + 150 + 2 850 + 2 035 + 2 550) ÷ (1 + 13%) = 106 712.39(元)

(2) 应纳税额 = 106 712.39 × 10% = 10 671.24(元)

2. 进口自用应税车辆应税税额的计算

计算公式为

$$应纳税额 = (关税完税价格 + 关税 + 消费税) \times 税率$$

【例8-3】 某外贸进出口公司为增值税一般纳税人,2022年7月进口一辆小轿车自用,该轿车关税完税价格为20万元,关税税率为15%,消费税税率为9%。计算应纳车辆购置税。

【解析】

(1) 计税价格 = (20 + 20 × 15%) ÷ (1 - 9%) = 25.27(万元)

(2) 应纳税额 = 25.27 × 10% = 2.53(万元)

3. 其他自用应税车辆应税税额的计算

纳税人自产自用、受赠使用、获奖使用和以其他方式取得并自用的应税车辆，应纳税额计算公式为

$$应纳税额 = 购置应税车辆时相关凭证载明的价格 \times 税率$$

4. 特殊情形下自用应税车辆应纳税额或应退税额的计算

1) 减税、免税条件消失车辆应纳税额的计算

免税、减税车辆因转让、改变用途等原因不再属于免税、减税范围的，纳税人应当在办理车辆转移登记或者变更登记前缴纳车辆购置税。计税价格以免税、减税车辆初次办理纳税申报时确定的计税价格为基准，每满一年扣减10%。应纳税额计算公式为

$$应纳税额 = 初次办理纳税申报时确定的计税价格 \times (1 - 使用年限 \times 10\%) - 已纳税额$$

应纳税额不得为负数。

使用年限的计算方法是，自纳税人初次办理纳税申报之日起，至不再属于免税、减税范围的情形发生之日止，使用年限取整数，计算不满一年的不计算在内。

2) 应税车辆退回时应退税额的计算

纳税人将已征车辆购置税的车辆退回车辆生产企业或者销售企业的，可以向主管税务机关申请退还车辆购置税。退税额以已缴税款为基准，自缴纳税款之日至申请退税之日，每满一年扣减10%。应退税额计算公式为

$$应退税额 = 已纳税额 \times (1 - 使用年限 \times 10\%)$$

应退税额不得为负数。

使用年限的计算方法是，自纳税人缴纳税款之日起，至申请退税之日止。

六、税收优惠

(1) 依照法律规定应当予以免税的外国驻华使馆、领事馆和国际组织驻华机构及其有关人员自用的车辆。

(2) 中国人民解放军和中国人民武装警察部队列入装备订货计划的车辆。

(3) 悬挂应急救援专用号牌的国家综合性消防救援车辆。

(4) 设有固定装置的非运输专用作业车辆。

(5) 城市公交企业购置的公共汽电车辆。

城市公交企业，是指由县级以上(含县级)人民政府交通运输主管部门认定的，依法取得城市公交经营资格，为公众提供公交出行服务，并纳入《城市公共交通管理部门与城市公交企业名录》的企业；公共汽电车辆是指按规定的线路、站点票价营运，用于公共交通服务，为运输乘客设计和制造的车辆，包括公共汽车、无轨电车和有轨电车。

(6) 自2021年1月1日至2022年12月31日，对购置的新能源汽车免征车辆购置税。免征车辆购置税的新能源汽车是指纯电动汽车、插电式混合动力(含增程式)汽车、燃料电池汽车。免征车辆购置税的新能源汽车，通过发布《免征车辆购置税的新能源汽车车型目录》实施管理。购置时间为机动车销售统一发票(或有效凭证)上注明的日期。

(7) 原公安现役部队和原武警黄金、森林、水电部队改制后换发地方机动车牌证

的车辆(公安消防、武警森林部队执行灭火救援任务的车辆除外),一次性免征车辆购置税。

根据国民经济和社会发展的需要,国务院可以规定减征或者其他免征车辆购置税的情形,报全国人民代表大会常务委员会备案。

七、征收管理

(一)纳税申报

车辆购置税实行一车一申报制度。

车辆购置税的纳税义务发生时间为纳税人购置应税车辆的当日,以纳税人购置应税车辆所取得的车辆相关凭证上注明的时间为准。

(1)购买自用应税车辆的为购买之日,即车辆相关价格凭证的开具日期。

(2)进口自用应税车辆的为进口之日,即《海关进口增值税专用缴款书》或者其他有效凭证的开具日期。

(3)自产、受赠、获奖或者以其他方式取得并自用应税车辆的为取得之日,即合同、法律文书或者其他有效凭证的生效或者开具日期。

纳税人应当自纳税义务发生之日起 60 日内申报缴纳车辆购置税。

纳税人应当在向公安机关等车辆管理机构办理车辆登记注册手续前,缴纳车辆购置税。

(二)纳税地点

自 2019 年 7 月 1 日起,纳税人应到下列地点办理车辆购置税纳税申报:

(1)需要办理车辆登记注册手续的纳税人,向车辆登记地的主管税务机关申报纳税;

(2)不需要办理车辆登记注册手续的纳税人,单位纳税人向其机构所在地的主管税务机关申报纳税,个人纳税人向其户籍所在地或者经常居住地的主管税务机关申报纳税。

第三节 烟叶税法

烟叶税是以纳税人收购烟叶的收购金额为计税依据征收的一种税。烟叶税法是指国家制定的用以调整烟叶税征收与缴纳之间的权利义务关系的法律规范。现行烟叶税的基本法律规范,是自 2018 年 7 月 1 日起施行的《中华人民共和国烟叶税法》(以下简称《烟叶税法》)。

一、纳税义务人、征税范围与税率

(一)纳税义务人

在中华人民共和国境内收购烟叶的单位为烟叶税的纳税人。

(二)征税范围

烟叶税征税范围为晾晒烟叶、烤烟叶。

(三)税率

烟叶税实行比例税率,税率为20%。

二、应纳税额的计算

(一)计税依据

烟叶税以纳税人收购烟叶的实际支付价款为计税依据。

(二)应纳税额的计算

烟叶税的应纳税额按照纳税人收购烟叶实际支付的价款总额和规定的税率计算。计算公式为

$$应纳税额 = 实际支付价款 \times 税率$$

纳税人收购烟叶实际支付的价款包括纳税人支付给烟叶生产销售单位和个人的收购价款和价外补贴。价外补贴统一按烟叶收购价款的10%计算。

$$实际支付价款 = 烟叶收购价款 \times (1+10\%)$$

【例8-4】 某烟草公司系增值税一般纳税人,2022年9月收购烟叶20 000千克,烟叶收购价格12元/千克。请计算该烟草公司2022年9月收购烟叶应缴纳的烟叶税。

【解析】 应纳烟叶税 = 20 000 × 12 × (1 + 10%) × 20% = 52 800(元)

三、征收管理

烟叶税的纳税义务发生时间为纳税人收购烟叶的当天。"收购烟叶的当天"是指纳税人向烟叶销售者付讫收购烟叶款项或开具收购烟叶凭据的当天。

纳税人收购烟叶,应向烟叶收购地的主管税务机关申报纳税。

烟叶税按月计征,纳税人应当自纳税义务发生之日起15日内申报纳税。

第四节 环境保护税法

环境保护税法是指国家制定的调整环境保护税征收与缴纳相关权利及义务关系的法律规范。现行环境保护税法的基本规范包括2016年12月25日第十二届全国人民代表大会常务委员会第二十五次会议通过的《中华人民共和国环境保护税法》(以下简称《环境保护税法》)、2017年12月30日国务院发布的《中华人民共和国环境保护税法实施条例》等。《环境保护税法》自2018年1月1日起正式实施。

一、纳税义务人

环境保护税的纳税义务人是在中华人民共和国领域和中华人民共和国管辖的

其他海域直接向环境排放应税污染物的企业事业单位和其他生产经营者。

应税污染物，是指《环境保护税法》所附《环境保护税税目税额表》《应税污染物和当量值表》所规定的大气污染物、水污染物、固体废物和噪声。

有下列情形之一的，不属于直接向环境排放污染物，不缴纳相应污染物的环境保护税：

(1)企业事业单位和其他生产经营者向依法设立的污水集中处理、生活垃圾集中处理场所排放应税污染物的。

(2)企业事业单位和其他生产经营者在符合国家和地方环境保护标准的设施、场所贮存或者处置固体废物的。

(3)达到省级人民政府确定的规模标准并且有污染物排放口的畜禽养殖场，应当依法缴纳环境保护税，但依法对畜禽养殖废弃物进行综合利用和无害化处理的。

二、税目与税率

（一）税目

环境保护税税目包括大气污染物、水污染物、固体废物和噪声四大类。

1. 大气污染物

大气污染物包括二氧化硫、氮氧化物、一氧化碳、氯气、氯化氢、氟化物、氰化氢、硫酸雾、铬酸雾、汞及其化合物、一般性粉尘、石棉尘、玻璃棉尘、炭黑尘、铅及其化合物、镉及其化合物、铍及其化合物、镍及其化合物、锡及其化合物、烟尘、苯、甲苯、二甲苯、苯并(a)芘、甲醛、乙醛、丙烯醛、甲醇、酚类、沥青烟、苯胺类、氯苯类、硝基苯、丙烯腈、氯乙烯、光气、硫化氢、氨、三甲胺、甲硫醇、甲硫醚、二甲二硫、苯乙烯、二硫化碳，共计44项。环保税的征税范围不包括温室气体二氧化碳。

2. 水污染物

水污染物分为两类：第一类水污染物包括总汞、总镉、总铬、六价铬、总砷、总铅、总镍、苯并(a)芘、总铍、总银；第二类水污染物包括悬浮物(SS)、生化需氧量(BOD_5)、化学需氧量(CODcr)、总有机碳(TOC)、石油类、动植物油、挥发酚、总氰化物、硫化物、氨氮、氟化物、甲醛、苯胺类、硝基苯类、阴离子表面活性剂(LAS)、总铜、总锌、总锰、彩色显影剂(CD-2)、总磷、单质磷(以P计)、有机磷农药(以P计)、乐果、甲基对硫磷、马拉硫磷、对硫磷、五氯酚及五氯酚钠(以五氯酚计)、三氯甲烷、可吸附有机卤化物(AOX)(以Cl计)、四氯化碳、三氯乙烯、四氯乙烯、苯、甲苯、乙苯、邻-二甲苯、对-二甲苯、间-二甲苯、氯苯、邻二氯苯、对二氯苯、对硝基氯苯、2,4-二硝基氯苯、苯酚、间-甲酚、2,4-二氯酚、2,4,6-三氯酚、邻苯二甲酸二丁酯、邻苯二甲酸二辛酯、丙烯腈、总硒。应税水污染物共计61项。

值得注意的是，同一排放口中的化学需氧量(COD)、生化需氧量($BOD5$)和总有机碳(TOC)，只征收一项。

3. 固体废物

固体废物包括煤矸石、尾矿、危险废物、冶炼渣、粉煤灰、炉渣、其他固体废物(含半固态、液态废物)。

4. 噪声

应税噪声污染目前只包括工业噪声。

（二）税率

环境保护税采用定额税率，其中，对应税大气污染物和水污染物规定了幅度定额税率，具体适用税额的确定和调整由省、自治区、直辖市人民政府统筹考虑本地区环境承载能力、污染物排放现状和经济社会生态发展目标要求，在规定的税额幅度内提出，报同级人民代表大会常务委员会决定，并报全国人民代表大会常务委员会和国务院备案(见表8-2)。

表8-2 环境保护税税目税额表

税 目		计税单位	税 额	备 注
大气污染物		每污染当量	1.2元至12元	
水污染物		每污染当量	1.4元至14元	
固体废物	煤矸石	每吨	5元	
	尾矿	每吨	15元	
	危险废物	每吨	1000元	
	冶炼渣、粉煤灰、炉渣、其他固体废物(含半固态、液态废物)	每吨	25元	
噪声	工业噪声	超标1～3分贝	每月350元	1. 一个单位边界上有多处噪声超标，根据最高一处超标声级计算应纳税额；当沿边界长度超过100米有两处以上噪声超标，按照两个单位计算应纳税额。 2. 一个单位有不同地点作业场所的，应当分别计算应纳税额，合并计征。 3. 昼、夜均超标的环境噪声，昼、夜分别计算应税额，累计计征。 4. 声源一个月内超标不足15天的，减半计算应税额。 5. 夜间频繁突发和夜间偶然突发厂界超标噪声，按等效声级和峰值噪声两种指标中超标分贝值高的一项计算应纳税额。
		超标4～6分贝	每月700元	
		超标7～9分贝	每月1400元	
		超标10～12分贝	每月2800元	
		超标13～15分贝	每月5600元	
		超标16分贝以上	每月11200元	

三、计税依据

(一) 计税依据确定的基本方法

应税污染物的计税依据,按照下列方法确定:
(1) 应税大气污染物按照污染物排放量折合的污染当量数确定;
(2) 应税水污染物按照污染物排放量折合的污染当量数确定;
(3) 应税固体废物按照固体废物的排放量确定;
(4) 应税噪声按照超过国家规定标准的分贝数确定。

1. 应税大气污染物、水污染物按照污染物排放量折合的污染当量数确定计税依据

污染当量数以该污染物的排放量除以该污染物的污染当量值计算。计算公式为

$$\frac{应税大气污染物、}{水污染物的污染当量数} = \frac{该污染物的排放量}{该污染物的污染当量值}$$

污染当量,是指根据污染物或者污染排放活动对环境的有害程度以及处理的技术经济性,衡量不同污染物对环境污染的综合性指标或者计量单位。同一介质相同污染当量的不同污染物,其污染程度基本相当。每种应税大气污染物、水污染物的具体污染当量值,依照《环境保护税法》所附《应税污染物和当量值表》执行。

每一排放口或者没有排放口的应税大气污染物,按照污染当量数从大到小排序,对前三项污染物征收环境保护税。每一排放口的应税水污染物,按照《环境保护税法》所附《应税污染物和当量值表》,区分第一类水污染物和其他类水污染物,按照污染当量数从大到小排序,对第一类水污染物按照前五项征收环境保护税,对其他类水污染物按照前三项征收环境保护税。

省、自治区、直辖市人民政府根据本地区污染物减排的特殊需要,可以增加同一排放口征收环境保护税的应税污染物项目数,报同级人民代表大会常务委员会决定,并报全国人民代表大会常务委员会和国务院备案。

纳税人有下列情形之一的,以其当期应税大气污染物、水污染物的产生量作为污染物的排放量:

(1) 未依法安装使用污染物自动监测设备或者未将污染物自动监测设备与环境保护法主管部门的监控设备联网。
(2) 损毁或者擅自移动、改变污染物自动监测设备。
(3) 篡改、伪造污染物监测数据。
(4) 通过暗管、渗井、渗坑、灌注或者稀释排放以及不正常运行防治污染设施等方式违法排放应税污染物。
(5) 进行虚假纳税申报。

2. 应税固体废物按照固体废物的排放量确定计税依据

固体废物的排放量为当期应税固体废物的产生量减去当期应税固体废物的贮存量、处置量、综合利用量的余额。其中,固体废物的贮存量、处置量,是指符合国家和地方环境保护标准的设施、场所贮存或者处置的固体废物数量;固体废物的综合利用量,是指按照国务院发展改革、工业和信息化主管部门关于资源综合利用要求以及国家和地方环境保护标准进行综合利用的固体废物数量。计算公式为

$$固体废物的排放量 = 当期固体废物的产生量-当期固体废物的综合利用量$$
$$-当期固体废物的贮存量-当期固体废物的处置量$$

纳税人有下列情形之一的,以其当期应税固体废物的产生量作为固体废物的排放量:

(1)非法倾倒应税固体废物。

(2)进行虚假纳税申报。

3. 应税噪声按照超过国家规定标准的分贝数确定计税依据

工业噪声按超过国家规定标准的分贝数确定每月税额。超过国家规定标准的分贝数是指实际产生的工业噪声与国家规定的工业噪声排放标准限值之间的差值。

(二)应税大气污染物、水污染物、固体废物的排放量和噪声分贝数的确定方法

应税大气污染物、水污染物、固体废物的排放量和噪声的分贝数,按照下列方法和顺序计算:

(1)纳税人安装使用符合国家规定和监测规范的污染物自动监测设备的,按照污染物自动监测数据计算。

(2)纳税人未安装使用污染物自动监测设备的,按照监测机构出具的符合国家有关规定和监测规范的监测数据计算。

(3)因排放污染物种类多等原因不具备监测条件的,按照国务院环境保护主管部门规定的排污系数、物料衡算方法计算。

(4)不能按照上述第(1)项至第(3)项规定的方法计算的,按照省、自治区、直辖市人民政府环境保护主管部门规定的抽样测算的方法核定计算。

四、应纳税额的计算

(一)大气污染物应纳税额的计算

应税大气污染物应纳税额为污染当量数乘以具体适用税额。计算公式为

$$大气污染物的应纳税额 = 污染当量数 \times 适用税额$$

【例8-5】 某企业2022年8月向大气直接排放二氧化硫、氟化物各100千克,一氧化碳200千克,氯化氢80千克。假设当地大气污染物每污染当量税额1.2元,该企业只有一个排放口。计算该企业当月应纳税额。

【解析】

第一步:计算各污染物的污染当量数。

$$污染当量数=该污染物的排放量 \div 该污染物的污染当量值$$

据此计算出4项污染物中每项的污染当量数。

$$二氧化硫污染当量数=100/0.95=105.26$$
$$氟化物污染当量数=100/0.87=114.94$$
$$一氧化碳污染当量数=200/16.7=11.98$$
$$氯化氢污染当量数=80/10.75=7.44$$

第二步:按污染当量数给4项污染物排序,对大气污染物确定排序前三项的污染物。

氟化物污染当量数(114.94)＞二氧化硫污染当量数(105.26)＞一氧化碳污染当量数(11.98)＞氯化氢污染当量数(7.44)

该企业只有一个排放口，排序选取计税前三项污染物为氟化物、二氧化硫、一氧化碳。

第三步：就排序的前三项污染物的污染当量数之和和规定的定额税率计算应纳税额。

$$应税大气污染物的应纳税额 = 污染当量数 \times 适用税额$$

$$应纳税额 = (114.94 + 105.26 + 11.98) \times 1.2 = 278.62（元）$$

（二）水污染物应纳税额的计算

应税水污染物的应纳税额为污染当量数乘以具体适用税额。

1. 适用监测数据法的水污染物应纳税额的计算

适用监测数据法的水污染物（包括第一类水污染物和第二类水污染物）的应纳税额为污染当量数乘以具体适用税额。计算公式为

$$水污染物的应纳税额 = 污染当量数 \times 适用税额$$

2. 适用抽样测算法的水污染物应纳税额的计算

适用抽样测算法的情形，纳税人按照环境保护税法所附《禽畜养殖业、小型企业和第三产业水污染物当量值》表所规定的当量值计算污染当量数。

1）规模化禽畜养殖业排放的水污染物应纳税额

禽畜养殖业的水污染物应纳税额为污染当量数乘以具体适用税额。其污染当量数以禽畜养殖数量除以污染当量值计算。计算公式为

$$应纳税额 = 污染当量数 \times 适用税额$$
$$= 禽畜养殖数 \div 污染当量值 \times 适用税额$$

2）小型企业和第三产业排放的水污染物应纳税额

小型企业和第三产业的水污染物应纳税额为污染当量数乘以具体适用税额。其污染当量数以污水排放量（吨）除以污染当量值（吨）计算。计算公式为

$$应纳税额 = 污染当量数 \times 适用税额$$
$$= 污水排放量（吨）\div 污染当量值（吨）\times 适用税额$$

3）医院排放的水污染物应纳税额

医院排放的水污染物应纳税额为污染当量数乘以具体适用税额。其污染当量数以病床数或者污水排放量除以相应的污染当量值计算。计算公式为：

$$应纳税额 = 医院床位数 \div 污染当量值 \times 适用税额$$
$$应纳税额 = 污水排放量 \div 污染当量值 \times 适用税额$$

（三）固体废物应纳税额的计算

固体废物的应纳税额为固体废物排放量乘以具体适用税额，其排放量为当期应税固体废物的产生量减去当期应税固体废物的贮存量、处置量、综合利用量的余额。计算公式为

$$固体废物的应纳税额 = \left(当期固体废物的产生量 - 当期固体废物的综合利用量 - 当期固体废物的贮存量 - 当期固体废物的处置量\right) \times 适用税额$$

（四）噪声应纳税额的计算

应税噪声的应纳税额为超过国家规定标准的分贝数对应的具体适用税额。

【例8-6】 分别计算以下纳税人2022年8月应纳环境保护税：

(1)甲化工厂是环境保护税纳税人，该厂仅有1个污水排放口且直接向河流排放污水，已安装使用符合国家规定和监测规范的污染物自动监测设备。检测数据显示，该排放口2022年8月共排放污水10万吨（折合10万立方米），应税污染物为六价铬，浓度为六价铬0.5mg/L（该厂所在省的水污染物税率为2.8元/污染当量，六价铬的污染当量值为0.02）。

(2)乙养殖场2022年8月养牛存栏量为900头，污染当量值为0.1头，假设当地水污染物适用税额为每污染当量2.8元。

(3)丙餐饮公司通过安装水流量计测得2022年8月排放污水量为80吨，污染当量值为0.5吨（假设当地水污染物适用税额为每污染当量2.8元）。

(4)丁市立医院，床位112张，每月按时消毒，无法计量月污水排放量，污染当量值为0.14床（当地水污染物适用税额为每污染当量2.8元）。

(5)戊企业2022年8月产生尾矿2 000吨，其中综合利用的尾矿800吨（符合国家相关规定），在符合国家和地方环境保护标准的设施贮存500吨。

【解析】

(1)六价铬污染当量数 = 排放总量×浓度值÷当量值
　　　　　　　　　　= 100 000 000×0.5÷1 000 000÷0.02 = 2 500
　　甲化工厂应纳税额 = 2 500×2.8 = 7 000（元）

(2)水污染物当量数 = 900÷0.1 = 9 000
　　乙养殖场应纳税额 = 9 000×2.8 = 25 200（元）

(3)水污染物当量数 = 80÷0.5 = 160
　　丙餐饮公司应纳税额 = 160×2.8 = 448（元）

(4)水污染物当量数 = 112÷0.14 = 800
　　丁市立医院应纳税额 = 800×2.8 = 2 240（元）

(5)戊企业应纳税额 = (2 000 − 800 − 500)×15 = 10 500（元）

五、税收减免

（一）暂免征税项目

下列情形，暂予免征环境保护税：

(1)农业生产（不包括规模化养殖）排放应税污染物的。

(2)机动车、铁路机车、非道路移动机械、船舶和航空器等流动污染源排放应税污染物的。

(3)依法设立的城乡污水集中处理、生活垃圾集中处理场所排放相应应税污染物，不超过国家和地方规定的排放标准的。

(4)纳税人综合利用的固体废物，符合国家和地方环境保护标准的。

(5)国务院批准免税的其他情形。

(二) 减征税额项目

(1)纳税人排放应税大气污染物或者水污染物的浓度值低于国家和地方规定的污染物排放标准30%的,减按75%征收环境保护税。

(2)纳税人排放应税大气污染物或者水污染物的浓度值低于国家和地方规定的污染物排放标准50%的,减按50%征收环境保护税。

六、征收管理

(一) 纳税时间

环境保护税纳税义务发生时间为纳税人排放应税污染物的当日。环境保护税按月计算,按季申报缴纳。不能按固定期限计算缴纳的,可以按次申报缴纳。

纳税人按季申报缴纳的,应当自季度终了之日起15日内,向税务机关办理纳税申报并缴纳税款。纳税人按次申报缴纳的,应当自纳税义务发生之日起15日内,向税务机关办理纳税申报并缴纳税款。纳税人申报缴纳时,应当向税务机关报送所排放应税污染物的种类、数量,大气污染物、水污染物的浓度值,以及税务机关根据实际需要要求纳税人报送的其他纳税资料。

(二) 纳税地点

纳税人应当向应税污染物排放地的税务机关申报缴纳环境保护税。应税污染物排放地是指应税大气污染物、水污染物排放口所在地,应税固体废物产生地,应税噪声产生地。

纳税人跨区域排放应税污染物,税务机关对税收征收管辖有争议的,由争议各方按照有利于征收管理的原则协商解决。

纳税人从事海洋工程向中华人民共和国管辖海域排放应税大气污染物、水污染物或者固体废物,申报缴纳环境保护税的具体办法,由国务院税务主管部门会同国务院海洋主管部门规定。

案例与点评

案例8-1 王先生如何缴纳车辆购置税

2022年7月12日,王先生从国外进口一辆宝马小轿车自用,经报关地口岸海关对有关报关资料的审查,确定关税计税价格为300 000元,海关按关税政策规定课征关税45 000元,并按消费税、增值税有关规定分别代征进口消费税34 120.88元、增值税49 285.71元。

2022年8月1日,王先生在某汽车销售公司举办的有奖销售活动中,中奖一辆昌河CH6328型微型汽车,举办公司开具的销售发票注明金额为73 500元(不含税)。

2022年9月19日,王先生受赠两辆轿车:一辆是未上牌照的新车,无法提供相关凭证,同类应税车辆不含税市场平均交易价格为120 000元;另一辆是已使用6年的轿车,不含税成交价 70 000 元。

计算王先生应纳的车辆购置税税额。

【点评】

(1)纳税人进口自用的应税车辆,以组成计税价格为计税依据:

组成计税价格＝300 000＋45 000＋34 120.88＝379 120.88(元)

应纳车辆购置税＝379 120.88×10%＝37 912.09(元)

(2)中奖微型汽车应纳车辆购置税＝73 500×10%＝7 350(元)。

(3)购买已征车辆购置税的小汽车不缴纳车辆购置税。

未上牌新车应纳车辆购置税＝120 000×10%＝12 000(元)

王先生应缴纳的车辆购置税＝37 912.09＋7 350＋12 000＝57 262.09(元)

案例 8-2　甲企业应如何缴纳环境保护税

甲企业 2022 年 8 月向水体直接排放第一类水污染物总汞、总镉、总铬、总砷、总铅、总银各 10 千克。排放第二类水污染物悬浮物(SS)、总有机碳(TOC)、挥发酚、氨氮各 10 千克。假设水污染物每污染当量税额按《环境保护税税目税额表》最低标准 1.4 元计算,计算甲企业 2022 年 8 月水污染物应缴纳的环境保护税。

【点评】

第一步,计算第一类水污染物的污染当量数。

总汞:10/0.000 5＝20 000

总镉:10/0.005＝2 000

总铬:10/0.04＝250

总砷:10/0.02＝500

总铅:10/0.025＝400

总银:10/0.02＝500

第二步,对第一类水污染物污染当量数排序(每一排放口的应税水污染物按照污染当量数从大到小排序,对第一类水污染物按照前五项征收环境保护税)。

总汞(20 000)＞总镉(2 000)＞总砷(500)＝总银(500)＞总铅(400)＞总铬(250)

选取前五项污染物。

第三步,计算第一类水污染物应纳税额。

总汞:20000×1.4＝28 000(元)

总镉:2000×1.4＝2 800(元)

总砷:500×1.4＝700(元)

总银:500×1.4＝700(元)

总铅:400×1.4＝560(元)

第四步,计算第二类水污染物的污染当量数。

悬浮物(SS):10/4＝2.5

总有机碳(TOC):10/0.49＝20.41(《应税污染物和当量值表》中,对同一排放口中的化学需氧量、生化需氧量和总有机碳,只征收一项。按三者中污染当量数最高的一项收取)

挥发酚:10/0.08＝125

氨氮:10/0.8＝12.5

第五步,对第二类水污染物污染当量数排序(每一排放口的应税水污染物按照污染当量数从大到小排序,对其他类水污染物按照前三项征收环境保护税)。

挥发酚(125)＞总有机碳(20.41)＞氨氮(12.5)＞悬浮物(2.5)

第六步,计算第二类水污染物应纳税额。

挥发酚:125×1.4＝175(元)

总有机碳:20.41×1.4＝28.57(元)

氨氮:12.5×1.4＝17.5(元)

第七步,计算甲企业2022年8月水污染物应缴纳的环境保护税。

应缴纳的环境保护税＝28 000＋2 800＋700＋700＋560＋175＋28.57＋17.5＝32 981.07(元)

本章小结

行为目的税是政府处于特定的社会经济政策目的和意图而设计的,以某些特定行为为征税对象的税种。我国现行的行为目的税主要有印花税、车辆购置税、烟叶税、环境保护税等。

本章主要阐述印花税、车辆购置税、烟叶税、环境保护税的概念、征收范围、纳税人、税率、应纳税额的计算以及征收管理,应重点把握各税种应纳税额的计算。

思考与练习题

【思考题】

1. 我国现行行为目的税法的政策目的性表现在哪里?
2. 印花税的纳税方法与其他税种有何不同?
3. 车辆购置税的计税依据是什么?如何确定?
4. 环境保护税的征税目的是什么?税目有哪些?

【练习题】

一、单项选择题

1. 2022年7月,李某从某销售公司购买轿车一辆供自己使用,支付含增值税的价款220 000元,另支付购置工具件和零配件价款1 000元,车辆装饰费4 000元,销售公司代收保险费等1 000元,支付的各项价款均由销售公司开具统一发票。则李某应纳车辆购置税税额(　　)元。

　　A. 20 000　　　　　B. 18 694　　　　　C. 22 100　　　　　D. 19 083

2. 甲公司销售一批货物给乙公司,签订销售合同,注明不含税销售额100万元,增值税销项税额13万元,则以下说法正确的是(　　)。

　　A. 甲应纳印花税3万元　　　　　　　B. 甲应纳印花税3.39万元
　　C. 乙不应缴纳印花税　　　　　　　　D. 乙应纳印花税3.39万元

3. 某公司营业账簿实收资本、资本公积分别增加记载4 000万元、1 000万元,则应缴纳印花税(　　)元。

　　A. 1 000　　　　　B. 1 250　　　　　C. 2 500　　　　　D. 0

4. 应纳印花税的凭证应于(　　)贴花。

　　A. 年度内　　　B. 书立时　　　C. 履行完毕时　　　D. 开始履行时

5. 下列情形中,属于直接向环境排放污染物从而应缴纳环境保护税的是(　　)。

A. 企业在符合国家和地方环境保护标准的场所处置固体废物的
B. 事业单位向依法设立的生活垃圾集中处理场所排放应税污染物的
C. 企业向依法设立的污水集中处理场所排放应税污染物的
D. 依法设立的城乡污水集中处理场所超过国家和地方规定的排放标准排放应税污染物的

6. 某企业 2022 年 2 月连续 9 天发生的工业噪声分贝数超过国家标准 8 分贝。按照环保税税目税额表规定，噪声超标 7～9 分贝的，应纳税额每月 1 400 元。则该企业当月应纳环保税（　　）元。
　　A. 0　　　　　　　B. 350　　　　　　　C. 700　　　　　　　D. 1 400

7. 某纳税人直接向河流排放总铅 6 000 千克，已知总铅污染当量值为 0.025 千克，假定其所在省公布的水污染物环保税税额为每污染当量 4 元，则该纳税人应纳环保税为（　　）元。
　　A. 600　　　　　　B. 24 000　　　　　　C. 680 000　　　　　D. 960 000

8. 张某于 2021 年 1 月购买一辆小轿车，购置当月缴纳了车辆购置税 2 万元。2022 年 2 月因该车存在严重质量问题，张某与厂家协商退货，并向税务机关申请车辆税的退税。张某可得到的车辆购置税退税（　　）万元。
　　A. 0.5　　　　　　B. 1　　　　　　　　C. 1.8　　　　　　　D. 2

9. 某汽车贸易公司 2022 年 3 月进口 15 辆小轿车，海关审定的关税完税价格为 25 万元/辆。当月销售 12 辆，取得含税销售额 360 万元；2 辆供公司自用；1 辆用于抵偿债务。合同约定的含税价格为 30 万元。该汽车贸易公司车辆购置税为（　　）万元。（小轿车关税税率为 28%，消费税税率为 9%）
　　A. 52.73　　　　　B. 36　　　　　　　C. 10.55　　　　　　D. 7.03

二、多项选择题

1. 以下是印花税应税凭证的有（　　）。
　　A. 土地使用权出让书据　　　　　　B. 商标专用权转让书据
　　C. 著作权转让书据　　　　　　　　D. 土地承包经营权转让书据

2. 以下说法正确的有（　　）。
　　A. 未履行的应税合同、产权转移书据，已缴纳的印花税可以退还及抵缴税款
　　B. 应税凭证金额为人民币以外的货币，应当按照凭证书立当月最后一日的人民币汇率中间价折合人民币确定计税依据
　　C. 发电厂与电网之间、电网与电网之间书立的购售电合同，应当按买卖合同税目缴纳印花税。
　　D. 总公司与分公司、分公司与分公司之间书立的作为执行计划使用的凭证不属于印花税征收范围

3. 下列行为中，属于车辆购置税应税行为的有（　　）。
　　A. 销售应税车辆的行为　　　　　　B. 购买使用应税车辆的行为
　　C. 自产自用应税车辆的行为　　　　D. 进口后销售应税车辆的行为

4. 环境保护税中所称的应税污染物是指（　　）
　　A. 大气污染物　　B. 水污染物　　C. 固体废物　　D. 噪声

5. 下列污染物中，属于环境保护税征收范围的有（　　）。
　　A. 冶炼渣　　　　B. 粉煤灰　　　C. 交通噪声　　D. 建筑噪声

6. 环境保护税的计税单位有（　　）。
　　A. 每污染当量　　B. 每吨　　　　C. 每千克指数　　D. 超标分贝

7. 下列车辆免征车辆购置税的有（　　）。
　　A. 汽车挂车　　　　　　　　　　　B. 设有固定装置的非运输专用作业车辆
　　C. 新能源汽车　　　　　　　　　　D. 排气量 250 毫升的摩托车

8. 下列行为中，享受车辆购置税优惠政策的有（　　）。
　　A. 城市公交企业购置公共电车
　　B. 中国公民李先生购买自用超豪华燃油汽车

C.汽车生产企业将自产汽车用于接待客户
D.急救中心购置120急救车

三、判断题

1.对应税凭证,凡由两方或两方以上当事人共同书立的,其当事人各方都是印花税的纳税人,应各就其所持凭证的计税金额履行纳税义务。(   )

2.烟叶税的纳税义务人是销售烟叶的单位和个人。(   )

3.车辆购置税的纳税人是境内购置规定车辆的单位和个人,但不包括外商投资企业、外国企业和外籍人员。(   )

4.纳税人应当在向公安机关等车辆管理机构办理车辆登记手续前,缴纳车辆购置税。(   )

5.环境保护税按月计算,按月申报纳税。(   )

6.环境保护税纳税人应当向应税污染物排放地的税务机关申报缴纳环境保护税。(   )

四、计算题

1.A公司2022年7月发生如下经济业务:

(1)向某汽车厂购买一辆自用的载货汽车及配套的备用件,取得机动车销售统一发票载明载货汽车价税合计款270 000元、备用件价税合计款6 850元。货款已付,汽车已办理登记注册并交付使用。

(2)接受捐赠10辆小汽车自用,取得载明价格的相关凭证上注明不含增值税价格为100 000元/辆。小汽车的成本为80 000元/辆,成本利润率为8%,消费税率为9%。

(3)从某拍卖公司通过拍卖购进2辆轿车自用,其中1辆是未上牌照的新车,相关凭证上载明不含税成交价60 000元,另一辆是已使用6年的轿车,不含税成交价50 000元(从原车主取得了完税证明)。

根据以上资料,计算该公司应缴纳的车辆购置税。

2.某企业2022年3月向大气直接排放二氧化硫、氟化物各120千克,一氧化碳、氯化氢各100千克。已知,二氧化硫、氟化物、一氧化碳、氯化氢的污染当量值分别为0.95千克、0.87千克、16.7千克、10.75千克,假设当地大气污染物每污染当量税额3元,该企业只有一个排放口。

根据上述资料,要求:

(1)计算各项污染物的污染当量数;

(2)计算该企业当月应纳的环境保护税。

第九章 企业所得税法

 学习目的与要求

1. 掌握企业所得税的纳税人、征税对象和税率。
2. 掌握企业所得税应纳税所得额和应纳税额的计算。
3. 熟悉资产的税务处理。
4. 熟悉企业所得税的税收优惠。
5. 熟悉企业所得税的跨地区经营汇总纳税企业所得税征收管理。
6. 熟悉企业所得税的纳税申报及缴纳期限等相关规定。

企业所得税是对我国境内的企业和其他取得收入的组织的生产经营所得和其他所得征收的所得税。企业所得税法是指国家制定的用以调整企业所得税征收与缴纳之间的权利及义务关系的法律规范。现行企业所得税法的基本规范,是2007年3月16日第十届全国人民代表大会第五次全体会议修订通过的《中华人民共和国企业所得税法》(以下简称《企业所得税法》)和2007年11月28日国务院第197次常务会议通过的《中华人民共和国企业所得税法实施条例》(以下简称《企业所得税法实施条例》)。

第一节 纳税义务人、征税对象和税率

一、纳税义务人

企业所得税的纳税义务人,是指在中华人民共和国境内的企业和其他取得收入的组织(以下统称"企业")。

我国现行《企业所得税法》实行法人所得税制。依照中国法律成立的个人独资企业、合伙企业由于不具有法人资格,因此不适用《企业所得税法》,而是适用《个人所得税法》。

按照《公司法》规定,具有法人资格的企业如果设立分支机构,可以采取子公司或分公司的形式,由此形成母子公司或总分公司的组织形式。子公司具有企业法人资格,依法独立承担民事责任,因此是企业所得税的纳税义务人,单独计算缴纳企业所得税;而分公司不具有法人资格,其民事责任由总公司承担,应由总公司汇总计算并缴纳企业所得税。

(一)居民企业

居民企业,是指依法在中国境内成立,或者依照外国(地区)法律成立但实际管理机构在中国境内的企业。这里企业包括国有企业、集体企业、私营企业、联营企业、股份制企业、外商投资企业、外国企业以及有生产、经营所得和其他所得的其他组织。

其中,有生产、经营所得和其他所得的其他组织,是指经国家有关部门批准,依法注册、登记的事业单位、社会团体等组织。由于我国的一些社会团体组织、事业单位在完成国家事业计划的过程中,开展多种经营和有偿服务活动,取得除财政部门各项拨款、财政部和国家物价部门批准的各项规费收入以外的经营收入,具有经营特点,应当视同企业纳入征税范围。

实际管理机构是指对企业的生产经营、人员、账务、财产等实施实质性全面管理和控制的机构。

【小思考 9-1】 1946 年,埃斯特石油有限公司在喀麦隆注册成立,总机构设立在喀麦隆的雅温德。1949 年英国政府要求埃斯特石油有限公司就其全部公司所得纳税。埃斯特石油有限公司则认为,该公司在喀麦隆注册,总机构设立在喀麦隆的雅温得,公司的产品和销售地都不在英国,所以不应该向英国政府纳税。英国法院则认为,埃斯特石油有限公司的绝大部分董事在英国,只有个别董事在喀麦隆,多数董事会在英国伦敦举行,公司的重要决定都在英国作出,所以埃斯特石油有限公司的实际的控制和管理中心在英国,是英国公司,应该就其来源于英国境内外的全部所得向英国纳税。

请问埃斯特公司和英国政府判断居民企业的标准分别是什么?如根据我国《企业所得税法》,埃斯特公司是哪国的居民企业?国际上如何解决双重居民身份的问题?

(二)非居民企业

非居民企业,是指依照外国(地区)法律成立且实际管理机构不在中国境内,但在中国境内设立机构、场所的,或者在中国境内未设立机构、场所,但有来源于中国境内所得的企业。上述所称"机构、场所"是指在中国境内从事生产经营活动的机构、场所,包括:

(1)管理机构、营业机构、办事机构;
(2)工厂、农场、开采自然资源的场所;
(3)提供劳务的场所;
(4)从事建筑、安装、装配、修理、勘探等工程作业的场所;
(5)其他从事生产经营活动的机构、场所。

非居民企业委托营业代理人在中国境内从事生产经营活动的,包括委托单位或者个人经常代其签订合同,或者储存、交付货物等,该营业代理人视为非居民企业在中国境内设立的机构、场所。

二、征税对象

企业所得税的征税对象是指企业的生产经营所得、其他所得和清算所得。

(一)居民企业的征税对象

居民企业承担全面纳税义务,就其来源于中国境内、境外的所得缴纳企业所得税。所得包括销售货物所得、提供劳务所得、转让财产所得、股息红利等权益性投资所得,以及利息所得、租金所得、特许权使用费所得、接受捐赠所得和其他所得。

(二)非居民企业的征税对象

非居民企业承担有限纳税义务,根据其是否在中国境内设立机构、场所,规定如下:

(1)非居民企业在中国境内设立机构、场所的,应当就其所设机构、场所取得的来源于中国境内的所得,以及发生在中国境外但与其所设机构、场所有实际联系的所得,缴纳企业所得税。

(2)非居民企业在中国境内未设立机构、场所的,或者虽设立机构、场所,但取得的所得与其所设机构、场所没有实际联系的,应当就其来源于中国境内的所得缴纳企业所得税。

上述所称"实际联系",是指非居民企业在中国境内设立的机构、场所拥有据以取得所得的股权、债权,以及拥有、管理、控制据以取得所得的财产。

(三)所得来源的确定

(1)销售货物所得,按照交易活动发生地确定。

(2)提供劳务所得,按照劳务发生地确定。

(3)转让财产所得,不动产转让所得按照不动产所在地确定;动产转让所得按照转让动产的企业或者机构、场所所在地确定;权益性投资资产转让所得按照被投资企业所在地确定。

(4)股息、红利等权益性投资所得,按照分配所得的企业所在地确定。

(5)利息所得、租金所得、特许权使用费所得,按照负担、支付所得的企业或者机构、场所所在地确定,或者按照负担、支付所得的个人的住所地确定。

(6)其他所得,由国务院财政、税务主管部门确定。

三、税率

(一)基本税率

企业所得税基本税率为25%。该税率适用于居民企业和在中国境内设有机构、场所且所得与机构、场所有联系的非居民企业。

(二)低税率

低税率为20%,适用于在中国境内未设立机构、场所的,或者虽设立机构、场所,但取得的所得与其所设机构、场所没有实际联系的非居民企业,但在实际征税时适用10%的税率。

第二节 应纳税所得额的确定

应纳税所得额是企业所得税的计税依据。按照企业所得税法的规定,应纳税所得额为企业每一个纳税年度的收入总额,减除不征税收入、免税收入、各项扣除,以及允许弥补的以前年度亏损后的余额。这种计算方法亦称为直接计算法,计算公式为

$$应纳税所得额 = 收入总额 - 不征税收入 - 免税收入 - 各项扣除 - 允许弥补的以前年度亏损$$

在实务中,企业一般先按照财务会计制度的规定计算出会计利润,再根据税法的要求对会计利润作出相应的纳税调整后得出应纳税所得额。这种计算方法称为间接计算法,用公式表示如下:

$$应纳税所得额 = 会计利润 + 纳税调整增加额 - 纳税调整减少额 - 弥补以前年度亏损$$

企业应纳税所得额的计算以权责发生制为原则。应纳税所得额的正确计算直接关系到国家财政收入和企业的税收负担,并且同成本、费用核算关系密切。因此,《企业所得税法》对应纳税所得额计算作了明确规定,主要内容包括收入总额、扣除范围和标准、资产的税务处理、亏损弥补等。

【小思考9-2】 应纳税所得额和会计利润为何会产生差异?

一、收入总额的确定

企业的收入总额包括以货币形式和非货币形式从各种来源取得的收入。企业取得收入的货币形式包括现金、存款、应收账款、应收票据、准备持有至到期的债券投资以及债务的豁免等。纳税人以非货币形式取得的收入,包括固定资产、生物资产、无形资产、股权投资、存货、不准备持有至到期的债券投资、劳务以及有关权益等;这些非货币资产应当按照公允价值确定收入额,公允价值是指按照市场价格确定的价值。

以下将收入总额分成销售货物收入、提供劳务收入、视同销售收入和其他收入四类分别进行介绍。

(一)销售货物收入

销售货物收入,是指企业销售商品、产品、原材料、包装物、低值易耗品以及其他存货取得的收入。

1. 收入确认的条件

企业所得税法规定,企业销售商品同时满足下列四个条件确认收入的实现:

(1)商品销售合同已经签订,企业已将商品所有权相关的主要风险和报酬转移给购货方;

(2)企业对已售出的商品既没有保留通常与所有权相联系的继续管理权,也没有实施有效控制;

(3)收入的金额能够可靠地计量;

(4)已发生或将发生的销售方的成本能够可靠地核算。

2. 收入确认的时间

符合收入确认条件,采取下列商品销售方式的,应按以下规定确认收入实现时间:

(1)销售商品采用托收承付方式的,在办妥托收手续时确认收入。

(2)销售商品采取预收款方式的,在发出商品时确认收入。

(3)销售商品需要安装和检验的,在购买方接受商品以及安装和检验完毕时确认收入。如果安装程序比较简单,可在发出商品时确认收入。

(4)销售商品采用支付手续费方式委托代销的,在收到代销清单时确认收入。

(5)以分期收款方式销售货物的,按照合同约定的收款日期确认收入的实现。

(6)采取产品分成方式取得收入的,按照企业分得产品的日期确认收入的实现,其收入额按照产品的公允价值确定。

【小思考9-3】奥克公司是一家电梯生产企业。2022年5月1日销售10台电梯,价值50万元(不含税),5月20日安装完毕,6月5日检测合格。按合同规定,从6月份开始分5个月于每月30日收款,每期收取全部款项的20%,产品成本为20万元。请问在税务处理上,奥克公司如何确认收入?

3. 收入金额的确认

(1)企业应当按照从购货方已收或应收的合同或协议价款确定销售货物收入金额。

(2)商业折扣。应当按照扣除商业折扣后的金额确定销售商品收入金额。

(3)现金折扣。应当按扣除现金折扣前的金额确定销售商品收入金额,现金折扣在实际发生时作为财务费用扣除。

(4)销售折让和销售退回。企业已经确认销售收入的售出商品发生销售折让和销售退回,应当在发生当期冲减当期销售商品收入。

(5)售后回购。采用售后回购方式销售商品的,销售的商品按售价确认收入,回购的商品作为购进商品处理。

(6)以旧换新。销售商品以旧换新的,销售商品应当按照销售商品收入确认条件确认收入,回收的商品作为购进商品处理。

(7)买一赠一。企业以买一赠一等方式组合销售本企业商品的,不属于捐赠,应将总的销售金额按各项商品的公允价值的比例来分摊确认各项的销售收入。

【小思考9-4】西单商场在父亲节当天举行促销活动——消费者每购买一套西装赠送一条领带。每套西装不含税售价1 100元,一条领带不含税售价100元。请问在税务处理上,如何确认收入?

(二)提供劳务收入

提供劳务收入,是指企业从事建筑安装、修理修配、交通运输、仓储租赁、金融保险、邮电通信、咨询经纪、文化体育、科学研究、技术服务、教育培训、餐饮住宿、中介代理、卫生保健、社区服务、旅游、娱乐、加工以及其他劳务服务活动取得的收入。

1. 收入确认的条件

企业在各个纳税期末,提供劳务交易的结果能够可靠估计的,应采用完工进度(完工百分比)法确认提供劳务收入。

提供劳务交易的结果能够可靠估计,是指同时满足下列条件:

(1)收入的金额能够可靠地计量;

(2)交易的完工进度能够可靠地确定;

(3)交易中已发生和将发生的成本能够可靠地核算。

企业提供劳务完工进度的确定,可选用下列方法:

(1)已完工作的测量;

(2)已提供劳务占劳务总量的比例;

(3)发生成本占总成本的比例。

2. 收入确认的时间

(1)安装费。应根据安装完工进度确认收入。安装工作是商品销售附带条件的,安装费在确认商品销售实现时确认收入。

(2)宣传媒介的收费。应在相关的广告或商业行为出现于公众面前时确认收入。广告的制作费,应根据制作广告的完工进度确认收入。

(3)软件费。为特定客户开发软件的收费,应根据开发的完工进度确认收入。

(4)服务费。包含在商品售价内可区分的服务费,在提供服务的期间分期确认收入。

(5)艺术表演、招待宴会和其他特殊活动的收费。在相关活动发生时确认收入。收费涉及几项活动的,预收的款项应合理分配给每项活动,分别确认收入。

(6)会员费。申请入会或加入会员,只允许取得会籍,所有其他服务或商品都要另行收费的,在取得该会员费时确认收入。申请入会或加入会员后,会员在会员期内不再付费就可得到各种服务或商品,或者以低于非会员的价格销售商品或提供服务的,该会员费应在整个受益期内分期确认收入。

(7)特许权费。属于提供设备和其他有形资产的特许权费,在交付资产或转移资产所有权时确认收入;属于提供初始及后续服务的特许权费,在提供服务时确认收入。

(8)劳务费。长期为客户提供重复的劳务收取的劳务费,在相关劳务活动发生时确认收入。

3. 收入金额的确认

企业应按照从接受劳务方已收或应收的合同或协议价款确定劳务收入总额,根据纳税期末提供劳务收入总额乘以完工进度扣除以前纳税年度累计已确认提供劳务收入后的金额,确认为当期劳务收入。同时,按照提供劳务估计总成本乘以完工进度扣除以前纳税期间累计已确认劳务成本后的金额,结转为当期劳务成本。

(三)视同销售收入

视同销售是指会计上不作为销售核算,而在税收上作为销售,需要确认收入并计算缴纳企业所得税的销售货物、转让财产或提供劳务的行为。

《企业所得税法实施条例》规定：企业发生非货币性资产交换，以及将货物、财产、劳务用于捐赠、偿债、赞助、集资、广告、样品、职工福利或者利润分配等用途的，应当视同销售货物、转让财产或者提供劳务，但国务院财政、税务主管部门另有规定的除外。

企业发生下列情形的处置资产，除将资产转移至境外以外，由于资产所有权属在形式和实质上均不发生改变，可作为内部处置资产，不视同销售确认收入，相关资产的计税基础延续计算：

(1)将资产用于生产、制造、加工另一产品；
(2)改变资产形状、结构或性能；
(3)改变资产用途(如自建商品房转为自用或经营)；
(4)将资产在总机构及其分支机构之间转移；
(5)上述两种或两种以上情形的混合；
(6)其他不改变资产所有权属的用途。

企业将资产移送他人的下列情形，因资产所有权属已发生改变而不属于内部处置资产，应按规定视同销售确定收入：

(1)用于市场推广或销售；
(2)用于交际应酬；
(3)用于职工奖励或福利；
(4)用于股息分配；
(5)用于对外捐赠；
(6)其他改变资产所有权属的用途。

企业发生将资产移送他人的情形时，除另有规定外，应按被移送资产的公允价值确定收入。

【小思考9-5】 企业所得税视同销售和增值税视同销售有何区别？

(四)其他收入

1. 财产转让收入

财产转让收入是指企业转让固定资产、生物资产、无形资产、股权、债权等财产取得的收入。

企业转让股权收入，应于转让协议生效且完成股权变更手续时，确认收入的实现。转让股权收入扣除为取得该股权所发生的成本后，为股权转让所得。企业在计算股权转让所得时，不得扣除被投资企业未分配利润等股东留存收益中按该项股权所可能分配的金额。

2. 股息、红利等权益性投资收益

股息、红利等权益性投资收益是指企业因权益性投资从被投资方取得的收入。股息、红利等权益性投资收益，除国务院财政、税务主管部门另有规定外，按照被投资方作出利润分配决定的日期确认收入的实现。

3. 利息收入

利息收入是指企业将资金提供他人使用但不构成权益性投资，或者因他人占用企业资金取得的收入，包括存款利息、贷款利息、债券利息、欠款利息等收入。利息收入,按照合同约定的债务人应付利息的日期确认收入的实现。

4. 租金收入

租金收入是指企业提供固定资产、包装物及其他有形财产人使用权取得的收入。租金收入,按照合同约定的承租人应付租金的日期确认收入的实现。其中,如果交易合同或协议中规定租赁期限跨年度,且租金提前一次性支付的,根据收入与费用配比原则,出租人可对上述已确认的收入,在租赁期内,分期均匀计入相关年度收入。

5. 特许权使用费收入

特许权使用费收入是指企业提供专利权、非专利技术、商标权、著作权以及其他特许权的使用权而取得的收入。特许权使用费收入,按照合同约定的特许权使用人应付特许权使用费的日期确认收入的实现。

6. 接受捐赠收入

接受捐赠收入是指企业接受的来自其他企业、组织或者个人无偿给予的货币性资产或非货币性资产。接受捐赠收入,按照实际收到的捐赠资产的日期确认收入的实现。

企业接受捐赠的货币性资产,并入当期的应纳税所得。

企业接受捐赠的非货币性资产,按接受捐赠时资产的入账价值确认捐赠收入,并入当期应纳税所得。受赠非货币性资产计入应纳税所得额的内容包括受赠资产价值和由捐赠企业代为支付的增值税,不包括由受赠企业另外支付或应付的相关税费。

企业接受捐赠的存货、固定资产、无形资产和投资等,在经营中使用或将来销售处置时,可按税法规定结转存货销售成本、投资转让成本或扣除固定资产折旧、无形资产摊销额。

7. 其他收入

其他收入是指企业取得的除以上收入外的其他收入,包括企业资产溢余收入(固定资产盘盈收入和物资及现金的溢余收入)、逾期未退包装物押金收入、确实无法偿付的应付款项、已作坏账损失处理后又收回的应收款项、债务重组收入、补贴收入、违约金收入、汇兑收益等。

二、不征税收入和免税收入

(一)不征税收入

由于事业单位、社会团体等一般不以营利活动为目的,其收入形式主要靠财政拨款以及所收取的行政事业性收费等,因而对这些机构取得的收入征税没有实际意义,从所得税原理上应该永久不列为应税收入的范畴。下列收入为不征税收入。

1. 财政拨款

财政拨款是指各级人民政府对纳入预算管理的事业单位、社会团体等组织拨付的财政资金,但国务院和国务院财政、税务主管部门另有规定的除外。

2. 依法收取并纳入财政管理的行政事业性收费、政府性基金

行政事业性收费是指依照法律法规等有关规定,按照国务院规定程序批准,在实施社会公共管理,以及在向公民、法人或者其他组织提供特定公共服务过程中,向特定对象收取并纳入财政管理的费用。政府性基金是指企业依照法律、行政法规等有关规定,代政府收取的具有专项用途的财政资金。

3. 国务院规定的其他不征税收入

其他不征税收入是指企业取得的,由国务院财政、税务主管部门规定专项用途并经国务院批准的财政性资金。

财政性资金是指企业取得的来源于政府及其有关部门的财政补助、补贴、贷款贴息,以及其他各类财政专项资金,包括直接减免的增值税和即征即退、先征后退、先征后返的各种税收,但不包括企业按规定取得的出口退税款。

自2011年1月1日起,企业取得的专项用途财政性资金企业所得税处理按以下规定执行:

(1)企业从县级以上各级人民政府财政部门及其他部门取得的应计入收入总额的财政性资金,凡同时符合以下条件的,可以作为不征税收入,在计算应纳税所得额时从收入总额中减除:

①企业能够提供规定资金专项用途的资金拨付文件;

②财政部门或其他拨付资金的政府部门对该资金有专门的资金管理办法或具体管理要求;

③企业对该资金以及以该资金发生的支出单独进行核算。

(2)企业将符合上述第(1)条规定条件的财政性资金作不征税收入处理后,在5年(60个月)内未发生支出且未缴回财政部门或其他拨付资金的政府部门的部分,应计入取得该资金第六年的应税收入总额;计入应税收入总额的财政性资金发生的支出,允许在计算应纳税所得额时扣除。

需要注意的是,企业的不征税收入用于支出所形成的费用,不得在计算应纳税所得额时扣除;企业的不征税收入用于支出所形成的资产,其计算的折旧、摊销不得在计算应纳税所得额时扣除。

(二)免税收入

免税收入指属于企业的应税所得但税法规定免予征收企业所得税的收入。它不同于不征税收入,是纳税人应税收入的重要组成部分,只是国家为了实现某些经济和社会目标,在特定时期或对特定项目取得的经济利益给予的税收优惠照顾,而在一定时期又有可能恢复征税的收入范围。按照企业所得税法的规定,下列收入为免税收入。

1. 国债利息收入

国债利息收入是指企业持有国务院财政部门发行的国债取得的利息收入。国债是国家发行的债券,其资金主要用于支持国家基本建设和重点项目。因此,鼓励企业积极购买国债,支援国家建设,对企业投资于国债取得的利息收入给予免税待遇。

1)国债利息收入时间确认

企业投资国债从国务院财政部门取得的国债利息收入,应以国债发行时约定应付利息的日期,确认利息收入的实现。企业转让国债,应在国债转让收入确认时确认利息收入的实现。

2）国债利息收入计算

企业在国债到期前转让国债，或者从非发行者投资购买的国债，其持有期间尚未兑付的国债利息收入，按以下公式计算确定：

国债利息收入＝国债金额×（适用年利率÷365）×持有天数

上述公式中的"国债金额"，按国债发行面值或发行价格确定；"适用年利率"按国债票面年利率或折合年收益率确定；如企业不同时间多次购买同一品种国债的，"持有天数"可按平均持有天数计算确定。

3）国债利息收入免税问题

企业取得的国债利息收入，免征企业所得税。具体按以下规定执行：

（1）企业从发行者直接投资购买的国债持有至到期，其从发行者取得的国债利息收入，全额免征企业所得税。

（2）企业到期前转让国债，或者从非发行者投资购买的国债，其按上述第2）项计算的国债利息收入，免征企业所得税。

4）国债转让收入时间确认

（1）企业转让国债应在转让国债合同、协议生效的日期，或者国债移交时确认转让收入的实现。

（2）企业投资购买国债，到期兑付的，应在国债发行时约定的应付利息的日期，确认国债转让收入的实现。

5）国债转让收益（损失）的计算

通过支付现金方式取得的国债，以买入价和支付的相关税费为成本；通过支付现金以外的方式取得的国债，以该资产的公允价值和支付的相关税费为成本。

企业转让或到期兑付国债取得的价款，减除其购买国债成本，并扣除其持有期间按照上述第2）项计算的国债利息收入以及交易过程中相关税费后的余额，为企业转让国债收益（损失）。

企业转让国债，应作为转让财产，其取得的收益（损失）应作为企业应纳税所得额计算纳税。

企业在不同时间购买同一品种国债的，其转让时的成本计算方法，可在先进先出法、加权平均法、个别计价法中选用一种。计价方法一经选用，不得随意改变。

2. 符合条件的居民企业之间的股息、红利等权益性收益

这里的"符合条件的居民企业之间的股息、红利等权益性收益"，是指居民企业直接投资于其他居民企业取得的投资收益，但不包括连续持有居民企业公开发行并上市流通的股票不足12个月取得的投资收益。

3. 在中国境内设立机构、场所的非居民企业从居民企业取得与该机构、场所有实际联系的股息、红利等权益性投资收益

同样，这部分投资收益也不包括连续持有居民企业公开发行并上市流通的股票不足12个月取得的投资收益。

4. 符合条件的非营利组织的收入

符合条件的非营利组织的收入，不包括非营利组织从事营利性活动取得的收入，但国务院财政、税务主管部门另有规定的除外。

符合条件的非营利组织,是指同时符合下列条件的组织:
(1)依法履行非营利组织登记手续;
(2)从事公益性或者非营利性活动;
(3)取得的收入除用于与该组织有关的、合理的支出外,全部用于登记核定或者章程规定的公益性或者非营利性事业;
(4)财产及其孳息不用于分配;
(5)按照登记核定或者章程规定,该组织注销后的剩余财产用于公益性或者非营利性目的,或者由登记管理机关转赠给与该组织性质、宗旨相同的组织,并向社会公告;
(6)投入人对投入该组织的财产不保留或者享有任何财产权利;
(7)工作人员工资福利开支控制在规定的比例内,不变相分配该组织的财产;
(8)国务院财政、税务主管部门规定的其他条件。

非营利组织的下列收入为免税收入:
(1)接受其他单位或者个人捐赠的收入;
(2)除《企业所得税法》第七条规定的财政拨款以外的其他政府补助收入,但不包括因政府购买服务取得的收入;
(3)按照省级以上民政、财政部门规定收取的会费;
(4)不征税收入和免税收入孳生的银行存款利息收入;
(5)财政部、国家税务总局规定的其他收入。
(6)企业取得的2009年及以后年度发行的地方政府债券利息所得。

【小思考9-6】 不征税收入和免税收入有何区别?税务处理有何不同?

三、准予扣除项目

(一)准予扣除项目的原则

企业申报的扣除项目和金额要真实、合法。所谓真实,是指能提供证明有关支出确属已经实际发生;合法是指符合国家税法的规定,若其他法规规定与税收法规规定不一致,应以税收法规的规定为标准。除税收法规另有规定外,企业所得税税前扣除一般应遵循以下原则:

(1)权责发生制原则。指企业费用应在发生的所属期扣除,而不是在实际支付时确认扣除。
(2)配比原则。指企业发生的费用应当与收入配比扣除。除特殊规定外,企业发生的费用不得提前或滞后申报扣除。
(3)相关性原则。企业可扣除的费用从性质和根源上必须与取得应税收入直接相关。
(4)确定性原则。企业可扣除的费用不论何时支付,其金额必须是确定的。
(5)合理性原则。符合生产经营活动常规,应当计入当期损益或者有关资产成本的必要和正常的支出。

(二)准予扣除项目的范围

《企业所得税法》规定,企业实际发生的与取得收入有关的、合理的支出,包括成本、费用、税金、损失和其他支出,准予在计算应纳税所得额时扣除。在实际中,计算应纳税所得额时还应注意以下三方面的内容:

(1)企业发生的支出应当区分收益性支出和资本性支出。收益性支出在发生当期直接扣除;资本性支出应当分期扣除或者计入有关资产成本,不得在发生当期直接扣除。

(2)企业的不征税收入用于支出所形成的费用不得扣除,所形成的资产不得计算对应的折旧、摊销扣除。

(3)除《企业所得税法》及其实施条例另有规定外,企业实际发生的成本、费用、税金、损失和其他支出,不得重复扣除。

1. 成本

成本是指企业在生产经营活动中发生的销售成本、销货成本、业务支出以及其他耗费,即企业销售商品(产品、材料、下脚料、废料、废旧物资等)、提供劳务、转让固定资产或无形资产(包括技术转让)的成本。

2. 费用

费用是指企业每一个纳税年度为生产、经营商品和提供劳务等所发生的销售(经营)费用、管理费用和财务费用,已计入成本的有关费用除外。

(1)销售费用,是指应由企业负担的为销售商品而发生的费用,包括广告费、运输费、装卸费、包装费、展览费、保险费、销售佣金(能直接认定的进口佣金调整商品进价成本)、代销手续费、经营性租赁费及销售部门发生的差旅费、工资、福利费等费用。

(2)管理费用,是指企业的行政管理部门为管理组织经营活动提供各项支援性服务而发生的费用,包括研究开发费、劳动保护费、业务招待费、工会经费、职工教育经费、股东大会或董事会费、坏账损失、印花税等税金,以及向总机构支付的与本身盈利活动有关的合理的管理费等。

(3)财务费用,是指企业筹集经营性资金而发生的费用,包括利息净支出、汇兑净损失、金融机构手续费以及其他非资本化支出。

3. 税金

税金是指企业发生的除企业所得税和允许抵扣的增值税以外的企业缴纳的各项税金及其附加,即企业按规定缴纳的消费税、城市维护建设税、关税、资源税、土地增值税、房产税、车船税、土地使用税、印花税、教育费附加等。这些已纳税金准予税前扣除。准许扣除的方式有两种:一是在发生当期扣除,如计入税金及附加的消费税、城市维护建设税、关税、资源税、土地增值税、房产税、车船税、城镇土地使用税和印花税等;二是在发生当期计入相关资产的成本,在以后各期分摊扣除,如车辆购置税、耕地占用税。

4. 损失

损失是指企业在生产经营活动中发生的固定资产和存货的盘亏、毁损、报废损失,转让财产损失,呆账损失,坏账损失,自然灾害等不可抗力因素造成的损失以及其他损失。

企业发生的损失减除责任人赔偿和保险赔款后的余额,依照国务院财政、税务主管部门的规定扣除。企业已经作为损失处理的资产,在以后纳税年度又全部收回或者部分收回时,应当计入当期收入。

5. 扣除的其他支出

扣除的其他支出是指除成本、费用、税金、损失外,企业在生产经营活动中发生的与生产经营活动有关的、合理的支出。

(三)准予扣除项目及其标准

在计算应纳税所得额时,一些项目不能按照实际发生额扣除,而是应该按照税法规定的标准扣除,因此存在会计和税法的差异。在计算应纳税所得额时应当在会计利润的基础上进行纳税调整。

1. 工资、薪金支出

企业发生的合理的工资、薪金支出准予据实扣除。工资、薪金支出是企业每一纳税年度支付给本企业任职或与其有雇佣关系的员工的所有现金或非现金形式的劳动报酬,包括基本工资、奖金、津贴、补贴、年终加薪、加班工资,以及与任职或受雇有关的其他支出,但不包括职工福利费、职工教育经费、工会经费以及养老保险费、医疗保险费、失业保险费、工伤保险费、生育保险费等社会保险费和住房公积金。

这里的"合理的工资、薪金",是指企业按照股东大会、董事会、薪酬委员会或相关管理机构制定的工资薪金制度规定实际发放给员工的工资薪金。

(1)属于国有性质的企业,其工资、薪金,不得超过政府有关部门给予的限定数额;超过部分,不得计入企业工资、薪金总额,也不得在计算企业应纳税所得额时扣除。

(2)企业因雇用季节工、临时工、实习生、返聘离退休人员以及接受外部劳务派遣用工所实际发生的费用,应区分为工资薪金支出和职工福利费支出,并按《企业所得税法》规定在企业所得税前扣除。其中属于工资薪金支出的,准予计入企业工资薪金总额的基数,作为计算其他各项相关费用扣除的依据。

(3)《关于企业工资薪金和职工福利费等支出税前扣除问题的公告》(以下简称2015年第34号公告)规定,列入企业员工工资薪金制度、固定与工资薪金一起发放的福利性补贴,符合《国家税务总局关于企业工资薪金及职工福利费扣除问题的通知》(国税函〔2009〕3号)第一条规定的合理工资、薪金支出条件,可作为企业发生的工资、薪金支出,按规定在税前扣除。

如企业不能同时符合上述合理工资、薪金支出条件的福利性补贴,应作为国税函〔2009〕3号文件第三条规定的职工福利费,按规定计算限额税前扣除。

(4)企业在年度汇算清缴结束前向员工实际支付的已预提汇缴年度工资、薪金,准予在汇缴年度按规定扣除。

(5)企业接受外部劳务派遣用工所实际发生的费用,应分两种情况按规定在税前扣除:按照协议(合同)约定直接支付给劳务派遣公司的费用,应作为劳务费支出;直接支付给员工个人的费用,应作为工资、薪金支出和职工福利费支出。其中属于工资、薪金支出的费用,准予计入企业工资、薪金总额的基数,作为计算其他各项相关费用扣除的依据。

【小思考 9-7】 税法中的工资、薪金支出与企业会计准则中的职工薪酬的概念是否等同？

2. 职工福利费、工会经费、职工教育经费

企业发生的职工福利费、工会经费、职工教育经费按标准扣除，未超过标准的按实际数扣除，超过标准的只能按标准扣除。

(1)企业发生的职工福利费支出，不超过工资、薪金总额14%的部分准予扣除，超过部分不得扣除。

企业职工福利费包括以下内容：

①尚未实行分离办社会职能的企业，其内设福利部门所发生的设备、设施和人员费用，包括职工食堂、职工浴室、理发室、医务所、托儿所、疗养院等集体福利部门的设备、设施及维修保养费用和福利部门工作人员的工资、薪金，社会保险费，住房公积金，劳务费等。

②为职工卫生保健、生活、住房、交通等所发放的各项补贴和非货币性福利。包括企业向职工发放的因公外地就医费用、未实行医疗统筹企业职工医疗费用、职工供养直系亲属医疗补贴、供暖费补贴、职工防暑降温费、职工困难补贴、救济费、职工食堂经费补贴、职工交通补贴等。

③按照其他规定发生的其他职工福利费，包括丧葬补助费、抚恤费、安家费、探亲假路费等。

(2)企业拨缴的工会经费，不超过工资、薪金总额2%的部分准予扣除，超过部分不得扣除。

(3)除国务院财政、税务主管部门另有规定外，企业发生的职工教育经费支出，不超过工资、薪金总额8%的部分准予扣除，超过部分准予结转以后纳税年度扣除。

根据财税〔2012〕27号规定，集成电路设计企业和符合条件的软件企业发生的职工培训费用，应单独进行核算并按实际发生额在税前扣除。以上企业应准确划分职工教育经费中的职工培训费支出，对于不能准确划分的，以及准确划分后职工教育经费中扣除职工培训费用的余额，一律按照工资薪金总额的8%的比例扣除。

核力发电企业为培养核电厂操纵员发生的培养费用，可作为企业的发电成本在税前扣除。企业应将核电厂操纵员培养费与员工的职工教育经费严格区分，单独核算，员工实际发生的职工教育经费支出不得计入核电厂操纵员培养费直接扣除。

可以看出，在三项经费中，国家仅对超标的职工教育经费准予在以后年度无限制结转，这实际上是允许企业发生的职工教育经费支出全额扣除，只是在扣除时间上作了相应递延，以此鼓励企业加大对职工的教育投入。

上述计算职工福利费、工会经费、职工教育经费的"工资、薪金总额"，是指企业按照上述工资、薪金支出规定实际发放的工资、薪金总和。不包括企业的职工福利费、职工教育经费、工会经费以及养老保险费、医疗保险费、失业保险费、工伤保险费、生育保险费等社会保险费和住房公积金。属于国有性质的企业，其工资、薪金，不得超过政府有关部门给予的限定数额；超过部分，不得计入企业工资、薪金总额，也不得在计算企业应纳税所得额时扣除。

3. 社会保险费

(1)企业依照国务院有关主管部门或省级人民政府规定的范围和标准为职工缴纳的五险一金,即基本养老保险费、基本医疗保险费、失业保险费、工伤保险费、生育保险费等基本社会保险费和住房公积金,准予扣除。

(2)企业为投资者或者职工支付的补充养老保险费、补充医疗保险费,分别在不超过职工工资总额5%标准内的部分,准予扣除;超过的部分,不予扣除。

(3)企业为投资者或者职工支付的商业保险费,不得扣除。企业按照国家有关规定为特殊工种职工支付的人身安全保险费和符合国务院财政、税务主管部门规定可以扣除的商业保险费,准予扣除。

(4)企业参加财产保险,按照规定缴纳的保险费,准予扣除。

(5)企业参加雇主责任险、公众责任险等责任保险,按照规定缴纳的保险费,准予扣除。

4. 利息费用

(1)非金融企业向金融企业借款的利息支出、金融企业的各项存款利息支出和同业拆借利息支出、企业经批准发行债券的利息支出可据实扣除。

(2)非金融企业向非金融企业借款的利息支出,不超过按照金融企业同期同类贷款利率计算的数额的部分可据实扣除,超过部分不许扣除。

其中,所谓金融企业,是指各类银行、保险公司及经中国人民银行批准从事金融业务的非银行金融机构,包括以下三种:①国家专业银行、区域性银行、股份制银行、外资银行、中外合资银行以及其他综合性银行;②全国性保险企业、区域性保险企业、股份制保险企业、中外合资保险企业以及其他专业性保险企业;③城市、农村信用社,各类财务公司,以及其他从事信托投资、租赁等业务的专业和综合性非银行金融机构。非金融企业,是指除上述金融机构以外的所有企业、事业单位以及社会团体等企业或组织。

鉴于目前我国对金融企业利率要求的具体情况,企业在按照合同要求首次支付利息并进行税前扣除时,应提供金融企业的同期同类贷款利率情况说明,以证明其利息支出的合理性。

金融企业的同期同类贷款利率情况说明中,应包括在签订该借款合同时,本省任何一家金融企业提供同期同类贷款利率情况。同期同类贷款利率是指在贷款期限、贷款金额、贷款担保以及企业信誉等条件基本相同下,金融企业提供贷款的利率。既可以是金融企业公布的同期同类平均利率,也可以是金融企业对某些企业提供的实际贷款利率。

(3)企业从其关联方接受的债权性投资与权益性投资的比例超过规定标准而发生的利息支出,不得在计算应纳税所得额时扣除。

① 在计算应纳税所得额时,企业实际支付给关联方的利息支出,不超过以下规定比例和税法及其实施条例有关规定计算的部分,准予扣除,超过的部分不得在发生当期和以后年度扣除。

企业实际支付给关联方的利息支出,除符合下面第②条规定外,其接受关联方债权性投资与其权益性投资比例如下:金融企业为5∶1;其他企业为2∶1。

② 企业如果能够按照《企业所得税法》及其实施条例的有关规定提供相关资料,

并证明相关交易活动符合独立交易原则的,或者该企业的实际税负不高于境内关联方的,其实际支付给境内关联方的利息支出,在计算应纳税所得额时准予扣除。

③企业同时从事金融业务和非金融业务,其实际支付给关联方的利息支出,应按照合理方法分开计算;没有按照合理方法分开计算的,一律按其他企业接受关联方债权性投资与其权益性投资比例(即2∶1)计算准予税前扣除的利息支出。

【例9-1】 联发创投公司投资华莱公司300万元,占30%的股份。2022年1月,华莱公司以10%年利率从联发创投公司借款700万元。假设联发创投公司、华莱公司均为非金融企业;银行同期贷款利率为8%;华莱公司实际税负高于联发创投公司,且华莱公司无法提供资料证明其借款活动符合独立交易原则。请分析华莱公司税前允许扣除的利息费用是多少?如何调整?

【解析】
联发创投公司持有华莱公司30%的股份,是华莱公司的关联方。
华莱公司接受联发创投公司的债权性投资和权益性投资比例=700÷300=2.33>2∶1。
华莱公司税前可扣除利息=2×300×8%=48(万元)。
华莱公司实际支付利息=700×10%=70(万元),可税前扣除48万元,其余22万元应纳税调增,且不能结转到以后年度扣除。

(4)企业向自然人借款的利息支出税前扣除规定。

①企业向股东或其他与企业有关联关系的自然人借款的利息支出,应根据"关联方利息费用扣除"的规定,计算企业所得税扣除额。

②企业向除第①条规定以外的内部职工或其他人员借款的利息支出,其借款情况同时符合以下条件的,其利息支出在不超过按照金融企业同期同类贷款利率计算的数额的部分,准予扣除:

第一,企业与个人之间的借贷是真实、合法、有效的,并且不具有非法集资目的或其他违反法律、法规的行为;

第二,企业与个人之间签订了借款合同。

【小思考9-8】 飞跃公司2021年"财务费用"账户中的利息,包括10万元的向本企业职工借入6个月期的生产用200万元资金的借款利息,并与职工签订了借款合同。银行同期同类贷款利率为7%,请问飞跃公司2021年度可在计算应纳税所得额时扣除的利息费用是多少?

5. 借款费用

借款费用,是指企业因借款而发生的利息及其他相关成本,包括借款利息、折价或者溢价的摊销、辅助费用以及因外币借款而发生的汇兑差额。

(1)企业在生产经营活动中发生的合理的不需要资本化的借款费用,准予扣除。

(2)企业为购置、建造固定资产、无形资产和经过12个月以上的建造才能达到预定可销售状态的存货发生的借款的,在有关资产购置、建造期间发生的合理的借款费用,应予以资本化,作为资本性支出计入有关资产的成本;有关资产交付使用后发生的借款利息,可在发生当期扣除。

(3)企业通过发行债券、取得贷款、吸收保户储金等方式融资而发生的合理的费用支出,符合资本化条件的,应计入相关资产成本;不符合资本化条件的,应作为财务费用,准予在企业所得税税前据实扣除。

【小思考9-9】 万利公司2021年4月1日向银行借款500万元用于建造厂房,借款期限为1年,当年向银行支付了3个季度的借款利息22.5万元。该厂房于当年10月31日完工结算并投入使用。请问税前可扣除的利息费用是多少?

6. 汇兑损失

企业在货币交易中,以及纳税年度终了时将人民币以外的货币性资产、负债按照期末即期人民币汇率中间价折算为人民币时产生的汇兑损失,除已经计入有关资产成本以及与向所有者进行利润分配相关的部分外,准予扣除。

7. 业务招待费

企业发生的与其生产、经营业务有关的业务招待费支出,按照发生额的60%扣除,但最高不得超过当年销售(营业)收入的5‰。

上述所指销售(营业)收入是指企业的主营业务收入、其他业务收入和视同销售收入之和。

对从事股权投资的企业(包括集团总部、创业投资企业等),其从被投资企业所分配的股息、红利及股权转让收入,可按规定的比例计算业务招待费扣除限额。

企业在筹建期间,发生的与筹办活动有关的业务招待费支出,可按实际发生额的60%计入企业筹办费,并按规定扣除。

8. 广告费和业务宣传费

(1)企业发生的符合条件的广告费和业务宣传费支出,除国务院财政、税务主管部门另有规定外,不超过当年销售(营业)收入15%的部分,准予扣除;超过部分,准予结转以后纳税年度扣除。

(2)自2021年1月1日起至2025年12月31日止,对化妆品制造或销售、医药制造和饮料制造(不含酒类制造)企业发生的广告费和业务宣传费支出,不超过当年销售(营业)收入30%的部分,准予扣除;超过部分,准予在以后纳税年度结转扣除。

(3)烟草企业的烟草广告费和业务宣传费支出,一律不得在计算应纳税所得额时扣除。

(4)企业在筹建期间,发生的与筹办活动有关的广告费和业务招待费支出,可按实际发生额计入企业筹办费,并按规定扣除。

企业申报扣除的广告费支出应与赞助支出严格区分。企业申报扣除的广告费,必须符合下列三个条件:①广告是通过工商部门批准的专门机构制作的;②已实际支付费用,并已取得相应发票;③通过一定的媒体传播。

【小思考9-10】 计算广告费和业务宣传费、业务招待费的税前扣除限额的依据是否一样?超标部分都允许结转到以后年度扣除吗?

【例9-2】 三全食品公司2021年度全年销售货物收入为1 800万元,房屋出租收入200万元,提供劳务加工收入50万元,转让无形资产所有权收入30万元,当年发生业务招待费30万元,发生广告费、业务宣传费350万元。请问三全食品公司2021年度所得税前可以扣除的业务招待费和广告费、业务宣传费分别是多少?

【解析】 销售货物收入、房屋出租收入、提供劳务加工收入为主营业务收入和其他业务收入,可作为业务招待费和广告费、业务宣传费扣除限额的计算依据;转让无形资产所有权收入为资产处置收益,不得作为业务招待费和广告费、业务宣传费扣除限额的计算依据。

(1)业务招待费扣除限额1=(1 800+200+50)×5‰=10.25(万元)

业务招待费扣除限额2=30×60%=18(万元)

限额1和限额2中取小者,因此业务招待费扣除10.25万元,超标部分不得结转扣除。

(2)广告费、业务宣传费扣除限额=(1 800+200+50)×15%=307.5(万元),未超过实际发生的广告费、业务宣传费,因此税前可扣除307.5万元,超标部分42.5(350-307.5)万元可结转以后年度扣除。

9. 公益性捐赠

公益性捐赠,是指企业通过公益性社会团体或者县级(含)以上人民政府及其部门,用于《中华人民共和国公益事业捐赠法》规定的公益事业的捐赠。

企业发生的公益性捐赠支出,不超过年度利润总额12%的部分,准予扣除;超过年度利润总额12%的部分,准予以后三年内在计算应纳税所得额时结转扣除。企业在对公益性捐赠结转扣除时,应先扣除以前年度结转的捐赠支出,再扣除当年发生的捐赠支出。

年度利润总额,是指企业依照国家统一会计制度的规定计算的年度会计利润。

(1)用于公益事业的捐赠支出,是指《中华人民共和国公益事业捐赠法》规定的向公益事业的捐赠支出,具体范围包括:

①救助灾害、救济贫困、扶助残疾等困难的社会群体和个人的活动;

②教育、科学、文化、卫生、体育事业;

③环境保护、社会公共设施建设;

④促进社会发展和进步的其他社会公共和福利事业。

企事业单位、社会团体以及其他组织捐赠住房作廉租住房的,视同公益性捐赠,按上述规定执行。

(2)公益性社会团体,是指同时符合下列条件的基金会、慈善组织等社会团体:

①依法登记,具有法人资格;

②以发展公益事业为宗旨,且不以营利为目的;

③全部资产及其增值为该法人所有;

④收益和营运结余主要用于符合该法人设立目的的事业;

⑤终止后的剩余财产不归属任何个人或者营利组织;

⑥不经营与其设立目的无关的业务;

⑦有健全的财务会计制度;

⑧捐赠者不以任何形式参与社会团体财产的分配;

⑨国务院财政、税务主管部门会同国务院民政部门等登记管理部门规定的其他条件。

(3)公益性社会团体和县级以上人民政府及其组成部门和直属机构在接受捐赠时,捐赠资产的价值按以下原则确认:

①接受捐赠的货币性资产,应当按实际收到的金额计算;

②接受捐赠的非货币性资产,应当以其公允价值计算。

(4)自2019年1月1日至2022年12月31日,企业通过公益性社会组织或者县级(含县级)以上人民政府及其组成部门和直属机构,用于目标脱贫地区的扶贫捐赠支出,准予在计算企业所得税应纳税所得额时据实扣除。在政策执行期限内,目标脱贫地区实现脱贫的,可继续适用上述政策。

"目标脱贫地区"包括832个国家扶贫开发工作重点县、集中连片特困地区县(新疆阿克苏地区6县1市享受片区政策)和建档立卡贫困村。

企业同时发生扶贫捐赠支出和其他公益性捐赠支出,在计算公益性捐赠支出年度扣除限额时,符合上述条件的扶贫捐赠支出不计算在内。

10. 租赁费

企业根据生产经营需要租入固定资产支付的租赁费,按照以下方法扣除:

(1)经营租赁方式租入固定资产发生的租赁费支出,按照租赁期限均匀扣除;

(2)以融资租赁方式租入固定资产发生的租赁费支出,按照规定构成融资租入固定资产价值的部分应当提取折旧费用,分期扣除。

11. 环境保护专项资金

企业依照法律、行政法规有关规定提取的用于环境保护、生态恢复等方面的专项资金,准予扣除。但上述专项资金提取后改变用途的,不得扣除。

12. 劳动保护支出

劳动保护支出,是企业因工作需要为雇员配备或提供工作服、手套、安全保护用品、防暑降温用品等所发生的支出。企业发生的合理的劳动保护支出,准予扣除。

企业根据其工作性质的特点,由企业统一制作并要求员工工作时统一着装所发生的工作服饰费用,可以作为企业合理的支出给予税前扣除。

13. 有关资产的费用

企业转让各类固定资产发生的费用,允许扣除。企业按规定计算的固定资产折旧费、无形资产和递延资产的摊销费,准予扣除。

14. 总机构分摊的费用

非居民企业在中国境内设立的机构、场所,就其中国境外总机构发生的与该机构、场所生产经营有关的费用,能够提供总机构出具的费用汇集范围、定额、分配依据和方法等证明文件,并合理分摊的,准予扣除。

15. 资产损失

企业当期发生的固定资产和流动资产盘亏、毁损净损失,由其提供清查盘存资料经主管税务机关审核后,准予扣除。

16. 手续费及佣金支出

手续费及佣金支出按以下规定扣除:

(1)企业发生与生产经营有关的手续费及佣金支出,不超过以下规定计算限额以内的部分,准予扣除;超过部分,不得扣除。

①保险企业:按当年全部保费收入扣除退保金等后余额的18%(含本数,下同)计算限额。

②其他企业:按与具有合法经营资格中介服务机构或个人(不含交易双方及其雇员、代理人和代表人等)所签订服务协议或合同确认的收入金额的5%计算限额。

(2)企业应与具有合法经营资格中介服务企业或个人签订代办协议或合同,并按国家有关规定支付手续费及佣金。除委托个人代理外,企业以现金等非转账方式支付的手续费及佣金不得在税前扣除。企业为发行权益性证券支付给有关证券承销机构的手续费及佣金不得在税前扣除。

(3)企业不得将手续费及佣金支出计入回扣、业务提成、返利、进场费等费用。

(4)企业已计入固定资产、无形资产等相关资产的手续费及佣金支出,应当通过折旧、摊销等方式分期扣除,不得在发生当期直接扣除。

(5)企业支付的手续费及佣金不得直接冲减服务协议或合同金额,并如实入账。

(6)电信企业在发展客户、拓展业务等过程中(如委托销售电话入网卡、电话充值卡等),需向经纪人、代办商支付手续费及佣金的,其实际发生的相关手续费及佣金支出,不超过企业当年收入总额5%的部分,准予在企业所得税税前据实扣除。

(7)从事代理服务、主营业务收入为手续费、佣金的企业(如证券、期货、保险代理等企业),其为取得该类收入而实际发生的营业成本(包括手续费及佣金支出),准予在企业所得税税前据实扣除。

17. 党组织工作经费

国有企业(包括国有独资、全资和国有资本绝对控股、相对控股企业)纳入管理费用的党组织工作经费,实际支出不超过职工年度工资薪金总额1%部分,可以据实在企业所得税税前扣除。

非公有制企业党组织工作经费纳入企业管理费列支,不超过职工年度工资薪金总额1%的部分,可以据实在企业所得税税前扣除。

18. 依照有关法律、行政法规和国家有关税法规定准予扣除的其他项目

这些准予扣除的其他项目包括会员费、合理的会议费、差旅费、违约金、诉讼费用等。

四、不得扣除的项目

在计算应纳税所得额时,下列支出不得扣除:

(1)向投资者支付的股息、红利等权益性投资收益款项。

(2)企业所得税税款。

(3)税收滞纳金。

税收滞纳金,是指纳税人违反税收法规,被税务机关处以的滞纳金。

(4)罚金、罚款和被没收财物的损失。

罚金、罚款和被没收财物的损失,是指纳税人违反国家有关法律、法规规定,被有关部门处以的罚款,以及被司法机关处以的罚金和被没收财物。

其中,罚款分为行政性罚款和经营性罚款。行政性罚款即企业违反有关法律、法规规定被政府处以的罚款(如税收罚款、工商局罚款等),税前不得扣除;经营性罚款即企业在经营活动中的罚款(如合同违约金、逾期归还银行贷款的罚款及罚息),在计算应纳税所得额时准予扣除。

(5)非公益性捐赠及超过标准的捐赠支出。

(6)赞助支出。

赞助支出,是指企业发生的与生产经营活动无关的各种非广告性质支出。

(7)未经核定的准备金支出。

未经核定的准备金支出,是指不符合国务院财政、税务主管部门规定的各项资产减值准备、风险准备等准备金支出。

(8) 企业之间支付的管理费、企业内营业机构之间支付的租金和特许权使用费，以及非银行企业内营业机构之间支付的利息。

由于企业所得税法采取法人所得税，对总、分机构之间因总机构提供管理服务而分摊的合理管理费、企业内营业机构之间支付的租金、特许权使用费、利息都会通过总分机构自行汇总得到解决，因而法律规定，对于这些内部业务往来所产生的费用，均不计入收入和作为费用扣除。

(9) 与取得收入无关的其他支出。

一般而言，与取得收入无关的其他支出都不允许在税前扣除。

五、亏损弥补

财务会计上的亏损是指当年总收入小于当年总支出，即按会计准则或会计制度计算的本年利润为负数，该负数就为当年的会计亏损额。企业所得税法中所指的亏损是指企业依照《企业所得税法》及其实施细则的规定，将每一纳税年度的收入总额减除不征税收入、免税收入和各项扣除后小于零的数额，也可以说是按照税法规定对会计利润进行调增调减后小于零的数额。

税法规定，企业某一纳税年度发生的亏损可以用下一年度的所得弥补，下一年度的所得不足以弥补的，可以逐年延续弥补，但最长不得超过5年。

自2018年1月1日起，当年具备高新技术企业或科技型中小企业资格（以下统称资格）的企业，其具备资格年度之前5个年度发生的尚未弥补完的亏损，准予结转以后年度弥补，最长结转年限由5年延长至10年。

高新技术企业按照其取得的高新技术企业证书注明的有效期所属年度，确定其具备资格的年度。科技型中小企业按照其取得的科技型中小企业入库登记编号注明的年度，确定其具备资格的年度。

企业筹办期间不计算为亏损年度，企业自开始生产经营的年度，为开始计算企业损益的年度。企业从事生产经营之前进行筹办活动期间发生筹办费用支出，不得计算为当期的亏损；企业可以在开始经营之日的当年一次性扣除，也可以按照税法有关长期待摊费用的处理规定处理，但一经选定，不得改变。

企业在汇总计算缴纳企业所得税时，其境外营业机构的亏损不得抵减境内营业机构的盈利。

【例9-3】 朋来餐饮公司2016年亏损150万元，2017年亏损80万元，假设2018年所得10万元，2019年所得30万元，2020年所得50万元，2021年所得50万元，2022年所得200万元。上述亏损与所得都是按照税法规定计算出来的。请问朋来公司应怎样弥补2016年和2017年的亏损？

【解析】 朋来餐饮公司2016年的亏损150万元，可以在2017—2021年连续5年内进行亏损弥补。因为2017年也是亏损，所以只能用2018—2021年的所得弥补，2018—2021年所得总计140万元，可以弥补2016年亏损140万元，剩余未能弥补的10万元成为企业永久性亏损，不能再在税前弥补。

2017年亏损,可以在2018—2022年连续5年内进行亏损弥补。虽然2018—2022年都有所得,但该期间所得已经弥补了2016年的亏损,因此2017年的亏损额80万元,只能用2022年的所得200万元予以弥补,2022年仅就弥补完亏损后的120万元计算缴纳企业所得税。

第三节 资产的税务处理

企业发生的支出分为收益性支出和资本性支出。收益性支出在发生当期直接扣除;而对于资本性支出以及无形资产受让、开办、开发费用,不允许作为成本、费用从纳税人的收入总额中进行一次性扣除,只能采取分次计提折旧或分次摊销的方式予以扣除。

税法规定,纳入税务处理范围的资产形式主要有固定资产、生物资产、无形资产、长期待摊费用、投资资产、存货等,均以历史成本为计税基础。历史成本是指企业取得该项资产时实际发生的支出。资产的计税基础是指企业收回资产账面价值过程中,计算应纳税所得额时按照税法规定可以自应税经济利益中抵扣的金额。将历史成本作为资产的计税基础,首先是考虑到历史成本本身在会计上的可靠性和优势性,其次是考虑到税收征管实践的需要,因为只有历史成本是固定的,征管成本比较低。

另外,为了减少企业随意调整资产的计税基础侵蚀所得税税基的情形,法律明确规定了企业持有各项资产期间发生的资产增值或者减值,除国务院财政、税务主管部门规定可以确认损益外,不得调整该资产的计税基础。

一、固定资产的税务处理

固定资产是指企业为生产产品、提供劳务、出租或者经营管理而持有的、使用期限超过12个月的非货币性资产,包括房屋、建筑物、机器、机械、运输工具,以及其他与生产经营活动有关的设备、器具、工具等。

(一) 固定资产的计税基础

(1)外购的固定资产,以购买价款和支付的相关税费以及直接归属于使该资产达到预定用途发生的其他支出为计税基础。

(2)自行建造的固定资产,以竣工结算前发生的支出为计税基础。

(3)融资租入的固定资产,以租赁合同约定的付款总额和承租人在签订租赁合同过程中发生的相关费用为计税基础,租赁合同未约定付款总额的,以该资产的公允价值和承租人在签订租赁合同过程中发生的相关费用为计税基础。

(4)盘盈的固定资产,以同类固定资产的重置完全价值为计税基础。

(5)通过捐赠、投资、非货币性资产交换、债务重组等方式取得的固定资产,以该资产的公允价值和支付的相关税费作为计税基础。

(6)改建的固定资产,除已足额提取折旧的固定资产和租入的固定资产以外的其他固定资产,以改建过程中发生的改建支出增加计税基础。固定资产的改建支出,是指改变房屋或者建筑物结构、延长使用年限等发生的支出。

【小思考 9-11】 固定资产计税基础和账面价值有何区别?

(二)固定资产折旧的范围

在计算应纳税所得额时,企业按照规定计算的固定资产折旧,准予扣除。下列固定资产不得计算折旧扣除:
(1)房屋、建筑物以外未投入使用的固定资产;
(2)以经营租赁方式租入的固定资产;
(3)以融资租赁方式租出的固定资产;
(4)已提足折旧继续使用的固定资产;
(5)与经营活动无关的固定资产;
(6)单独估价作为固定资产入账的土地;
(7)其他不得计提折旧扣除的固定资产。

(三)固定资产的折旧方法

固定资产按照直线法计算的折旧,准予扣除。

企业应当自固定资产投入使用月份的次月起计提折旧;停止使用的固定资产,应当从停止使用月份的次月起停止计提折旧。

企业应当根据固定资产的性质和使用情况,合理确定固定资产的预计净残值。固定资产的预计净残值一经确定,不得变更。

(四)固定资产的最低折旧年限

除国务院财政、税务主管部门另有规定外,固定资产计算折旧的最低年限如下:
(1)房屋、建筑物,为 20 年。
(2)飞机、火车、轮船、机器、机械和其他生产设备,为 10 年。
(3)与生产经营活动有关的器具、工具、家具等,为 5 年。
(4)飞机、火车、轮船以外的运输工具,为 4 年。
(5)电子设备,为 3 年。

(五)固定资产折旧的企业所得税处理

(1)企业固定资产会计折旧年限如果长于税法规定的最低折旧年限,其折旧应按会计折旧年限计算扣除,税法另有规定除外。

(2)企业固定资产会计折旧年限如果短于税法规定的最低折旧年限,其按会计折旧年限计提的折旧高于按税法规定的最低折旧年限计提的折旧部分,应调增当期应纳税所得额;企业固定资产会计折旧年限已期满且会计折旧已提足,但税法规定的最低折旧年限尚未到期且税收折旧尚未足额扣除,其未足额扣除的部分准予在剩余的税收折旧年限继续按规定扣除。

(3)企业按会计规定提取的固定资产减值准备,不得税前扣除,其折旧仍按税法确定的固定资产计税基础计算扣除。

(4)企业按税法规定实行加速折旧的,其按加速折旧办法计算的折旧额可全额在税前扣除。

（六）固定资产改扩建的税务处理

自 2011 年 7 月 1 日起，企业对房屋、建筑物固定资产在未足额提取折旧前进行改扩建的，如属于推倒重置的，该资产原值减除提取折旧后的净值，应并入重置后的固定资产计税成本，并在该固定资产投入使用后的次月起，按照税法规定的折旧年限，一并计提折旧。如属于提升功能、增加面积的，该固定资产的改扩建支出，并入该固定资产计税基础，并从改扩建完工投入使用后的次月起，重新按税法规定的该固定资产折旧年限计提折旧。如该改扩建后的固定资产尚可使用的年限低于税法规定的最低年限的，可以按尚可使用的年限计提折旧。

二、无形资产的税务处理

无形资产是指企业长期使用但没有实物形态的资产，包括专利权、商标权、著作权、土地使用权、非专利技术、商誉等。

（一）无形资产的计税基础

按照《企业所得税法实施条例》的规定，无形资产按照以下方法确定计税基础：
(1)外购的无形资产，以购买价款和支付的相关税费，以及直接归属于使该资产达到预定用途发生的其他支出为计税基础；
(2)自行开发的无形资产，以开发过程中该资产符合资本化条件后至达到预定用途前发生的支出为计税基础；
(3)通过捐赠、投资、非货币性资产交换、债务重组等方式取得的无形资产，以该资产的公允价值和支付的相关税费为计税基础。

（二）无形资产的摊销范围

在计算应纳税所得额时，企业按照规定计算的无形资产摊销费用，准予扣除。下列无形资产，不得计算摊销费用扣除：
(1)自行开发的支出已在计算应纳税所得额时扣除的无形资产；
(2)自创商誉；
(3)与经营活动无关的无形资产；
(4)其他不得计算摊销费用扣除的无形资产。

（三）无形资产的摊销方法及年限

无形资产的摊销采取直线法计算。无形资产的摊销年限不得低于 10 年。作为投资或者受让的无形资产，有关法律规定或者合同约定了使用年限的，可以按照规定或者约定的使用年限分期摊销。外购商誉的支出，在企业整体转让或者清算时，允许税前扣除。

三、生物资产的税务处理

生物资产是指有生命的动物和植物，分为消耗性生物资产、生产性生物资产和公益性生物资产。

消耗性生物资产,是指为出售而持有的或在将来收获为农产品的生物资产。消耗性生物资产是具有生命的劳动对象,包括生长中的大田作物、蔬菜、可用材料以及存栏待售的牲畜等。生产性生物资产,是指为产出农产品、提供劳务或出租等目的而持有的生物资产,包括经济林、薪炭林、产畜和役畜等。生产性生物资产在一定程度上具有固定资产的特征。公益性生物资产,是指以防护、环境保护为主要目的的生物资产,包括防风固沙林、水土保持林和水源涵养林等。

(一)生产性生物资产的计税基础

按照《企业所得税法实施条例》的规定,生产性生物资产按照以下方法确定计税基础:

(1)外购的生产性生物资产,以购买价款和支付的相关税费为计税基础。

(2)通过捐赠、投资、非货币性资产交换、债务重组等方式取得的生产性生物资产,以该资产的公允价值和支付的相关税费为计税基础。

(二)生产性生物资产的折旧方法

生产性生物资产按照直线法计算的折旧,准予扣除。企业应当自生产性生物资产投入使用月份的次月起计算折旧;停止使用的生产性生物资产应当自停止使用月份的次月起停止计算折旧。

企业应当根据生产性生物资产的性质和使用情况,合理确定生产性生物资产的预计净残值。生产性生物资产的预计净残值一经确定,不得变更。

(三)生产性生物资产的折旧年限

生产性生物资产计算折旧的最低年限如下:

(1)林木类生产性生物资产,计算折旧的最低年限为10年。

(2)畜类生产性生物资产,计算折旧的最低年限为3年。

四、长期待摊费用的税务处理

长期待摊费用是指企业发生的应在1个年度以上(不含1年)进行摊销的费用。

在计算应纳税所得额时,企业发生的下列支出作为长期待摊费用,按照规定进行摊销的,准予扣除。

(1)已足额提取折旧的固定资产的改建支出,按照固定资产预计尚可使用年限分期摊销。

(2)租入固定资产的改建支出,按照合同约定的剩余租赁期限分期摊销。

(3)固定资产的大修理支出,按照固定资产尚可使用年限分期摊销。

固定资产的大修理支出,是指同时符合下列条件的支出:

①修理支出达到取得固定资产时的计税基础50%以上。

②修理后固定资产的使用年限延长2年以上。

(4)其他应当作为长期待摊费用的支出,自支出发生月份的次月起,分期摊销,摊销年限不得低于3年。

五、存货的税务处理

存货是指企业持有以备出售的产品或者商品、处在生产过程中的在产品、在生产或者提供劳务过程中耗用的材料和物料等,如企业的产成品、商品、原材料、在产品、半成品、周转材料等。

(一)存货的计税基础

存货按照以下方法确定成本:
(1)通过支付现金方式取得的存货,以购买价款和支付的相关税费为成本。
(2)通过支付现金以外的方式取得的存货,以该存货的公允价值和支付的相关税费为成本。
(3)生产性生物资产收获的农产品,以产出或者采收过程中发生的材料费、人工费和分摊的间接费用等必要支出为成本。

(二)存货的成本计算方法

企业使用或者销售的存货的成本计算方法,可以在先进先出法、加权平均法、个别计价法中选用一种。计价方法一经选用,不得随意变更。

企业转让以上资产,在计算企业应纳税所得额时,资产的净值允许扣除。其中,资产的净值是指有关资产、财产的计税基础减除已按照规定扣除的折旧、折耗、摊销、准备金等后的余额。

六、投资资产的税务处理

投资资产是指对外进行权益性投资和债权性投资而形成的资产。

(一)投资资产的计税基础

投资资产按照以下方法确定投资成本:
(1)通过支付现金方式取得的投资资产,以购买价款为成本。
(2)通过支付现金以外的方式取得的投资资产,以该资产的公允价值和支付的相关税费为成本。

(二)投资资产成本的扣除方法

企业对外投资期间,投资资产的成本在计算应纳税所得额时不得扣除,企业在转让或者处置投资资产时,投资资产的成本准予扣除。

(三)投资企业撤回或减少投资的税务处理

(1)投资企业从被投资企业撤回或减少投资,其取得的资产中,相当于初始出资的部分,应确认为投资收回;相当于被投资企业累计未分配利润和累计盈余公积按减少实收资本比例计算的部分,应确认为股息所得;其余部分确认为投资资产转让所得。
(2)被投资企业发生的经营亏损,由被投资企业按规定结转弥补;投资企业不得调整减低其投资成本,也不得将其确认为投资损失。

(四)非货币性资产投资企业所得税处理

(1)居民企业以非货币性资产对外投资确认的非货币性资产转让所得,可在不超过5年期限内,分期均匀计入相应年度的应纳税所得额,按规定计算缴纳企业所得税。

(2)居民企业以非货币性资产对外投资,应对非货币性资产进行评估并按评估后的公允价值扣除计税基础后的余额,计算确认非货币性资产转让所得。

居民企业以非货币性资产对外投资,应于投资协议生效并办理股权登记手续时,确认非货币性资产转让收入的实现。

(3)居民企业以非货币性资产对外投资而取得被投资居民企业的股权,应以非货币性资产的原计税成本为计税基础,加上每年确认的非货币性资产转让所得,逐年进行调整。

被投资居民企业取得非货币性资产的计税基础,应按非货币性资产的公允价值确定。

(4)企业在对外投资5年内转让上述股权或收回投资的,应停止执行递延纳税政策,并就递延期内尚未确认的非货币性资产转让所得,在转让股权或收回投资当年的企业所得税年度汇算清缴时,一次性计算缴纳企业所得税。企业在计算股权转让所得时,可按前述第(三)项第(1)条规定将股权的计税基础一次调整到位。

企业在对外投资5年内注销的,应停止执行递延纳税政策,并就递延期内尚未确认的非货币性资产转让所得,在注销当年的企业所得税年度汇算清缴时,一次性计算缴纳企业所得税。

(5)以非货币性资产投资,限于以非货币性资产出资设立新的居民企业,或将非货币性资产注入现存的居民企业。

七、税法规定与会计规定差异的处理

税法规定与会计规定差异的处理,是指企业在财务会计核算中与税法规定不一致的,应当依照税法规定予以调整。即企业在平时进行会计核算时,可以按会计制度的有关规定进行账务处理,但在申报纳税时,对税法规定和会计制度规定有差异的,要按税法规定进行纳税调整。

《企业所得税法》第二十一条规定,对企业依据财务会计制度规定,并实际在财务会计处理上已确认的支出,凡没有超过《企业所得税法》和有关税收法规规定的税前扣除范围和标准的,可按企业实际会计处理确认的支出,在企业所得税前扣除,计算其应纳税所得额。

(1)企业不能提供完整、准确的收入及成本、费用凭证,不能正确计算应纳税所得额的,由税务机关核定其应纳税所得额。

(2)企业应纳税所得额是根据税收法规计算出来的,它在数额上与依据财务会计制度计算的利润总额往往不一致。因此,税法规定:对企业按照有关财务会计规定计算的利润总额,要按照税法的规定进行必要调整后,才能作为应纳税所得额计算缴纳所得税。

(3)企业当年度实际发生的相关成本、费用,由于各种原因未能及时取得该成本、费用的有效凭证,企业在预缴季度所得税时,可暂按账面发生金额进行核算;但在汇算清缴时,应补充提供该成本、费用的有效凭证。

第四节　资产损失的所得税处理

一、资产损失的定义

资产损失,是指企业在生产经营活动中实际发生的、与取得应税收入有关的资产损失,包括现金损失,存款损失,坏账损失,贷款损失,股权投资损失,固定资产和存货的盘亏、毁损、报废、被盗损失,自然灾害等不可抗力因素造成的损失以及其他损失。

上述资产是指企业拥有或者控制的、用于经营管理活动且与取得应税收入有关的资产,包括现金、银行存款、应收及预付款项(包括应收票据、各类垫款、企业之间往来款项)等货币资产,存货、固定资产、在建工程、生产性生物资产等非货币资产,以及债权性投资和股权(权益)性投资。

二、资产损失扣除政策

(1)企业清查出的现金短缺减除责任人赔偿后的余额,作为现金损失在计算应纳税所得额时扣除。

(2)企业将货币性资金存入法定具有吸收存款职能的机构,因该机构依法破产、清算,或者政府责令停业、关闭等原因,确实不能收回的部分,作为存款损失在计算应纳税所得额时扣除。

(3)企业除贷款类债权外的应收、预付账款符合下列条件之一的,减除可收回金额后确认的无法收回的应收、预付款项,可以作为坏账损失在计算应纳税所得额时扣除:

①债务人依法宣告破产、关闭、解散、被撤销,或者被依法注销、吊销营业执照,其清算财产不足清偿的。

②债务人死亡,或者依法被宣告失踪、死亡,其财产或者遗产不足清偿的。

③债务人逾期3年以上未清偿,且有确凿证据证明已无力清偿债务的。

④与债务人达成债务重组协议或法院批准破产重整计划后,无法追偿的。

⑤因自然灾害、战争等不可抗力导致无法收回的。

⑥国务院财政、税务主管部门规定的其他条件。

(4)企业经采取所有可能的措施和实施必要的程序之后,符合下列条件之一的贷款类债权,可以作为贷款损失在计算应纳税所得额时扣除:

①借款人和担保人依法宣告破产、关闭、解散、被撤销,并终止法人资格,或者已完全停止经营活动,被依法注销、吊销营业执照,对借款人和担保人进行追偿后,未能收回的债权。

②借款人死亡,或者依法被宣告失踪、死亡,依法对其财产或者遗产进行清偿,

并对担保人进行追偿后,未能收回的债权。

③借款人遭受重大自然灾害或者意外事故,损失巨大且不能获得保险补偿,或者以保险赔偿后,确实无力偿还部分或者全部债务,对借款人财产进行清偿和对担保人进行追偿后,未能收回的债权。

④借款人触犯刑律,依法受到制裁,其财产不足归还所借债务,又无其他债务承担者,经追偿后确实无法收回的债权。

⑤由于借款人和担保人不能偿还到期债务,企业诉诸法律,经法院对借款人和担保人强制执行,借款人和担保人均无财产可执行,法院裁定执行程序终结或终止(中止)后,仍无法收回的债权。

⑥由于借款人和担保人不能偿还到期债务,企业诉诸法律后,经法院调解或经债权人会议通过,与借款人和担保人达成和解协议或重整协议,在借款人和担保人履行完还款义务后,无法追偿的剩余债权。

⑦由于上述第①~⑥项原因借款人不能偿还到期债务,企业依法取得抵债资产,抵债金额小于贷款本息的差额,经追偿后仍无法收回的债权。

⑧开立信用证、办理承兑汇票、开具保函等发生垫款时,凡开证申请人和保证人由于上述第①~⑦项原因,无法偿还垫款,金融企业经追偿后仍无法收回的垫款。

⑨银行卡持卡人和担保人由于上述第①~⑦项原因,未能还清透支款项,金融企业经追偿后仍无法收回的透支款项。

⑩助学贷款逾期后,在金融企业确定的有效追索期限内,依法处置助学贷款抵押物(质押物),并向担保人追索连带责任后,仍无法收回的贷款。

⑪经国务院专案批准核销的贷款类债权。

⑫国务院财政、税务主管部门规定的其他条件。

(5)企业的股权投资符合下列条件之一的,减除可收回金额后确认的无法收回的股权投资,可以作为股权投资损失在计算应纳税所得额时扣除:

①被投资方依法宣告破产、关闭、解散、被撤销,或者被依法注销、吊销营业执照的。

②被投资方财务状况严重恶化,累计发生巨额亏损,已连续停止经营3年以上,且无重新恢复经营改组计划的。

③对被投资方不具有控制权,投资期限届满或者投资期限已超过10年,且被投资单位因连续3年经营亏损导致资不抵债的。

④被投资方财务状况严重恶化,累计发生巨额亏损,已完成清算或清算期超过3年以上的。

⑤国务院财政、税务主管部门规定的其他条件。

(6)对企业盘亏的固定资产或存货,以该固定资产的账面净值或存货的成本减除责任人赔偿后的余额,作为固定资产或存货盘亏损失在计算应纳税所得额时扣除。

(7)对企业毁损、报废的固定资产或存货,以该固定资产的账面净值或存货的成本减除残值、保险赔款和责任人赔偿后的余额,作为固定资产或存货毁损、报废损失在计算应纳税所得额时扣除。

(8)对企业被盗的固定资产或存货,以该固定资产的账面净值或存货的成本减除保险赔款和责任人赔偿后的余额,作为固定资产或存货被盗损失在计算应纳税所得额时扣除。

(9)企业因存货盘亏、毁损、报废、被盗等原因不得从增值税销项税额中抵扣的进项税额,可以与存货损失一起在计算应纳税所得额时扣除。

(10)企业在计算应纳税所得额时已经扣除的资产损失,在以后纳税年度全部或者部分收回时,其收回部分应当作为收入计入收回当期的应纳税所得额。

【小思考9-12】 大方公司2021年发生的资产损失如下:管理人员疏于职守,造成原材料被盗,价值10万元,责任人赔偿2万元,保险公司赔偿5万元。请问这项资产损失所得税前扣除的金额是多少?(假定原材料购进时按13%抵扣了进项)

(11)企业境内、境外营业机构发生的资产损失应分开核算,对境外营业机构由于发生资产损失而产生的亏损,不得在计算境内应纳税所得额时扣除。

(12)企业对其扣除的各项资产损失,应当提供能够证明资产损失确属已实际发生的合法证据,包括具有法律效力的外部证据、具有法定资质的中介机构的经济鉴证证明、具有法定资质的专业机构的技术鉴定证明等。

企业以前年度发生的资产损失未能在当年税前扣除的,可以按照规定,向税务机关说明并进行专项申报扣除。其中,属于实际资产损失,准予追补至该项损失发生年度扣除,其追补确认期限一般不得超过5年。企业因以前年度实际资产损失未在税前扣除而多缴的企业所得税税款,可在追补确认年度企业所得税应纳税款中予以抵扣;不足抵扣的,向以后年度递延抵扣。

第五节 税收优惠

税收优惠是国家为了促进和扶持某些重要产业和项目的发展,运用税收政策在税收法律、行政法规中规定对特定纳税人、征税对象给予减征或免征所得税的一种措施。税法规定的企业所得税的税收优惠方式包括免税、减税、加计扣除、减计收入、税额抵免等。

一、免征与减征优惠

企业的下列所得,可以免征、减征企业所得税。企业如果从事国家限制和禁止发展的项目,不得享受企业所得税优惠。

(一)从事农、林、牧、渔项目的所得

为扶持农、林、牧、渔业的发展,国家对其所得实施免征和减征两种优惠方式。

1. 免征企业所得税

企业从事下列项目的所得,免征企业所得税:
(1)蔬菜、谷物、薯类、油料、豆类、棉花、麻类、糖料、水果、坚果的种植;
(2)农作物新品种的选育;
(3)中药材的种植;
(4)林木的培育和种植;

(5)牧畜、家禽的饲养;
(6)林产品的采集;
(7)灌溉、农产品初加工、兽医、农技推广、农机作业和维修等农、林、牧、渔服务业项目;
(8)远洋捕捞。

2. 减半征收企业所得税

企业从事下列项目的所得,减半征收企业所得税:
(1)花卉、茶以及其他饮料作物和香料作物的种植;
(2)海水养殖、内陆养殖。

(二)从事国家重点扶持的公共基础设施项目投资经营的所得

企业从事国家重点扶持的公共基础设施项目的投资经营的所得,自项目取得第一笔生产经营收入所属纳税年度起,第1年至第3年免征企业所得税,第4年至第6年减半征收企业所得税。

企业所得税法所称国家重点扶持的公共基础设施项目,是指《公共基础设施项目企业所得税优惠目录》规定的港口码头、机场、铁路、公路、电力、水利等项目。

企业承包经营、承包建设和内部自建自用本条规定的项目,不得享受本条规定的企业所得税优惠。

企业投资经营的享受减免税优惠的项目,在减免税期限内转让的,受让方自受让之日起,可以在剩余期限内享受规定的减免税优惠;减免税期限届满后转让的,受让方不得就该项目重复享受减免税优惠。

【例9-4】 天利投资公司2016年投资建设南昌市码头建设项目,当年建设完毕,2017年取得第一笔经营收入40万元,2017、2018年天利投资公司经营码头取得所得分别为60万元、80万元。2019年天利投资公司将该项目转让给明盛股份有限公司经营,假设明盛股份有限公司2019、2020、2021、2022年经营码头取得的所得额分别为80万元、100万元、120万元、150万元。请分析这两家公司在南昌市码头建设项目所得的优惠政策。

【解析】
(1)天利投资公司从2017年取得第一笔经营收入起,应当适用"三年免税三减半征收"的优惠政策。2017、2018年经营码头的所得免征企业所得税,2019年将该项目转让后,不再继续享受减免税优惠政策。
(2)明盛股份有限公司受让该项目后,在剩余期限内享受规定的减免税优惠。经营该码头的所得,2019年免税,2020、2021、2022年减半征收企业所得税。

(三)从事符合条件的环境保护、节能节水项目的税收优惠

符合条件的环境保护、节能节水项目,包括公共污水处理、公共垃圾处理、沼气综合开发利用、节能减排技术改造、海水淡化等。项目的具体条件和范围由国务院财政、税务主管部门会同国务院有关部门制定,报国务院批准后公布施行。

企业从事符合条件的环境保护、节能节水项目的所得,自项目取得第一笔生产经营收入所属纳税年度起,第1年至第3年免征企业所得税,第4年至第6年减半

征收企业所得税。

以上规定享受减免税优惠的项目,在减免税期限内转让的,受让方自受让之日起,可以在剩余期限内享受规定的减免税优惠;减免税期限届满后转让的,受让方不得就该项目重复享受减免税优惠。

(四)符合条件的技术转让所得

企业所得税法所称符合条件的技术转让所得免征、减征企业所得税,是指一个纳税年度内,居民企业转让技术所有权所得不超过500万元的部分,免征企业所得税;超过500万元的部分,减半征收企业所得税。

1. 享受减免企业所得税优惠的技术转让应符合的条件
(1)享受优惠的技术转让主体是企业所得税法规定的居民企业;
(2)技术转让属于财政部、国家税务总局规定的范围;
(3)境内技术转让经省级以上科技部门认定;
(4)向境外转让技术经省级以上商务部门认定;
(5)国务院税务主管部门规定的其他条件。

2. 技术转让的范围
技术转让的范围包括居民企业转让专利技术、计算机软件著作权、集成电路布图设计权、植物新品种、生物医药新品种,以及财政部和国家税务总局确定的其他技术。

3. 符合条件的技术转让所得的计算方法
技术转让所得的计算公式为

$$技术转让所得 = 技术转让收入 - 技术转让成本 - 相关税费$$

或

$$技术转让所得 = 技术转让收入 - 无形资产摊销费用 - 相关税费 - 应分摊期间费用$$

(1)技术转让收入是指当事人履行技术转让合同后获得的价款,不包括销售或转让设备、仪器、零部件、原材料等非技术性收入,以及不属于与技术转让项目密不可分的技术咨询、技术服务、技术培训等收入。

可以计入技术转让收入的技术咨询、技术服务、技术培训收入,是指转让方为使受让方掌握所转让的技术投入使用、实现产业化而提供的必要的技术咨询、技术服务、技术培训所产生的收入,并应同时符合以下条件:

①在技术转让合同中约定的与该技术转让相关的技术咨询、技术服务、技术培训;
②技术咨询、技术服务、技术培训收入与该技术转让项目收入一并收取价款。

(2)技术转让成本是指转让的无形资产的净值,即该无形资产的计税基础减除在资产使用期间按照规定计算的摊销扣除额后的余额。

(3)相关税费是指技术转让过程中实际发生的有关税费,包括除企业所得税和允许抵扣的增值税以外的各项税金及其附加、合同签订费用、律师费等相关费用及其他支出。

(4)技术转让应签订技术转让合同。其中,境内的技术转让须经省级以上(含省级)科技部门认定登记,跨境的技术转让须经省级以上(含省级)商务部门认定登记,涉及财政经费支持的技术转让,需省级以上(含省级)科技部门审批。

(5)居民企业从直接或间接持有股权之和达到100%的关联方取得的技术转让所得,不享受技术转让所得减免企业所得税优惠政策。

(6)享受技术转让所得减免企业所得税优惠的企业,应单独计算技术转让所得,并合理分摊企业的期间费用;没有单独计算的,不得享受技术转让所得税收优惠。

二、小型微利企业税收优惠

(一)小型微利企业的优惠政策

自2022年1月1日至2024年12月31日,符合条件的小型微利企业,无论采取查账征收方式还是核定征收方式,其年应纳税所得额不超过100万元的部分,减按12.5%计入应纳税所得额,按20%的税率缴纳企业所得税;对年应纳税所得额超过100万元但不超过300万元的部分,减按25%计入应纳税所得额,按20%的税率缴纳企业所得税。

(二)小型微利企业认定

上述所称小型微利企业,是指从事国家非限制和禁止行业,且同时符合年度应纳税所得额不超过300万元、从业人数不超过300人、资产总额不超过5000万元等三个条件的企业。

从业人数,包括与企业建立劳动关系的职工人数和企业接受的劳务派遣中用工人数。

所称从业人数和资产总额指标,应按企业全年的季度平均值确定。具体计算公式如下:

$$季度平均值=(季初值+季末值)\div 2$$
$$全年季度平均值=全年各季度平均值之和\div 4$$

年度中间开业或者终止经营活动的,以其实际经营期作为一个纳税年度确定上述相关指标。

三、高新技术企业优惠

(一)高新技术企业的认定

国家需要重点扶持的高新技术企业,减按15%的税率征收企业所得税。此处所称高新技术企业,是指在国家重点支持的高新技术领域内,持续进行研究开发与技术成果转化,形成企业核心自主知识产权,并以此为基础开展经营活动,在中国境内(不包括港、澳、台地区)注册的居民企业。根据国科发火〔2016〕32号规定,高新技术企业必须满足以下条件:

(1)企业申请认定时须注册成立一年以上。

(2)企业通过自主研发、受让、受赠、并购等方式,获得对其主要产品(服务)在技术上发挥核心支持作用的知识产权的所有权。

(3)对企业主要产品(服务)发挥核心支持作用的技术属于《国家重点支持的高新技术领域》规定的范围。

(4)企业从事研发和相关技术创新活动的科技人员占企业当年职工总数的比例不低于10%。

(5)企业近3个会计年度(实际经营期不满3年的按实际经营时间计算)的研究开发费用总额占同期销售收入总额的比例符合如下要求:

①最近一年销售收入小于5 000万元(含)的企业,比例不低于5%;

②最近一年销售收入在5 000万元至2亿元(含)的企业,比例不低于4%;

③最近一年销售收入在2亿元以上的企业,比例不低于3%。

其中,企业在中国境内发生的研究开发费用总额占全部研究开发费用总额的比例不低于60%。

(6)近一年高新技术产品(服务)收入占企业同期总收入的比例不低于60%。

(7)企业创新能力评价应达到相应要求。

(8)企业申请认定前一年内未发生重大安全、重大质量事故或严重环境违法行为。

(二)高新技术企业境外所得适用税率及税收抵免规定

根据财税〔2011〕47号规定,自2010年1月1日起,以境内、境外全部生产经营活动的研究开发费用总额、总收入、销售收入总额、高新技术产品(服务)等指标申请并经认定的高新技术企业,其来源于境外的所得可以享受高新技术企业所得税的优惠政策,即对其来源于境外所得可以按照15%的优惠税率缴纳企业所得税,在计算境外抵免限额时,可按照15%税率计算境内外应纳税总额。

上述高新技术企业境外所得税收抵免的其他事项,仍按照财税〔2009〕125号文件的有关规定执行。

四、技术先进型服务企业优惠

(一)技术先进型服务企业的优惠税率

自2017年1月1日起,在全国范围内对经认定的技术先进型服务企业,减按15%的税率征收企业所得税。

(二)技术先进型服务企业的条件

享受符合规定的企业所得税优惠政策的技术先进型服务企业必须同时符合以下条件:

(1)在中国境内(不包括港、澳、台地区)注册的法人企业。

(2)从事《技术先进型服务业务认定范围(试行)》中的一种或多种技术先进型服务业务,采用先进技术或具备较强的研发能力。

(3)具有大专以上学历的员工占企业职工总数的50%以上。

(4)从事《技术先进型服务业务认定范围(试行)》中的技术先进型服务业务取得的收入占企业当年总收入的50%以上。

(5)从事离岸服务外包业务取得的收入不低于企业当年总收入的35%。

从事离岸服务外包业务取得的收入,是指企业根据境外单位与其签订的委托合同,由本企业或其直接转包的企业为境外单位提供《技术先进型服务业务认定范围(试行)》中所规定的信息技术外包服务(ITO)、技术性业务流程外包服务(BPO)和技术性知识流程外包服务(KPO),而从上述境外单位取得的收入。

五、加计扣除优惠

(一)研究开发费用加计扣除

1. 研究开发费用的扣除办法

企业开展研发活动中实际发生的研发费用,未形成无形资产计入当期损益的,在 2023 年 12 月 31 日前,在按规定据实扣除的基础上,再按照实际发生额的 75% 在税前加计扣除;形成无形资产的,在上述期间按照无形资产成本的 175% 在税前摊销。

制造业企业和科技型中小企业开展研发活动中实际发生的研发费用,未形成无形资产计入当期损益的,在按规定据实扣除的基础上,自 2021 年 1 月 1 日起,再按照实际发生额的 100% 在税前加计扣除;形成无形资产的,自 2021 年 1 月 1 日起,按照无形资产成本的 200% 在税前摊销。

所称制造业企业,是指以制造业业务为主营业务,享受优惠当年主营业务收入占收入总额的比例达到 50% 以上的企业。制造业收入占收入总额的比例低于 50% 的,为其他企业。制造业的范围按照《国民经济行业分类》(GB/T4754-2017)确定;如国家有关部门更新《国民经济行业分类》,从其规定。收入总额按照《企业所得税法》第六条规定执行。

科技型中小企业条件和管理办法按照《科技部 财政部 国家税务总局关于印发〈科技型中小企业评价办法〉的通知》(国科发政〔2017〕115 号)执行。

收入总额按照《企业所得税法》第六条规定执行,具体是指企业以货币形式和非货币形式从各种来源取得的收入,包括销售货物收入、提供劳务收入、转让财产收入、股息红利等权益性投资收益、利息收入、租金收入、特许权使用费收入、接受捐赠收入、其他收入。

2. 研究开发费用加计扣除适用活动

企业为获得科学与技术新知识,创造性运用科学技术新知识,或实质性改进技术、产品(服务)、工艺而持续进行的具有明确目标的系统性活动,适用税前加计扣除政策。

下列活动不适用税前加计扣除政策:

(1)企业产品(服务)的常规性升级。

(2)对某项科研成果的直接应用,如直接采用公开的新工艺、材料、装置、产品、服务或知识等。

(3)企业在商品化后为顾客提供的技术支持活动。

(4)对现存产品、服务、技术、材料或工艺流程进行的重复或简单改变。

(5)市场调查研究、效率调查或管理研究。

(6)作为工业(服务)流程环节或常规的质量控制、测试分析、维修维护。

(7)社会科学、艺术或人文学方面的研究。

3. 研究开发费用的范围

从2017年1月1日起可以加计扣除的研究开发费用具体范围如下。

(1)人员人工费用。人员人工费用指直接从事研发活动人员的工资薪金、基本养老保险费、基本医疗保险费、失业保险费、工伤保险费、生育保险费和住房公积金，以及外聘研发人员的劳务费用。

(2)直接投入费用。直接投入费用指研发活动直接消耗的材料、燃料和动力费用；用于中间试验和产品试制的模具、工艺装备开发及制造费，不构成固定资产的样品、样机及一般测试手段购置费，试制产品的检验费；用于研发活动的仪器、设备的运行维护、调整、检验、维修等费用，以及通过经营租赁方式租入的用于研发活动的仪器、设备租赁费。

(3)折旧费用。折旧费用指用于研发活动的仪器、设备的折旧费。

(4)无形资产摊销费用。无形资产摊销费用指用于研发活动的软件、专利权、非专利技术(包括许可证、专有技术、设计和计算方法等)的摊销费用。

(5)新产品设计费、新工艺规程制定费、新药研制的临床试验费、勘探开发技术的现场试验费。

(6)其他相关费用。其他相关费用指与研发活动直接相关的其他费用，如技术图书资料费、资料翻译费、专家咨询费、高新科技研发保险费，研发成果的检索、分析、评议、论证、鉴定、评审、评估、验收费用，知识产权的申请费、注册费、代理费，差旅费、会议费，职工福利费、补充养老保险费、补充医疗保险费。

此类费用总额不得超过可加计扣除研发费用总额的10%。企业在一个纳税年度内同时开展多项研发活动的，按照全部研发项目统一计算其他相关费用限额。

企业按照以下公式计算其他相关费用的限额，其中资本化项目发生的费用在形成无形资产的年度统一纳入计算：

$$\text{全部研发项目的其他相关费用限额} = \text{全部研发项目的人员人工等五项费用之和} \times \frac{10\%}{1-10\%}$$

"人员人工等五项费用"指上述(1)~(5)项可加计扣除的研究开发费用。

当"其他相关费用"实际发生数小于限额时，按实际发生数计算税前加计扣除额；当"其他相关费用"实际发生数大于限额时，按限额计算税前加计扣除额。

4. 特别事项的处理

(1)对企业共同合作开发的项目，由合作各方就自身承担的研发费用分别按照规定计算加计扣除。

(2)企业委托给外部机构或个人进行研发活动所发生的费用，按照费用实际发生额的80%计入委托方研发费用并计算加计扣除，受托方不得再进行加计扣除。

按照财税〔2018〕64号文件的规定，企业委托境外的研发费用按照费用实际发生额的80%计入委托方的委托境外研发费用，不超过境内符合条件的研发费用2/3的部分，可按规定在企业所得税扣除。委托境外进行研发活动不包括委托境外个人进行的研发活动。

5. 不适用税前加计扣除政策的行业

烟草制造业、住宿和餐饮业、批发和零售业、房地产业、租赁和商务服务业、娱乐业、财政部和国家税务总局规定的其他行业,不适用税前加计扣除。

【例 9-5】 某道路运输企业 2021 年自行研发费用为 120 万元,当年该企业委托境内甲企业进行研发活动,符合独立交易原则,也符合研发费用加计扣除的相关条件,且该活动未形成无形资产。企业支付甲企业委托研发费用 150 万元,请计算该企业税前可扣除研发费用多少万元?

【解析】 研发费用据实扣除 120 万元,加计扣除 120×75%=90 万元,自行研发扣除和加计扣除=120+90=210 万元。

境内甲企业研发费用按实际发生额据实扣除 150 万元的基础上,再计算加计扣除。加计扣除基数标准为委托研发费用实际发生额的 80%,即 150×80%=120 万元,可加计扣除金额=120×75%=90(万元)。

该企业税前可扣除研发费用=210+150+90=450(万元)

【例 9-6】 接【例 9-5】假定该企业当年委托境外乙企业进行研发活动,其他条件均不变,则该企业税前可扣除研发费用多少万元?

【解析】 研发费用据实扣除 120 万元,加计扣除 120×75%=90 万元,自行研发扣除和加计扣除=120+90=210 万元。

委托境外乙企业的研发费用按费用实际发生额的 80%计入委托方的境外研发费用,即 150×80%=120 万元,超过境内研发费用 120 万元的 2/3(120×2/3=80 万元),可加计扣除金额=80×75%=60(万元)。

该企业税前可扣除研发费用=210+150+60=420(万元)

(二)安置残疾人员及国家鼓励安置的其他就业人员的工资支出

企业安置残疾人员所支付工资费用的加计扣除,是指企业安置残疾人员的,在按照支付给残疾职工工资据实扣除的基础上,按照支付给残疾职工工资的 100%加计扣除。企业安置国家鼓励安置的其他就业人员所支付的工资的加计扣除办法,由国务院另行规定。

六、加速折旧优惠

企业按规定缩短折旧年限的,最低折旧年限不得低于《企业所得税法实施条例》第六十条规定折旧年限的 60%;采取加速折旧方法的,可采取双倍余额递减法或者年数总和法。

按照企业所得税法及其实施条例有关规定,企业根据自身生产经营需要,也可选择不实行加速折旧政策。

(一)可以加速折旧的固定资产

企业的固定资产由于技术进步等原因,确需加速折旧的,可以缩短折旧年限或者采取加速折旧的方法。可以采取缩短折旧年限或者采取加速折旧的方法的固定资产,是指:

(1)由于技术进步,产品更新换代较快的固定资产;
(2)常年处于强震动、高腐蚀状态的固定资产。

(二)生物药品制造业等6个行业加速折旧规定

财税〔2014〕75号规定：

(1)对生物药品制造业,专用设备制造业,铁路、船舶、航空航天和其他运输设备制造业,计算机、通信和其他电子设备制造业,仪器仪表制造业,信息传输、软件和信息技术服务业等6个行业的企业2014年1月1日后新购进的固定资产,可缩短折旧年限或采取加速折旧的方法。

(2)对上述6个行业的小型微利企业2014年1月1日后新购进的研发和生产经营共用的仪器、设备,单位价值不超过100万元的,允许一次性计入当期成本费用在计算应纳税所得额时扣除,不再分年度计算折旧;单位价值超过100万元的,可缩短折旧年限或采取加速折旧的方法。

(3)对所有行业企业2014年1月1日后新购进的专门用于研发的仪器、设备,单位价值不超过100万元的,允许一次性计入当期成本费用在计算应纳税所得额时扣除,不再分年度计算折旧;单位价值超过100万元的,可缩短折旧年限或采取加速折旧的方法。

(4)对所有行业企业持有的单位价值不超过5 000元的固定资产,允许一次性计入当期成本费用在计算应纳税所得额时扣除,不再分年度计算折旧。

(三)轻工等4个领域重点企业加速折旧规定

财税〔2015〕106号规定：

(1)对轻工、纺织、机械、汽车等4个领域重点行业的企业2015年1月1日后新购进的固定资产,可由企业选择缩短折旧年限或采取加速折旧的方法。

(2)对上述行业的小型微利企业2015年1月1日后新购进的研发和生产经营共用的仪器、设备,单位价值不超过100万元的,允许一次性计入当期成本费用在计算应纳税所得额时扣除,不再分年度计算折旧;单位价值超过100万元的,可由企业选择缩短折旧年限或采取加速折旧的方法。

(四)固定资产加速折旧优惠政策扩围

根据财政部 税务总局公告2019年第66号,自2019年1月1日起,适用财税〔2014〕75号和财税〔2015〕106号规定固定资产加速折旧优惠的行业范围,扩大至全部制造业领域。

(五)500万元以下的固定资产一次性税前扣除政策

根据财政部 税务总局公告2021年第6号,企业在2018年1月1日至2023年12月31日期间新购进的设备、器具,单位价值不超过500万元的,允许一次性计入当期成本费用在计算应纳税所得额时扣除,不再分年度计算折旧;单位价值超过500万元的,仍按《企业所得税法实施条例》、财税〔2014〕75号、财税〔2015〕106号等相关规定执行。

七、税额抵免优惠

税额抵免,是指企业购置并实际使用《环境保护专用设备企业所得税优惠目录》《节能节水专用设备企业所得税优惠目录》和《安全生产专用设备企业所得税优惠目录》规定的环境保护、节能节水、安全生产等专用设备的,该专用设备的投资额的10%可以从企业当年的应纳税额中抵免;当年不足抵免的,可以在以后5个纳税年度结转抵免。

享受上述规定的企业所得税优惠的企业,应当实际购置并自身实际投入使用前款规定的专用设备;企业购置上述专用设置在5年内转让、出租的,应当停止享受企业所得税优惠,并补缴已经抵免的企业所得税税款。转让的受让方可以按照该专用设备投资额的10%抵免当年企业所得税应纳税额;当年应纳税额不足抵免的,可以在以后5个年度内抵免。

【例9-7】 2020年欣欣纸业公司购买一台水污染治理设备,取得专用发票上注明的价款400万元,税款34万元。2020年欣欣纸业应纳税所得额为100万元,适用25%的企业所得税率。2021年应纳税所得额为200万元。2022年欣欣纸业将该设备转让给中发公司。请分析:欣欣纸业购入该设备的相关税务处理。

【解析】 2020年可抵免的所得税额=400×10%=40(万元)。

2020年抵免前应纳税额=100×25%=25(万元),抵免后应纳税额为0。未抵免完的设备投资额=40-25=15(万元),结转至2015年继续抵免。

2021年抵免前应纳税额=200×25%=50(万元),故当年可以抵免的设备投资额为15万元,抵免后应纳税额为35万元。

2020年转让该设备,欣欣纸业应当补缴已经抵免的40万元的所得税税款。

八、创投企业优惠

创业投资企业从事国家需要重点扶持和鼓励的创业投资,可以按投资额的一定比例抵扣应纳税所得额。

创投企业优惠,是指创业投资企业采取股权投资方式投资于初创科技型企业2年以上的,可以按照其投资额的70%在股权持有满2年的当年抵扣该创业投资企业的应纳税所得额;当年不足抵扣的,可以在以后纳税年度结转抵扣。

【例9-8】 伟盛投资有限责任公司为一家创业投资企业,采取股权投资方式在2019年1月1日起向一家初创科技型企业投资1 000万元。假定2019、2020、2021年伟盛公司的应纳税所得额分别为500万元、600万元、400万元。请问伟盛投资公司应该如何缴纳企业所得税?

【解析】 伟盛投资公司可以在股权持有满2年的当年即2021年,按其对中小高新技术企业投资额的70%抵扣其2021年的应纳税所得额。

该企业2019、2020年分别按应纳税所得额的全额纳税。

2021年可以抵扣的投资额=1 000×70%=700(万元),2021年应纳税所得额400万元,不足以抵扣该投资额,未抵扣完的300万元结转至以后年度继续抵扣。

九、特殊行业优惠

(一)集成电路设计企业和软件企业优惠

根据《财政部税务总局公告 2019 年第 68 号》,依法成立且符合条件的集成电路设计企业和软件企业,在 2018 年 12 月 31 日前自获利年度起计算优惠期,第一年至第二年免征企业所得税,第三年至第五年按照 25% 的法定税率减半征收企业所得税,并享受至期满为止。

上所所称"符合条件",是指符合《财政部国家税务总局关于进一步鼓励软件产业和集成电路产业发展企业所得税政策的通知》(财税〔2012〕27 号)和《财政部国家税务总局发展改革委工业和信息化部关于软件和集成电路产业企业所得税优惠政策有关问题的通知》(财税〔2016〕49 号)规定的条件。

软件企业的获利年度,是指软件企业开始生产经营后,第一个应纳税所得额大于零的纳税年度,包括对企业所得税实行核定征收方式的纳税年度。软件企业享受定期减免税优惠的期限应当连续计算,不得因中间发生亏损或其他原因而间断。

(二)证券投资基金相关优惠

(1)对证券投资基金从证券市场中取得的收入,包括买卖股票、债券的差价收入,股权的股息、红利收入,债券的利息收入及其他收入,暂不征收企业所得税。

(2)对投资者从证券投资基金分配中取得的收入,暂不征收企业所得税。

(3)对证券投资基金管理人运用基金买卖股票、债券的差价收入,暂不征收企业所得税。

(三)节能服务公司的优惠政策

自 2011 年 1 月 1 日起,对符合条件的节能服务公司实施合同能源管理项目,符合企业所得税税法有关规定的,自项目取得第一笔生产经营收入所属纳税年度起,第 1 年至第 3 年免征企业所得税,第 4 年至第 6 年按照 25% 的法定税率减半征收企业所得税。

十、减计收入优惠

(1)企业以《资源综合利用企业所得税优惠目录》规定的资源作为主要原材料,生产国家非限制和禁止并符合国家和行业相关标准的产品取得的收入,减按 90% 计入收入总额。

上述所称原材料占生产产品材料的比例不得低于《资源综合利用企业所得税优惠目录》规定的标准。

(2)自 2019 年 6 月 1 日起至 2025 年 12 月 31 日,社区提供养老、托育、家政等服务的机构,提供社区养老、托育、家政服务取得的收入,在计算应纳税所得额时,减按 90% 计入收入总额。社区包括城市社区和农村社区。

十一、民族自治地方的优惠

民族自治地方的自治机关对本民族自治地方的企业应缴纳的企业所得税中属

于地方分享的部分,可以决定减征或者免征。自治州、自治县决定减征或者免征的,须报省、自治区、直辖市人民政府批准。

企业所得税法所称民族自治地方,是指依照《中华人民共和国民族区域自治法》的规定,实行民族区域自治的自治区、自治州、自治县。

对民族自治地方内国家限制和禁止行业的企业,不得减征或者免征企业所得税。

十二、非居民企业税收优惠

非居民企业在中国境内未设立机构、场所的,或者虽设立机构、场所但取得的所得与其所设机构、场所没有实际联系的所得,减按10%的所得税税率征收企业所得税。

非居民企业取得下列所得免征企业所得税:
(1)外国政府向中国政府提供贷款取得的利息所得;
(2)国际金融组织向中国政府和居民企业提供优惠贷款取得的利息所得;
(3)经国务院批准的其他所得。

十三、西部地区税收优惠

西部大开发税收优惠政策的适用范围包括重庆市、四川省、贵州省、云南省、陕西省、甘肃省、宁夏回族自治区、青海省、新疆维吾尔自治区、新疆生产建设兵团、内蒙古自治区和广西壮族自治区(上述地区以下统称西部地区)。湖南省湘西土家族苗族自治州、湖北省恩施土家族苗族自治州、吉林省延边朝鲜族自治州,可以比照西部地区的税收优惠政策执行。

对设在西部地区国家鼓励类产业企业,在2021年1月1日至2030年1月1日期间,减按15%的税率征收企业所得税。

国家鼓励类产业企业,是指以《产业结构调整指导目录》(2005年版)中规定的产业项目为主营业务,其主营业务收入占企业总收入70%以上的企业。

第六节 应纳税额的计算

一、居民企业应纳税额的计算

根据《企业所得税法》的规定,居民企业应纳税额等于应纳税所得额乘以适用税率,减除依照本法关于税收优惠的规定减免和抵免的税额后的余额。基本计算公式为

$$应纳税额 = 应纳税所得额 \times 适用税率 - 减免税额 - 抵免税额$$

减免税额是指在企业所得税法中税收优惠里规定的企业享受的直接减免税额。抵免税额是指在企业所得税法中税收优惠里规定的投资抵免优惠和国际税收抵免。

根据计算公式可以看出,居民企业应纳税额的多少,主要取决于应纳税所得额和适用税率两个因素。在实际过程中,应纳税所得额的计算一般有两种基本的计算

方法,即直接计算法和间接计算法(教材前述应纳税所得额的计算公式中已作介绍,此处不再赘述)。

【例 9-9】 居民企业雷霆公司为制造业企业,2021 年发生经营业务如下:

(1)取得产品销售收入 3 200 万元,其他业务收入 800 万元,投资收益 80 万元(国债利息收入 40 万元,取得直接投资其他居民企业的权益性收益 40 万元)。

(2)发生产品销售成本 2 200 万元,其他业务成本 400 万元。

(3)发生销售费用 770 万元(其中广告费 650 万元),管理费用 520 万元(其中业务招待费 25 万元,新技术的研究开发费用为 60 万元),财务费用 60 万元。

(4)销售税金 160 万元(含增值税 120 万元)。

(5)营业外收入 80 万元,营业外支出 50 万元(含通过公益性社会团体向贫困山区捐款 30 万元,支付税收滞纳金 6 万元)。

(6)计入成本、费用中的实发工资总额 200 万元,拨缴职工工会经费 5 万元,支出职工福利费 31 万元,发生职工教育经费 18 万元。

要求:计算该公司 2021 年度实际应纳的企业所得税。

【解析】 对已给条件分析,可采用间接计算法计算公司应纳税所得额。

(1)会计利润总额=3 200+800+80+80−2 200−400−770−520−60−(160−120)−50=120(万元)。

(2)国债利息收入及取得直接投资其他居民企业的权益性收益属于免税收入,在会计利润的基础上调减 80 万元。

(3)广告费和业务宣传费调增所得额=650−4 000×15%=50(万元)。

(4)业务招待费第一限额=25×60%=15(万元);

业务招待费第二限额=(3 200+800)×5‰=20(万元)。

按照规定税前扣除限额应为 15 万元,实际应调增应纳税所得额=25−15=10(万元)。

(5)技术开发费调减所得额=60×100%=60(万元)。

(6)捐赠支出应调增所得额=30−120×12%=15.6(万元)。

税收滞纳金不得在税前扣除,应调增 6 万元。

(7)工会经费应调增所得额=5−200×2%=1(万元);

职工福利费应调增所得额=31−200×14%=3(万元);

职工教育费应调增所得额=18−200×8%=2(万元)。

(8)应纳税所得额=120−80+50+10−60+15.6+6+1+3+2=67.6(万元)。

(9)2021 年应缴企业所得税=67.6×25%=16.9(万元)。

二、境外所得抵扣税额的计算

税额抵免是指居住国政府对其居民企业来自国内外的所得一律汇总征税,但允许抵扣该居民企业在国外已纳的税额。我国也通过税额抵免来避免重复征税。税额抵免分为全额抵免和限额抵免,我国采用的是限额抵免的方法。

(一)限额抵免的范围

企业取得的下列所得已在境外缴纳的所得税税额,可以从其当期应纳税额中抵免：

(1)居民企业来源于中国境外的应税所得。

(2)非居民企业在中国境内设立机构、场所，取得发生在中国境外但与该机构、场所有实际联系的应税所得。

(3)居民企业从其直接控制或者间接控制的外国企业分得的来源于中国境外的股息、红利等权益性投资收益，外国企业在境外实际缴纳的所得税税额中属于该项所得负担的部分，可以作为该居民企业的可抵免境外所得税税额，在税法规定的抵免限额内抵免。

这里所称的"直接控制"，是指居民企业直接持有外国企业20%以上股份；"间接控制"，是指居民企业以间接持股方式持有外国企业20%以上股份。具体认定办法由国务院财政、税务主管部门另行制定。

(二)限额抵免的基本规定

企业取得的上述所得已在境外缴纳的所得税税额，可以从其当期应纳税额中抵免，抵免限额为该项所得依照税法规定计算的应纳税额；超过抵免限额的部分，可以在以后5个年度内，用每年度抵免限额抵免当年应抵税额后的余额进行抵补。

已在境外缴纳的所得税税额，是指企业来源于中国境外的所得依照中国境外税收法律以及相关规定应当缴纳并已经实际缴纳的企业所得税性质的税款。企业依照企业所得税法的规定抵免企业所得税税额时，应当提供中国境外税务机关出具的税款所属年度的有关纳税凭证。

抵免限额，是指企业来源于中国境外的所得，依照《企业所得税法》和《企业所得税法实施条例》的规定计算的应纳税额。自2017年7月1日起，企业可以选择按国（地区）别分别计算（即"分国（地区）不分项"），或者不按国（地区）别汇总计算（即"不分国（地区）不分项"）其来源于境外的应纳税所得额，按照规定的税率，分别计算其可抵免境外所得税税额和抵免限额。上述方式一经选择，5年内不得改变。分国不分项情况下，其计算公式为

$$\text{抵免限额} = \text{中国境内、境外所得依照企业所得税法和条例规定计算的应纳税总额} \times \frac{\text{来源于某国（地区）的应纳税所得额}}{\text{中国境内、境外应纳税所得总额}}$$

上述5个年度，是指从企业取得的来源于中国境外的所得，已经在中国境外缴纳的企业所得税性质的税额超过抵免限额当年的次年起连续5个纳税年度。

分国不分项原则下，如果企业境内为亏损，境外盈利分别来自多个国家，则弥补境内亏损时，企业可以自行选择弥补境内亏损的境外所得来源国家（地区）顺序。

【例9-10】 某企业2021年度境内应纳税所得额为100万元，适用25%的企业所得税税率。另外，该企业分别在A、B两国设有分支机构（我国与A、B两国已经缔结避免双重征税协定），在A国分支机构的应纳税所得额为50万元，A国企业所得税税率为20%；在B国分支机构的应纳税所得额为30万元，B国企业所得税税率为30%。假设该企业在A、B两国所得按我国税法计算的应纳税所得额和按A、B两国税法计算的应纳税所得额一致，两个分支机构在A、B两国分别缴纳了10万元和9万元的企业所得税。请分别用分国不分项和不分国不分项两种方法计算该企业汇总时在我国应缴纳的企业所得税税额。

【解析】
1. 分国不分项方法
(1)计算该企业按我国税法计算的境内、境外所得的应纳税额。
应纳税额=(100+50+30)×25%=45(万元)
(2)A、B两国的扣除限额。
A国扣除限额=45×[50÷(100+50+30)]=12.5(万元)
B国扣除限额=45×[30÷(100+50+30)]=7.5(万元)
在A国缴纳的所得税为10万元,低于扣除限额12.5万元,可全额扣除。在B国缴纳的所得税为9万元,高于扣除限额7.5万元,其超过扣除限额的部分1.5万元当年不能扣除。
(3)全年应纳所得税=45-10-7.5=27.5(万元)。
2. 不分国不分项方法
(1)计算按我国税法计算的境内、境外所得的应纳税额。
应纳税额=(100+50+30)×25%=45(万元)
(2)在境外共纳所得税=10+9=19(万元)。
(3)全年应纳所得税=45-19=26(万元)。

三、居民企业核定征收应纳税额的计算

(一)核定征收企业所得税的范围

居民企业纳税人具有下列情形之一的,核定征收企业所得税:
(1)依照法律、行政法规的规定可以不设置账簿的;
(2)依照法律、行政法规的规定应当设置但未设置账簿的;
(3)擅自销毁账簿或者拒不提供纳税资料的;
(4)虽设置账簿,但账目混乱或者成本资料、收入凭证、费用凭证残缺不全,难以查账的;
(5)发生纳税义务,未按照规定的期限办理纳税申报,经税务机关责令限期申报,逾期仍不申报的;
(6)申报的计税依据明显偏低,又无正当理由的。
特殊行业、特殊类型的纳税人和一定规模以上的纳税人不适用核定征收办法。上述特定类型纳税人由国家税务总局另行明确。
自2012年1月1日起,专门从事股权(股票)投资业务的企业,不得核定征收企业所得税。

(二)核定征收的办法

税务机关应根据纳税人具体情况,对核定征收企业所得税的纳税人,核定应税所得率或者核定应纳所得税额。
1. 核定应税所得率
具有下列情形之一的,核定其应税所得率:
(1)能正确核算(查实)收入总额,但不能正确核算(查实)成本费用总额的;

(2)能正确核算(查实)成本费用总额,但不能正确核算(查实)收入总额的;
(3)通过合理方法,能计算和推定纳税人收入总额或成本费用总额的。

采用应税所得率方式核定征收企业所得税的,应纳所得税额计算公式如下:

$$应纳所得税额 = 应纳所得额 \times 适用税率$$
$$应纳所得额 = 应税收入额 \times 应税所得率$$

或

$$应纳税所得额 = \frac{成本(费用)支出额}{1 - 应税所得率} \times 应税所得率$$

实行应税所得率方式核定征收企业所得税的纳税人,经营多业的,无论其经营项目是否单独核算,均由税务机关根据其主营项目确定适用的应税所得率。主营项目应为纳税人所有经营项目中,收入总额或成本(费用)支出额或耗用原材料、燃料、动力数量所占比重最大的项目。

应税所得率按表9-1规定的幅度标准确定。

表9-1 应税所得率的幅度标准

行 业	应税所得率/(%)
农、林、牧、渔业	3～10
制造业	5～15
批发和零售贸易业	4～15
交通运输业	7～15
建筑业	8～20
饮食业	8～25
娱乐业	15～30
其他行业	10～30

2. 核定应纳所得税额

纳税人不属于以上情形的,核定其应纳所得税额。

税务机关采用下列方法核定企业所得税:

(1)参照当地同类行业或者类似行业中经营规模和收入水平相近的纳税人的税负水平核定;

(2)按照应税收入额或成本费用支出额定率核定;

(3)按照耗用的原材料、燃料、动力等推算或测算核定;

(4)按照其他合理方法核定。

采用前款所列一种方法不足以正确核定应纳税所得额或应纳税额的,可以同时采用两种以上的方法核定。采用两种以上方法测算的应纳税额不一致时,可按测算的应纳税额从高核定。

四、非居民企业应纳税额的计算

税法对在中国境内未设立机构、场所的,或者虽设立机构、场所但取得的所得与其所设机构、场所没有实际联系的非居民企业的所得,按照下列方法计算应纳税所得额:

(1)股息、红利等权益性投资收益和利息、租金、特许权使用费所得,以收入全额为应纳税所得额。

(2)转让财产所得,以收入全额减除财产净值后的余额为应纳税所得额。财产净值,是指财产的计税基础减除已经按照规定扣除的折旧、折耗、摊销、准备金等后的余额。

(3)其他所得,参照前两项规定的方法计算应纳税所得额。

【例9-11】 樱花公司是依照日本法律在日本注册成立的企业,在中国境内未设立机构、场所。2021年度,樱花公司将其专利权授权中国境内的华美公司使用,华美公司支付专利权使用费800万元。请计算樱花公司转让该项专利权应当向中国缴纳多少企业所得税?华美公司应当向樱花公司支付多少款项?

【解析】 由于樱花公司是非居民企业,取得了来自中国境内的特许权使用费,以收入全额为应税所得额。

$$应纳税额 = 800 \times 10\% = 80(万元)$$

华美公司应履行代扣代缴的义务,实际支付720(800-80)万元的款项。

五、非居民企业所得税核定征收办法

非居民企业因会计账簿不健全,资料残缺难以查账,或者其他原因不能准确计算并据实申报其应纳税所得额的,税务机关有权采取以下方法核定其应纳税所得额。

(1)按收入总额核定应纳税所得额:适用于能够正确核算收入或通过合理方法推定收入总额,但不能正确核算成本费用的非居民企业。计算公式为

$$应纳税所得额 = 收入总额 \times 经税务机关核定的利润率$$

(2)按成本费用核定应纳税所得额:适用于能够正确核算成本费用,但不能正确核算收入总额的非居民企业。计算公式为

$$应纳税所得额 = \frac{成本费用总额}{1-经税务机关核定的利润率} \times 经税务机关核定的利润率$$

(3)按经费支出换算收入核定应纳税所得额:适用于能够正确核算经费支出总额,但不能正确核算收入总额和成本费用的非居民企业。计算公式为

$$应纳税所得额 = \frac{经费支出总额}{1-经税务机关核定的利润率} \times 经税务机关核定的利润率$$

(4)税务机关可按照以下标准确定非居民企业的利润率:

①从事承包工程作业、设计和咨询劳务的,利润率为15%~30%;

②从事管理服务的,利润率为30%~50%;

③从事其他劳务或劳务以外经营活动的,利润率不低于15%。

税务机关有根据认为非居民企业的实际利润率明显高于上述标准的,可以按照比上述标准更高的利润率核定其应纳税所得额。

(5)非居民企业与中国居民企业签订机器设备或货物销售合同,同时提供设备安装、装配、技术培训、指导、监督服务等劳务,其销售货物合同中未列明提供上述劳务服务收费金额,或者计价不合理的,主管税务机关可以根据实际情况,参照相同或相近业务的计价标准核定劳务收入。无参照标准的,以不低于销售货物合同总价款的10%为原则,确定非居民企业的劳务收入。

第七节 征收管理

一、源泉扣缴

（一）扣缴义务人

（1）对非居民企业在中国境内未设立机构、场所的，或者虽设立机构、场所但取得的所得与其所设机构、场所没有实际联系的所得应缴纳的所得税实行源泉扣缴，以支付人为扣缴义务人。税款由扣缴义务人在每次支付或者到期应支付时，从支付或者到期应支付的款项中扣缴。

（2）对非居民企业在中国境内取得工程作业和劳务所得应缴纳的所得税，税务机关可以指定工程价款或者劳务费的支付人为扣缴义务人。

（二）扣缴方法

（1）扣缴义务人扣缴税款时，按第六节第四部分非居民企业计算方法计算税款。

（2）应当扣缴的所得税，扣缴义务人未依法扣缴或者无法履行扣缴义务的，由企业在所得发生地缴纳。企业未依法缴纳的，税务机关可以从该企业在中国境内其他收入项目的支付人应付的款项中，追缴该企业的应纳税款。

（3）税务机关在追缴该企业应纳税款时，应当将追缴理由、追缴数额、缴纳期限和缴纳方式等告知该企业。

（4）扣缴义务人每次代扣的税款，应当自代扣之日起 7 日内缴入国库，并向所在地的税务机关报送《中华人民共和国扣缴企业所得税报告表》。

二、纳税地点

（一）居民企业的纳税地点

除税收法律、行政法规另有规定外，居民企业以企业登记注册地为纳税地点；但登记注册地在境外的，以实际管理机构所在地为纳税地点。企业注册登记地，是指企业依照国家有关规定登记注册的住所地。

居民企业在中国境内设立不具有法人资格的营业机构的，应当汇总计算并缴纳企业所得税。企业汇总计算并缴纳企业所得税时，应当统一核算应纳税所得额，具体办法由国务院财政、税务主管部门另行制定。

（二）非居民企业的纳税地点

（1）非居民企业在中国境内设立机构、场所的，应当就其所设机构、场所取得的来源于中国境内的所得，以及发生在中国境外但与其所设机构、场所有实际联系的所得，以机构、场所所在地为纳税地点。

非居民企业在中国境内设立两个或者两个以上机构、场所的，经税务机关审核批准,可以选择由其主要机构、场所汇总缴纳企业所得税。

(2)非居民企业在中国境内未设立机构、场所的,或者虽设立机构、场所但取得的所得与其所设机构、场所没有实际联系的所得,以扣缴义务人所在地为纳税地点。

三、纳税期限

企业所得税按年计征,分月或者分季预缴,年终汇算清缴,多退少补。

企业所得税的纳税年度,自公历每年1月1日起至12月31日止。企业在一个纳税年度的中间开业,或者由于合并、关闭等原因终止经营活动,使该纳税年度的实际经营期不足12个月的,应当以其实际经营期为一个纳税年度。企业清算时,应当以清算期间作为一个纳税年度。

企业按月或按季预缴企业所得税,应当自月份或者季度终了之日起15日内,向税务机关报送预缴企业所得税纳税申报表,预缴税款。

企业应当自年度终了之日起5个月内,向税务机关报送年度企业所得税纳税申报表,并汇算清缴,结清应缴应退税款。

企业在年度中间终止经营活动的,应当自实际经营终止之日起60日内,向税务机关办理当期企业所得税汇算清缴。

四、纳税申报

按月或按季预缴的,企业应当自月份或者季度终了之日起15日内,向税务机关报送预缴企业所得税纳税申报表,预缴税款。

企业在报送企业所得税纳税申报表时,应当按照规定附送财务会计报告和其他有关资料。

企业在办理注销登记前,就清算所得向税务机关申报并依法缴纳企业所得税。

企业缴纳的企业所得税,以人民币计算。所得以人民币以外的货币计算的,应当折合成人民币计算并缴纳税款。

企业在纳税年度内无论盈利或者亏损,都应当依照《企业所得税法》第五十四条规定的期限,向税务机关报送预缴企业所得税纳税申报表、年度企业所得税纳税申报表、财务会计报告和税务机关规定应当报送的其他有关资料。

五、跨地区经营汇总纳税企业所得税征收管理

(一)基本原则和适用范围

1. 基本原则

属于中央与地方共享范围的跨省市总分机构企业缴纳的企业所得税,按照统一规范、兼顾总机构和分支机构所在地利益的原则,实行"统一计算、分级管理、就地预缴、汇总清算、财政调库"的处理办法。总分机构统一计算的当期应纳税额的地方分享部分中,25%由总机构所在地分享,50%由各分支机构所在地分享,25%按一定比例在各地间进行分配。

统一计算,是指居民企业应统一计算包括各个不具有法人资格营业机构在内的企业全部应纳税所得额、应纳税额。总机构和分支机构适用税率不一致的,应分别

按适用税率计算应纳所得税额。

分级管理,是指居民企业总机构、分支机构,分别由所在地主管税务机关属地进行监督和管理。

就地预缴,是指居民企业总机构、分支机构,应按规定的比例分别就地按月或者按季向所在地主管税务机关申报、预缴企业所得税。

汇总清算,是指在年度终了后,总分机构企业根据统一计算的年度应纳税所得额、应纳所得税额,抵减总机构、分支机构当年已就地分期预缴的企业所得税款后,多退少补。

财政调库,是指财政部定期将缴入中央总金库的跨省市总分机构企业所得税待分配收入,按照核定的系数调整至地方国库。

2.适用范围

跨省市总分机构企业是指跨省(自治区、直辖市和计划单列市,下同)设立不具有法人资格分支机构的居民企业。

总机构和具有主体生产经营职能的二级分支机构就地预缴企业所得税。

按规定,国有邮政企业、国有银行、中石油、中海油等企业总分机构缴纳的企业所得税(包括滞纳金、罚款收入)为中央收入,全额上缴中央国库,不实行本办法。

(二)税款预缴

由总机构统一计算企业应纳税所得额和应纳所得税额,并分别由总机构、分支机构按月或按季就地预缴。

1.总机构分摊税款

总机构分摊税款的计算公式如下:

$$总机构分摊税款 = 统一计算的企业当期应纳所得税额 \times 50\%$$

2.分支机构分摊预缴税款

总机构在每月或每季终了之日起10日内,按照上年度各省市分支机构的营业收入、职工薪酬和资产总额三个因素,将统一计算的企业当期应纳税额的50%在各分支机构之间进行分摊(总机构所在省市同时设有分支机构的,同样按三个因素分摊),各分支机构根据分摊税款就地办理缴库。分摊时,三个因素的权重依次为0.35、0.35、0.30。当年新设立的分支机构第二年起参与分摊;当年撤销的分支机构自办理注销税务登记之日起不参与分摊。

分支机构营业收入,是指分支机构销售商品、提供劳务、让渡资产使用权等日常经营活动实现的全部收入。

分支机构职工薪酬,是指分支机构为获得职工提供的服务而给予职工的各种形式的报酬以及其他相关支出。

分支机构资产总额,是指分支机构在12月31日拥有或者控制的资产合计额。

各分支机构分摊预缴额按下列公式计算:

$$\frac{某分支机构}{分摊税款} = \frac{所有分支机构}{分摊税款总额} \times \frac{该分支机构}{分摊比例}$$

其中:

$$\frac{所有分支机构}{分摊税款总额} = \frac{汇总纳税企业}{当期应纳所得税额} \times 50\%$$

$$该分支机构分摊比例 = \frac{该分支机构营业收入}{各分支机构营业收入之和} \times 0.35$$
$$+ \frac{该分支机构职工薪酬}{各分支机构职工薪酬之和} \times 0.35$$
$$+ \frac{分支机构资产总额}{各分支机构资产总额之和} \times 0.3$$

以上公式中,分支机构仅指需要参与就地预缴的分支机构。

3. 总机构就地预缴税款

总机构应将统一计算的企业当期应纳税额的25%就地办理缴库。

4. 总机构预缴中央国库税款

总机构应将统一计算的企业当期应纳税额的剩余25%,就地全额缴入中央国库。

(三)汇总清算

企业总机构汇总计算企业年度应纳所得税额,扣除总机构和各境内分支机构已预缴的税款,计算出应补应退税款,分别由总机构和各分支机构(不包括当年已办理注销税务登记的分支机构)就地办理税款缴库或退库。

【例9-11】A公司总部位于上海市,分别在武汉、南京、杭州有三个分公司,A公司实行以实际利润额按季预缴分摊企业所得税的办法。根据2022年该公司第一季度报表得知,第一季度取得营业收入5 000万元,发生的税前可扣除的成本费用税金合计3 400万元。另外,2021度财务报告中,武汉、南京、杭州分公司资产总额、营业收入、职工薪酬占三个分公司职工薪酬、营业收入、资产总额的比例分别为50%、20%、40%、30%、40%、30%、20%、40%、30%。总机构和分支机构税率均为25%。

要求计算:

(1)该公司2022年第一季度共应预缴的企业所得税;

(2)武汉分公司2022年第一季度应预缴的企业所得税款;

(3)南京分公司2022年第一季度应预缴的企业所得税款;

(4)杭州分公司2022年第一季度应预缴的企业所得税款;

(5)总机构2022年第一季度就地办理缴库的企业所得税;

(6)总机构2022年第一季度预缴中央国库的企业所得税。

【解析】

(1)2021年第一季度共应预缴企业所得税=(5 000-3 400)×25%=400(万元)。

(2)武汉分公司分摊比例=(该分支机构营业收入/各分支机构营业收入之和)×0.35+(该分支机构职工薪酬/各分支机构职工薪酬之和)×0.35+(该分支机构资产总额/各分支机构资产总额之和)×0.30=50%×0.35+20%×0.35+40%×0.30=36.5%。

武汉分公司第一季度应预缴的企业所得税=400×50%×36.5%=73(万元)。

(3)同理可得南京分公司分摊比例=30%×0.35+40%×0.35+30%×0.30=33.5%。

南京分公司第一季度应预缴的企业所得税＝400×50％×33.5％＝67(万元)。

(4)同理可得杭州分公司分摊比例＝20％×0.35＋40％×0.35＋30％×0.30＝30％。

南京分公司第一季度应预缴的企业所得税＝400×50％×30％＝60(万元)。

(5)总机构2021年第一季度就地办理缴库的企业所得税＝400×25％＝100(万元)。

(6)总机构2022年第一季度预缴中央国库的企业所得税＝400×25％＝100(万元)。

案例与点评

案例9-1 摩托车生产企业这样做对吗？

某市摩托车生产企业为增值税一般纳税人,企业有固定资产价值18 000万元(其中生产经营使用的房产原值为12 000万元),生产经营占地面积80 000平方米。2021年发生以下业务：

(1)全年生产A型摩托车200 000辆,每辆生产成本0.28万元、市场不含税销售价0.46万元。全年销售A型摩托车190 000辆,销售合同记载取得不含税销售收入87 400万元。

(2)全年生产B型摩托车30 000辆,每辆生产成本0.22万元、市场不含税销售价0.36万元。全年销售B型摩托车28 000辆,销售合同记载取得不含税销售收入10 080万元。

(3)全年外购原材料均取得增值税专用发票,购货合同记载支付材料价款共计35 000万元、增值税进项税额4 550万元。运输合同记载支付运输公司的含税运输费用1 090万元(增值税税款未单独列明),取得运输公司开具增值税专用发票。

(4)全年发生管理费用11 000万元(其中含业务招待费900万元,新技术研究开发费用800万元,支付其他企业管理费300万元)、销售费用7 600万元、财务费用2 100万元。

(5)全年发生营业外支出3 600万元(其中含通过公益性社会团体向贫困山区捐赠500万元；因管理不善库存原材料损失618.6万元,其中含运费成本18.6万元)。

(6)6月10日,取得直接投资境内居民企业分配的股息收入130万元,已知境内被投资企业适用的企业所得税税率为15％。

(7)8月20日,取得摩托车代销商赞助的一批原材料并取得增值税专用发票,注明材料金额30万元、增值税3.9万元。

(8)12月20日,取得到期的国债利息收入90万元。

(9)2021年度,该摩托车生产企业自行计算的应缴纳的各种税款如下：

①增值税＝(87 400＋10 080)×13％－4 550－1 000×9％＝8 032.4(万元)

②消费税＝(87 400＋10 080)×10％＝9 748(万元)

③城市维护建设税、教育费附加、地方教育费附加＝(8 032.4＋9 748)×(7％＋3％＋2％)＝2 133.65(万元)

④城镇土地使用税＝80 000×4÷10 000＝32(万元)

⑤企业所得税：

应纳税所得额＝87 400＋10 080－190 000×0.28－28 000×0.22－11 000－7 600－2 100－3 600＋130＋90－9 748－2 133.65＝2 626.35(万元)

应纳企业所得税＝2 626.35×25%＝656.59(万元)

说明：A型摩托车和B型摩托车消费税税率10%，计算房产税房产余值的扣除比例20%，城镇土地使用税每平方米4元。新技术研发费用符合制造业企业加计扣除100%的规定。

要求：根据上述资料，回答下列问题(涉及计算的，请列出计算步骤)。

(1)分别指出企业自行计算缴纳税款(企业所得税除外)的错误之处，简单说明理由，并计算应补(退)的各种税款(企业所得税除外)。

(2)计算企业2021年度实现的会计利润总额。

(3)分别指出企业所得税计算的错误之处，简单说明理由，并计算应补(退)的企业所得税。

【点评】

(1)分析错误并计算应补税额。

增值税计算有误。受赠的材料也应抵扣进项税；非正常损失应作进项税转出。

应补缴增值税＝－3.9＋(618.6－18.6)×13%＋18.6×9%
＝75.78(万元)

应补缴城市维护建设税和教育费附加、地方教育费附加
＝75.78×(7%＋3%＋2%)＝9.09(万元)

应补缴房产税＝12 000×(1－20%)×1.2%＝115.2(万元)

应补缴印花税＝(87 400＋10 080＋35 000)×0.3‰＋$\frac{1\,090}{1+9\%}$×0.3‰
＝40.04(万元)

(2)计算会计利润。

收入总额＝87 400＋10 080＋30＋3.9＋130＋90＝97 733.9(万元)

成本＝190 000×0.28＋28 000×0.22＝59 360(万元)

利润总额＝97 733.9－59 360－11 000－115.2－40.04－7 600－2 100－3 600
－79.68(进项税额转出增加管理费用)－9 748－2 133.65－9.09－32
＝1 916.24(万元)

(3)说明所得税计算错误。

该企业招待费可扣除金额计算有误。

招待费限额＝900×60%＝540(万元)＞(87 400＋10 080)×5‰＝487.4(万元)

招待费调整＝900－487.4＝412.6(万元)

新技术研发费可加计扣除100%，加扣金额800万元。

支付其他企业的管理费300万元不得扣除。

捐赠扣除限额＝1 916.24×12%＝229.95万元，实际捐赠500万元。调增500－229.95＝270.05(万元)。

投资境内居民企业130万元股息收入和90万元国债利息收入都属于免税

收入。

$$应纳税所得额 = 1\,916.24 + 412.6 - 800 + 300 + 270.05 - 130 - 90$$
$$= 1\,878.89(万元)$$
$$应纳所得税 = 1\,878.89 \times 25\% = 469.72(万元)$$

本章小结

本章主要介绍了企业所得税法的相关内容。我国企业所得税是国家对企业(不包括个人独资企业、合伙企业)和其他组织取得的生产经营所得和其他所得征收的一种税。企业所得税纳税人按照登记注册地标准和实际管理机构所在地标准可以划分为居民企业和非居民企业。企业所得税率有基本税率、低税率和针对小型微利企业和高新技术企业的优惠税率。企业所得税的计税依据是应纳税所得额,应纳税所得额的计算方法有直接计算法和间接计算法。实务中一般采用间接计算法,即通过会计利润调增调减,弥补以前年度亏损后得到当年应纳税所得额。居民企业的应纳税额等于应纳税所得额乘以适用税率,减除应减免和抵免的税额后的余额。企业所得税法制定了税收优惠政策,体现国家的政策导向。企业所得税按年计征,分月或者分季预缴,年终汇算清缴,多退少补。

思考与练习题

【思考题】

1. 所得税有何特点?与流转税有何不同?
2. 企业所得税的纳税人是如何界定的?不同的纳税人征税范围有何区别?
3. 计算企业所得税应纳税所得额时,准予扣除的项目有哪些?
4. 我国企业所得税的税收优惠有哪些?

【练习题】

一、单项选择题

1. 下列不是我国企业所得税的纳税义务人的是( )。
   A. 国有企业　　　　B. 中外合资企业　　　C. 集体企业　　　　D. 合伙企业
2. 根据企业所得税法的规定,以下适用25%税率的是( )。
   A. 在中国境内未设立机构、场所的非居民企业
   B. 在中国境内虽设立机构、场所但取得所得与其机构、场所无实际联系的非居民企业
   C. 在中国境内设立机构、场所且取得所得与其机构、场所有实际联系的非居民企业
   D. 所有的非居民企业
3. 某商贸企业2021年开始筹建,当年未取得收入,筹建期间发生业务招待费300万元,业务宣传费20万元,广告费200万元。根据企业所得税相关规定,上述支出可计入企业筹办费并在税前扣除的金额是( )。
   A. 200　　　　　　　B. 220　　　　　　　C. 400　　　　　　　D. 520

4. 某企业2015年亏损40万元,2016年盈利6万元,2017年亏损6万元,2018、2019、2020年均盈利7万元,2021年盈利10万元,企业2021年申报缴纳企业所得税2.5万元,税务机关审核后认为,应(　　)。

　　A. 补缴企业所得税款0.6万元　　　　　　B. 补缴企业所得税款1.1万元
　　C. 退还企业所得税款1.5万元　　　　　　D. 退还企业所得税款2.5万元

5. 某白酒生产企业因扩大生产规模新建厂房,由于自有资金不足2021年1月1日向银行借入长期借款1笔,金额3 000万元,贷款年利率是4.2%;2021年4月1日该厂房开始建设,12月31日房屋交付使用。2021年度该企业可以在税前直接扣除的该项借款费用是(　　)万元。

　　A. 36.6　　　　　B. 35.4　　　　　C. 32.7　　　　　D. 31.5

6. 某小型零售企业2021年度自行申报收入总额250万元,成本费用258万元,经营亏损8万元。经主管税务机关审核,发现其发生的成本费用真实,实现的收入无法确认,依据规定对其进行核定征收。假定应税所得率为9%,则该小型零售企业2021年度应缴纳的企业所得税为(　　)。

　　A. 5.10万元　　　B. 5.63万元　　　C. 5.81万元　　　D. 6.38万元

7. 某居民企业购入政府发行的年利息率5%的三年期国债2 000万元,持有270天时以2 100万元的价格转让。该企业就该笔交易计算企业所得税时应纳税所得额是(　　)万元。(不考虑其他税费)

　　A. 0　　　　　　B. 19.33　　　　　C. 26.03　　　　　D. 33.97

8. 在计算企业所得税时,通过支付现金以外的方式取得的投资资产,以该资产的(　　)为成本。

　　A. 公允价值　　　　　　　　　　　B. 公允价值和相关税费
　　C. 购买价款　　　　　　　　　　　D. 成本与市价孰低

9. 某企业财务资料显示,2021年开具增值税专用发票取得不含税收入2 000万元。此外,从事运输服务,不含税收入220万元。收入对应的销售成本和运输成本合计为1 550万元,期间费用为200万元,营业外支出100万元(其中90万元为公益性捐赠支出),上年度企业自行计算亏损50万元,经税务机关核定的亏损为30万元。企业在所得税前可以扣除的捐赠支出为(　　)万元。

　　A. 90　　　　　　B. 40.8　　　　　C. 44.4　　　　　D. 23.4

10. 某奶粉厂外购奶牛支付价款20万元,依据企业所得税相关规定,该项资产在企业所得税税前扣除方法为(　　)。

　　A. 一次性在税前扣除
　　B. 按奶牛寿命在税前分期扣除
　　C. 按直线法以不低于3年的折旧年限计算折旧税前扣除
　　D. 按直线法以不低于10年的折旧年限计算折旧税前扣除

11. 根据企业所得税的相关规定,纳税人的下列收入形式中,按照公允价值确定收入的是(　　)。

　　A. 债务的豁免　　　　　　　　　　B. 准备持有到期的债券投资
　　C. 应收票据　　　　　　　　　　　D. 不准备持有到期的债券投资

12. 某境内居民企业2021年度"财务费用"账户中利息金额,含有以年利率8%向银行借入的9个月的生产用200万元贷款的借款利息,也包括12万元的向本企业职工借入与银行同期的生产用100万元资金的借款利息。假设向本企业职工的借款,双方签订了借款合同,也取得了相关合法票据。该企业2018年度在计算应纳税所得额时允许扣除的利息费用是(　　)。

　　A. 28万元　　　　B. 21万元　　　　C. 20万元　　　　D. 18万元

13. 某国有企业2021年度取得主营业务收入5 000万元,其他业务收入1 000万元,债务重组收益 100 万元,固定资产转让收入 50 万元;当年管理费用中的业务招待费 60 万元;该企业当年度可在企业所得税前扣除的业务招待费为( )。

A. 60 万元　　　　B. 30.75 万元　　　　C. 30.5 万元　　　　D. 30 万元

14. 某高新技术企业,2021 年度取得境内应纳税所得额 2 000 万元,境外应纳税所得额折合人民币 500 万元,在境外已缴纳企业所得税折合人民币 70 万元。该企业汇总纳税时实际应缴纳企业所得税( )。

A. 375 万元　　　　B. 355 万元　　　　C. 325 万元　　　　D. 305 万元

15. 按照企业所得税的相关规定,下列说法中,正确的是( )。

A. 销售商品采用托收承付方式的,在发出商品时确认收入

B. 销售商品采取预收款方式的,在收到预收款时确认收入

C. 销售商品采用支付手续费方式委托代销的,在收到代销清单时确认收入

D. 企业以买一赠一方式组合销售本企业商品的,对赠品按照捐赠行为进行税务处理

16. 2021 年某服装生产企业实现商品销售收入 2 000 万元(不含税),接受捐赠收入 100 万元,获得投资收益 20 万元。该企业当年实际发生业务招待费 30 万元,广告费 240 万元(已取得相应发票),业务宣传费 80 万元。2021 年度该企业在计算应纳税所得额时可扣除的业务招待费、广告费和业务宣传费合计( )万元。

A. 294.5　　　　B. 310　　　　C. 325.5　　　　D. 330

17. 某商店(增值税一般纳税人)2022 年 7 月因管理不善,丢失一批上月从一般纳税人处购进的已抵扣进项税额的服装,账面成本 20 000 元(其中含运费 400 元,已抵扣进项税额),仓库管理员赔付 1 000 元,保险公司审理后同意赔付 5 000 元。税务机关接受了该项损失的申报,该业务在企业所得税前可扣除的损失金额为( )元。

A. 22 584　　　　B. 21 584　　　　C. 20 000　　　　D. 16 584

18. 2022 年 8 月,一家新开业的小型微利商业企业,为了拓展市场,从开业之日起至 12 月 31 日销售商品一律实行买一赠一活动。假定开业 5 个月销售商品共计取得不含税销售收入 225 万元,赠送商品的不含税市场价格为 15 万元,销售商品和赠送商品的全部成本为 160 万元,应扣除的税金及附加和全部费用共计 42 万元。假设不存在其他纳税调整事项,该商业企业 2022 年度应缴纳企业所得税( )万元。

A. 0.575　　　　B. 0.72　　　　C. 1.15　　　　D. 1.44

19. 下列符合企业所得税佣金扣除规定,可以在企业所得税税前全额扣除的佣金是( )。

A. 甲企业销售给乙企业 1 000 万元货物,签订合同并收取款项后,甲企业支付乙企业采购科长 40 万元

B. 甲生产企业委托丁中介公司介绍客户,成功与丁介绍的客户签订的合同表明交易金额 300 万元,甲企业以 18 万元转账支票支付丁公司佣金

C. 丙生产企业委托丁中介公司介绍客户,成功与丁介绍的客户签订的合同表明交易金额 500 万元,丙企业以 20 万元现金支付丁公司佣金

D. 乙企业支付某中介个人 0.5 万元佣金,以酬劳其介绍成功 10 万元的交易(签订合同)

20. 居民企业甲 2020 年当年仅有一笔发生在 11 月的符合公益性捐赠条件的慈善捐赠 130 万元,在 2021 年年初对 2020 年所得税汇算清缴时,得知该企业年度会计利润 900 万元,无其他纳税调整金额。该企业 2021 年度发生公益性捐赠 200 万元,2021 年度会计利润 1 000 万元,无其他纳税调整金额,2021 年度结转至以后年度抵扣的捐赠为( )万元。

A. 0　　　　B. 80　　　　C. 102　　　　D. 200

21. 假设某公司 2021 年度有 A 和 B 两个研发项目。项目 A 人员人工等五项费用之和为 90 万元,其他相关费用为 12 万元;项目 B 人员人工等五项费用之和为 100 万元,其他相关费用为 10 万元。该公司 2021 年度可加计扣除的其他相关费用为( )万元。

A. 22　　　　　　　B. 21.11　　　　　　C. 20　　　　　　D. 23.11

22. 某外国公司实际管理机构不在中国境内,也未在中国境内设立机构场所。2021年从中国境内某企业取得商标使用权转让收入500万元(含增值税),发生成本200万元。该外国公司在中国境内应被扣缴企业所得税(　　)万元。

A. 28.3　　　　　　B. 30　　　　　　　C. 47.17　　　　　D. 50

23. 企业下列项目的所得,减半征收企业所得税的是(　　)。

A. 麻类种植　　　　B. 油料种植　　　　C. 林木种植　　　　D. 茶树种植

二、多项选择题

1. 下列是非居民企业征税对象的有(　　)。
   A. 机构、场所取得的来源于中国境内的所得
   B. 与机构、场所有实际联系的中国境外所得
   C. 没有设立机构、场所,但是来源于中国境内所得
   D. 机构、场所取得的来源于中国境外的所得

2. 根据企业所得税法的规定,下列收入的确认正确的是(　　)。
   A. 权益性投资收益,按照投资方取得投资收益的日期确认收入的实现
   B. 利息收入,按照合同约定的债务人应付利息的日期确认收入的实现
   C. 租金收入,按照实际收取租金的日期确认收入的实现
   D. 特许权使用费收入,按照合同约定的特许权使用人应付特许权使用费的日期确认收入的实现

3. 根据企业所得税法规定,下列保险费可以税前扣除的是(　　)。
   A. 企业参加财产保险,按规定缴纳的保险费
   B. 企业为投资者支付的商业保险费
   C. 企业为职工支付的商业保险费
   D. 企业依照有关规定为特殊工种职工支付的人身安全保险费

4. 根据企业所得税法的规定,企业的下列各项支出,在计算应纳税所得额时,不能从收入总额中直接扣除的是(　　)。
   A. 公益性捐赠支出　　　　　　B. 职工福利费
   C. 固定资产的减值准备　　　　D. 会议费及差旅费

5. 下列项目中,不可以从应纳税所得额中扣除的有(　　)。
   A. 企业支付的违约金
   B. 企业之间支付的管理费
   C. 企业内营业机构之间支付的租金
   D. 非银行企业内营业机构之间支付的利息

6. 下列税金中,可在企业所得税前扣除的有(　　)。
   A. 增值税　　　　　　　　　　B. 消费税
   C. 城市维护建设税　　　　　　D. 印花税

7. 根据企业所得税法规定,纳税人发生下列行为应视同销售确认收入的有(　　)。
   A. 将货物用于偿债　　　　　　B. 将商品用于赞助
   C. 将产品发给职工做福利　　　D. 将产品用于管理部门

8. 企业在计算企业所得税应纳税所得额时,应计入应纳税所得额的收入有(　　)。
   A. 国债利息　　　　　　　　　B. 财政拨款
   C. 确实无法偿付的应付款　　　D. 收取的逾期未收回包装物的押金

9. 下列各项中,按企业所得税法规定应当提取折旧的有(　　)。
   A. 大修理停用的机器设备
   B. 房屋、建筑物以外未投入使用的固定资产

C. 以融资租赁方式租入的固定资产
D. 以经营租赁方式租入的固定资产
10. 以下各项中,属于最低折旧年限为 4 年的固定资产有( )。
A. 家具　　　　　　　　　　　B. 小汽车
C. 运输大卡车　　　　　　　　D. 电子设备
11. 下列税金中,可在企业所得税前扣除的有( )。
A. 增值税　　　B. 土地增值税　　　C. 出口关税　　　D. 资源税
12. A 建筑安装企业 2021 年境内符合条件的研发费用为 180 万元,当年该企业委托境外 B 企业进行研发活动,符合独立交易原则,也符合研发费用加计扣除的相关条件,且该研发活动未形成无形资产,该企业支付 B 企业研发费用 100 万元。以下说法正确的有( )。
A. 境内研发费用扣除 180 万元的基础上,加计扣除 90 万元
B. 境内研发费用扣除 180 万元的基础上,加计扣除 135 万元
C. 委托境外研发费用扣除 100 万元的基础上,加计扣除 60 万元
D. 委托境外研发费用扣除 80 万元的基础上,加计扣除 60 万元

三、判断题

1. 非居民企业委托营业代理人在中国境内从事生产经营活动的,该营业代理人视为非居民企业在中国境内设立的机构、场所。( )
2. 企业的不征税收入用于支出所形成的费用不得扣除,所形成的资产不得计算对应的折旧、摊销扣除。( )
3. 除国务院财政、税务主管部门另有规定外,企业发生的职工教育经费支出,不超过工资薪金总额 8% 的部分,准予扣除;超过部分,不准在以后纳税年度结转扣除。( )
4. 不征税收入和免税收入的实质是一样的。( )
5. 在计算应纳税所得额时,企业财务、会计处理办法与税收法律、行政法规的规定不一致的,应当依照税收法律、行政法规的规定计算。( )
6. 某企业(增值税一般纳税人)2019 年 5 月购入一台不需要安装的生产设备,取得增值税专用发票上注明价款 600 万元,增值税税额 78 万元。购入设备发生运费,取得增值税专用发票上注明金额 4 万元,增值税 0.36 万元。该设备当月投入使用,假定该企业生产设备折旧年限为 10 年,预计净残值率 5%,则该企业在企业所得税前扣除的该设备的月折旧额为 4.78 万元。( )

四、计算题

1. 假定某企业为居民企业,2021 年经营业务数据如下:
(1)取得不含税销售收入 2 500 万元。
(2)销售成本 1 100 万元。
(3)发生销售费用 670 万元(其中广告费 450 万元),管理费用 480 万元(其中业务招待费 15 万元),财务费用 60 万元。
(4)销售税金 160 万元(含增值税 120 万元)。
(5)营业外收入 70 万元,营业外支出 50 万元(含通过公益性社会团体向贫困山区捐款 30 万元,支付税收滞纳金 6 万元)。
(6)已经计入成本、费用中的实发工资总额 150 万元,拨缴职工工会经费 3 万元,支出职工福利费 23 万元,职工教育经费 5 万元。
要求:计算该企业 2021 年度实际应纳的企业所得税。
2. 某电器制造企业(居民企业)为增值税一般纳税人,2021 年发生下列业务:
(1)销售产品取得不含税收入 2 000 万元。
(2)12 月接受捐赠材料一批,取得捐赠方开具的增值税专用发票上,注明价款 10 万元,增值税税额 1.3 万元。企业委托一家运输公司将该批材料运回本企业,支付运杂费 0.3 万元,取得增

值税普通发票。

(3)报废生产线不含税残值收入60万元。

(4)收取当年让渡专利使用权的专利实施许可费,取得不含税特许权使用费收入10万元。

(5)取得国债利息收入2万元。

(6)销售成本1 000万元,税金及附加100万元。

(7)全年销售费用500万元,其中含广告费和业务宣传费400万元(其中50万元用于冠名某真人秀节目于2021年2月制作完成并播放)。上年结转未抵扣的广告费20万元。

(8)全年管理费用200万元,其中含业务招待费80万元,研究开发费用100万元(由于研发失败,全部计入管理费用)。

(9)全年财务费用500万元,其中含向某居民企业(非关联方)借款支付的9个月利息费用60万元,借款金额为1 000万元。当年同期同类银行贷款利率为5%。

(10)全年营业外支出40万元,含通过市政府部门对灾区捐赠20万元,直接对私立小学捐赠10万元,银行罚息3万元,违反政府规定被市场监督管理部门罚款2万元。

根据上述资料,分别回答下列问题(不考虑印花税):

(1)当年该企业计算应纳税所得额可扣除的城建税及附加;

(2)该企业会计利润总额;

(3)当年企业调整的应纳税所得额;

(4)当年企业应纳税所得额;

(5)当年企业应纳所得税额。

3.位于我国境内某市的一家电子产品生产企业为增值税一般纳税人,拥有自己的核心知识产权,2016至2021年,经相关机构认定为高新技术企业。2021年度有关经营情况如下:

(1)全年取得销售电子产品的不含税收入7 000万元,提供技术咨询服务取得不含税收入200万元,当年增值税销项税额合计922万元。

(2)取得国债利息50万元。

(3)购进与生产电子产品相关的原材料,取得增值税专用发票,原材料进项税额合计344万元并进行了抵扣。12月购进并使用安全生产专用设备(属于企业所得税优惠目录规定的范围),取得增值税专用发票注明价款50万元,进项税额6.5万元,并进行了进项税额抵扣。

(4)全年与销售电子产品相关的销售成本4 150万元;全年发生销售费用1 400万元,其中含广告费1 100万元,支付给某中介机构的销售佣金200万元,该佣金在税法规定的扣除限额内,但其中的40%为现金支付;全年发生管理费用600万元,其中含新技术研究开发费320万元,与生产经营有关的业务招待费75万元。

(5)计入成本费用中的实发工资400万元,实际拨缴工会经费9万元并取得专用票据,发生职工福利费支出70万元,职工教育经费支出13万元。

(6)单独核算的技术转让收入900万元,与之配比的技术转让费用100万元。

(7)全年发生营业外支出300万元,其中支付合同违约金6万元。

其他相关资料:假设不考虑其他税费且企业选择最优惠的方式计税。

根据上述资料,回答下列问题:

(1)当年该企业计算应纳税所得额可扣除的城建税及附加;

(2)当年该企业实现的会计利润;

(3)国债利息应调整应纳税所得额;

(4)职工福利、工会经费、职工教育应调整的应纳税所得额;

(5)广告费、业务招待费应调整的应纳税所得额;

(6)研发费用应调整的应纳税所得额;

(7)技术转让所得应调整的应纳税所得额;

(8)当年该企业的应纳税所得额;

(9)当年该企业应纳企业所得税额。

4.某市一家彩电生产企业,为增值税一般纳税人,适用企业所得税税率25%。2021年生产经营业务如下:

(1)全年直接销售彩电取得不含税销售收入8 000万元(不含换取原材料的部分),全年购进原材料,取得增值税专用发票,注明税款为850万元(符合抵扣条件并已申报抵扣)。

(2)2月,企业将自产的一批彩电换取A公司的原材料,市场价值为200万元(不含税),成本为130万元,企业已做销售账务处理,换取的原材料价值200万元(不含税),双方均开具了专用发票。

(3)企业接受捐赠原材料一批,价值100万元(不含税)并取得捐赠方开具的增值税专用发票,进项税额13万元,该项捐赠收入企业已计入营业外收入核算。

(4)1月1日,企业将闲置的机器设备出租给B公司,全年收取租金120万元(不含税)。

(5)企业全年彩电销售成本为4 800万元(不含换取原材料的部分);发生的销售费用为1 800万元(其中广告费为1 500万元)、管理费用为800万元(其中业务招待费为90万元,新产品开发费为120万元)、财务费用为350万元(其中向自然人借款的利息超标10万元)。

(6)已计入成本、费用中的全年实发工资总额为400万元(属于合理限度的范围),实际发生的职工工会经费6万元、职工福利费60万元、职工教育经费15万元。

(7)对外转让彩电的先进生产技术所有权(经省级以上科技部门认定),取得收入700万元,相配比的成本、费用为100万元(收入、成本、费用均独立核算)。

(8)6月从国内购入2台安全生产设备并于当月投入使用,增值税专用发票注明金额400万元、进项税额52万元,企业采用直线法按5年计提折旧,残值率为8%(经税务机关认可),税法规定该设备直线法折旧年限为10年。

(9)全年发生的营业外支出包括:通过当地民政局向贫困山区捐款130万元,违反工商管理规定被工商局罚款6万元。

假定不考虑印花税。请计算:

(1)2021年计算应纳税所得额时可直接扣除的税金及附加;

(2)2021年企业的会计利润;

(3)2021年应调整的应纳税所得额;

(4)2021年企业应缴纳的企业所得税。

第十章 个人所得税法

 学习目标与要求

1. 理解个人所得税法的征收模式。
2. 掌握个人所得税纳税义务人的规定。
3. 掌握个人所得税的征税范围。
4. 掌握个人所得税税收优惠的重点内容。
5. 掌握个人所得税应纳税额的计算。

个人所得税是以个人(自然人)取得的各类应税所得为征税对象而征收的一种所得税。个人所得税以个人的纯所得为计税依据。因此,计税时以纳税人的收入或报酬扣除有关费用以后的余额为计税依据。个人所得税的征税对象不仅包括个人,还包括具有自然人性质的企业。

个人所得税法是指国家制定的用以调整个人所得税征收与缴纳之间权利及义务关系的法律规范。目前适用的是 2018 年 8 月 31 日由第十三届全国人民代表大会常务委员会第五次会议修改通过,并于 2019 年 1 月 1 日公布施行的《中华人民共和国个人所得税法》(以下简称《个人所得税法》)。

从世界范围看,个人所得税的税制模式有三种:分类征收制、综合征收制与混合征收制。分类征收制,就是将纳税人不同来源、性质的所得项目,分别规定不同的税率征税;综合征收制,是对纳税人全年的各项所得加以汇总,就其总额进行征税;混合征收制,是对纳税人不同来源、性质的所得先分别按照不同的税率征税,然后将全年的各项所得进行汇总征税。三种不同的征收模式各有其优缺点。目前,我国个人所得税已初步建立分类与综合相结合的征收模式,即混合征收制。

第一节 纳税义务人和征税范围

一、纳税义务人

个人所得税的纳税义务人,包括中国公民、个体工商业户、个人独资企业、合伙企业投资者、在中国有所得的外籍人员(包括无国籍人员,下同)和香港、澳门、台湾同胞。

纳税义务人依据住所和居住时间两个标准,区分为居民个人和非居民个人,分别承担不同的纳税义务。

(一)居民个人

居民个人是指在中国境内有住所,或者无住所而一个纳税年度在中国境内居住累计满 183 天的个人。

在中国境内有住所,是指因户籍、家庭、经济利益关系,而在中国境内习惯性居住。这里所说的习惯性居住,是判定纳税义务人属于居民还是非居民的一个重要依据。它是指个人因学习、工作、探亲等原因消除之后,没有理由在其他地方继续居留时,所要回到的地方;而不是指实际居住或在某一个特定时期内的居住地。例如,一个纳税人因学习、工作、探亲、旅游等原因在中国境外居住,但是在这些原因消除之后,如果必须回到中国境内居住的,则中国为其习惯性居住地。

一个纳税年度在境内居住累计满 183 天,是指在一个纳税年度(即公历 1 月 1 日起至 12 月 31 日止,下同)内,在中国境内居住累计满 183 日。在计算居住天数时,按其一个纳税年度内在境内的实际居住时间确定,即境内无住所的某人在一个纳税年度内无论出境多少次,只要在我国境内累计住满 183 天,就可判定为我国的居民个人。

综上可知,个人所得税的居民个人包括以下两类:

(1)在中国境内定居的中国公民和外国侨民,但不包括虽具有中国国籍,却并没有在中国大陆定居,而是侨居海外的华侨和居住在香港、澳门、台湾的同胞。

(2)从公历 1 月 1 日起至 12 月 31 日止,在中国境内累计居住满 183 天的外国人、海外侨胞和香港、澳门、台湾同胞。

现行税法中关于"中国境内"的概念,是指中国大陆地区,目前还不包括香港、澳门和台湾地区。

(二)非居民个人

非居民个人,是指不符合居民个人判定标准(条件)的纳税义务人,即在中国境内无住所又不居住,或者无住所而一个纳税年度内在境内居住累计不满 183 天的个人。

在现实生活中,习惯性居住地不在中国境内的个人,只有外籍人员、华侨或香港、澳门和台湾同胞。因此,非居民个人,实际上只能是在一个纳税年度中,没有在中国境内居住,或者在中国境内居住天数累计不满 183 天的外籍人员、华侨或香港、澳门、台湾同胞。

【小思考 10-1】 个人所得税纳税义务人的划分与企业所得税有何类似之处?

(三)纳税义务人的纳税义务

居民个人从中国境内和境外取得的所得,依照法律规定缴纳个人所得税。

非居民个人从中国境内取得的所得,依照法律规定缴纳个人所得税。

从中国境内和境外取得的所得,分别是指来源于中国境内的所得和来源于中国境外的所得。

在中国境内无住所的个人,在一个纳税年度内在中国境内居住累计不超过 90 天的,其来源于中国境内的所得,由境外雇主支付并且不由该雇主在中国境内的机构、场所负担的部分,免予缴纳个人所得税。

在中国境内无住所的个人,在中国境内居住累计满183天的年度连续不满6年的,经向主管税务机关备案,其来源于中国境外且由境外单位或者个人支付的所得,免予缴纳个人所得税;在中国境内居住累计满183天的任一年度中有一次离境超过30天的,其在中国境内居住累计满183天的年度的连续年限重新起算。

中国境内无住所的个人一个纳税年度在中国境内累计居住满183天的,如果此前6年在中国境内每年累计居住天数都满183天而且没有任何一年单次离境超过30天,该纳税年度来源于中国境内、境外所得应当缴纳个人所得税;如果此前6年的任一年在中国境内累计居住天数不满183天或者单次离境超过30天,该纳税年度来源于中国境外且由境外单位或者个人支付的所得,免予缴纳个人所得税。

此前6年,是指该纳税年度的前1年至前6年的连续6个年度,此前6年的起始年度自2019年(含)以后年度开始计算。

二、所得来源地的确定

除国务院财政、税务主管部门另有规定外,下列所得,不论支付地点是否在中国境内,均为来源于中国境内的所得:

(1)因任职、受雇、履约等而在中国境内提供劳务取得的所得。
(2)将财产出租给承租人在中国境内使用而取得的所得。
(3)转让中国境内的不动产等财产或者在中国境内转让其他财产取得的所得。
(4)许可各种特许权在中国境内使用而取得的所得。
(5)从中国境内的公司、企业以及其他经济组织或者个人取得的利息、股息、红利所得。

三、征税范围

居民个人取得下列第(一)项至第(四)项所得(以下称综合所得),按纳税年度合并计算个人所得税;非居民个人取得下列第(一)项至第(四)项所得,按月或者按次分项计算个人所得税。纳税人取得下列第(五)项至第(九)项所得,分别计算个人所得税。

(一)工资、薪金所得

工资、薪金所得是指个人因任职或者受雇而取得的工资、薪金、奖金、年终加薪、劳动分红、津贴、补贴以及任职或者受雇有关的其他所得。

一般来说,工资、薪金所得属于非独立个人劳动所得。所谓非独立个人劳动,是指个人所从事的是由他人指定、安排并接受管理的劳动,工作或服务于公司、工厂、行政单位、事业单位的人员(私营企业主除外)均为非独立劳动者。他们从上述单位取得的劳动报酬,是以工资、薪金的形式体现的。

除工资、薪金以外,奖金、年终加薪、劳动分红、津贴、补贴也被确定为工资、薪金范畴。其中,年终加薪、劳动分红不分种类和取得情况,一律按工资、薪金所得课税。奖金是指所有具有工资性质的奖金,免税奖金的范围在税法中另有规定。此外,还有一些所得的发放被视为取得工资、薪金所得的情形。例如,公司职工取得的购买企业国有股权的劳动分红,按"工资、薪金所得"项目计征个人所得税;出租汽车经营单位对出租车驾驶员采取单车承包或承租方式运营,出租车驾驶员从事客货营运取得的收入,按工资、薪金所得征税。

下列项目不属于工资、薪金性质的补贴、津贴,不予征税。这些项目包括:

(1)独生子女补贴。

(2)执行公务员工资制度未纳入基本工资总额的补贴、津贴差额和家属成员的副食品补贴。

(3)托儿补助费。

(4)差旅费津贴、误餐补助。其中,误餐补助是指按照财政部规定,个人因公在城区、郊区工作,不能在工作单位或返回就餐的,根据实际误餐顿数,按规定的标准领取的误餐费。单位以误餐补助名义发给职工的补助、津贴不能包括在内。

(5)外国来华留学生,领取的生活津贴费、奖学金,不属于工资、薪金范畴,不征个人所得税。

(二)劳务报酬所得

劳务报酬所得是指个人独立从事设计、装潢、安装、制图、化验、测试、医疗、法律、会计、咨询、讲学、新闻、广播、翻译、审稿、书画、雕刻、影视、录音、录像、演出、表演、广告、展览、技术服务、介绍服务、经纪服务、代办服务及其他劳务取得的所得。

在现实生活中,"劳务报酬所得"容易与"工资、薪金所得"混淆。两者最主要的区别在于是否存在雇佣与被雇佣关系。劳务报酬所得是个人独立从事某种技艺或独立提供某种劳务而取得的所得一般不存在雇佣关系;工资、薪金所得则是个人从事非独立劳动,从所在单位任职、受雇而得到的报酬存在雇佣与被雇佣的关系。例如,某相声演员从所在文工团领取的工资,属于工资、薪金所得,而他外出"走穴"所得,则属于劳务报酬所得。

在实际应用中,税法还对下列应税行为作出了明确的规定:

(1)自2004年1月20日起,对商品营销活动中,企业和单位对其营销业绩突出的非雇员以培训班、研讨会、工作考察等名义组织旅游活动,通过免收差旅费、旅游费对个人实行的营销业绩奖励(包括实物、有价证券等),应根据所发生费用的全额作为该营销人员当期的劳务收入,按照"劳务报酬所得"项目征收个人所得税,并由提供上述费用的企业和单位代扣代缴。

(2)个人由于担任董事职务所取得的董事费收入,属于劳务报酬所得性质,按照"劳务报酬所得"项目征收个人所得税,但仅适用于个人担任公司董事、监事,且不在公司任职、受雇的情形。个人在公司(包括关联公司)任职、受雇,同时兼任董事、监事的,应将董事费、监事费与个人工资收入合并,统一按"工资、薪金所得"项目缴纳个人所得税。

(三)稿酬所得

稿酬所得是指个人因其作品以图书、报刊形式出版、发表而取得的所得。这里所说的作品,包括文学作品、书画作品、摄影作品以及其他作品。作者去世后,财产继承人取得的遗作稿酬也按稿酬所得征收个人所得税,对不以图书、报刊形式出版和发表的翻译、审稿、书画所得归为劳务报酬所得。

(四)特许权使用费所得

特许权使用费所得是指个人提供专利权、商标权、著作权、非专利技术以及其他特许权的使用权取得的所得。提供著作权的使用权取得的所得，不包括稿酬所得。

(1)对于专利权，许多国家只将提供他人使用取得的所得，列入特许权使用费，而将转让专利权所得列为资本利得税的征税对象。我国没有开征资本利得税，故将个人提供专利权的使用权和转让专利权取得的所得，都列入特许权使用费所得征收个人所得税。

个人取得专利赔偿所得，应按"特许权使用费所得"项目缴纳个人所得税。

(2)作者将自己的文字作品手稿原件或复印件拍卖取得的所得，按照"特许权使用费所得"项目缴纳个人所得税。

(3)对于剧本作者从电影、电视剧的制作单位取得的剧本使用费，不再区分剧本的使用方是否为其任职单位，统一按"特许权使用费所得"项目计征个人所得税。

(五)经营所得

经营所得，是指：

(1)个体工商户从事生产、经营活动取得的所得，个人独资企业投资人、合伙企业的个人合伙人来源于境内注册的个人独资企业、合伙企业生产、经营的所得。

个体工商户以业主为个人所得税纳税义务人。

(2)个人依法从事办学、医疗、咨询以及其他有偿服务活动取得的所得。

(3)个人对企业、事业单位承包经营、承租经营以及转包、转租取得的所得。

承包项目可分为多种，如生产经营、采购、销售、建筑安装等各种承包。转包包括全部转包或部分转包。

(4)个人从事其他生产、经营活动取得的所得。

例如，个人因从事彩票代销业务而取得的所得，或者从事个体出租车运营的出租车驾驶员取得的收入，都应按照"经营所得"项目计征个人所得税。这里所说的从事个体出租车运营，包括出租车属个人所有，但挂靠出租汽车经营单位或企事业单位，驾驶员向挂靠单位缴纳管理费的，或出租汽车经营单位将出租车所有权转移给驾驶员的。

注意：个体工商户和从事生产、经营的个人，取得与生产、经营活动无关的其他各项应税所得，应分别按照其他应税项目的有关规定，计算征收个人所得税。如取得银行存款的利息所得、对外投资取得的股息所得，应按"股息、利息、红利"税目的规定单独计征个人所得税。个人独资企业、合伙企业的个人投资者以企业资金为本人、家庭成员及其相关人员支付与企业生产经营无关的消费性支出及购买汽车、住房等财产性支出，视为企业对个人投资者利润分配，并入投资者个人的生产经营所得，依照"经营所得"项目计征个人所得税。

(六)利息、股息、红利所得

利息、股息、红利所得是指个人拥有债权、股权而取得的利息、股息、红利所得。

利息,是指个人拥有债权而取得的利息,包括存款、贷款和债券的利息。按税法规定,个人取得的利息所得,除国债和国家发行的金融债券利息外,应当依法缴纳个人所得税。股息、红利,指个人拥有股权取得的股息、红利。按照一定的比率派发的每股息金,称为股息;按照个人拥有股权而取得的公司、企业按股派发的、超过股息部分的利润,称为红利。股息、红利所得,除另有规定外,都应当缴纳个人所得税。

在实际应用中,税法还作出了如下明确规定:

(1)除个人独资企业、合伙企业以外的其他企业的个人投资者,以企业资金为本人、家庭成员及其相关人员支付与企业生产经营无关的消费性支出及购买汽车、住房等财产性支出,视为企业对个人投资者的红利分配,依照"利息、股息、红利所得"项目计征个人所得税。企业的上述支出不允许在所得税前扣除。

(2)纳税年度内,个人投资者从其投资企业(个人独资企业、合伙企业除外)借款,在该纳税年度终了后既不归还又未用于企业生产经营的,其未归还的借款可视为企业对个人投资者的红利分配,依照"利息、股息、红利所得"项目计征个人所得税。

(七)财产租赁所得

财产租赁所得是指个人出租不动产、机器设备、车船以及其他财产取得的所得。个人取得的财产转租收入,属于"财产租赁所得"的征税范围,由财产转租人缴纳个人所得税。

(八)财产转让所得

财产转让所得,是指个人转让有价证券、股权、合伙企业中的财产份额、不动产、机器设备、车船以及其他财产取得的所得。

在现实生活中,个人进行的财产转让主要是个人财产所有权的转让。为鼓励股票市场的发展,我国对个人转让股票所得暂不征收个人所得税。

(1)个人将投资于在中国境内成立的企业或组织(不包括个人独资企业和合伙企业)的股权或股份,转让给其他个人或法人的行为,按照"财产转让所得"项目,依法计算缴纳个人所得税。

(2)个人因各种原因终止投资、联营、经营合作等行为,从被投资企业或合作项目、被投资企业的其他投资者以及合作项目的经营合作人取得股权转让收入、违约金、补偿金、赔偿金及以其他名目收回的款项等,均属于个人所得税应税收入,应按照"财产转让所得"项目适用的规定计算缴纳个人所得税。

(3)个人以非货币性资产投资,属于个人转让非货币性资产和投资同时发生。对个人转让非货币性资产的所得,应按照"财产转让所得"项目,依法计算缴纳个人所得税。

(4)个人通过网络收购玩家的虚拟货币,加价后向他人出售取得的收入,应按照"财产转让所得"项目计算缴纳个人所得税。

(5)集体所有制企业在改制为股份合作制企业时,对职工个人以股份形式取得的拥有所有权的企业量化资产,暂缓征收个人所得税;待个人将股份转让时,就其转让收入额,减除个人取得该股份时实际支付的费用支出和合理转让费用后的余额,按"财产转让所得"项目计征个人所得税。

(九)偶然所得

偶然所得是指个人得奖、中奖、中彩以及其他偶然性质的所得。其中,得奖是指参加各种有奖竞赛活动,取得名次得到的奖金;中奖、中彩是指参加各种有奖活动,如有奖销售、有奖储蓄,或者购买彩票,经过规定程序抽中、摇中号码而取得的奖金。偶然所得应缴纳的个人所得税税款,一律由发奖单位或机构代扣代缴。

个人取得的所得,难以界定应纳税所得项目的,由国务院税务主管部门确定。

第二节 税 率

一、综合所得适用税率

综合所得适用七级超额累进税率,税率为3%～45%(见表10-1)。

居民个人每一纳税年度内取得的综合所得包括:工资、薪金所得,劳务报酬所得,稿酬所得和特许权使用费所得。

表 10-1 综合所得个人所得税税率表

级数	全年应纳税所得额	税率/(%)	速算扣除数/元
1	不超过 36 000 元的	3	0
2	超过 36 000 元至 144 000 元的部分	10	2 520
3	超过 144 000 元至 300 000 元的部分	20	16 920
4	超过 300 000 元至 420 000 元的部分	25	31 920
5	超过 420 000 元至 660 000 元的部分	30	52 920
6	超过 660 000 元至 960 000 元的部分	35	85 920
7	超过 960 000 元的部分	45	181 920

注:①本表所称全年应纳税所得额是指,居民个人取得综合所得以每一纳税年度收入额减除费用六万元以及专项扣除、专项附加扣除和依法确定的其他扣除后的余额。

②非居民个人取得工资、薪金所得,劳务报酬所得,稿酬所得和特许权使用费所得,依照本表按月换算后计算应纳税额。

二、经营所得适用税率

经营所得适用五级超额累进税率,税率为5%～35%(见表10-2)。

表 10-2 经营所得个人所得税税率表

级数	全年应纳税所得额	税率/(%)	速算扣除数/元
1	不超过 30 000 元的	5	0
2	超过 30 000 元至 90 000 元的部分	10	1 500
3	超过 90 000 元至 300 000 元的部分	20	10 500
4	超过 300 000 元至 500 000 元的部分	30	40 500
5	超过 500 000 元至 660 000 元的部分	35	65 500

注:本表所称全年应纳税所得额是指以每一纳税年度的收入总额减除成本、费用以及损失后的余额。

由于目前实行承包(租)经营的形式较多,分配方式也不相同,因此,承包、承租人按照承包、承租经营合同(协议)规定取得所得的适用税率也不一致。

(1)承包、承租人对企业经营成果不拥有所有权,仅是按合同(协议)规定取得一定所得的,其所得按"工资、薪金"所得项目征税,纳入年度综合所得适用3%～45%的七级超额累进税率。

(2)承包、承租人按合同(协议)的规定只向发包、出租方缴纳一定费用后,企业经营成果归其所有的,承包、承租人取得的所得,按对企事业单位的承包经营、承租经营所得项目,适用5%～35%的五级超额累进税率征税。

三、其他所得适用税率

利息、股息、红利所得,财产租赁所得,财产转让所得和偶然所得,均适用20%的比例税率。

第三节 应纳税额的计算

由于个人所得税的应税项目不同,并且取得某项所得所需费用也不相同,因此,计算个人应纳税所得额,需按不同应税项目分项计算。以某项应税项目的收入额减去税法规定的该项目费用减除标准后的余额,为该应税项目应纳税所得额。

一、每次收入的确定

《个人所得税法》对纳税义务人的征税方法有三种:一是按年计征,如经营所得、居民个人取得的综合所得;二是按月计征,如非居民个人取得的工资、薪金所得;三是按次计征,如利息、股息、红利所得,财产租赁所得,偶然所得,非居民个人取得的劳务报酬所得,稿酬所得,特许权使用费所得等6项所得。在按次征收情况下,由于扣除费用依据每次应纳税所得额的大小,分别规定了定额和定率两种标准,因此,无论是从正确贯彻税法的立法精神、维护纳税义务人的合法权益方面,还是从避免税收漏洞、防止税款流失、保证国家税收收入方面,如何准确划分"次",都是十分重要的。前述6个项目的"次",《个人所得税法实施条例》中作出了明确规定。

(一)劳务报酬所得、稿酬所得、特许权使用费所得每次收入的确定

1. 属于一次性收入的,以取得该项收入为一次

1)劳务报酬所得

从事设计、安装、装潢、制图、化验、测试等劳务,往往是接受客户的委托,按照客户的要求,完成一次劳务后取得收入。因此,是属于只有一次性的收入,应以每次提供劳务取得的收入为一次。但需要注意的是,如果一次性劳务报酬收入是以分月支付方式取得的,就适用同一事项连续取得收入,以一个月内取得的收入为一次的规定。

2)稿酬所得

稿酬所得以每次出版、发表取得的收入为一次,不论出版单位是预付还是分笔

支付稿酬,或者加印该作品后再付稿酬,均应合并其稿酬所得按一次计征个人所得税。

具体情况又可细分为：

同一作品再版取得的所得,应视作另一次稿酬所得计征个人所得税；

同一作品先在报刊上连载,然后再出版,或先出版,再在报刊上连载的,应视为两次稿酬所得征,即连载作为一次,出版作为另一次；

同一作品在报刊上连载取得收入的,以连载完成后取得的所有收入合并为一次,计征个人所得税；

同一作品在出版和发表时,以预付稿酬或分次支付稿酬等形式取得的稿酬收入,应合并计算为一次；

同一作品出版、发表后,因添加印数而追加稿酬的,应与以前出版、发表时取得的稿酬合并计算为一次,计征个人所得税；

在两处或两处以上出版、发表或再版同一作品而取得稿酬所得,则可分别以各处取得的所得或再版所得按分次所得计征个人所得税。作者去世后,对取得其遗作稿酬的个人,按稿酬所得征收个人所得税。

3）特许权使用费所得

特许权使用费所得以某项使用权的一次转让所取得的收入为一次。一个非居民个人,可能不仅拥有一项特许权利,每一项特许权的使用权也可能不止一次地向我国境内提供。因此,对特许权使用费所得的"次"的界定,明确为每一项使用权的每次转让所取得的收入为一次。如果该次转让取得的收入是分笔支付的,则应将各笔收入相加为一次的收入,计征个人所得税。

2. 属于同一事项连续取得收入的,以一个月内取得的收入为一次

例如,某歌手与一卡拉 OK 厅签约,在一定时期内每天到卡拉 OK 厅演唱一次,每次演出后付酬 500 元。在计算其劳务报酬所得时,应视为同一事项的连续性收入,以其一个月内取得的收入为一次计征个人所得税,而不能以每天取得的收入为一次。

（二）财产租赁所得,利息、股息、红利所得,偶然所得每次收入的确定

财产租赁所得,以一个月内取得的收入为一次。利息、股息、红利所得,以支付利息、股息、红利时取得的收入为一次。偶然所得,以每次收入为一次。

二、居民个人综合所得应纳税额的计算

（一）居民个人综合所得应纳税所得额的确定

居民个人取得综合所得,以每一纳税年度的收入额减除费用 60 000 元以及专项扣除、专项附加扣除和依法确定的其他扣除后的余额,为应纳税所得额。

综合所得,包括工资、薪金所得,劳务报酬所得,稿酬所得,特许权使用费所得四项。工资、薪金所得全额计入收入额；劳务报酬所得、稿酬所得、特许权使用费所得以收入减除 20% 费用后的余额为收入额；稿酬所得的收入额减按 70% 计算。

1. 专项扣除

专项扣除包括居民个人按照国家规定的范围和标准缴纳的基本养老保险、基本医疗保险、失业保险等社会保险费和住房公积金等。

2. 专项附加扣除

专项附加扣除包括子女教育、继续教育、大病医疗、住房贷款利息或者住房租金、赡养老人、3岁以下婴幼儿照护等支出。

取得综合所得和经营所得的居民个人可以享受专项附加扣除。专项附加扣除标准如下。

1) 子女教育

纳税人年满3岁的子女接受学前教育和学历教育的相关支出,按照每个子女每月1 000元(每年12 000元)的标准定额扣除。

学前教育包括年满3岁至小学入学前教育;学历教育包括义务教育(小学、初中教育)、高中阶段教育(普通高中、中等职业、技工教育)、高等教育(大学专科、大学本科、硕士研究生、博士研究生教育)。

父母可以选择由其中一方按扣除标准的100%扣除,也可以选择由双方分别按扣除标准的50%扣除,具体扣除方式在一个纳税年度内不能变更。

2) 继续教育

纳税人在中国境内接受学历(学位)继续教育的支出,在学历(学位)教育期间按照每月400元(每年4 800元)定额扣除。同一学历(学位)继续教育的扣除期限不能超过48个月(4年)。纳税人接受技能人员职业资格继续教育、专业技术人员职业资格继续教育支出,在取得相关证书的当年,按照3 600元定额扣除。

个人接受本科及以下学历(学位)继续教育,符合税法规定扣除条件的,可以选择由其父母扣除,也可以选择由本人扣除。

3) 大病医疗

在一个纳税年度内,纳税人发生的与基本医保相关的医药费用支出,扣除医保报销后个人负担(指医保目录范围内的自付部分)累计超过15 000元的部分,由纳税人在办理年度汇算清缴时,在80 000元限额内据实扣除。

纳税人发生的医药费用支出可以选择由本人或者其配偶扣除;未成年子女发生的医药费用支出可以选择由其父母一方扣除。纳税人及其配偶、未成年子女发生的医药费用支出,应按前述规定分别计算扣除额。

4) 住房贷款利息

纳税人本人或配偶,单独或共同使用商业银行或住房公积金个人住房贷款,为本人或其配偶购买中国境内住房,发生的首套住房贷款利息支出,在实际发生贷款利息的年度,按照每月1 000元(每年12 000元)的标准定额扣除,扣除期限最长不超过240个月(20年)。纳税人只能享受一套首套住房贷款利息扣除。

所称首套住房贷款是指购买住房享受首套住房贷款利率的住房贷款。

经夫妻双方约定,可以选择由其中一方扣除,具体扣除方式在确定后,一个纳税年度内不得变更。

夫妻双方婚前分别购买住房发生的首套住房贷款,其贷款利息支出,婚后可以选择其中一套购买的住房,由购买方按扣除标准的100%扣除,也可以由夫妻双方对各自购买的住房分别按扣除标准的 50% 扣除,具体扣除方式在一个纳税年度内不能变更。

5）住房租金

纳税人在主要工作城市没有自有住房而发生的住房租金支出,可以按照以下标准定额扣除:

直辖市、省会（首府）城市、计划单列市以及国务院确定的其他城市,扣除标准为每月 1 500 元（每年 18 000 元）。除上述所列城市外,市辖区户籍人口超过 100 万的城市,扣除标准为每月 1 100 元（每年 13 200 元）；市辖区户籍人口不超过 100 万的城市,扣除标准为每月 800 元（每年 9 600 元）。

市辖区户籍人口,以国家统计局公布的数据为准。

所称主要工作城市是指纳税人任职受雇的直辖市、计划单列市、副省级城市、地级市（地区、州、盟）全部行政区域范围；纳税人无任职受雇单位的,为受理其综合所得汇算清缴的税务机关所在城市。

夫妻双方主要工作城市相同的,只能由一方扣除住房租金支出。

住房租金支出由签订租赁住房合同的承租人扣除。

纳税人及其配偶在一个纳税年度内不得同时分别享受住房贷款利息专项附加扣除和住房租金专项附加扣除。

6）赡养老人

纳税人赡养一位及以上被赡养人的赡养支出,统一按以下标准定额扣除:

纳税人为独生子女的,按照每月 2 000 元（每年 24 000 元）的标准定额扣除；纳税人为非独生子女的,由其与兄弟姐妹分摊每月 2 000 元（每年 24 000 元）的扣除额度,每人分摊的额度最高不得超过每月 1 000 元（每年 12 000 元）。可以由赡养人均摊或者约定分摊,也可以由被赡养人指定分摊。约定或者指定分摊的须签订书面分摊协议,指定分摊优于约定分摊。具体分摊方式和额度在一个纳税年度内不得变更。

所称被赡养人是指年满 60 岁的父母,以及子女均已去世的年满 60 岁的祖父母、外祖父母。

个人所得税专项附加扣除暂行办法所称父母,是指生父母、继父母、养父母。所称子女,是指婚生子女、非婚生子女、继子女、养子女。父母之外的其他人担任未成年人的监护人的,比照个人所得税专项附加扣除暂行办法规定执行。

7）3 岁以下婴幼儿照护

纳税人照护 3 岁以下婴幼儿子女的相关支出,按照每个婴幼儿每月 1 000 元的标准定额扣除。

父母可以选择由其中一方按扣除标准的 100% 扣除,也可以选择由双方分别按扣除标准的 50% 扣除,具体扣除方式在一个纳税年度内不能变更。

3. 依法确定的其他扣除

依法确定的其他扣除包括个人缴付符合国家规定的企业年金、职业年金,个人购买符合国家规定的商业健康保险、税收递延型商业养老保险的支出,以及国务院规定可以扣除的其他项目。

专项扣除、专项附加扣除和依法确定的其他扣除,以居民个人一个纳税年度的应纳税所得额为限额;一个纳税年度扣除不完的,不结转以后年度扣除。

(二)居民个人综合所得应纳税额的计算

根据现行规定,居民个人取得综合所得,采用居民个人每月(次)取得综合所得时,由扣缴义务人预扣预缴居民个人的个人所得税款。需要办理汇算清缴的,年度终了进行汇算清缴,多退少补。

1. 扣缴义务人对居民个人综合所得预扣预缴个人所得税的计算

1)扣缴义务人向居民个人支付工资、薪金所得预扣预缴方法

(1)扣缴义务人向居民个人支付工资、薪金所得时,应当按照累计预扣法计算预扣税款,并按月办理全员全额扣缴申报。

累计预扣法,是指扣缴义务人在一个纳税年度内预扣预缴税款时,以纳税人在本单位截至当前月份工资、薪金所得累计收入减除累计免税收入、累计减除费用、累计专项扣除、累计专项附加扣除和累计依法确定的其他扣除后的余额为累计预扣预缴应纳税所得额,计算累计应预扣预缴税额,再减除累计减免税额和累计已预扣预缴税额,其余额为本期应预扣预缴税额。余额为负值时,暂不退税。

纳税年度终了后余额仍为负值时,由纳税人通过办理综合所得年度汇算清缴,税款多退少补。

具体计算公式如下:

$$\text{本期应预扣预缴税额} = (\text{累计预扣预缴应纳税所得额} \times \text{预扣率} - \text{速算扣除数}) - \text{累计减免税额} - \text{累计已预扣预缴税额}$$

$$\text{累计预扣预缴应纳税所得额} = \text{累计收入} - \text{累计免税收入} - \text{累计减除费用} - \text{累计专项扣除} - \text{累计专项附加扣除} - \text{累计依法确定的其他扣除}$$

其中,累计减除费用,按照5 000元/月乘以纳税人当年截至本月在本单位的任职受雇月份数计算。

上述公式中,计算居民个人工资、薪金所得预扣预缴税额的预扣率、速算扣除数,按《综合所得个人所得税税率表》(见表10-1)执行。

居民个人向扣缴义务人提供有关信息并依法要求办理专项附加扣除的,扣缴义务人应当按照规定在工资、薪金所得按月预扣预缴税款时予以扣除,不得拒绝。

【例10-1】 在甲单位工作的居民个人张某2021年每月取得工资收入12 000元,每月缴纳社保费用和住房公积金1 400元,作为独生子女独自赡养自己67岁的父亲,全年均享受住房贷款利息专项附加扣除。请计算张某的工资薪金扣缴义务人(甲单位)2021年1月、2月和12月预扣预缴张某的个人所得税税款。

【解析】

(1)2021年1月:

累计预扣预缴应纳税所得额 = 12 000 − 5 000 − 1 400 − 2 000 − 1 000
= 2 600(元)

本期应预扣预缴税额 = 2 600 × 3% − 0 = 78(元)

(2)2021年2月:

累计预扣预缴应纳税所得额 = (12 000 − 5 000 − 1 400 − 2 000 − 1 000) × 2
= 5 200(元)

本期应预扣预缴税额 =（5 200×3% －0）－78 ＝78(元)

同理可得,张某在3～11月份中,每月预扣预缴税额均为78元。

(3)2021年12月：

累计预扣预缴应纳税所得额 =（12 000 － 5 000 －1 400 －2 000－1 000）×12
　　　　　　　　　　　　＝31 200(元)

本期应预扣预缴税额 =（31 200×3% －0）－78×11 ＝78(元)

(2)自2020年7月1日起,对一个纳税年度内首次取得工资、薪金所得的居民个人,扣缴义务人在预扣预缴个人所得税时,可按照5 000元/月乘以纳税人当年截至本月月份数计算累计减除费用。首次取得工资、薪金所得的居民个人,是指自纳税年度首月起至新入职时,未取得工资、薪金所得或者未按照累计预扣法预扣预缴过连续性劳务报酬所得个人所得税的居民个人。

例如,小李2021年7月大学毕业后进入某公司工作,公司发放小李7月份工资并计算当期应预扣预缴的个人所得税时,可减除费用35 000元(7个月×5 000元/月)。

(3)自2021年1月1日起,对同时符合下列第①～③项条件的居民个人,扣缴义务人在预扣预缴本年度工资、薪金所得个人所得税时,累计减除费用自1月份起直接按照全年60 000元计算扣除。即,在纳税人累计收入不超过60 000元的月份,暂不预扣预缴个人所得税;在其累计收入超过60 000元的当月及年内后续月份,再预扣预缴个人所得税。

①上一纳税年度1～12月均在同一单位任职且预扣预缴申报了工资、薪金所得个人所得税。

②上一纳税年度1～12月的累计工资、薪金收入(包括全年一次性奖金等各类工资、薪金所得,且不扣减任何费用及免税收入)不超过60 000元。

③ 本纳税年度自1月起,仍在该单位任职受雇并取得工资、薪金所得。

扣缴义务人应当按规定办理全员全额扣缴申报,并在《个人所得税扣缴申报表》相应纳税人的备注栏注明"上年各月均有申报且全年收入不超过60 000元"字样。

【例10-2】 小王为B单位员工,2021年1～12月在B单位取得工资、薪金50 000元,单位为其办理了2021年1～12月的工资、薪金所得个人所得税全员全额明细申报。2022年假定B单位每月给其发放工资8 000元,个人按国家标准每月缴付"三险一金"2 000元。B单位应如何预扣预缴小王个人所得税?

【解析】 在不考虑其他扣除情况下,按照上述第(1)项所示的预扣预缴方法,小王每月需预缴个税30元。采用上述第(3)项所示的预扣预缴方法后,1～7月份,小王因其累计收入为56 000元(8 000×7),不足60 000元而无需缴税;从8月份起,小王累计收入超过60 000元,每月需要预扣预缴的税款计算如下：

① 8月预扣预缴税款 =（8 000×8 －2 000 ×8 －60 000）×3% －0 ＝0(元)
② 9月预扣预缴税款 =（8 000×9 －2 000 ×9 －60 000）×3% －0 ＝0(元)
③ 10月预扣预缴税款 =（8 000×10 －2 000×10 －60 000）×3% －0 ＝0(元)
④ 11月预扣预缴税款 =（8 000×11 －2 000×11 －60 000）×3% －0 ＝180(元)
⑤ 12月预扣预缴税款 =（8 000×12－2 000×12－60 000）×3%－0－180＝180(元)

需要说明的是,对符合上述第(3)项第①～③条的纳税人,如扣缴义务人预计本年度发放给其的收入将超过 60 000 元,纳税人需要纳税记录或者本人有多处所得合并后全年收入预计超过 60 000 元等原因,扣缴义务人与纳税人可在当年 1 月份税款扣缴申报前经双方确认后,按照上述第(1)项所示的预扣预缴方法计算并预缴个人所得税。比如在【例 10-2】中,假设 B 单位预计 2022 年为小王全年发放工资 96 000 元,可在 2022 年 1 月工资发放前和小王确认后,按照第(1)项所示的预扣预缴方法每月扣缴申报 30 元税款。

2)扣缴义务人向居民个人支付劳务报酬所得、稿酬所得、特许权使用费所得预扣预缴方法

(1)扣缴义务人向居民个人支付劳务报酬所得、稿酬所得、特许权使用费所得,按次或者按月预扣预缴个人所得税。

①劳务报酬所得、稿酬所得、特许权使用费所得以收入减除费用后的余额为收入额。其中,稿酬所得的收入额减按 70% 计算。

②减除费用:预扣预缴税款时,劳务报酬所得、稿酬所得、特许权使用费所得每次收入不超过 4 000 元的,减除费用按 800 元计算;每次收入 4 000 元以上的,减除费用按收入的 20% 计算。

③应纳税所得额:劳务报酬所得、稿酬所得、特许权使用费所得,以每次收入额为预扣预缴应纳税所得额,计算应预扣预缴税额。劳务报酬所得适用居民个人劳务报酬所得预扣预缴率表(见表 10-3),稿酬所得、特许权使用费所得适用 20% 的比例预扣率。

表 10-3 居民个人劳务报酬所得预扣预缴率表

级 数	预扣预缴应纳税所得额	预扣率/(%)	速算扣除数/元
1	不超过 20 000 元的	20	0
2	超过 20 000 至 50 000 元的	30	2 000
3	超过 50 000 元的	40	7 000

④预扣预缴税额计算公式:

劳务报酬所得应预扣预缴税额 = 预扣预缴应纳税所得额 × 预扣率 − 速算扣除数

稿酬所得、特许权使用费所得应预扣预缴税额 = 预扣预缴应纳税所得额 × 20%

居民个人办理年度综合所得汇算清缴时,应当依法计算劳务报酬所得、稿酬所得、特许权使用费所得的收入额,并入年度综合所得计算应纳税款,税款多退少补。

【例 10-3】 某作家为居民个人,2022 年 3 月在某报刊上发表文章,取得稿酬收入 3 000 元;当月该作家为某单位做讲座,取得该单位支付的劳务报酬 60 000 元。请计算其应预扣预缴的个人所得税税额。

【解析】

应预扣预缴税额 = 预扣预缴应纳税所得额 × 20%

某报刊应预扣预缴税额 = (3 000 − 800) × 70% × 20% = 308(元)

某单位应预扣预缴税额 = 60 000 × (1 − 20%) × 30% − 2 000 = 12 400(元)

(2)自 2020 年 7 月 1 日起,正在接受全日制学历教育的学生因实习取得劳务报酬所得的,扣缴义务人预扣预缴个人所得税时,可按照前述规定的累计预扣法计算并预扣预缴税款。

【例 10-4】 全日制大学生小李 2022 年 8 月份在某公司实习取得劳务报酬 4 000 元。该公司应如何预扣预缴小李个人所得税？

【解析】 扣缴单位在为其预扣预缴劳务报酬所得个人所得税时,可采取累计预扣法预扣预缴税款。如采用该方法,小李 8 月份劳务报酬扣除 5 000 元减除费用后则无须预缴税款,比预扣预缴方法完善调整前少预缴 640[4000×(1−20%)×20%]元。如小李年内再无其他综合所得,也就无须办理年度汇算退税。

(3) 自 2021 年 1 月 1 日起,对同时符合下列第①～③项条件的居民个人,扣缴义务人在预扣预缴本年度劳务报酬所得个人所得税时,累计减除费用自 1 月份起直接按照全年 60 000 元计算扣除。即,在纳税人累计收入不超过 60 000 元的月份,暂不预扣预缴个人所得税;在其累计收入超过 60 000 元的当月及年内后续月份,再预扣预缴个人所得税。

① 上一纳税年度 1～12 月均在同一单位取得劳务报酬且按照累计预扣法预扣预缴申报了劳务报酬所得个人所得税。

② 上一纳税年度 1～12 月的累计劳务报酬(不扣减任何费用及免税收入)不超过 60 000 元。

③ 本纳税年度自 1 月起,仍在该单位取得按照累计预扣法预扣预缴税款的劳务报酬所得。

扣缴义务人应当按规定办理全员全额扣缴申报,并在《个人所得税扣缴申报表》相应纳税人的备注栏注明"上年各月均有申报且全年收入不超过 60 000 元"字样。

2. 居民个人综合所得汇算清缴个人所得税的计算

1) 居民个人综合所得应纳税额的计算公式

$$应纳税额 = \left(综合所得收入额 - 60\,000\,元 - "三险一金"等专项扣除 - 子女教育等专项附加扣除 - 依法确定的其他扣除 - 符合条件的公益慈善事业捐赠\right) \times 适用税率 - 速算扣除数$$

【例 10-5】 某居民个人为独生子女。其 2021 年含税工资、薪金所得为 30 万元,个人缴纳社保和住房公积金 4 万元。该纳税人有两个小孩在读小学,均由其扣除子女教育专项扣除;纳税人父母健在且均已满 60 岁。计算其当年应纳个人所得税。

【解析】

(1) 全年应纳税所得额 = 300 000 − 60 000 − 40 000 − 12 000×2 − 24 000
              = 152 000(元)

(2) 应纳税额 = 152 000×20% − 16 920 = 13 480(元)

2) 综合所得汇算清缴

根据《国家税务总局关于办理 2021 年度个人所得税综合所得汇算清缴事项的公告》(国家税务总局公告 2022 年第 1 号)规定,办理 2021 年度个人所得税综合所得汇算清缴规定如下。

(1) 年度汇算的内容。

2021 年度终了后,居民个人(以下称纳税人)需要汇总 2021 年 1 月 1 日至 12 月

31日(以下称纳税年度)取得的工资薪金、劳务报酬、稿酬、特许权使用费等四项所得(以下称综合所得)的收入额,减除费用6万元以及专项扣除、专项附加扣除、依法确定的其他扣除和符合条件的公益慈善事业捐赠后,适用综合所得个人所得税税率(见表10-1)并减去速算扣除数,计算年度汇算最终应纳税额,再减去纳税年度已预缴税额,得出应退或应补税额,向税务机关申报并办理退税或补税。

具体计算公式如下:

$$\text{应退或应补税额} = \left[\left(\begin{array}{c}\text{综合所得}\\\text{收入额}\end{array} - 60\,000\,\text{元} - \begin{array}{c}\text{"三险一金"}\\\text{等专项扣除}\end{array} - \begin{array}{c}\text{子女教育等}\\\text{专项附加扣除}\end{array} - \begin{array}{c}\text{依法确定的}\\\text{其他扣除}\end{array} - \begin{array}{c}\text{符合条件的公益}\\\text{慈善事业捐赠}\end{array}\right) \times \begin{array}{c}\text{适用}\\\text{税率}\end{array} - \begin{array}{c}\text{速算}\\\text{扣除数}\end{array}\right] - \begin{array}{c}\text{已预缴}\\\text{税额}\end{array}$$

年度汇算不涉及财产租赁等分类所得,以及纳税人按规定选择不并入综合所得计算纳税的所得。

(2)无需办理年度汇算的情形。

纳税人在纳税年度内已依法预缴个人所得税且符合下列情形之一的,无需办理年度汇算:

①年度汇算需补税但综合所得收入全年不超过12万元的;
②年度汇算需补税金额不超过400元的;
③已预缴税额与年度汇算应纳税额一致的;
④符合年度汇算退税条件但不申请退税的。

(3)需要办理年度汇算的情形。

符合下列情形之一的,纳税人需办理年度汇算:

①已预缴税额大于年度汇算应纳税额且申请退税的;
②纳税年度内取得的综合所得收入超过12万元且需要补税金额超过400元的。

因适用所得项目错误或者扣缴义务人未依法履行扣缴义务,造成纳税年度内少申报或者未申报综合所得的,纳税人应当依法据实办理年度汇算。

(4)可享受的税前扣除。

下列在纳税年度内发生的,且未申报扣除或未足额扣除的税前扣除项目,纳税人可在年度汇算期间填报扣除或补充扣除:

①纳税人及其配偶、未成年子女符合条件的大病医疗支出;
②纳税人符合条件的子女教育、继续教育、住房贷款利息或住房租金、赡养老人专项附加扣除,以及减除费用、专项扣除、依法确定的其他扣除;
③纳税人符合条件的公益慈善事业捐赠。

同时取得综合所得和经营所得的纳税人,可在综合所得或经营所得中申报减除费用6万元、专项扣除、专项附加扣除以及依法确定的其他扣除,但不得重复申报减除。

(5)办理时间。

年度汇算办理时间为2022年3月1日至6月30日。在中国境内无住所的纳税人在3月1日前离境的,可以在离境前办理年度汇算。

【例 10-6】 接【例 10-1】，甲单位工作的张某 2021 年度每月取得工资收入 12 000 元，每月缴纳社保费用和住房公积金 1 400 元，作为独生子女独自赡养自己 67 岁的父亲，全年均享受住房贷款利息专项附加扣除。2021 年 5 月张某取得乙单位支付的劳务报酬 5 000 元，6 月取得丙报社支付的稿酬 6 000 元，7 月在某公司抽奖活动中中奖 1 000 元。根据《国家税务总局关于办理 2021 年度个人所得税综合所得汇算清缴事项的公告》的规定，计算张某办理 2021 年度个人所得税汇算清缴时，需要补（退）的个人所得税税额。

【解析】 根据【例 10-1】，得

张某全年工资、薪金所得预缴税额 = 78 × 12 = 936（元）

张某取得劳务报酬预缴税额 = 5 000 × (1 − 20%) × 20% − 0 = 800（元）

张某取得稿酬预缴税额 = 6 000 × (1 − 20%) × 70% × 20% = 672（元）

综合所得收入额 = 12 000 × 12 + 5 000 × (1 − 20%) + 6 000 × (1 − 20%) × 70%
= 151 360（元）

专项扣除 = 1 400 × 12 = 16 800（元）

专项附加扣除 = 2 000 × 12 + 1 000 × 12 = 48 000（元）

应退或应补税额 = [（综合所得收入额 − 60 000 元 − "三险一金"等专项扣除 − 子女教育等专项附加扣除 − 依法确定的其他扣除 − 符合条件的公益慈善事业捐赠）× 适用税率 − 速算扣除数] − 已预缴税额 = [(151 360 − 60 000 − 16 800 − 48 000) × 3% − 0] − 936 − 800 − 672 = − 1 611.2（元），则年终汇算清缴应退税 1 611.2 元。

某公司抽奖活动中中奖 1 000 元属于偶然所得，不进行汇算清缴。

三、非居民个人的工资、薪金所得，劳务报酬所得，稿酬所得，特许权使用费所得应纳税额的计算

非居民个人取得工资、薪金所得，劳务报酬所得，稿酬所得和特许权使用费所得，适用的税率表如表 10-4 所示。

表 10-4 非居民个人工资、薪金所得，劳务报酬所得，稿酬所得和特许权使用费所得适用税率表

级数	应纳税所得额	税率/(%)	速算扣除数/元
1	不超过 3 000 元的	3	0
2	超过 3 000 元至 12 000 元的部分	10	210
3	超过 12 000 元至 25 000 元的部分	20	1 410
4	超过 25 000 元至 35 000 元的部分	25	2 660
5	超过 35 000 元至 55 000 元的部分	30	4 410
6	超过 55 000 元至 80 000 元的部分	35	7 160
7	超过 80 000 元的部分	45	15 160

非居民个人取得工资、薪金所得，劳务报酬所得，稿酬所得和特许权使用费所得，有扣缴义务人的，由扣缴义务人按月或者按次代扣代缴税款，不办理汇算清缴。

扣缴义务人向非居民个人支付工资、薪金所得，劳务报酬所得，稿酬所得和特许权使用费所得时，应当按照以下方法按月或者按次代扣代缴税款：

(1)非居民个人的工资、薪金所得,以每月收入额减除费用5 000元后的余额为应纳税所得额。

(2)劳务报酬所得、稿酬所得、特许权使用费所得,以每次收入额为应纳税所得额,适用非居民个人工资薪金所得、劳务报酬所得、稿酬所得、特许权使用费所得适用税率表(见表10-3)计算应纳税额。劳务报酬所得、稿酬所得、特许权使用费所得以收入减除20%的费用后的余额为收入额。其中,稿酬所得的收入额减按70%计算。

(3)税款扣缴计算公式:

$$\text{非居民个人工资、薪金所得,劳务报酬所得,稿酬所得,特许权使用费所得应纳税额} = \text{应纳税所得额} \times \text{税率} - \text{速算扣除数}$$

非居民个人在一个纳税年度内税款扣缴方法保持不变。达到居民个人条件时,应当告知扣缴义务人基础信息变化情况,年度终了后按照居民个人有关规定办理汇算清缴。

【例10-7】 假定某外商投资企业中工作的法国专家(非居民纳税人),2019年5月取得由该企业发放的含税工资收入20 000元人民币,此外还从甲单位、乙出版社分别取得劳务报酬和稿酬5 000元、30 000元人民币。请计算当月上述单位分别应扣缴法国专家的个人所得税。

【解析】

(1)某外商投资企业应扣缴的工资薪金个人所得税=(20 000−5 000)×20%−1 410=1 590(元)

(2)甲单位应扣缴的劳务报酬个人所得税=5 000×(1−20%)×10%−210=190(元)

(3)乙出版社应扣缴的稿酬个人所得税=30 000×(1−20%)×70%×20%−1 410=1 950(元)

四、经营所得应纳税额的计算

(一)经营所得应纳税所得额的确定

经营所得,以每一纳税年度的收入总额减除成本、费用以及损失后的余额,为应纳税所得额。

经营所得应纳税所得额的计算,以权责发生制为原则。财政部、国家税务总局另有规定的除外。

收入总额,是指从事生产经营及与生产经营有关的活动(以下简称生产经营)所取得的货币形式和非货币形式的各项收入,包括销售货物收入、提供劳务收入、租金收入、财产转让收入、接受捐赠收入及其他收入。

成本,是指在生产经营活动中发生的销售成本、销货成本、业务支出以及其他耗费。

费用,是指从事生产经营所发生的各项直接支出和分配计入成本的间接费用及销售费用、管理费用、财务费用,已经计入成本的有关费用除外。

税金,是指个体工商户在生产经营活动中发生的除个人所得税和允许抵扣的增值税以外的各项税金及其附加。

损失,是指在生产经营活动中发生的固定资产和存货盘亏、报废、毁损损失,转让财产损失,坏账损失,自然灾害等不可抗力因素造成的损失及其他损失等。

发生的损失,减除责任人赔偿和保险赔款后的余额,参照财政部、国家税务总局有关企业资产损失税前扣除的规定扣除。已经作为损失处理的资产,在以后纳税年度又全部收回或者部分收回时,应当计入收回当期的收入。

其他支出,是指除成本、费用、税金、损失外,在生产经营活动中发生的与生产经营活动有关的、合理的支出。

支出,是指与取得收入直接相关的支出。支出应当区分收益性和资本性支出。收益性支出在发生当期直接扣除;资本性支出应当分期扣除或计入有关资产成本,不得在发生当期直接扣除。

除税收法律法规另有规定外,实际发生的成本、费用、税金、损失和其他支出,不得重复扣除。

取得经营所得的个人,没有综合所得的,计算其每一纳税年度的应纳税所得额时,应当减除费用 60 000 元、专项扣除、专项附加扣除以及依法确定的其他扣除。专项附加扣除在办理汇算清缴时减除。

在个人税收递延型商业养老保险试点区域内,取得个体工商户生产经营所得、对企事业单位的承包承租经营所得的个体工商户业主、个人独资企业投资者、合伙企业自然人合伙人和承包承租经营者,其缴纳的税收递延型商业养老保险保费准予在计算当年应纳税所得额时限额据实扣除,扣除限额按照不超过当年应税收入的6% 和 12 000 元孰低的办法确定。

对企事业单位的承包经营、承租经营所得,以每一纳税年度的收入总额,减除必要费用后的余额,为应纳税所得额。每一纳税年度的收入总额,是指纳税义务人按照承包经营、承租经营合同规定分得的经营利润和工资、薪金性质的所得;所说的减除必要费用,是指按年减除 60 000 元。

上述所称经营所得,包括企业分配给投资者个人的所得和企业当年留存的所得(利润)。

(二)经营所得应纳税额的计算

经营所得应纳税额的计算公式为

应纳税额=应纳税所得额×适用税率-速算扣除数
=(全年收入总额-成本、费用以及损失)×适用税率-速算扣除数

1. 个体工商户应纳税额的计算

1)扣除项目及标准

(1)个体工商户业主的费用扣除标准确定为 60 000 元/年,即 5 000 元/月。个体工商户业主的工资、薪金支出不得扣除。

(2)个体工商户向其从业人员实际支付的合理的工资、薪金支出,允许在税前据实扣除。

(3)个体工商户按照国务院有关主管部门或者省级人民政府规定的范围和标准为其业主和从业人员缴纳的基本养老保险费、基本医疗保险费、失业保险费、生育保险费、工伤保险和住房公积金,准予扣除。

个体工商户为从业人员缴纳的补充养老保险费、补充医疗保险费,以当地(地级市)上年度社会平均工资的3倍为计算基数,分别在不超过该计算基数5%标准内的部分据实扣除;超过部分,不得扣除。

个体工商户业主本人缴纳的补充养老保险费、补充医疗保险费,以当地(地级市)上年度社会平均工资的3倍为计算基数,分别在不超过该计算基数5%标准内的部分据实扣除;超过部分,不得扣除。

取得经营所得的个体工商户业主对其购买符合规定的商业健康保险产品支出,可按照规定标准(限额2 400元/年,200元/月)在个人所得税前扣除。

(4)除个体工商户依照国家有关规定为特殊工种从业人员支付的人身安全保险费和财政部、国家税务总局规定可以扣除的其他商业保险费外,个体工商户业主本人或为从业人员支付的商业保险费,不得扣除。

(5)个体工商户参加财产保险,按照规定缴纳的保险费,准予扣除。

(6)个体工商户向当地工会组织拨缴的工会经费、实际发生的职工福利费、职工教育经费支出分别在工资薪金总额2%、14%、2.5%的标准内据实扣除。

职工教育经费的实际发生数额超过规定比例当期不能扣除的数额,准予在以后纳税年度结转扣除。

工资、薪金总额是指允许在当期税前扣除的工资、薪金支出数额。

个体工商户业主本人向当地工会组织缴纳的工会经费、实际发生的职工福利费支出、职工教育经费支出,以当地(地级市)上年度社会平均工资的3倍为计算基数,在2%、14%、2.5%比例内据实扣除。

(7)个体工商户在生产、经营期间向金融企业借款的利息支出,以及向非金融企业和个人借款的利息支出,不超过按金融机构同类、同期贷款利率计算的数额的部分,准予扣除。

(8)个体工商户在生产经营活动中发生的合理的不需要资本化的借款费用,准予扣除。

个体工商户为购置、建造固定资产、无形资产和经过12个月以上的建造才能达到预定可销售状态的存货发生借款的,在有关资产购置、建造期间发生的合理的借款费用,应予以资本化,作为资本性支出计入有关资产的成本;有关资产交付使用后发生的借款利息,可在发生当期扣除。

(9)个体工商户每一纳税年度发生的与其生产经营活动直接相关的广告费和业务宣传费,不超过当年销售(营业)收入15%的部分,可据实扣除;超过部分,准予在以后纳税年度结转扣除。

(10)个体工商户每一纳税年度发生的与其生产经营业务有关的业务招待费支出,按照发生额的60%扣除,但最高不得超过当年销售(营业)收入的5‰。

业主自申请营业执照之日起至开始生产经营之日止所发生的业务招待费,按照实际发生数额的60%计入个体工商户的开办费。

(11)个体工商户按规定缴纳的工商管理费、协会会费、摊位费,按实际发生数扣除。

(12)个体工商户以融资租赁方式租入固定资产而发生的租赁费支出,按规定构成融资租入固定资产价值的部分应当提取折旧费用,分期扣除;以经营租赁方式租入固定资产的租赁费支出,按照租赁期限均匀扣除。

(13)个体工商户研究开发新产品、新技术、新工艺所发生的开发费用,以及研究开发新产品、新技术而购置的单台价值在10万元以下(不含10万元)的测试仪器和试验性装置的购置费,准予扣除。超出上述标准和范围的,按固定资产管理,不得在当期直接扣除。

(14)个体工商户将其所得通过公益性社会团体或者县级以上人民政府及其部门,用于《中华人民共和国公益事业捐赠法》规定的公益事业的捐赠,捐赠额不超过其应纳税所得额30%的部分可以据实扣除。个体工商户直接对受益人的捐赠不得扣除。

财政部、国家税务总局规定可以全额在税前扣除的捐赠支出项目,按有关规定执行。

(15)个体工商户自申请营业执照之日起至开始生产经营之日止所发生符合规定的费用,除为取得固定资产、无形资产的支出,以及应计入资产价值的汇兑损益、利息支出外,作为开办费,个体工商户可以选择在开始生产经营的当年一次性扣除,也可自生产经营月份起在不短于3年期限内摊销扣除,但一经选定,不得改变。

开始生产经营之日为个体工商户取得第一笔销售(营业)收入的日期。

(16)个体工商户发生的合理的劳动保护支出,准予扣除。

(17)个体工商户代其从业人员或者他人负担的税款,不得税前扣除。

(18)个体工商户生产经营活动中,应当分别核算生产经营费用和个人、家庭费用。对于生产经营与个人、家庭生活混用难以分清的费用,其40%视为与生产经营有关费用,准予扣除。

(19)个体工商户转让资产,该项资产的净值,准予扣除。

(20)个体工商户使用或者销售存货,按照规定计算的存货成本,准予在计算应纳税所得额时扣除。

(21)个体工商户的年度经营亏损,经申报主管税务机关审核后,允许用下一年度的经营所得弥补。下一年度所得不足弥补的,允许逐年延续弥补,但最长不得超过5年。

所称亏损,是指个体工商户依照规定计算的应纳税所得额小于0的数额。

2) 不得扣除的项目

(1)个人所得税税款。

(2)税收滞纳金。

(3)罚金、罚款和被没收的财物的损失。

(4)不符合扣除规定的捐赠支出。

(5)赞助支出。

(6)用于个人和家庭的支出。

(7)与取得生产经营收入无关的其他支出。

(8)分配给投资者的股利。

(9)国家税务总局规定不准扣除的支出。

值得注意的是,个体工商户与企业联营而分得的利润,按利息、股息、红利所得项目征收个人所得税。

个体工商户和从事生产、经营的个人,取得与生产、经营活动无关的各项应税所得,应按规定分别计算征收个人所得税。

【小思考10-2】 个体工商户个人所得税税前扣除项目和标准与企业所得税有哪些主要的相同和不同之处?

【例10-8】 某加工厂为个体工商户。2021年加工厂取得收入总额100万元,准予扣除的成本、费用及损失等合计85万元(不含业主扣除费用,含业主张某每月从加工厂领取的工资5 000元及支付给员工的合理工资每月20 000元)。张某没有综合所得,但有2个上小学的孩子且由他扣除子女教育专项附加扣除,请计算张某2021年应纳个人所得税。

【解析】 个体工商户业主的工资不能在计算经营所得应纳税所得额时扣除,但支付给员工的合理工资可以扣除。

应纳税所得额=100−85+0.5×12−0.5×12−2×1.2=12.6(万元)

张某应纳个人所得税=12.6×20% − 1.05=1.47(万元)

2. 个人独资企业和合伙企业应纳税额的计算

对个人独资企业和合伙企业自然人投资者的生产经营所得,比照个体工商户的生产、经营所得征收个人所得税。

3. 对企事业单位的承包经营、承租经营所得应纳税额的计算

1) 应纳税所得额的计算

对企事业单位的承包经营、承租经营所得,以每一纳税年度的收入总额,减除必要费用后的余额为应纳税所得额。每一纳税年度的收入总额,是指纳税人按照承包经营、承租经营合同规定分得的经营利润和工资、薪金性质的所得之和;必要费用按年减除60 000元。

企事业单位承包承租经营者自行购买符合条件的商业健康保险产品的支出,在不超过2 400元/年(200元/月)的标准内扣除。

2) 应纳税额计算公式

应纳税额的计算公式如下:

应纳税额=应纳税所得额×适用税率−速算扣除数
=(纳税年度收入总额−必要费用)×适用税率−速算扣除数

3) 计税方法

(1)按年计税。在一个纳税年度内分次取得承包、承租经营收入要预缴个人所得税,在取得所得的次年3月31日前汇算清缴,多退少补。

(2)在一个纳税年度中,承包经营、承租经营的经营期不足1年的,以其实际经营期为一个纳税年度。

【例10-9】 2021年3月1日起,张某承包一招待所,合同规定张某每月取得工资6 000元,年终从企业所得税税后利润中上缴承包费50 000元,其余经营成果归张某所有。2021年该招待所税后利润120 000元,当年张某共应缴纳多少个人所得税?(张某没有综合所得)

【解析】
纳税年度收入总额＝6 000×10+(120 000−50 000)＝130 000(元)
年应纳税所得额＝130 000−5 000×10＝80 000(元)
应纳个人所得税＝80 000×10%−1 500＝6 500(元)

五、财产租赁所得应纳税额的计算

(一)应纳税所得额的确定

财产租赁所得一般以个人每次取得的收入,定额或定率减除规定费用后的余额为应纳税所得额。每次收入不超过4 000元,定额减除费用800元；每次收入在4 000元以上,定率减除20%的费用。财产租赁所得以1个月内取得的收入为一次。

在确定财产租赁的应纳税所得额时,纳税人在出租财产过程中缴纳的税金和教育费附加,可持完税(缴款)凭证,从其财产租赁收入中扣除。准予扣除的项目除了规定费用和有关税、费外,还准予扣除能够提供有效、准确凭证,证明由纳税人负担的该出租财产实际开支的修缮费用。允许扣除的修缮费用,以每次800元为限。一次扣除不完的,准予在下一次继续扣除,直到扣完为止。

个人出租财产取得的财产租赁收入,在计算缴纳个人所得税时,应依次扣除以下费用：

(1)财产租赁过程中缴纳的税金和国家能源交通重点建设基金、国家预算调节基金、教育费附加。

(2)由纳税人负担的该出租财产实际开支的修缮费用。

(3)税法规定的费用扣除标准。

1. 每次(月)收入不超过4 000元的应纳税所得额的确定

$$\text{应纳税所得额} = \text{每次(月)收入额} - \text{准予扣除项目} - \text{修缮费用(800元为限)} - 800\text{元}$$

2. 每次(月)收入超过4 000元的应纳税所得额的确定

$$\text{应纳税所得额} = \left[\text{每次(月)收入额} - \text{准予扣除项目} - \text{修缮费用(800元为限)}\right] \times (1-20\%)$$

个人出租房屋的个人所得税应税收入不含增值税,计算房屋出租所得可扣除的税费不包括本次出租缴纳的增值税。

(二)个人房屋转租应纳税所得额的确定

个人将承租房屋转租取得的租金收入,属于个人所得税应税所得,应按"财产租赁所得"项目计算缴纳个人所得税。

具体规定如下：

(1)取得转租收入的个人向房屋出租方支付的租金,凭房屋租赁合同和合法支付凭据允许在计算个人所得税时,从该项转租收入中扣除。

(2)有关财产租赁所得个人所得税前扣除税费的扣除次序调整为：

①财产租赁过程中缴纳的税费；

②向出租方支付的租金；
③由纳税人负担的租赁财产实际开支的修缮费用；
④税法规定的费用扣除标准。

个人转租房屋的，其向房屋出租方支付增值税额，在计算转租所得时予以扣除。

（三）应纳税额的计算

财产租赁所得适用20%的比例税率。应纳税额的计算公式为

$$应纳税额 = 应纳税所得额 \times 适用税率$$

注意：对个人按市场价格出租的居民住房取得的所得，自2001年1月1日起，暂减按10%的税率征收个人所得税。

【例10-10】 李某于2022年1月将其自有的面积为100平方米的房屋按市场价出租给王某居住。李某每月取得租金收入4 500元，全年租金收入54 000元。其中4月因房屋漏水找人修理，发生修理费用900元，有维修的正式收据。假定全年发生除增值税以外的税费180元，有完税凭证。请计算李某4月、5月及全年应纳个人所得税。（以上收入、费用均不含增值税）

【解析】
(1) 李某4月应纳税额=（4 500－180－800－800）×10%＝272（元）
(2) 李某5月应纳税额=（4 500－180－100）×（1－20%）×10%＝337.6（元）
(3) 李某1～3月、6～12月每月应纳税额=（4 500－180）×（1－20%）×10%＝345.6（元）

李某全年应纳税额＝345.6×10＋272＋337.6＝4 065.6（元）

六、财产转让所得应纳税额的计算

（一）一般情况下财产转让所得应纳税所得额的确定

财产转让所得，以转让财产的收入额减除财产原值和合理税费后的余额，为应纳税所得额。

（二）一般情况下财产转让所得应纳税额的计算

财产转让所得应纳税额的计算公式为

$$应纳税额 = 应纳税所得额 \times 适用税率$$
$$= （收入总额 － 财产原值 － 合理税费）\times 20\%$$

财产原值，按不同类型分别确认：
(1) 有价证券，为买入价以及买入时按照规定交纳的有关费用。
(2) 建筑物，为建造费或者购进价格以及其他有关费用。
(3) 土地使用权，为取得土地使用权所支付的金额，开发土地的费用以及其他有关费用。
(4) 机器设备、车船，为购进价格、运输费、安装费以及其他有关费用。
(5) 其他财产，参照以上方法确定。

纳税义务人未提供完整、准确的财产原值凭证，不能正确计算财产原值和应纳

税额的,由主管税务机关对其实行核定征税。

合理税费,指纳税人在转让财产时实际缴纳的土地增值税、印花税、城市维护建设税、教育费附加等税金,以及按规定实际支付的住房装修费用、住房贷款利息、手续费、公证费等费用。

个人转让房屋的个人所得税应税收入不含增值税,其取得房屋时所支付价款中包含的增值税计入财产原值,计算转让所得时可扣除的税费不包括本次转让缴纳的增值税。

【例10-11】 某个人建房一幢,造价400 000元,支付其他费用50 000元。该个人建成后将房屋出售,售价800 000元,在售房过程中按规定支付交易费等相关税费30 000元,计算其应纳个人所得税。(以上金额均不含增值税)

【解析】

(1)应纳税所得额 = 财产转让收入 − 财产原值 − 合理费用
　　　　　　　　 = 800 000 − 400 000 − 50 000 − 30 000
　　　　　　　　 = 320 000(元)

(2)应纳税额 = 320 000×20% = 64 000(元)

(三)个人住房转让所得应纳税额的计算

个人转让住房所得应纳个人所得税的计算具体规定如下:

(1)以实际成交价格为转让收入。纳税人申报的住房成交价格明显低于市场价格且无正当理由的,征收机关依法有权根据有关信息核定其转让收入,但必须保证各税种计税价格一致。

(2)纳税人可凭原购房合同、发票等有效凭证,经税务机关审核后,允许从其转让收入中减除房屋原值、转让住房过程中缴纳的税金及有关合理费用。

①房屋原值,具体为:

a.商品房。购置该房屋时实际支付的房价款及缴纳的相关税费。

b.自建住房。实际发生的建造费用及建造和取得产权时实际缴纳的相关税费。

c.经济适用房(含集资合作建房、安居工程住房)。原购房人实际支付的房价款及相关税费以及按规定缴纳的土地出让金。

d.已购公有住房。原购公有住房标准面积按当地经济适用房价格计算的房价款,加上原购公有住房超标准面积实际支付的房价款以及按规定向财政部门(或原产权单位)缴纳的所得收益及相关税费。已购公有住房是指城镇职工根据国家和县级(含县级)以上人民政府有关城镇住房制度改革政策规定,按照成本价(或标准价)购买的公有住房。经济适用房价格按县级(含县级)以上地方人民政府规定的标准确定。

②转让住房过程中缴纳的税金,是指纳税人在转让住房时实际缴纳的城市维护建设税、教育费附加、土地增值税、印花税等税金。

③合理费用,是指纳税人按照规定实际支付的住房装修费用、住房贷款利息、手续费、公证费等费用。其中:

a.住房装修费用。纳税人能提供实际支付装修费用的税务统一发票,并且发票上所列付款人姓名与转让房屋产权人一致的,经税务机关审核,其转让的住房在转让前实际发生的装修费用,可在以下规定比例内扣除:已购公有住房、经济适用房,最高扣除限额为房屋原值的15%;商品房及其他住房,最高扣除限额为房屋原值的10%。纳税人原购房为装修房,即合同注明房价款中含有装修费(铺装了地板,装配了洁具、厨具等)的,不得再重复扣除装修费用。

b.住房贷款利息。纳税人出售以按揭贷款方式购置的住房,其向贷款银行实际支付的住房贷款利息,凭贷款银行出具的有效证明据实扣除。

c.纳税人按照有关规定实际支付的手续费、公证费等,凭有关部门出具的有效证明据实扣除。

(3)纳税人未提供完整、准确的房屋原值凭证,不能正确计算房屋原值和应纳税额的,税务机关可根据《税收征收管理法》第三十五条的规定,对其实行核定征税,即按纳税人住房转让收入的一定比例核定应纳个人所得税额。具体比例由省级地方税务局或者省级地方税务局授权的地市级地方税务局根据纳税人出售住房的所处区域、地理位置、建造时间、房屋类型、住房平均价格水平等因素,在住房转让收入1%~3%的幅度内确定。

七、利息、股息、红利所得和偶然所得应纳税额的计算

(一)利息、股息、红利所得和偶然所得应纳税所得额的确定

利息、股息、红利所得和偶然所得,不得扣除费用,以每次收入额为应纳税所得额。

(二)利息、股息、红利所得和偶然所得应纳税额的计算

利息、股息、红利所得和偶然所得应纳税额的计算公式为

$$应纳税额 = 应纳税所得额 \times 适用税率$$
$$= 每次收入额 \times 20\%$$

第四节 应纳税额计算中的特殊问题处理

一、个人取得全年一次性奖金征税的规定

全年一次性奖金是指行政机关、企事业单位等扣缴义务人根据其全年经济效益和对雇员全年工作业绩的综合考核情况,向雇员发放的一次性奖金。一次性奖金也包括年终加薪、实行年薪制和绩效工资办法的单位根据考核情况兑现的年薪和绩效工资。

居民个人取得全年一次性奖金,在2023年12月31日前,有两种纳税方法:一是可选择并入当年综合所得计算纳税;二是不并入当年综合所得,将居民个人取得的全年一次性奖金,除以12个月,按其商数,依照按月换算后的综合所得税率表(见表10-5)确定适用税率和速算扣除数计算应纳税额。

表 10-5 按月换算后的综合所得适用税率表

级数	应纳税所得额	税率/(%)	速算扣除数/元
1	不超过 3 000 元的	3	0
2	超过 3 000 元至 12 000 元的部分	10	210
3	超过 12 000 元至 25 000 元的部分	20	1 410
4	超过 25 000 元至 35 000 元的部分	25	2 660
5	超过 35 000 元至 55 000 元的部分	30	4 410
6	超过 55 000 元至 80 000 元的部分	35	7 160
7	超过 80 000 元的部分	45	15 160

第二种方法具体计税办法如下：

(1)先将雇员当月内取得的全年一次性奖金，除以 12 个月，按其商数确定适用税率和速算扣除数。

(2)将雇员个人当月内取得的全年一次性奖金，按上述第(1)条确定的适用税率和速算扣除数计算征税，计算公式为

应纳税额＝雇员当月取得全年一次性奖金×适用税率－速算扣除数

在一个纳税年度内，对每一个纳税人，第二种计税办法只允许采用一次。

实行年薪制和绩效工资的单位，居民个人取得年终兑现的年薪和绩效工资按上述方法执行。

居民个人取得除全年一次性奖金以外的其他各种名目奖金，如半年奖、季度奖、加班奖、先进奖、考勤奖等，一律与当月工资、薪金收入合并，按税法规定缴纳个人所得税。

【例 10-12】 中国公民韩先生在某境内公司工作，假定其 2021 年 1～12 月每月取得税前工资收入 6 000 元，12 月又一次取得含税年终奖金 48 000 元。请按并入综合所得和不并入综合所得两种方法，分别计算韩先生全年应缴纳多少个人所得税（不考虑专项扣除、专项附加扣除及其他扣除）。

【解析】

(1)年终奖并入综合所得：

全年应纳税额＝(6 000×12＋48 000－60 000)×10%－2 520＝3 480(元)

(2)年终奖不并入综合所得：

48 000÷12＝4 000(元)，年终奖对应的税率和速算扣除数分别为 10% 和 210 元。

年终奖应纳税额＝48 000×10%－210＝4 590(元)

每月工资全年应纳税额＝(6 000×12－60 000)×3%＝360(元)

全年应纳税额＝360＋4 590＝4 950(元)

二、雇主为雇员承担全年一次性奖金部分税款有关个人所得税的计算方法

若纳税人选择全年一次性奖金不并入综合所得，雇主为雇员承担全年一次性奖金部分税款有关个人所得税的计算按以下规则进行。

(1)雇主为雇员负担全年一次性奖金部分个人所得税款，属于雇员又额外增加

了收入,应将雇主负担的这部分税款并入雇员的全年一次性奖金,换算为应纳税所得额后,按照规定方法计征个人所得税。

(2)将不含税全年一次性奖金换算为应纳税所得额的计算方法。

①雇主为雇员定额负担税款的计算公式:

$$应纳税所得额 = 雇员取得的全年一次性奖金 + 雇主替雇员定额负担的税款$$

②雇主为雇员按一定比例负担税款的计算公式:

a.查找不含税全年一次性奖金的适用税率和速算扣除数。

未含雇主负担税款的全年一次性奖金收入除以12,根据其商数找出不含税级距对应的适用税率A和速算扣除数A。

b.计算含税全年一次性奖金。

$$应纳税所得额 = \frac{未含雇主负担税款的全年一次性奖金收入 - 不含税级距的速算扣除数A \times 雇主负担比例}{1 - 不含税级距的适用税率A \times 雇主负担比例}$$

③将应纳税所得额除以12,根据其商数找出对应的适用税率B和速算扣除数B,据以计算税款。

$$应纳税额 = 应纳税所得额 \times 适用税率B - 速算扣除数B$$

$$实际缴纳税额 = 应纳税额 - 雇主为雇员负担的税额$$

雇主为雇员负担的个人所得税,应属于个人工资、薪金的一部分。凡单独作为企业管理费列支的,在计算企业所得税时不得税前扣除。

【例10-13】 中国公民王先生2021年12月取得当年年终奖金48 000元,选择不并入当年综合所得的计税方法。请分别计算以下两种情况王先生年终奖应纳个人所得税。

(1)单位替王先生负担600元税款。

(2)单位全额为王先生负担税款。

【解析】

(1)单位替王先生负担600元税款。

将单位为王先生负担的税额作为王先生年终奖的一部分,并入其取得的年终奖。

应纳税所得额=雇员取得的全年一次性奖金+雇主替雇员定额负担的税款
=48 000+600=48 600(元)

平均到12个月查税率。48 600÷12=4 050(元),对应的税率为10%,速算扣除数为210元。

年终奖应纳个人所得税=48 600×10%-210=4 650(元)

由于单位为王先生承担了600元税款,王先生还需自行负担个人所得税为4 650-600=4 050(元)。

(2)单位全额为王先生负担税款。

第一步:48 000÷12=4 000(元),第一次查找不含税级距对应的税率为10%,速算扣除数210元。

第二步:计算含税全年一次性奖金。应纳税所得额=(48 000-210)÷(1-10%)=53 100(元)。

第三步：找税率 B 和速算扣除数 B。53 100÷12＝4 425(元)，第二次查找含税级距对应的税率为 10％，速算扣除数 105 元。

第四步：计算应纳税额。年终奖应纳个人所得税＝53 100×10％－210＝5 100(元)。

三、个人因解除劳动合同取得经济补偿金的个人所得税计算方法

企业依照国家有关法律规定宣告破产，企业职工从该破产企业取得的一次性安置费收入，免征个人所得税。

个人因与用人单位解除劳动关系而取得的一次性补偿收入（包括用人单位发放的经济补偿金、生活补助费和其他补助费用），其收入在当地上年度职工平均工资 3 倍数额以内的部分，免征个人所得税；超过 3 倍数额部分，不并入当年综合所得，单独适用综合所得税率表（见表 10-1），计算纳税。个人在解除劳动合同后又再次任职、受雇的，已纳税的一次性补偿收入不再与再次任职、受雇的工资、薪金所得合并计算补缴个人所得税。

个人领取一次性补偿收入时按照国家和地方政府规定的比例实际缴纳的住房公积金、医疗保险费、基本养老保险费、失业保险费，可以在计征其一次性补偿收入的个人所得税时予以扣除。

【例 10-14】 中国公民郑某在 A 公司工作 10 年，2022 年 4 月解除劳动关系，取得的补偿收入为 100 000 元，A 公司所在地上年度职工平均工资标准为 20 000 元。请计算郑某应当缴纳的个人所得税额。

【解析】

免征额＝3×20 000＝60 000(元)

超过 3 倍数额部分的一次性补偿收入，单独适用综合所得税率表，计算纳税。

应纳税所得额＝100 000－60 000＝40 000(元)

对应的税率为 10％，速算扣除数为 2 520 元，即

应纳个人所得税＝40 000×10％－2 520＝1 480(元)

四、关于企业减员增效和行政事业单位、社会团体在机构改革过程中实行内部退养办法人员取得收入的征税问题

内部退养是企业职工未达到法定退休年龄，因机构改革（企业改制）需要提前离开现有工作岗位，企业给予一定补贴，待该员工达到法定退休年龄后再办理正式退休手续的一种措施。

实行内部退养的个人在其办理内部退养手续后至法定离退休年龄之间从原任职单位取得的工资、薪金，不属于离退休工资，应按"工资、薪金所得"项目计征个人所得税。

个人在办理内部退养手续后从原任职单位取得的一次性收入，应按办理内部退养手续后至法定离退休年龄之间的所属月份进行平均，并与领取当月的工资、薪金所得合并后减除当月费用扣除标准，以余额为基数确定适用税率，再将当月工资、薪金加上取得的一次性收入，减去费用扣除标准，按适用税率计征个人所得税。

个人在办理内部退养手续后至法定离退休年龄之间重新就业取得的工资、薪金

所得,应与其从原任职单位取得的同一月份的工资、薪金所得合并,并依法自行向主管税务机关申报缴纳个人所得税。

【例10-15】 某公司实行改制,55岁男职工李某根据政策规定,在2022年3月办理内部退养手续,从单位一次性领取补贴收入12万元。假设李某距离法定退休还有5年,李某当月工资6 000元。请计算李某内部退养一次性补贴应缴纳的个人所得税。

【解析】

(1)李某离退休还有5年,月平均补偿收入为2 000元(120 000/60),与当月工资薪金合并确定适用税率。

月应纳税所得额=2 000+6 000-5 000=3 000(元)(适用税率3%)

(2)当月工资、薪金加上取得的一次性收入,减去费用扣除标准,按适用税率计征个人所得税。

应缴纳个人所得税=(120 000+6 000-5 000)×3%=3 630(元)

当月工资、薪金应缴纳个人所得税=(6 000-5 000)×3%=30(元)

内部退养一次性补贴应缴纳个人所得税=3 630-30=3 600(元)

五、个人提前退休取得补贴收入征收个人所得税的规定

提前退休是企事业单位对未达到法定退休年龄、正式办理退休前退休手续的个人,按照统一标准向提前退休工人支付一次性补贴。

自2019年1月1日起,个人提前退休取得一次性补贴收入征收个人所得税按以下规定执行:个人办理提前退休手续而取得的一次性补贴收入,应按照办理提前退休手续至法定离退休年龄之间实际年度数平均分摊,确定适用税率和速算扣除数,单独适用综合所得税率表(见表10-1),计算纳税。计算公式为

$$应纳税额 = \left[\frac{一次性补贴收入}{办理提前退休手续至法定退休年龄的实际年度数} - 费用扣除标准\right] \times 适用税率 - 速算扣除数 \times 办理提前退休手续至法定退休年龄的实际年度数$$

注意:提前退休属于正式退休,退休工资法定免税。

【例10-16】 李某由于身体原因,符合规定的30年以上工龄可申请提前退休的条件,于2022年4月办理提前退休手续(比正常退休提前3年),取得单位按照统一标准发放的一次性补贴收入240 000元。当月李某还领取退休工资4 800元。请计算其2022年4月应纳个人所得税。

【解析】

(1)将一次性补贴收入按办理提前退休手续至法定离退休年龄之间的实际年度数平均分摊:240 000÷3=80 000(元)。

提前退休取得的一次性补贴收入个人所得税应纳税所得额=80 000-60 000=20 000(元),适用税率3%,速算扣除数0元。

(2)应纳税额=(80 000-60 000)×3%×3=1 800(元)。

(3)提前退休属于正式退休,可享受退休金法定免税政策,其取得的4 800元退休工资免征个人所得税。

六、在外商投资企业、外国企业和外国驻华机构工作的中方人员取得的工资、薪金征税问题

在外商投资企业、外国企业和外国驻华机构工作的中方人员取得的工资、薪金收入,凡是由雇佣单位和派遣单位分别支付的,支付单位应按税法规定代扣代缴个人所得税。同时,按税法规定,纳税义务人应以每月全部工资、薪金收入减除规定费用后的余额为应纳税所得额。为了有利于征管,对雇佣单位和派遣单位分别支付工资、薪金的,采取由支付者中的一方减除费用的方法,即只由雇佣单位在支付工资、薪金时,按税法规定减除费用,计算扣缴个人所得税;派遣单位支付的工资、薪金不再减除费用,以支付金额直接确定适用税率,计算扣缴个人所得税。

上述纳税义务人,应持两处支付单位提供的原始明细工资、薪金单(书)和完税凭证原件,选择并固定到一地税务机关申报每月工资、薪金收入,汇算清缴其工资、薪金收入的个人所得税,多退少补。

【例10-17】 王某为一外商投资企业雇佣的中方人员。2022年2月,该外商投资企业支付给王某的薪金为8 000元,同月王某还收到其所在的派遣单位发放的扣完"三险一金"后的工资1 900元。请问:当月该外商投资企业、派遣单位应如何扣缴王某的个人所得税?王某当月实际应缴的个人所得税为多少?(不考虑王某应享受的专项附加扣除和依法确定的其他扣除)

【解析】
(1)外商投资企业应为王某扣缴的个人所得税为

$$扣缴税额=(每月收入额-5\,000)\times 适用税率-速算扣除数$$
$$=(8\,000-5\,000)\times 3\%-0=90(元)$$

(2)派遣单位应为王某扣缴的个人所得税为

$$扣缴税额=每月收入额\times 适用税率-速算扣除数=1\,900\times 3\%-0=57(元)$$

(3)王某实际应缴的个人所得税为

$$应纳税额=(每月收入额-5\,000)\times 适用税率-速算扣除数$$
$$=(8\,000+1\,900-5\,000)\times 10\%-210=280(元)$$

因此,在王某到某税务机关申报时,还应补缴133(280-90-57)元。

七、企业年金、职业年金个人所得税的规定

企业年金,是指根据2017年12月18日人社部和财政部联合颁布《企业年金办法》的规定,企业及其职工在依法参加基本养老保险的基础上,自愿建立的补充养老保险制度。职业年金是指根据《机关事业单位职业年金办法》(国办发[2015]18号)的规定,事业单位及其工作人员在依法参加基本养老保险的基础上,建立的补充养老保险制度。

企业年金和职业年金个人所得税的计算征收按以下规定执行:

(1)企业和事业单位(以下统称单位)根据国家有关政策规定的办法和标准,为在本单位任职或者受雇的全体职工缴付的企业年金或职业年金(以下统称年金)单位缴费部分,在计入个人账户时,个人暂不缴纳个人所得税。

(2)个人根据国家有关政策规定缴付的年金个人缴费部分,在不超过本人缴费

工资计税基数的4%标准内的部分,暂从个人当期的应纳税所得额中扣除。

(3)超过上述第(1)项和第(2)项规定的标准缴付的年金单位缴费和个人缴费部分,应并入个人当期的工资、薪金所得,依法计征个人所得税。税款由建立年金的单位代扣代缴,并向主管税务机关申报解缴。

(4)企业年金个人缴费工资计税基数为本人上一年度月平均工资。月平均工资按国家统计局规定列入工资总额统计的项目计算。月平均工资超过职工工作地所在设区城市上一年度职工月平均工资300%以上的部分,不计入个人缴费工资计税基数。

职业年金个人缴费工资计税基数为职工岗位工资和薪级工资之和。职工岗位工资和薪级工资之和超过职工工作地所在设区城市上一年度职工月平均工资300%以上的部分,不计入个人缴费工资计税基数。

(5)年金基金投资运营收益分配计入个人账户时,个人暂不缴纳个人所得税。

(6)个人达到国家规定的退休年龄,领取的企业年金、职业年金,符合《财政部 人力资源社会保障部 国家税务总局关于企业年金 职业年金个人所得税有关问题的通知》(财税〔2013〕103号)规定的,不并入综合所得,全额单独计算应纳税款。其中按月领取的,适用月度税率表(见表10-5)计算纳税;按季领取的,平均分摊计入各月,按每月领取额适用月度税率表计算纳税;按年领取的,适用综合所得税率表(见表10-1)计算纳税。

八、商业健康保险的个人所得税规定

(1)自2017年7月1日起,对个人购买符合规定的商业健康保险产品的支出,允许在当年(月)计算应纳税所得额时予以税前扣除,扣除限额为2 400元/年(200元/月)。单位统一为员工购买符合规定的商业健康保险产品的支出,应分别计入员工个人工资薪金,视同个人购买,按上述限额予以扣除。

(2)适用商业健康保险税收优惠政策的纳税人,是指取得工资薪金所得、连续性劳务报酬所得的个人,以及取得个体工商户生产经营所得、对企事业单位的承包承租经营所得的个体工商户业主、个人独资企业投资者、合伙企业合伙人和承包承租经营者。

(3)取得工资薪金所得、连续性劳务报酬所得的个人可以在每月预扣预缴时扣除,也可以在年终汇算清缴时一次性抵扣。

(4)商业健康保险在投保的次月开始扣除。

(5)个人购买商业健康保险但未获得"税优识别码"的,其支出金额不得税前扣除。

九、关于个人取得公务交通、通讯补贴收入的征税问题

个人因公务用车和通讯制度改革而取得的公务用车、通讯补贴收入,扣除一定标准的公务费用后,按照"工资、薪金所得"项目计征个人所得税。按月发放的,并入当月"工资、薪金所得"计征个人所得税;不按月发放的,分解到所属月份并与该月份"工资、薪金所得"合并后计征个人所得税。

公务费用扣除标准,由省税务局根据纳税人公务交通、通讯费用实际发生情况调查测算,报经省级人民政府批准后确定,并报国家税务总局备案。

十、个人兼职和退休人员再任职取得收入个人所得税的征税方法

个人兼职取得的收入应按照"劳务报酬所得"应税项目缴纳个人所得税;退休人员再任职取得的收入,在减除按个人所得税法规定的费用扣除标准后,按"工资、薪金所得"应税项目缴纳个人所得税。

十一、离退休人员从原任职单位取得各类补贴、奖金、实物的征税规定

离退休人员除按规定领取离退休工资或养老金外,另从原任职单位取得的各类补贴、奖金、实物,不属于免税的退休工资、离休工资、离休生活补助费,应在减除费用扣除标准后,按"工资、薪金所得"应税项目缴纳个人所得税。

十二、基本养老保险费、基本医疗保险费、失业保险费、住房公积金的征税规定

企事业单位和个人超过规定的比例和标准缴付的基本养老保险费、基本医疗保险费和失业保险费,应将超过部分并入个人当期的工资、薪金收入,计征个人所得税。

单位和个人分别在不超过职工本人上一年度月平均工资12%幅度内,其实际缴存的住房公积金,允许在个人应纳税所得额中扣除。单位和职工个人缴存住房公积金的月平均工资不得超过职工工作地所在设区城市上一年度职工月平均工资的3倍,具体标准按照各地有关规定执行。

单位和个人超过规定比例和标准缴付的住房公积金,应将超过部分并入个人当期的工资、薪金收入,计征个人所得税。

十三、企业为员工支付保险金的征税规定

对企业为员工支付各项免税之外的保险金,应在企业向保险公司缴付时并入员工当期的工资收入,按"工资、薪金所得"项目计征个人所得税,税款由企业负责代扣代缴。

十四、上市公司股权激励的征税规定

居民个人取得股票期权、股票增值权、限制性股票、股权奖励等股权激励,符合规定的相关条件的,在2022年12月31日前,不并入当年综合所得,全额单独适用综合所得税率表,计算纳税。计算公式为

$$应纳税额 = 股权激励收入 \times 适用税率 - 速算扣除数$$

居民个人一个纳税年度内取得两次以上(含两次)股权激励的,应合并计算纳税。

十五、单位低价向职工售房的征税规定

单位按低于购置或建造成本价格出售住房给职工,职工因此而少支出的差价部分,符合相关规定的,不并入当年综合所得,以差价收入除以12个月得到的数额,按照月度税率表确定适用税率和速算扣除数,单独计算纳税。计算公式为

$$应纳税额 = \binom{职工实际支付的购房价款低于该房屋}{的购置或建造成本价格的差额} \times 适用税率 - 速算扣除数$$

十六、从职务科技成果转化收入中给予科技人员的现金奖励的征税规定

依法批准设立的非营利性研究开发机构和高等学校根据《中华人民共和国促进科技成果转化法》规定,从职务科技成果转化收入中给予科技人员的现金奖励,可减按50%计入科技人员当月工资、薪金所得,依法缴纳个人所得税。

非营利性科研机构和高校包括国家设立的科研机构和高校、民办非营利性科研机构和高校。

十七、个人转让限售股取得的所得征税规定

个人转让限售股取得的所得,按照"财产转让所得"项目征收个人所得税。

个人转让限售股,以每次限售股转让收入,减除股票原值和合理税费后的余额,为应纳税所得额。

$$应纳税所得额 = 限售股转让收入 - (限售股原值 + 合理税费)$$
$$应纳税额 = 应纳税所得额 \times 20\%$$

限售股转让收入,是指转让限售股股票实际取得的收入。限售股原值,是指限售股买入时的买入价及按照规定缴纳的有关费用。合理税费,是指转让限售股过程中发生的印花税、佣金、过户费等与交易相关的税费。

十八、保险营销员、证券经纪人取得的佣金收入征税规定

保险营销员、证券经纪人取得的佣金收入,属于"劳务报酬所得",收入额减去展业成本以及附加税费后,并入当年综合所得,计算缴纳个人所得税。

扣缴义务人向保险营销员、证券经纪人支付佣金收入时,应按照规定的累计预扣法计算预扣税款。

$$\genfrac{}{}{0pt}{}{本期应预扣}{预缴税额} = \left(\genfrac{}{}{0pt}{}{累计预扣预缴}{应纳税所得额} \times 预扣率 - 速算扣除数 \right) - \genfrac{}{}{0pt}{}{累计减}{免税额} - \genfrac{}{}{0pt}{}{累计已预扣}{预缴税额}$$

$$\genfrac{}{}{0pt}{}{累计预扣预缴}{应纳税所得额} = 累计收入额 - 累计减除费用 - 累计其他扣除$$

其中,收入额按照不含增值税的收入减除20%的费用后的余额计算;累计减除费用按照5 000元/月乘以纳税人当年截至本月在本单位的从业月份数计算;其他扣除按照展业成本、附加税费和依法确定的其他扣除之和计算,展业成本按照收入额的25%计算。

十九、两个以上的个人共同取得同一项目收入征税规定

两个以上的个人共同取得同一项目收入的,应当对每个人取得的收入分别按照个人所得税法的规定计算纳税。

二十、关于公益慈善事业捐赠个人所得税政策

(1)个人通过中华人民共和国境内公益性社会组织、县级以上人民政府及其部

门等国家机关,向教育、扶贫、济困等公益慈善事业的捐赠(以下简称公益捐赠),发生的公益捐赠支出,可按照有关规定在计算应纳税所得额时扣除。应纳税所得额,是指计算扣除捐赠额之前的应纳税所得额。

所称境内公益性社会组织,包括依法设立或登记并按规定条件和程序取得公益性捐赠税前扣除资格的慈善组织、其他社会组织和群众团体。

(2)个人发生的公益捐赠支出金额,按照以下规定确定:

①捐赠货币性资产的,按照实际捐赠金额确定。

②捐赠股权、房产的,按照个人持有股权、房产的财产原值确定。

③捐赠除股权、房产以外的其他非货币性资产的,按照非货币性资产的市场价格确定。

(3)居民个人按照以下规定扣除公益捐赠支出:

①居民个人发生的公益捐赠支出可以在财产租赁所得,财产转让所得,利息、股息、红利所得,偶然所得(以下统称分类所得),综合所得或者经营所得中扣除。在当期一个所得项目扣除不完的公益捐赠支出,可以按规定在其他所得项目中继续扣除。

上述的"当期",需要根据不同所得项目及其计算规则确定,如分类所得以"次"为当期,工资、薪金预扣预缴按"月"为当期,经营所得预扣预缴按"月"或者按"季"为当期。

②居民个人发生的公益捐赠支出,在综合所得、经营所得中扣除的,扣除限额分别为当年综合所得、当年经营所得应纳税所得额的30%(全额扣除的从其规定,下同);在分类所得中扣除的,扣除限额为当月分类所得应纳税所得额的30%。

③居民个人根据各项所得的收入、公益捐赠支出、适用税率等情况,自行决定在综合所得、分类所得、经营所得中扣除的公益捐赠支出的顺序。

(4)居民个人在综合所得中扣除公益捐赠支出的,应按照以下规定处理:

①居民个人取得工资、薪金所得的,可以选择在预扣预缴时扣除,也可以选择在年度汇算清缴时扣除。居民个人选择在预扣预缴时扣除的,应按照累计预扣法计算扣除限额,其捐赠当月的扣除限额为截至当月累计应纳税所得额的30%。个人从两处以上取得工资、薪金所得,选择其中一处扣除,选择后当年不得变更。

②居民个人取得劳务报酬所得、稿酬所得、特许权使用费所得的,预扣预缴时不扣除公益捐赠支出,统一在汇算清缴时扣除。

③居民个人取得全年一次性奖金、股权激励等所得,且按规定采取不并入综合所得而单独计税方式处理的,公益捐赠支出扣除比照本规定中分类所得的扣除规定处理。

(5)居民个人发生的公益捐赠支出,可在捐赠当月取得的分类所得中扣除。当月分类所得应扣除未扣除的公益捐赠支出,可以按照以下规定追补扣除:

①扣缴义务人已经代扣但尚未解缴税款的,居民个人可以向扣缴义务人提出追补扣除申请,退还已扣税款。

②扣缴义务人已经代扣且解缴税款的,居民个人可以在公益捐赠之日起90日内提请扣缴义务人向征收税款的税务机关办理更正申报追补扣除,税务机关和扣缴

义务人应当予以办理。

③居民个人自行申报纳税的,可以在公益捐赠之日起90日内向主管税务机关办理更正申报追补扣除。

居民个人捐赠当月有多项多次分类所得的,应先在其中一项一次分类所得中扣除。

已经在分类所得中扣除的公益捐赠支出,不再调整到其他所得中扣除。

(6)在经营所得中扣除公益捐赠支出,应按以下规定处理:

①个体工商户发生的公益捐赠支出,在其经营所得中扣除。

②个人独资企业、合伙企业发生的公益捐赠支出,其个人投资者应当按照捐赠年度合伙企业的分配比例(个人独资企业分配比例为100%),计算归属于每一个人投资者的公益捐赠支出,个人投资者应将其归属的个人独资企业、合伙企业公益捐赠支出和本人需要在经营所得中扣除的其他公益捐赠支出合并,在其经营所得中扣除。

③在经营所得中扣除公益捐赠支出的,可以选择在预缴税款时扣除,也可以选择在汇算清缴时扣除。

④经营所得采取核定征收方式的,不扣除公益捐赠支出。

(7)非居民个人发生的公益捐赠支出,未超过其在公益捐赠支出发生的当月应纳税所得额30%的部分,可以从其应纳税所得额中扣除。扣除不完的公益捐赠支出,可以在经营所得中继续扣除。

非居民个人按规定可以在应纳税所得额中扣除公益捐赠支出而未实际扣除的,可按照前述第(5)条规定追补扣除。

(8)国务院对以下公益慈善事业捐赠实行全额税前扣除:

①个人通过非营利性的社会团体和国家机关向红十字事业的捐赠。

②个人通过境内非营利的社会团体和国家机关向教育事业的捐赠。

③个人通过非营利的社会团体和国家机关向农村义务教育的捐赠。

农村义务教育的范围是指政府和社会力量举办的农村乡镇(不含县和县级市政府所在地的镇)、村的小学和初中以及属于这一阶段的特殊教育学校。纳税人对农村义务教育与高中在一起的学校的捐赠,也享受规定的所得税前扣除政策。

④个人通过非营利性社会团体和国家机关对公益性青少年活动场所(其中包括新建)的捐赠。

公益性青少年活动场所,是指专门为青少年学生提供科技、文化、德育、爱国主义教育、体育活动的青少年宫、青少年活动中心等校外活动的公益性场所。

⑤根据财政部、国家税务总局有关规定,个人通过宋庆龄基金会等6家单位,中国医药卫生事业发展基金会、中国教育发展基金会、中国老龄事业发展基金会等8家单位,中华健康快车基金会等5家单位用于公益救济性的捐赠,符合相关条件的,准予在缴纳个人所得税前全额扣除。

⑥根据财政部、国家税务总局有关规定,个人通过非营利性的社会团体和政府部门向福利性、非营利性老年服务机构捐赠,符合相关条件的,准予在缴纳个人所得税前全额扣除。

(9)个人同时发生按30%扣除和全额扣除的公益捐赠支出,自行选择扣除次序。

【例10-18】 独生子女李某2021年每月工资收入为20 000元,父母年满60周岁,有一个上小学的孩子(全部由其进行子女教育专项扣除)。2021年1月李某向武汉市某公益性社会组织捐款4 000元,并取得公益性捐赠票据。1月份李某还取得一笔利息股息红利收入2 000元。请分析李某4 000元的公益性捐赠如何进行税前扣除。(假定李某每月的工资和各项扣除不变,除上述收入外,2021年无其他收入)

【解析】
(1)如李某采取在当月工资薪金预扣预缴时扣除,允许扣除的捐赠限额为:(20 000－5 000－2 000－1 000)×30%＝3 600(元)。3 600元<4 000元,当月可扣除3 600元,剩余400元未充分扣除。

按规定,当期一个所得项目扣除不完的公益捐赠支出,可以在其他所得项目中继续扣除。李某1月份还有2 000元的利息股息红利所得,允许扣除的捐赠限额为:2 000×30%＝600(元)。600元>400元,剩余400元可以扣除。

因此,李某发生的4 000元公益性捐赠支出全部得到扣除。

(2)如李某采取年度汇算时扣除(利息股息红利所得为分类所得,无需办理年度汇算),年度汇算时允许扣除的捐赠限额为:(20 000×12－60 000－2 000×12－1 000×12)×30%＝43 200(元)。43 200元>4 000元,4 000元可直接扣除。

【小思考10-3】 个人所得税和企业所得税的公益性捐赠有何相同和不同之处?

二十一、企业促销展业赠送礼品有关个人所得税问题的处理

自2011年6月9日起,企业和单位(包括企业、事业单位、社会团体、个人独资企业、合伙企业和个体工商户等,以下简称企业)在营销活动中以折扣折让、赠品、抽奖等方式,向个人赠送现金、消费券、物品、服务等(以下简称礼品)有关个人所得税的具体规定如下:

(1)企业向个人赠送礼品,属于下列情形之一的,取得该项所得的个人应依法缴纳个人所得税,税款由赠送礼品的企业代扣代缴:

①企业在业务宣传、广告等活动中,随机向本单位以外的个人赠送礼品(包括网络红包,下同),对个人取得的礼品所得,按照"偶然所得"项目,全额适用20%的税率缴纳个人所得税。

②企业在年会、座谈会、庆典以及其他活动中向本单位以外的个人赠送礼品,对个人取得的礼品所得,按照"偶然所得"项目,全额适用20%的税率缴纳个人所得税。但企业赠送的具有价格折扣或折让性质的消费券、代金券、抵用券、优惠券等礼品除外。

③企业对累积消费达到一定额度的顾客,给予额外抽奖机会,个人的获奖所得,按照"偶然所得"项目,全额适用20%的税率缴纳个人所得税。

企业赠送的礼品是自产产品(服务)的,按该产品(服务)的市场销售价格确定个人的应税所得;是外购商品(服务)的,按该商品(服务)的实际购置价格确定个人的应税所得。

(2)企业在销售商品(产品)和提供服务过程中向个人赠送礼品,属于下列情形

之一的,不征收个人所得税:

①企业通过价格折扣、折让方式向个人销售商品(产品)和提供服务;

②企业在向个人销售商品(产品)和提供服务的同时给予赠品,如通信企业对个人购买手机赠话费、入网费,或者购话费赠手机等;

③企业对累积消费达到一定额度的个人按消费积分反馈礼品。

(3)企业赠送的礼品是自产产品(服务)的,按该产品(服务)的市场销售价格确定个人的应税所得;是外购商品(服务)的,按该商品(服务)的实际购置价格确定个人的应税所得。

二十二、房屋赠与个人所得税问题

(1)以下情形的房屋产权无偿赠与,对当事双方不征收个人所得税:

①房屋产权所有人将房屋产权无偿赠与配偶、父母、子女、祖父母、外祖父母、孙子女、外孙子女、兄弟姐妹;

②房屋产权所有人将房屋产权无偿赠与对其承担直接抚养或者赡养义务的抚养人或者赡养人;

③房屋产权所有人死亡,依法取得房屋产权的法定继承人、遗嘱继承人或者受遗赠人。

(2)除以上规定情形以外,房屋产权所有人将房屋产权无偿赠与他人的,受赠人因无偿受赠房屋取得的受赠所得,按"经国务院财政部门确定征税的其他所得"项目缴纳个人所得税,税率为20%。

(3)对受赠人无偿受赠房屋计征个人所得税时,其应纳税所得额为房地产赠与合同上标明的赠与房屋价值,减除赠与过程中受赠人支付的相关税费后的余额。赠与合同标明的房屋价值明显低于市场价格或房地产赠与合同未标明赠与房屋价值的,税务机关可依据受赠房屋的市场评估价格或采取其他合理方式确定受赠人的应纳税所得额。

(4)受赠人转让受赠房屋的,以其转让受赠房屋的收入减除原捐赠人取得该房屋的实际购置成本以及赠与和转让过程中受赠人支付的相关税费后的余额为受赠人的应纳税所得额,依法计征个人所得税。受赠人转让受赠房屋价格明显偏低且无正当理由的,税务机关可以依据该房屋的市场评估价格或其他合理方式确定的价格核定其转让收入。

二十三、境外所得已纳税额的扣除

居民个人就来源于中国境内、境外的所得缴纳个人所得税,因此在对其境外所得征税时,会存在境外所得已在来源国家或者地区缴税的实际情况。基于国家之间对同一所得应避免双重征税的原则,我国在对纳税人的境外所得行使税收管辖权时,对该所得在境外已纳税额采取了税额抵免的做法。

税法规定,纳税人从中国境外取得的所得,准予其在应纳税额中抵免已在境外缴纳的个人所得税税额,但抵免额不得超过该纳税义务人境外所得依照我国税法规定计算的应纳税额。具体解释如下：

（1）税法所说的已在境外缴纳的个人所得税税额，是指居民个人来源于中国境外的所得，依照该所得来源国家（地区）的法律应当缴纳并且实际已经缴纳的所得税税额。

（2）税法所说的纳税人境外所得依照规定计算的应纳税额，是居民个人抵免已在境外缴纳的综合所得、经营所得以及其他所得的所得税税额的限额（以下简称抵免限额）。除国务院财政、税务主管部门另有规定外，来源于中国境外一个国家（地区）的综合所得抵免限额、经营所得抵免限额以及其他所得抵免限额之和，为来源于该国家（地区）所得的抵免限额。

居民个人在中国境外一个国家（地区）实际已经缴纳的个人所得税税额，低于依照前款规定计算出的来源于该国家（地区）所得的抵免限额的，应当在中国缴纳差额部分的税款；超过来源于该国家（地区）所得的抵免限额的，其超过部分不得在本纳税年度的应纳税额中抵免，但是可以在以后纳税年度来源于该国家（地区）所得的抵免限额的余额中补扣。补扣期限最长不得超过五年。

个人所得税避免国际间重复征税的原理与企业所得税相同，但计算境外税款抵免限额的方法采用的是分国分项计算、分国加总的方法，不同于企业所得税的境外税款抵免限额的计算。

（3）居民个人申请抵免已在境外缴纳的个人所得税税额，应当提供境外税务机关出具的税款所属年度的有关纳税凭证。

【小思考10-4】 个人所得税与企业所得税境外抵免方法有什么区别？为什么？

【例10-19】 2021年，陈某取得来源于美国的一项特许权使用费所得折合人民币15万元，以及一项股息所得折合人民币8万元，这两项所得总计在美国缴纳税款折合人民币3万元；另外，陈某还从日本取得一笔股息收入折合人民币10万元，在日本缴纳税款折合人民币2.2万元。他向国内主管税务局提供了完整的境外完税证明。

请计算：(1)境外税额扣除限额；(2)陈某在我国还应缴纳多少税款？

【解析】

(1)计算境外税额扣除限额。

① 美国特许权使用费收入在我国的扣除限额＝$15\times(1-20\%)\times20\%=2.4$（万元）。

② 美国股息所得在我国的扣除限额＝$8\times20\%=1.6$（万元）。

③ 美国扣除限额合计为：$2.4+1.6=4.0$（万元）。

④ 日本扣除限额为：$10\times20\%=2$（万元）。

(2)计算陈某在我国应补缴的税款。

① 在美国缴税3万元小于扣除限额4万元，其实际已纳税额准予全部扣除，在我国应补缴税款＝$4-3=1$（万元）。

②在日本缴税2.2万元大于扣除限额2万元，按扣除限额扣除，余下的0.2万元可以在以后年度内补扣。

陈某在我国还应补缴税款1万元。

第五节 税收优惠

《个人所得税法》及其实施条例以及财政部、国家税务总局的若干规定等,都对个人所得项目给予了减税免税的优惠。

一、免征个人所得税的优惠

(1)省级人民政府、国务院部委和中国人民解放军军以上单位,以及外国组织颁发的科学、教育、技术、文化、卫生、体育、环境保护等方面的奖金。

(2)国债和国家发行的金融债券利息。国债利息,是指个人持有中华人民共和国财政部发行的债券而取得的利息所得和2012年及以后年度发行的地方政府债券(以省、自治区、直辖市和计划单列市政府为发行和偿还主体)利息所得;国家发行的金融债券利息,是指个人持有经国务院批准发行的金融债券而取得的利息所得。

(3)按照国家统一规定发给的补贴、津贴。按照国家统一规定发给的补贴、津贴,是指按照国务院规定发给的政府特殊津贴、院士津贴,以及国务院规定免予缴纳个人所得税的其他补贴、津贴。

(4)福利费、抚恤金、救济金。其中,福利费是指根据国家有关规定,从企业、事业单位、国家机关、社会团体提留的福利费或者工会经费中支付给个人的生活补助费;救济金是指国家民政部门支付给个人的生活困难补助费。

(5)保险赔款。

(6)军人的转业费、复员费。

(7)按照国家统一规定发给干部、职工的安家费、退职费、退休工资、离休工资、离休生活补助费。

(8)对乡、镇(含乡、镇)以上人民政府或经县(含县)以上人民政府主管部门批准成立的有机构、有章程的见义勇为基金或者类似性质组织,奖励见义勇为者的奖金或奖品,经主管税务机关核准,免征个人所得税。

(9)企业和个人按照省级以上人民政府规定的比例提取并缴付的住房公积金、医疗保险金、基本养老保险金、失业保险金,免予征收个人所得税。超过规定的比例缴付的部分并入个人当期的工资、薪金收入,计征个人所得税。

(10)个人领取原提存的住房公积金、医疗保险金、基本养老保险金时,免予征收个人所得税。

(11)生育妇女按照县级以上人民政府根据国家有关规定制定的生育保险办法,取得的生育津贴、生育医疗费或其他属于生育保险性质的津贴、补贴,免征个人所得税。

(12)对工伤职工及其近亲属按照《工伤保险条例》规定取得的工伤保险待遇,免征个人所得税。

(13)个人举报、协查各种违法、犯罪行为而获得的奖金。

(14)个人转让自用达5年以上并且是唯一的家庭居住用房取得的所得。

(15)外籍个人从外商投资企业取得的股息、红利所得。

(16)对个人转让上市公司股票取得的所得暂免征收个人所得税。自2008年10月9日起,对证券市场个人投资者取得的证券交易结算资金利息所得,暂免征收个人所得税。

(17)自2015年9月8日起,个人从公开发行和转让市场取得的上市公司股票,持股期限在1个月以内(含1个月)的,其股息、红利全额计入应纳税所得额;持股期限在1个月以上至1年(含1年)的,暂减按50%计入应纳税所得额。上述所得统一适用20%的税率计征个人所得税。持股期限超过1年的,股息、红利所得暂免征收个人所得税。

(18)个人取得的下列中奖所得,暂免征收个人所得税:

①单张有奖发票奖金所得不超过800元(含800元)的,暂免征收个人所得税;个人取得单张有奖发票奖金所得超过800元的,应全额按照个人所得税法规定的"偶然所得"征收个人所得税。

②购买社会福利有奖募捐奖券、体育彩票一次中奖收入不超过10 000元的,暂免征收个人所得税;对一次中奖收入超过10 000元的,应按税法规定全额征税。

(19)对个体工商户或个人,以及个人独资企业和合伙企业从事种植业、养殖业、饲养业和捕捞业,取得的所得暂不征收个人所得税。

(20)对被拆迁人按照国家有关城镇房屋拆迁管理办法规定的标准取得的拆迁补偿款,免征个人所得税。

(21)企业依照国家有关法律规定宣告破产,企业职工从该破产企业取得的一次性安置费收入,免征个人所得税。

(22)个人办理代扣代缴手续,按规定取得的扣缴手续费暂免征收个人所得税。

(23)2008年10月9日(含)起,对储蓄存款利息所得暂免征收个人所得税。

(24)自2019年7月1日起至2024年6月30日,个人持有全国中小企业股份转让系统挂牌公司的股票,持股期限超过1年的,对股息红利所得暂免征收个人所得税。

(25)自2020年1月1日起:

①对参加疫情防治工作的医务人员和防疫工作者按照政府规定标准取得的临时性工作补助和奖金,免征个人所得税。政府规定标准包括各级政府规定的补助和奖金标准。

对省级及省级以上人民政府规定的对参与疫情防控人员的临时性工作补助和奖金,比照执行。

②单位发给个人用于预防新型冠状病毒感染的肺炎的药品、医疗用品和防护用品等实物(不包括现金),不计入工资、薪金收入,免征个人所得税。

(26)经国务院财政部门批准免税的所得。

二、减征个人所得税的优惠

有下列情形之一的,经批准可以减征个人所得税:

(1)残疾、孤老人员和烈属的所得;

(2)因严重自然灾害造成重大损失的;

(3)国务院可以规定其他减税情形,报全国人民代表大会常务委员会备案。

第六节 征收管理

个人所得税的纳税办法,全国通用实行的有自行申报纳税和全员全额扣缴申报纳税两种。此外,税收征管法还对无法查账征收的纳税人规定了核定征收的方式,但由于核定征收由各地税务局依据自身情况制定当地的细则,此部分内容本书不作详述。

一、自行申报纳税

自行申报纳税,是指纳税人自行在税法规定的纳税期限内,向税务机关申报取得的应税所得项目和数额,如实填写个人所得税纳税申报表,并按照税法规定计算应纳税额,据此缴纳个人所得税的一种方法。

(一)纳税人应当依法办理纳税申报的几种情形

(1)取得综合所得需要办理汇算清缴。

根据个人所得税法实施条例,需要办理汇算清缴的情形包括:

①从两处以上取得综合所得,且综合所得年收入额减除专项扣除后的余额超过6万元。

②取得劳务报酬所得、稿酬所得、特许权使用费所得中一项或者多项所得,且综合所得年收入额减除专项扣除后的余额超过6万元。

③纳税年度内预缴税额低于应纳税额。

④纳税人申请退税。

需要办理汇算清缴的纳税人,应当在取得所得的次年3月1日至6月30日内,向任职、受雇单位所在地主管税务机关办理纳税申报,并报送《个人所得税年度自行纳税申报表》。纳税人有两处以上任职、受雇单位的,选择向其中一处任职、受雇单位所在地主管税务机关办理纳税申报;纳税人没有任职、受雇单位的,向户籍所在地或经常居住地主管税务机关办理纳税申报。

(2)取得应税所得没有扣缴义务人。

经营所得,没有规定扣缴义务人。

(3)取得应税所得,扣缴义务人未扣缴税款。

(4)取得境外所得。

(5)因移居境外注销中国户籍。

(6)非居民个人在中国境内从两处以上取得工资薪金所得。

(7)国务院规定的其他情形。

(二)纳税申报方式

纳税人可以采用远程办税端、邮寄等方式申报,也可以直接到主管税务机关申报。

二、全员全额扣缴申报纳税

税法规定,扣缴义务人向个人支付应税款项时,应当依照个人所得税法规定预扣或者代扣税款,按时缴库,并专项记载备查。

全员全额扣缴申报,是指扣缴义务人应当在代扣税款的次月15日内,向主管税务机关报送其支付所得的所有个人的有关信息、支付所得数额、扣除事项和数额、扣缴税款的具体数额和总额以及其他相关涉税信息资料。

(一)扣缴义务人和代扣预扣税款的范围

(1)扣缴义务人,是指向个人支付所得的单位或者个人。

所称支付,包括现金支付、汇拨支付、转账支付和以有价证券、实物以及其他形式的支付。

(2)实行个人所得税全员全额扣缴申报的应税所得包括:

①工资、薪金所得;

②劳务报酬所得;

③稿酬所得;

④特许权使用费所得;

⑤利息、股息、红利所得;

⑥财产租赁所得;

⑦财产转让所得;

⑧偶然所得。

扣缴义务人应当依法办理全员全额扣缴申报。

(二)不同项目所得扣缴方法

(1)扣缴义务人向居民个人支付工资、薪金所得时,应当按照累计预扣法计算预扣税款,并按月办理全员全额扣缴申报。

(2)扣缴义务人向居民个人支付劳务报酬所得、稿酬所得、特许权使用费所得,按次或者按月预扣预缴个人所得税。

以上(1)、(2)具体扣缴方法详见本章第三节"二、居民个人综合所得应纳税额的计算"相关内容。

(3)非居民个人取得工资、薪金所得,劳务报酬所得,稿酬所得和特许权使用费所得,有扣缴义务人的,由扣缴义务人按月或者按次代扣代缴税款,不办理汇算清缴。

以上(3)具体扣缴方法详见本章第三节"三、非居民个人的工资、薪金所得,劳务报酬所得,稿酬所得,特许权使用费所得应纳税额的计算"相关内容。

(4)扣缴义务人支付利息、股息、红利所得,财产租赁所得,财产转让所得,偶然所得时,应当依法按次或按月代扣代缴税款。

三、专项附加扣除的操作办法

纳税人享受子女教育、继续教育、大病医疗、住房贷款利息或者住房租金、赡养老人、3岁以下婴幼儿照护专项附加扣除的,依照2022年1月1日起施行的《个人所得税专项附加扣除操作办法(试行)》规定办理。

1. 专项附加扣除期限具体规定

(1)子女教育。学前教育阶段,为子女年满3周岁当月至小学入学前一月。学历教育,为子女接受全日制学历教育入学的当月至全日制学历教育结束的当月。

(2)继续教育。学历(学位)继续教育,为在中国境内接受学历(学位)继续教育入学的当月至学历(学位)继续教育结束的当月,同一学历(学位)继续教育的扣除期限最长不得超过48个月。技能人员职业资格继续教育、专业技术人员职业资格继续教育,为取得相关证书的当年。

(3)大病医疗。为医疗保障信息系统记录的医药费用实际支出的当年。

(4)住房贷款利息。为贷款合同约定开始还款的当月至贷款全部归还或贷款合同终止的当月,扣除期限最长不得超过240个月。

(5)住房租金。为租赁合同(协议)约定的房屋租赁期开始的当月至租赁期结束的当月。提前终止合同(协议)的,以实际租赁期限为准。

(6)赡养老人。为被赡养人年满60周岁的当月至赡养义务终止的年末。

(7)3岁以下婴幼儿照护。为婴幼儿出生的当月至年满3周岁的前一个月。

上述第(1)项、第(2)项规定的学历教育和学历(学位)继续教育的期间,包含因病或其他非主观原因休学但学籍继续保留的休学期间,以及施教机构按规定组织实施的寒暑假等假期。

2. 专项附加扣除办理相关规定

享受子女教育、继续教育、住房贷款利息或者住房租金、赡养老人、3岁以下婴幼儿照护专项附加扣除的纳税人,自符合条件开始,可以向支付工资、薪金所得的扣缴义务人提供上述专项附加扣除有关信息,由扣缴义务人在预扣预缴税款时,按其在本单位本年可享受的累计扣除额办理扣除;也可以在次年3月1日至6月30日内,向汇缴地主管税务机关办理汇算清缴申报时扣除。

纳税人同时从两处以上取得工资、薪金所得,并由扣缴义务人办理上述专项附加扣除的,对同一专项附加扣除项目,一个纳税年度内,纳税人只能选择从其中一处扣除。

享受大病医疗专项附加扣除的纳税人,由其在次年3月1日至6月30日内,自行向汇缴地主管税务机关办理汇算清缴申报时扣除。

扣缴义务人办理工资、薪金所得预扣预缴税款时,应当根据纳税人报送的《个人所得税专项附加扣除信息表》(以下简称《扣除信息表》)为纳税人办理专项附加扣除。

纳税人年度中间更换工作单位的,在原单位任职、受雇期间已享受的专项附加扣除金额,不得在新任职、受雇单位扣除。原扣缴义务人应当自纳税人离职不再发放工资薪金所得的当月起,停止为其办理专项附加扣除。

纳税人未取得工资、薪金所得,仅取得劳务报酬所得、稿酬所得、特许权使用费所得需要享受专项附加扣除的,应当在次年3月1日至6月30日内,自行向汇缴地主管税务机关报送《扣除信息表》,并在办理汇算清缴申报时扣除。

一个纳税年度内,纳税人在扣缴义务人预扣预缴税款环节未享受或未足额享受专项附加扣除的,可以在当年内向支付工资、薪金的扣缴义务人申请在剩余月份发放工资、薪金时补充扣除,也可以在次年3月1日至6月30日内,向汇缴地主管税务机关办理汇算清缴时申报扣除。

3. 信息报送方式

纳税人可以通过远程办税端、电子或者纸质报表等方式,向扣缴义务人或者主管税务机关报送个人专项附加扣除信息。

四、纳税期限

(1)居民个人取得综合所得,按年计算个人所得税;有扣缴义务人的,由扣缴义务人按月或者按次预扣预缴税款;需要办理汇算清缴的,应当在取得所得的次年3月1日至6月30日内办理汇算清缴。预扣预缴办法由国务院税务主管部门制定。

(2)非居民个人取得工资、薪金所得,劳务报酬所得,稿酬所得和特许权使用费所得,有扣缴义务人的,由扣缴义务人按月或者按次代扣代缴税款,不办理汇算清缴。

(3)纳税人取得经营所得,按年计算个人所得税,由纳税人在月度或者季度终了后15日内向税务机关报送纳税申报表,并预缴税款;在取得所得的次年3月31日前办理汇算清缴。

(4)纳税人取得利息、股息、红利所得,财产租赁所得,财产转让所得和偶然所得,按月或者按次计算个人所得税,有扣缴义务人的,由扣缴义务人按月或者按次代扣代缴税款。

(5)纳税人取得应税所得没有扣缴义务人的,应当在取得所得的次月15日内向税务机关报送纳税申报表,并缴纳税款。

(6)纳税人取得应税所得,扣缴义务人未扣缴税款的,纳税人应当在取得所得的次年6月30日前,缴纳税款;税务机关通知限期缴纳的,纳税人应当按照期限缴纳税款。

(7)居民个人从中国境外取得所得的,应当在取得所得的次年3月1日至6月30日内申报纳税。

(8)非居民个人在中国境内从两处以上取得工资、薪金所得的,应当在取得所得的次月15日内申报纳税。

(9)纳税人因移居境外注销中国户籍的,应当在注销中国户籍前办理税款清算。

(10)扣缴义务人每月或者每次预扣、代扣的税款,应当在次月15日内缴入国库,并向税务机关报送扣缴个人所得税申报表。

各项所得的计算,以人民币为单位。所得为人民币以外货币的,按照办理纳税申报或扣缴申报的上一月最后一日人民币汇率中间价,折合成人民币计算应纳税所得额。年度终了后办理汇算清缴的,对已经按月、按季或者按次预缴税款的人民币以外货币所得,不再重新折算;对应当补缴税款的所得部分,按照上一纳税年度最后一日人民币汇率中间价,折合成人民币计算应纳税所得额。

案例与点评

案例 10-1　中国公民赵某如何缴纳个人所得税？

中国公民赵某在北京市某单位任职,同时在某高校攻读在职研究生。在北京市无住房,每月发生住房租金支出 3 000 元。作为独生女,赡养自己 64 岁的母亲。2022 年 2 月份取得收入情况如下:

(1)扣除"三险一金"前工资收入 15 000 元("三险一金"3 000 元),月度奖 2 400 元;

(2)取得 2021 年年终奖 120 000 元(年终奖选择单独纳税)。

(3)接受某公司邀请担任技术顾问期间,当月取得收入 35 000 元,从中拿出 10 000 元通过希望工程基金会捐赠给希望工程。

(4)将其拥有的两套住房中的一套转让,转让的房屋于 2005 年 1 月以 80 万元购入,现以 200 万元转让给他人,转让过程中发生相关税费 10 万元(以上金额均不含增值税)。

(5)向晚报和某杂志社投稿,分别取得稿酬收入 1 000 元和 30 000 元。

(6)取得财政部发行的国债利息 2 000 元,取得某国内上市公司发行的公司债券利息 8 000 元。

(7)持有 2015 年 1 月购入的境内某上市公司股票,取得公司分配的红利 1 000 元,当月将其转让,扣除印花税和交易手续费等,净盈利 40 000 元。

(8)一张购物发票中奖,获得 1 000 元奖金。

要求计算:

(1)赵某当月工资应预扣预缴的个人所得税;

(2)赵某取得的年终奖应缴纳的个人所得税;

(3)赵某担任技术顾问收入应预扣预缴的个人所得税;

(4)赵某转让住房应缴纳的个人所得税;

(5)赵某稿酬收入应预扣预缴的个人所得税;

(6)赵某取得利息应缴纳的个人所得税;

(7)赵某股票红利、股票转让所得应缴纳的个人所得税;

(8)赵某购物发票中奖应缴纳的个人所得税。

(其他相关资料:专项附加扣除赵某选择在任职公司预扣预缴其税款时扣除)

【点评】

(1)月度奖应与当月工资薪金合并计算纳税,个人缴纳的"三险一金"可税前扣除。攻读在职研究生,每月可扣除继续教育支出 400 元,赡养母亲每月可扣除 2 000 元,在北京市发生的住房租金支出,每月可扣除 1 500 元。

赵某当月工资应预扣预缴的个人所得税=(15 000+2 400−5 000−3 000−400−2 000−1 500)×3%=165(元)。

(2)120 000÷12＝10 000元,适用税率10%,速算扣除数210元。

赵某取得的年终奖应缴纳的个人所得税＝120 000×10%－210＝11 790(元)。

(3)赵某担任技术顾问收入应纳税所得额＝35 000×(1－20%)＝28 000(元),通过希望工程基金会捐赠给希望工程为公益性捐赠,可在应纳税所得额的30%以内扣除。

公益性捐赠扣除限额＝28 000×30%＝8 400(元),实际捐赠10 000元,可扣除8 400元,但在预扣预缴劳务报酬所得税时不扣除公益性捐赠支出,统一在汇算清缴时扣除。

担任技术顾问收入应预扣预缴的个人所得税＝35 000×(1－20%)×30%－2 000＝6 400(元)。

(4)赵某转让住房应缴纳的个人所得税＝(200－80－10)×20%＝22(万元)。

(5)晚报稿酬收入应预扣预缴个人所得税＝(1 000－800)×70%×20%＝28(元)。

某杂志社稿酬收入应预扣预缴的个人所得税＝30 000×(1－20%)×70%×20%＝3 360(元)。

(6)取得财政部发行的国债利息2 000元免税。

赵某取得公司债券利息应缴纳的个人所得税＝8 000×20%＝1 600(元)。

(7)赵某持有股票时间超过1年,红利免税,转让上市公司股票所得暂免征收个人所得税。

(8)赵某购物发票中奖应缴纳的个人所得税＝1 000×20%＝200(元)。

本章小结

本章主要介绍了个人所得税法的相关内容。我国个人所得税是国家对个人(自然人)所得征收的一种税。按照住所和居住时间的不同,税法将个人所得税的纳税人分为居民个人和非居民个人。居民个人承担无限纳税义务,就其来源于我国境内外的所得承担纳税义务。非居民个人承担有限的纳税义务,仅就来源于我国境内的所得承担纳税义务。目前我国个人所得税采用的是混合征收制,一共有九类应税所得项目,适用税率有超额累进税率和比例税率两种形式。个人取得的每项收入减去税法规定的扣除项目或扣除金额之后的余额,为应纳税所得额。应纳税额根据应纳税所得额和适用的税率计算得出。

我国个人所得税纳税办法,全国通用实行的有自行申报纳税和全员全额扣缴申报纳税两种。

思考与练习题

【思考题】

1.请查阅有关资料,谈谈我国个人所得税的改革方向。

2. 个人所得税的居民个人和非居民个人是如何判定的？二者的区分有何意义？
3. 个人所得税包括哪些应税所得项目？它们适用的税率有何具体规定？
4. 如何确定个人所得税各应税项目的应纳税所得额？
5. 个人所得税的纳税办法有哪些？分别适用于什么情况？

【练习题】

一、单项选择题

1. 中国公民王某于2021年1月以5万元的资金持有深圳证券交易所的某境内上市公司的股票10 000股。2022年2月取得该上市公司每股0.6元的分红。王某在3月将上述股票以6.2万元的价格转让。王某上述行为应缴纳个人所得税（　　）元。
   A. 0　　　　　　　　B. 600　　　　　　　　C. 2 000　　　　　　　　D. 2 500

2. 以下属于工资、薪金所得项目的是（　　）。
   A. 托儿补助费　　　B. 劳动分红　　　C. 投资分红　　　D. 独生子女补贴

3. 以下不属于特许权使用费所得项目的是（　　）。
   A. 提供商标权使用权取得的所得　　　B. 提供非专利技术使用权取得的所得
   C. 提供专利权使用权取得的所得　　　D. 转让土地使用权取得的所得

4. 李先生2022年2月达到法定退休年龄而退休，每月领取退休工资8 000元。3月被一家公司聘用，月工资10 000元。不考虑其他扣除，3月其应缴个税（　　）元。
   A. 0　　　　　　　　B. 90　　　　　　　　C. 150　　　　　　　　D. 390

5. 某职员（独生子）2022年1月工资、薪金收入12 000元，其中含单位为其扣缴的基本养老保险260元、基本医疗保险120元、失业保险40元；单位当月代扣欠缴供暖费500元；该职员还要赡养其62岁的父母及供其七年级的女儿读书（对子女教育和赡养老人专项附加扣除选择在单位预扣预缴其税款时扣除），则其当月工资薪金的累计预扣预缴应纳税所得额是（　　）元。
   A. 4 580　　　　　　B. 4 080　　　　　　C. 3 580　　　　　　D. 3 080

6. 我国公民马某工作所在城市（非直辖市、省会（首府）城市、计划单列市）有120万人口，2022年1月取得扣除"三险一金"之后的工资8 000元。马某还负担2名子女（八年级）的教育费用，由于没有自有住房而租房每月需支付2 000元租金。取得上年年终奖30 000元，假定选择对年终奖单独计税。则马某当月应缴纳的个人所得税为（　　）元。（对上述专项附加扣除马某选择在单位预扣预缴其税款时扣除）
   A. 900　　　　　　　B. 903　　　　　　　C. 906　　　　　　　D. 910

7. 我国某居民于2022年2月取得偶然所得3 000元，当即将偶然所得中的1 000元通过国家机关捐赠给贫困地区（取得捐赠证明），则应缴纳的个人所得税为（　　）元。
   A. 500　　　　　　　B. 400　　　　　　　C. 420　　　　　　　D. 600

8. 王某于2021年7月购入某境内上市公司股票，2022年2月转让该股票并从该上市公司分得红利4 000元，则王某分得红利应缴纳个人所得税（　　）元。
   A. 800　　　　　　　B. 640　　　　　　　C. 400　　　　　　　D. 320

9. 合伙企业的投资者李某以企业资金为其家庭购买汽车和住房，则李某取得该汽车和住房按（　　）计征个人所得税。
   A. 工资、薪金所得　　　　　　　　B. 财产转让所得
   C. 经营所得　　　　　　　　　　　D. 利息、股息、红利所得

10. 某股份合作制企业投资人王某在征得企业同意的情况下，用企业资金为自己购买住房，则王某取得该住房应按（　　）计征个人所得税。
    A. 工资、薪金所得　　　　　　　　B. 财产转让所得
    C. 经营所得　　　　　　　　　　　D. 利息、股息、红利所得

11.个人取得下列所得应缴纳个人所得税的是(　　)。
　　A.职工达到法定退休年龄每月取得的退休工资4 000元
　　B.职工领取的原提存的住房公积金30 000元
　　C.退休人员再就业取得报酬6 000元
　　D.个人单张有奖发票中奖800元

12.2021年中国公民张某在A国取得中奖收入30 000元,在A国按A国税法缴纳了个人所得税4 800元。张某应就来源于A国的所得在国内缴纳个人所得税(　　)元。
　　A.1 200　　　　B.2 800　　　　C.4 200　　　　D.6 000

13.2022年9月,某单位减员增效与在单位工作了10年的张三解除劳动关系,张三取得一次性补偿收入16万元,当地上年职工平均工资5万元,则张三该项收入应纳的个人所得税为(　　)元。
　　A.200　　　　B.300　　　　C.400　　　　D.600

14.陈某在武汉市开了一家摩托车维修部(个体工商户)。2021年全年取得的营业额为400 000元,购进维修配件为60 000元,发生其他各项费用100 000元(其中包括每月支付雇员工资共2 000元,陈某月工资6 000元)。陈某该年应纳的个人所得税为(　　)元(假定陈某没有综合所得,不考虑专项扣除、专项附加扣除和其他扣除)。
　　A.13 500　　　　B.61 500　　　　C.27 900　　　　D.39 900

15.关于公益性捐赠,以下说法不正确的是(　　)。
　　A.居民个人取得工资、薪金所得的,可以选择在预扣预缴时扣除,也可以选择在年度汇算清缴时扣除
　　B.居民个人取得劳务报酬所得、稿酬所得、特许权使用费所得的,预扣预缴时扣除公益捐赠支出,不在汇算清缴时扣除
　　C.居民个人发生的公益捐赠支出,在综合所得、经营所得中扣除的,扣除限额分别为当年综合所得、当年经营所得应纳税所得额的30%
　　D.居民个人发生的公益捐赠支出,在分类所得中扣除的,扣除限额为当月分类所得应纳税所得额的30%

二、多项选择题

1.张某承包经营一国有企业(拥有企业经营成果所有权),每年上缴承包费用5万元,该承包费用(　　)。
　　A.在计算企业所得税时不允许税前扣除　　B.在计算企业所得税时允许税前扣除
　　C.在计算个人所得税时不允许税前扣除　　D.在计算个人所得税时允许税前扣除

2.下列各项中,应计入个人所得税的工资、薪金所得的有(　　)。
　　A.季度奖金　　　B.劳动分红　　　C.职务工资　　　D.饭费补贴

3.下列行为中,企业应按照"工资、薪金所得"预扣预缴个人所得税的有(　　)。
　　A.支付给在本公司任职人员的董事费　　B.个体工商户支付给业主本人的工资
　　C.支付给职工的全勤奖　　　　　　　　D.支付给职工的午餐费

4.以下属于我国个人所得税法中规定的专项扣除的项目有(　　)。
　　A.基本医疗保险　　B.住房公积金　　C.大病医疗支出　　D.继续教育支出

5.张某在足球世界杯期间参加下列活动所获得的收益中,应当缴纳个人所得税的有(　　)。
　　A.参加某电商的秒杀活动,以100元购得原价2 000元的足球鞋一双
　　B.为赴巴西看球赛,开通手机全球漫游套餐,获赠价值1 500元的手机一部
　　C.参加某电台举办世界杯竞猜活动,获赠价值6 000元的赴巴西机票一张
　　D.作为某航空公司金卡会员被邀请参加世界杯抽奖活动,抽得市价2 500元球衣一套

6.下列各项中,符合个人所得税有关规定的有(　　)。

A. 个人出售自有住房取得的所得可按照"财产租赁所得"项目征收个人所得税

B. 对个人转让已自用 2 年并且是家庭唯一居住用房取得的所得免征个人所得税

C. 个人转租房产而取得的转租收入,属于"财产租赁所得"的征税范围,由房产转租人缴纳个人所得税

D. 房屋产权所有人将房屋产权无偿赠与对其承担直接抚养或者赡养义务的抚养人或者赡养人的,对当事双方不征收个人所得税

7. 个人独立从事下列技艺取得的收入属于劳务报酬所得的有(　　)。

　　A. 笔译翻译收入　　　　　　　　B. 审稿收入

　　C. 现场书画收入　　　　　　　　D. 雕刻收入

8. 小雨全日制本科毕业后被保送读本校全日制研究生,下列关于读研期间教育费用的扣除,说法正确的有(　　)。

　　A. 由其父母扣除

　　B. 可以选择由其父母扣除,也可以选择由本人扣除

　　C. 按照每月 1 000 元(每年 12 000 元)的标准定额扣除

　　D. 按照每月 400 元(每年 4 800 元)定额扣除

9. 小雷大学毕业工作一年后开始攻读在职研究生,下列关于三年在职读研期间的教育费用的扣除,说法正确的有(　　)。

　　A. 由本人扣除

　　B. 可以选择由其父母扣除,也可以选择由本人扣除

　　C. 按照每月 1 000 元(每年 12 000 元)的标准定额扣除

　　D. 按照每月 400 元(每年 4 800 元)定额扣除

10. 计算个人转让住房应缴纳的个人所得税时允许扣除的合理费用有(　　)。

　　A. 住房装修费用　　B. 住房贷款利息　　C. 手续费　　　　D. 公证费

11. 个人因与用人单位解除劳动关系而取得的一次性补偿收入及缴纳的相关费用中,免征个人所得税的有(　　)。

　　A. 在当地职工上年平均工资 4 倍数额以内的部分

　　B. 在当地职工上年平均工资 3 倍数额以内的部分

　　C. 按政府规定实际缴纳的社会保险费

　　D. 按政府规定实际缴纳的住房公积金

12. 根据现行税法规定,下列各项中,免征或暂不征收个人所得税的有(　　)。

　　A. 张某取得退休工资 6 000 元

　　B. 李某取得境内上市公司股票转让所得 5 万元

　　C. 王某取得救济金 2 万元

　　D. 赵某举报税务违法行为获得奖金 1 万元

13. 以下与个人所得税相关政策不相符的有(　　)。

　　A. 纳税人出售以按揭贷款方式购置的住房,其向贷款银行实际支付的住房贷款利息,在转让该房产时不得扣除

　　B. 个体户张某对外投资,从被投资企业分得红利,属于投资经营所得,应依法按经营所得缴纳个人所得税

　　C. 对企业承租经营的承租人取得的所得,一律按照个人所得税法中的五级超额累进税率计算其应纳税额

　　D. 非居民个人取得工资、薪金所得,劳务报酬所得,稿酬所得和特许权使用费所得,有扣缴义务人的,由扣缴义务人按月或者按次代扣代缴税款,不办理汇算汇缴

三、判断题

1. 据个人所得税法及实施条例的规定,居民个人是指在中国境内有住所,或者无住所而在中国境内居住满一定天数的个人,该天数是指一个纳税年度在中国境内居住累计满183天。（　　）
2. 某股份公司投资人赵某2022年3月从该公司借款5万元用于其个人消费,到年底仍未归还。则赵某借用的该款项应按工资、薪金所得计征个人所得税。（　　）
3. 我国目前个人所得税采用分类征收制模式。（　　）
4. 出租车经营单位对出租车驾驶员采取单车承包或承租方式运营,出租车驾驶员从事客货营运取得的收入,按经营所得项目征收个人所得税。（　　）
5. 个人对企业承包经营、承租经营时,承包、承租人对企业经营成果不拥有所有权,仅按合同（协议）规定取得一定所得的,应按工资、薪金所得项目征收个人所得税。（　　）
6. 住房贷款利息专项附加扣除的计算时间,为贷款合同约定开始还款的当月至贷款全部归还或贷款合同终止的当月,扣除期限最长不得超过240个月。（　　）

四、案例分析题

1. 在武汉甲单位就职的工程师李某,每月取得扣除"三险一金"后的工资、薪金25 000元,名下有一套按照首套住房贷款利率贷款购买的住房。2022年1月和2月还取得以下收入：

(1)1月,甲单位统一给包括李某在内的全体员工购买了每人每年3 000元的符合规定的商业健康保险产品。

(2)1月利用业余时间给乙单位检查设备运行,取得该单位支付的报酬10 000元。

(3)1月领取2021年年终奖36 000元,选择单独计税。

(4)2月因生病住院,医保报销后个人负担的医保范围内的自付部分20 000元。

(5)2月在丙杂志社发表一篇文章,取得稿酬2 000元。

其他相关资料：李某选择在甲单位进行专项附加扣除。

要求：根据上述资料,按照下列序号计算回答问题,每问需计算出合计数。

(1)甲单位1月应预扣预缴李某的个人所得税。

(2)乙单位1月应预扣预缴李某的个人所得税。

(3)甲单位1月应扣缴李某年终奖的个人所得税。

(4)甲单位2月应预扣预缴李某的个人所得税。

(5)丙杂志社2月应预扣预缴李某的个人所得税。

(6)李某生病住院自付的医疗费用20 000元应如何进行税务处理。

2. 中国公民王某是国内某上市公司高级工程师,假定每月取得扣除"三险一金"后的工资10 000元,另每月有地区津贴1 600元、托儿补助费300元;王某是独生子女,需要赡养58岁的母亲和61岁的父亲,有一个2岁女儿和一个上小学的儿子(王某和配偶分别按50%进行子女教育和3岁以下婴幼儿照护专项扣除)。2020年1月～3月取得的部分所得如下：

(1)1月从任职公司除了取得规定的工资和补贴外,还取得当月奖金1 000元,差旅费津贴1 500元。

(2)2月取得上年年终奖48 000元,采用单独计算的方法。

(3)2月因购买住房,提取原提存的住房公积金50 000元。

(4)3月因担任另一高校的博士论文答辩委员取得答辩费8 000元。

(5)3月出版一本学术专著,取得稿酬20 000元。

(6)3月转让一项专利权,取得转让所得100 000元。

(7)3月王某将自己拥有住房中的一套,以不含增值税350万元的价格出售,该套住房是王某于2014年10月以按揭贷款方式购买的,当时不含税购买价150万元。至2018年年底贷款已提前还清,累计支付住房贷款利息15万元,购买时支付的契税及过户相关费用11万元,本次转让过程中已经缴纳除个人所得税、增值税以外的税费合计12万元,上述税费均能提供有关部门出具的有效凭证。

(8) 3月将自己的一套住房出租,取得不含税租金6 000元。当月因维修下水管道,发生维修费用(有相关凭据)1 000元,发生相关税费150元。

(9) 3月接受同窗好友捐赠的一处房产,房地产赠与合同上标明该房产价值60万元,赠与过程中王某支付契税等可扣除的相关税费2万元。

(10) 作为某商场的黑金会员,按消费积分3月获赠一部价值6 000元的华为手机一部。

(11) 3月购买福利彩票中奖30 000元,当即通过国家机关向贫困山区捐款5 000元。

(12) 在中国银行的定期存款到期,3月取得存款利息10 000元。

(13) 2017年5月购买的工商银行股票,3月获得股息2 000元。当月将该股票转让获得100 000元。

(其他相关资料:对专项附加扣除王某选择在任职公司预扣预缴其税款时扣除)

要求:

(1) 计算王某以上每项收入应预扣预缴(应缴纳)的个人所得税。

(2) 假定王某当年一直在该公司任职,按照《国家税务总局关于办理2021年度个人所得税综合所得汇算清缴事项的公告》的规定,王某年度终了后是否需要对综合所得做汇算清缴申报?请说明理由。

(3) 如果需要汇算清缴申报,计算王某年终汇算清缴时应补(退)个人所得税额。

(4) 如果需要汇算清缴申报,请说明规定的申报时间和地点。

参考文献

[1] 全国注册税务师职业资格考试教材编写组.税法(Ⅰ)[M].北京:中国税务出版社.2022.
[2] 全国注册税务师职业资格考试教材编写组.税法(Ⅱ)[M].北京:中国税务出版社.2022.
[3] 中国注册会计师协会.税法[M].北京:经济科学出版社.2022.
[4] 财政部会计资格评价中心.经济法基础[M].北京:中国财政经济出版社.2022.
[5] 刘颖,东奥会计在线.2022年注册会计师考试应试指导及全真模拟测试.税法:上下册[M].北京:北京大学出版社.2022.
[6] 黄洁洵,东奥会计在线.2022年会计专业技术资格考试应试指导及全真模拟测试.经济法基础:全2册[M].北京:北京科学技术出版社,2021.
[7] 中华会计网校,奚卫华.税法应试指南.2022:全2册[M].北京:人民出版社.2021.
[8] 徐孟洲,徐阳光.税法[M].6版.北京:中国人民大学出版社.2019.
[9] 纪金莲.税法[M].2版.北京:高等教育出版社.2019.
[10] 梁伟祥.税法[M].6版.北京:高等教育出版社.2019.
[11] 梁文涛.税法[M].5版.北京:中国人民大学出版社.2020.